沿海州의 考古學

데.엘.브로단스끼 著
鄭 焙 培 譯

學研文化社

韓國語版에 부쳐

 "極東 考古學 槪說"을 鄭燗培의 獻身的인 飜譯 德分으로 韓國의 讀者들에게도 紹介하게 되었다.

本書의 러시아語版이 출간된 이후 9년이라는 시간이 흐르는 동안 새로운 遺跡들이 발견되었고, 새로운 考古學 文化들이 분리되었으며, 수 십여개의 放射性炭素年代들이 나타났다. 때문에, 以前에 얻어진 결과들을 다시금 되돌아 볼 필요성이 생겼다. 本 韓國語版에서는 최근의 學問의 成果를 최대한 반영하였다.

필자의 한국 고고학자들과의 협력은 1992년부터 시작되었다. 당시 필자는 1주일 간 한국을 방문하게 되었고, 이리의 원광대학교에서 개최된 학술대회에 참석하였다. 그리고 1995년 沿海州의 渤海時期 마리야노브까 城址에 대한 韓·露共同發掘에 참여하였다. 당시 한국측에서는 임효재, 나선화, 이강승, 송기호, 정석배, 김영란, 강신철, 서정석, 유병린이 참여하였는데, 모두들 훌륭한 고고학자들이었다. 우리는 씨호테-알린山脈의 아름다운 山麓, 우쑤리 江邊에서 友情을 나누며 發掘調査를 하였다.

古代人들은 어느 곳에 國境線이 생겨 날 것인지를 알지 못했다. 그들이 남긴 遺跡들은 이웃의 민족들 및 멀리 떨어져 그들을 연구하는 모든 이들에게 흥미로운 것이다. 이 모든 것들은 고고학이 國際的인 協力을 위한 좋은 場이 되게 한다. 本書의 韓國語版이 그러한 協力에 작으나마 밑거름이 되기를 진심으로 바란다. 많은 분들의 勞苦가 없이는 本書가 씌어질 수 없었을 것이다. 그분들에게 깊은 謝意를 표한다.

1996. 9
데.엘.브로댠스끼

목 차

- 韓國語版에 부쳐
- 머리말

제 1 장 研究史 ·· 15

제 2 장 層位學, 類型學, 方法論, 時期區分 ···································· 37

제 3 장 舊石器時代와 中石器時代 ··· 53

제 4 장 新石器時代 ·· 77
    1. 자이싸노브까 文化 ·· 77
    2. 꼰돈 文化 ·· 165
    3. 보이스만 文化 ·· 193
    4. 極東 全體 新石器時代의 脈絡에서 본 沿海州 新石器時代 ··· 216

◆ 블라지미르 끌라디예비치 아르쎄니예프에게 바치는 글 ·········· 234

제 5 장 靑銅器時代 ·· 237
    1. 씨니가이 文化 ·· 238
    2. 리도브까 文化, 마르가리또프 文化, 메드베쥐야 III ········ 274
    3. 考古學省의 脈絡에서 본 沿海州의 靑銅器時代 ·············· 290

◆ 유리 뻬뜨로비치 메드베제프에게 바치는 글 ···························· 302

제 6 장 初期 鐵期時代 ·· 305
    1. 얀꼽스끼 文化 ·· 305
    2. 끄로우노브까 文化 ·· 327
    3. 沿海州의 뽈쩨 文化 ·· 347
    4. 歷史的 脈絡에서 본 沿海州의 考古學 文化 ···················· 359

◆알렉쎄이 빠블로비치 아끌라드니꼬프에게 바치는 글 ·············· 362
제 7 장 歷史的 復元 ·· 371
    1. 沿海州 古代人들의 經濟(生態·經濟的 復舊) ················ 371
    2. 狀況觀察과 神話의 復元 ·· 390
    3. 社會의 發展과 歷史的 時期區分 ·································· 412

結論을 대신하여 ·· 433
譯者後記 ·· 437
參考文獻 ·· 439
찾아보기 ·· 479

머 리 말

 연해주 씨니 가이(Синий Гай) 마을 근처에 있는 한 동산 위에서 이 책을 구상하였다. 짙은 아침 안개가 8월의 태양빛 아래로 급속하게 사라지고, 멀리 씨호테-알린(Сихотэ-Алинь) 산맥의 서쪽 줄기인 씨니(Синий) 산맥에서 한까(Ханка)湖(홍개호)의 반짝이는 거울까지의 풍경이 보이기 시작했다. 아래의 경사면에서는 돌맹이에 삽을 긁는 소리와 사람들이 조용조용 말하는 소리가 들려 왔지만, 발굴에서는 너무나 자연스런 현상이라 전혀 정적을 깨뜨리지 않았다. 언치 새의 외침, 불명료한 꿩의 울음, 찌르레기 소리 등은 수천년 전에도 지금과 마찬가지로 울려 퍼졌을 것이다. 당시에 남쪽 경사면에서는 다른 사람들 - 석기시대 인들 - 이, 또 수세기가 지난 다음에는 그곳으로 청동제의 칼과 장신구를 가지고 온 사람들이 살았을 것이다. 우리는 그들의 이름, 풍습, 습관 등을 모른다. 단지 그들이 남긴 한줌의 재, 깨어진 토기조각, 돌과 뼈로 만든 도구, 자작나무 껍질-쓰레기, 집의 흔적 등만 우리에게 알려져 있을 뿐이다. 땅의 겹(пласт)을 조심스레 벗겨내면서 우리는 마치, 위로, 사라져 버린 지붕을 통하여, 타인의 집으로 처음 들어가는 느낌을 갖게 되었다; 다시금 마루바닥의 흙을 잘게 부수고, 잃어 버리고 잊혀져 버렸던 것들을 모았다.

 햇빛이 안개와 더불어 어디론가 빠르게 퍼져 나가고 있다. 과거는 마치 침투할 수 없는 시간의 안개에 묻혀 있는 듯하고, 그것을 뚫기란 극히 어려운 것 같다. 그러나 우리는 그 시간의 안개를 뚫고 지나간다. 야외조사 시즌, 야장의 메모, 도면, 사진, 토론, 논쟁 등등을 통하여... 우리 자신들이 과거가 될 때가 올 것이고, 그때는 다른 사람들이 우리의 과거를 들여다 볼 것이다. 인류가 존재하는 한 그러한 학문적 욕구는 줄어들지 않을 것이다.

　과거로 사람을 데리고 가는 타임 머쉰은 불가능한 것이다. 단지 환상만이 타임 머쉰을 만들어 낼 수 있다. 그리고 그러한 환상은 과거에 대한 학문없이는 불가능하다. 그러한 과거에 대한 학문 중의 하나가 바로 고고학이다. 필자는 35년 동안 극동에서 일하고 있는 고고학자이다. 필자의 주요 관심분야는 新石器時代와 古金屬時代(청동기시대와 초기 철기시대)이다. 南연해주에서 주로 고고학조사를 하였지만, 아무르, 사할린, 쿠릴 등에 있는 유적들이 필자를 필요로 하는 때도 있었다. 강의는 극동국립대학에서 하고 있다. 동료들과의 교우와 역사적 맥락 속에서 고고학적 사실들을 연구해야 하는 필연성은 극동 전체의 고고학적 사실들을 총괄화할 동기를 제공하였다.

　극동이란 명칭은 멀리 서쪽에 사는 사람들에게나 적합한 것이다. 만약 태평양 지도를 꺼내어 본다면, 우리는 대양의 서쪽 해안에 살고 있음을 알 수 있다. 지도뿐만 아니라 극동의 고고학도 그러한 견지에서 보는 것이 필요하다. 1세기 이상의 역사를 가진 태평양 연안의 러시아 고고학은 그 동안 일련의 발견과 엄청난 양의 정보를 축적하였다. 많은 훌륭한 학자들이 극동 고고학의 발전에 기여하였다. 확보된 성과물들은 수 많은 책과 논문, 박물관의 전시관, 기록 필름, 학과목 등에 반영되었다. 게다가 고고학자들이 쉽지않게 얻은 지식들이 점차 전체의 공유물로 되고 있다. 특히 그러한 사실은 각 대학과 고등교육기관의 역사학부생을 위한 고고학과정에 잘 반영되었다. 모스크바와 께메로바에서 씌여진 교재에는 극동 고고학이 전혀 언급되지 않았거나 혹은 일부 삽화적으로 소개되었을 뿐이다. 결과적으로 미래의 역사가를 양성하는데 있어 태평양 연안의 거대한 영토에 대한 수천년의 과거는 단편적으로 밖에 교육되지 못했다.

　물론, 시베리아의 역사(История Сибири), 20권으로 된 소련 고고학

(Археология СССР) 등과 같이 전 고고학을 총괄하는 책도 있고, 또 극동의 州史를 다루는 교재에 고고학적인 사실들이 약간씩 수록된 경우도 있으며, 아.뻬.아끌라드니꼬프(А.П.Окладников), 엔.엔.디꼬프(Н.Н.Диков), 아.뻬.데레뱐꼬(А.П.Деревянко), 에르.에쓰.바씰리옙스끼(Р.С.Васильевский) 등이 쓴 좋은 책들[256; 275; 284; 122; 103]도 많이 있다. 그 모든 책들은 고고학적인 자료를 묘사하고, 고고학 자료에서 얻은 역사적 결론들은 기록하고 있다. 그러나 어떻게, 어떤 방법으로 얻은 것인지, 완전한지, 일부 신빙성만 있는 것인지 혹은 가설적인 것인지, 등등과 함께 그러한 글들을 쓴 저자들도 독자들에게는 적잖이 중요하다.

극동 고고학을 포함하여, 고고학은 대개 발견이라는 일련의 센세이션을 일으키기도 하지만, 쉽게 얻은 것은 쉽게 잊혀지기 마련이다. 어쩌면 바로 그러한 사실이 역사를 사랑하라고 가르치는 사람들과 고등교육을 받은 사람들이 역사에 있어 고고학적인 내용을 조금 밖에 알지 못하는 이유일 수도 있다.

고고학을 탐색과 탐구의 과정속에서 보여주고자 하는 시도들도 있었다. 아.엘.니끼쩐(А.Л.Никитин)의 《활짝 열린 땅》[239]과 《발굴장의 피트 위에서》[240] 등이 바로 그러한 책이다. 아.뻬.아끌라드니꼬프에 대한 아.뻬.데레뱐꼬의 책[109]과 아끌라드니꼬프가 쓴 책[271]도 바로 그런 맥락의 것이다. 그럼에도 불구하고 독자들을 고고학의 창조적 과정으로, 《부엌》으로 끌여 들여야 할 필요성이 점차 증대하는 느낌이다.

극동의 고고학자들에 있어 그러한 과제는 오래 전부터의 전반적인 것과 개별적인 딜레마에 의해 더욱 깊어진다. 《유럽으로 부터의》 일반적인 견해는 동쪽으로 가면 갈수록 그 역할이 축소된다. 일반적인 시기구분의 경계와 기준이 바뀐다. 아무르강과 태평양의 연안에서 발견된 세계에서 가장 오래된 토기들, 아무르강 유역의 놀랄만한 예술품들,

초기 농경 - 이 모든 것들에 대해 처음에는 심지어 전문가들 조차도 불신하였었다.《극동에는 모든 것들이 가능하다!》라는 구호 아래 극동의 고고학을 잘못 평가한 극단적인 예도 있다:(5천 여년의 시간적 간격이 있는 중석기시대와 청동기시대의 유물이 한 층위에서 발견된 바 있는데 단일한 복합체로 잘못 파악하였었다).

역사연구에 있어 힘겹지만 가치있는 역사적 법칙성의 탐구는 극동의 광대한 영토와 독특한 문화 및 유적들을 감안하지 않으면 불가능하다. 이 말은 공허한 문구만은 아니다. 본론에서 독자들은 극동의 고고학 자료가 지금까지 풀지 못했던 원시사회사에 대한 몇몇 문제들 - 원시경제에 있어 수중 유기체 문제, 養殖의 발생문제, 습득되고 있던 경제의 최대 가능성 문제, 고고학적 시기구분과 체계화 문제 - 을 해결함을 확신할 수 있을 것이다.

그것에 대해 어떻게 이야기할 것인가? 일반적인 서적은 역사학적 탐색의 과정을 단순화하며, 무미건조하게 유적과 유물 및 이미 준비된 결과를 나열하는데 그친다. 그러한 책은 전문가들을 만족시키기는 할지라도 고고학자가 아닌 독자들에게는 이해하기 힘들고 또한 그들을 만족시키지 못한다. 만일 그 모든 쟝르를 한 책에 모은다면? 필자는 바로 그렇게 하고자 노력하였다. 성공적인지에 대해서는 독자들이 판단할 일이다. 세 쟝르 - 자료의 순차적인 서술, 즉 교재의 스타일, 야외조사와 인물소개, 즉 대중서의 스타일, 필자의 전공에 가까운 각 테마에 대한 체계적인 묘사, 즉 고고학자의 학문적 스타일 - 의 고고학적 문학이 통합되었다. 전체적으로《준비된 지식》을 총괄하는 것뿐만 아니라 어떤 식으로 그러한 지식이 얻어졌는지에 대해 설명을 하려고도 시도하였고, 결과적으로 극동 고고학의 현상태를 보여 주고자 하였다.

필자는 본서를 지역적으로는 연해주(Приморье)와 아무르강 유역(Пр

иамурье)으로, 시기적으로는 신석기시대와 고금속시대로 제한하였지만, 경우에 따라서는 그 경계를 벗어난 경우도 있다. 태평양 연안 전체의 고고학을 분석하는 일은 더 많은 공동의 노력을 필요로 하였을 것이다. 선정된 시간과 지역은 독자들에게 극동 고고학을 소개하는데 충분하다.

    필자는 노보씨비르스크 市의 러시아 과학아카데미 시베리아 지부 고고학 및 민속학 연구소와 러시아 과학아카데미 극동 과학센트 극동 역사, 고고학 및 민속학 연구소의 동료 고고학자들과 러시아 지리학협회 연해주 센트 도서관과 웨.까.아르쎄니예프 연해주 지역 박물관의 직원들에게 깊은 감사를 전한다. 그들의 도움과 선의의 비판없이는 본서가 태어나지 못했을 것이다.

    필자는 언제나 감사의 마음으로 뻬쩨르부르그 대학의 동양학부와 고고학분과 그리고 러시아 과학아카데미 고고학연구소 뻬쩨르부르그 지부의 구석기시대 분과의 스승들과 동료들을 상기한다. 그들의 선의의 지도아래 첫 논문들을 썼고 또 고고학적인 이론들을 습득할 수 있었다.

    여러 발굴에 참여하고 또 출토유물들을 정리한 극동대학의 학생들에게도 또한 감사함을 전하고 싶다.

    본서를 각기 다른 시기에 극동에서 일한 세명의 고고학자 - 블라지미르 끌라디예비치 아르쎄니예프, 유리 뻬뜨로비치 메드베제프, 알렉쎄이 빠블로비치 아끌라드니꼬프 - 에게 바친다.

제 1장 硏究史

극동 고고학의 발전史에 대한 테마는 수차에 걸쳐 여러 연구자들의 관심을 끌었고 또 많은 서적에 상응하는 장이 있다[11; 107; 118; 227; 256; 292; 293]. 그 장들에 기본적인 유적 발견과 출토유물들이 서술되어 있고, 잘 알려진 혹은 거의 알려지지 않은 야외조사 지역들이 언급되어 있다. 때문에 필자는 전문가들이 이미 알고 있거나 문헌을 통하여 쉽게 찾을 수 있는 내용에 대해서는 반복하지 않기로 하였다.

연구사(историография)는 연구의 역사 만을 연구하는 것은 아니다. 연구사는 연구와 이데아의 역사를 분석하는 것이며, 그러한 분석은 언제나 창안적인 것이다. 例로서 웨.예.라리체프(В.Е.Ларичев)의 저서[204; 205]를 들 수 있는데, 그는 다른 문제점들과 더불어 극동의 구석기學 문제도 취급하였다. 극동 고고학은 1세기 이상의 기간을 거치면서 거대한 양의 자료를 축적하였고, 그에 대한 수 많은 가설, 추측, 개념 등이 생겨났다. 그러한 유산에 대한 세밀한 분석은 전문적 작업을 要한다.

극동 남쪽에 대한 첫번째의 고고학적 기록은 1863년에 쁘리아무리예(Приамурье:아무르 유역)에서 지질학 조사를 한 광산기사 이.아.라빠찐(И.А.Лапатин)이 남긴 원고[216]이다. 그 원고에는 꾼스뜨(Кунст)의 말을 인용하여 쉘레하(Шелеха) 곶(мыс)의 패여진 도랑에 대한 언급을

하였는데, 바로 연해주에서 석기가 공반된 유적에 대한 첫번째 기록이
다. 이.아.라빠젼은 그 도랑에서 발견된 토기 2점의 그림을 실고 있다.

그림 1. 엠.이.얀꼽스끼

 1880년에 엠.이.얀꼽스끼(М.И.Янковский)는 뚜만느이 곶에서 패총(ра
ковинная куча)에 대한 첫번째의 발굴을 행하였다[368]. 현재 발굴자의
이름을 딴 얀꼽스끼 半島에 있는 그 곳은 반도 내의 여러 패총 중의
하나가 위치하는 장소이다. 나중에 발표된 자그마한 논문[369, pp.92-
92]에는 발굴에 대한 일련의 관찰내용이 들어 있다. 엠.이.얀꼽스끼는
바다 지향적인 경제형태에 대해 지적하였고, 또 연체동물의 채집과 어
로가 경제에 있어 주요 역할을 하였다고 생각하였다. 연체동물은 그의
의견에 따르면《필수적인 식량》이었다. 그 곳에서 발견된 포유류의
뼈는 이.데.체르스끼(И.Д.Черский)가 분석하였다: 야생동물로는 점박이
사슴(пятнистый олень)과 까쑬야(косуля)를 집동물로는 소와 개를 분
리하였다. 얀꼽스끼는 연해주의 패총을 덴마크의 키요켄메딘그와 비교

하였고, 대평양연안과 대서양 연안에서의 인류의 문화는 단일한 노선을 따라 발전했다는 입장을 견지하였다.

오늘날 우리는 연체동물·굴(채집보다는 양식에 의한 식량이다)이 정말로 얀꼽스끼 문화(Янковская культура)에 있어 《필수적인 식량》이었음을, 또한 전 세계에 있는 많은 수의 패총들이 채집에 의해서만 남겨진 것 만은 아님을 확신한다; 재평가를 위해 1백 여년의 세월이 필요했던 것은 초창기의 연구자들에게 통찰력이 부족해서가 아니라, 학문적 수준이 변했고, 새로운 정보가 축적되었으며, 또 중요한 사실은 양식 전문가들이 연구작업에 참여하였기 때문이었다. 그러나 소련의 원시사회 연구 고고학에 동물학자 등이 참여하여 종합적으로 연구했던 것도 사실이다. 종합적 연구는 현재에도 가장 당면한 문제 중의 하나이며 또한 완전히 해결되지는 못한 과제이다.

고고학자이자 민속학자이며 동시에 동물학자였던 학자도 있었는데, 바로 이.에쓰.빨랴꼬프(И.С.Поляков)가 그러했다. 그는 바로네쉬(Воронеж)에서는 까스쬬녹(Костёнок) 유적을, 사할린과 일본에서는 패총 유적을 발견하였고, 1881년에는 얀꼽스끼 半島와 포시예트(Посьет) 灣에서 조사작업을 하였다[307].

이.에쓰.빨랴꼬프는 연어科 물고기들에 대한 수렵을 지적하였고, 연해주의 각 해안에 있는 패총들을 대조하였다. 그는 패총들의 단일성, 편암製 도구의 풍부함, 잔손질을 제대로 한 신석기시대의 도구의 부재 등을 지적하였다. 그는 현재 오호츠크 文化(Охотская культура)로 알려진 사할린의 패총들과 더불어 연해주 유적들에 도구와 동물상이 아주 다양함에도 주목하였다. 빨랴꼬프는 첫번째로 알류션의 민속학적인 문제에도 주목하였다.

그림 2. 웨.뻬.마르가리또프

    1884년에는 교사이자 지질학자이며 동시에 민속학자이기도 한 웨.엠.마르가리또프(В.М.Маргаритов)가 얀꼽스끼 반도의 브리네르(Бринер) 곶에 있는 거대한 패총을 발굴하였다[222, pp.56-57]. 그 발굴은 당시 막 생겨난 아무르 주 연구 협회의 위임과 지원에 의해 이루어졌다[292, p.17]. 웨.엠.마르가리또프는 수십종의 유물을 발견하였고 또 극동에서는 처음으로 기능에 따라 유물을 분류하였다. 그는 고분의 흔적을 발견하였고, 패총에 굴(устрица)이 우세함을 지적하였으며, 패총의 형성에 레뱌지야(Лебяжья) 潟湖의 역할을 정확하게 평가하였고, 또한 해안의 지형을 복원하고자 시도하였다. 마르가리또프는 얀꼬프 문화의 연령을 놀랄만한 명민함으로 알아 맞추었는데, 渤海보다 15세기 이르게, 즉 기원전 8-7세기로 편년하였던 것이다! 얀꼽스끼의 뒤를 이어 마르가리또프는 해안의 주거유적이 계절적인 것이라고 제안하였다. 1세기가 지난 후 줴.웨.안드레예바(Ж.В.Андреева)도 그러한 생각을 갖게 되었고 그것을 증명하려고 노력하였다[11, pp.43-47]. 그러한 생각 자체와 증명은 잘못된 것이 틀림없지만, 아직 우리는 하나의 혹은 수개의 이웃하는 주거유적들의 기능을 명확하게 구성할 수 있는 정확한 방법론을 갖지 못하고 있음도 인정해야 한다. 현재 편년설정은 추측의 한계를 벗어났지만, 세부적 편년설정은 아직 극동에 생겨나지 않았다.

전체적으로 엠.이.얀꼽스끼, 이.에쓰.빨랴꼬프, 웨.뻬.마르가리또프 등의 1880-1885년에 걸친 조사는 연해주의 고고학사에 있어 제1기를 구성한다. 그들은 짧은 기간이었지만 생산적이었고 또 극히 전문적이었으며 동시에 당시로서는 높은 연구 수준을 견지하고 있었다. 그들은 향후의 발전을 위한 모든 토대를 구축하였었다. 당시 중국과 한국에서는 그러한 조사작업이 없었고 일본에서는 원시 고고학이 단지 형성되고 있었을 뿐이었다.

제2기는 아무르 주 연구 협회의 활동과 깊은 관련이 있다. 그 협회의 활동기간은 1885-1922년으로 편년될 수 있을 것이다. 제2기의 고고

그림 3. 에프.에프.부쎄

학조사, 발견, 발표 등에 대해서는 수차에 걸쳐 서술된 바 있다. 몇몇 사실들을 열거해 보자.

에프.에프.부쎄(Ф.Ф.Буссе)는 신석기시대의 것을 포함하여 수혈식 주거지를 처음으로 발견하였고, 연해주의 초기 농경에 대한 문제를 처음으로 제기하였다. 1908년에 엘.아.끄라뽀뜨낀(Л.А.Кропоткин)은 에프.에프.부쎄의 자료를 토대로 극동 전체에 대한 첫번째의 고고학 지도를 작성 발표하였다[59]. 그 지도의 가치는 지금도 다하지 않았다. 예를 들어, 그 고고학 지도에 언급된 뻬드로바 湖(о. Петрова)는 20세기의 60년 대에야 비로소 조사되었다. 엔.알프딴(Н.Альфтан)이 발견한 비낀 江(р. Бикин)의 지류에 있는 암각화는 70년 대에 웨.이.디야꼬프(В.И.Дьяков)에 의해 재발견되었다. 제2기에 아.웨.옐이쎄예프(А.В.Елисеев)는 시기구분을 수차에 걸쳐 시도하였다. 웨.까.아르쎄니예프(В.К.Арсеньев)는 연해주 주의 청동기시대의 존재를 부정하였다. 그는 《알려진》곳으로 부터의,《유럽》으로 부터의 접근을 주장하였다. 청동기시대의 평가뿐 아니라 다른 문제들에 있어서도 극동 고고학에는 그러한 접근 방법과 다시는 조우하지 않을 것이다.

에프.에프.부쎄와 아.웨.옐이쎄예프, 특히 웨.까.아르쎄니예프에게는 토착주민들에 대한 높은 휴머니즘과 그들의 역사에 대한 깊은 존경이 특징적이었다. 그 시기에 아무르 유역의 민족들에 대한 민속학적 연구가 활발하게 행해졌다. 게다가 엘.야.쒸쩨른베르그(Л.Я.Штернберг), 뻬.라우뻬르(Б.Лауфер) 등은 고고학 유적에도 주목하였다. 그와 같은 자료접목의 생산성은 다음 단계, 특히 아.뻬.아끌라드니꼬프의 저작에서 완전하게 발현된다[292, pp.22-30].

웨.까.아르쎄니예프는 연해주에 대한 박식한 지식을 바탕으로 역사에 대한 생태학적인 접근을 시도하였는데, 놀랄 정도로 현대적인 방법이었다. 흥미로운 사실은 웨.까.아르쎄니예프가 고대의 농경의 흔적에

그림 4. 웨.까.아르쎄니예프

대해 몇몇 아주 가치있는 관찰을 했으면서도 원시인들에 있어서의 농경의 존재는 믿지 않았다는 점이다.

제2기에는 일련의 발견과 생산성 있는 이데아로서 연해주의 고고학이 살찌워졌지만, 전체적으로 볼 때, 全 러시아, 특히 시베리아의 그것에 비해 뒤떨어져 있었다. 극동에는 전문적인 고고학자가 없었던 것이다. 이르쿠츠크에서는 뷔.에.뻬뜨리(Б.Э.Петри)의 내방과 드불어 이르쿠츠크 학파가 형성되며, 일련의 뛰어난 고고학자와 인류학자들이 배출되었다. 블라디보스톡의 지리학협회 도서관에는 뷔.에.뻬뜨리가 웨.까.아르쎄니예프에게 선물한 책들이 보존되어 있다. 그 책들의 기념 서명에는 두 연구자가 상호의견을 주고 받았음을 증명한다: 1880년부터 이르꾸츠크와 블라디보스톡 사이에 고고학 분야에 있어서의 관계가 시작되었다.

제3기 - 1922-1952 - 에는, 비록 대부분의 고고학조사가 아무르에서 행해지긴 했지만, 극동 고고학이 전문적인 수준으로 발전하였다. 1926-1927년에 엠.엠.게라씨모프(М.М.Герасимов)는 하바롭스크 地區에서 지표조사를 행하였고, 후에 중석기시대 문화의 한 명칭이 된 오씨뽀브까(Осиповка) 유적을 발견하였다[204, pp.205-207]. 1934년에 민속학자 아.엠.졸라따레프(А.М.Золотарев)는 쑤추 島(о. Сучу)에서 처음으로 신석기시대 주거지를 발굴하였다. 1935년의 발굴시즌 동안에 아.엠.아끌라드니꼬프는 아무르 하류에서 조사단을 이끌면서 하바롭스크에서 니꼴라예브까(Николаевка)까지 강안을 따라 고고학적인 측량을 하였다[270, pp.3-52].

아.뻬.아끌라드니꼬프는 선임자들이 조사한 자료를 가능한 한 모두 참고하였고, 일련의 새로운 유적들을 발견하였다: 鐵橋 근처, 아무르 驛 근처, 빈느이 자보드(Винный завод; 포도주 공장) 마을 근처. 체르드이모브까(Чердымовка) 등을 포함하여 하바롭스크에서 모두 5군데의 유적지를 발견하였다. 당시로서는 아주 드물게 신석기시대 고분들을 발견하였다. 인노껜찌옙스꼬예(Иннокентьевское), 말므이쥐(Малмыж), 바즈네쎄놉스꼬예(Вознесеновское), 아다(Ада), 깔리노브까(Калиновка), 보고로드쓰꼬예(Богородское), 깔리마(Кальма), 떼바흐(Тэбах), 따흐따(Тахта), 말르이쉐바(Малышево) 등을 포함하여 모두 135 개의 석기시대 유적을 발견하였는데, 대부분 현대 고고학의 중요 조사대상이다. 1935년에는 쑤추 島와 빈느이 자보드 마을 근처에서 발굴이 행해졌고, 암각화 유적이 4군데 조사되었다. 1935년의 보고서와 뒤이은 1936년의 테지스 및 논문에서 극동의 신석기시대에 대한 이데아가 제시되었다 [248; 249].

1935-1936년의 생산적인 관찰 중에는 초기 신석기시대에 구석기 형태의 도구가 사용되었다는 결론, 한면만 볼록한 도끼와 자귀, 곤봉, 쐐기 등에 대한 유형분류, 螺線文, 雷文, 지그재그文,《롤러 押印文》등

의 문양과 점토막(ангоб: reserved slip), 彩色, 반움집 등의 관찰, 확고한 정주와 어로에 대한 결론 등등이 포함된다.

1935년의 보고서에 씌여진 다음의 문구는 아직도 유효하다: 《아무르의 유적들이 일본, 중국 및 한국의 차이가 난다는 점은 논쟁의 여지가 없다… 아무르 신석기시대의 독특성과 기하학문양이 울치(ульчь) 인들과 니브흐(нивх) 인들(아이누 인들) 예술의 모티브와 갖는 몇몇 연계성은 아무르 신석기시대의 토착적 발생과 독자적인 발전을 증명할 수도 있다…》[270, p.45].

동물학자 아.이.라진(А.И.Разин)의 활동은 제3기에 있어 아주 중요한 현상 중의 하나였다[312; 313; 314]. 문제는 라진이 수십개의 새로운 패총을 발견하고, 뽀뜨르 벨리끼 灣의 해안선에 분포하는 모든 패총들을 단일한 문화로 서술하였다는데 있는 것이 아니다. 그것은 다른 동물학자 이.에쓰.빨랴꼬프가 19세기의 80년 대에 행한 일을 양적으로 중대시킨 것뿐이었다. 라진은 수중생물학자였다. 그는 해안의 패총유적들과 灣의 바닥에 서식하는 굴 사이에 긴밀한 관계에 있음을 보여 주었고, 연체동물들의 종류를 서술하였으며, 만에 있는 굴의 양과 굴 채취 방법을 평가하였고, 채집의 규모와 전망에 대해 평가하였다[315; 316]. 본질적으로, 연해주에서 처음으로 古생물학적인 방법 - 용어 자체가 생겨나기 훨씬 이전에 - 이 적용되었던 것이다. 아.이.라진은 우리들로 하여금 養殖의 존재를 발견하게 하였지만, 자신은 고대인들에게서 양식의 존재를 파악하지 못하였는데, 그것은 당시 연해주에 현대의 양식이 없었기 때문이었다. 게다가 아.이.라진의 저작은 오늘날의 과제를 내정하였고 또 어느 정도 해결하였다.

전쟁 전에 블라디보스톡 지역학 박물관에서 유리 뻬뜨로비치 메드베제프(Юрий Петрович Медведев)가 일하기 시작하였다: 그는 자신의 저작을 남기지 못하고 전선으로 나가 사망하였다. 쑤추 島에서 처음으로 발굴을 한 아.엠.졸라따레프와 1940년에 아무르 강 중류의 말갈 주거유적을 처음으로 발굴한 아.웨.마친스끼(A.B.Мачинский) 등 다른 유명한 고고학자들도 사망하였다[118, pp.17-18].

엘.엔.이반이예프(Л.Н.Иваньев)의 저작이 제3기를 나름대로 총괄한다. 수 년간 블라디보스톡 地區의 패총을 방문한 바 있는 지역학자 엘.이.이반이예프는 연해주의 고고학 도서목록(원고본)을 작성하였고, 고고학 잡지에 2개의 보고서를 공표하기도 했다[150; 151]. 그의 저작을 통해 얼마나 많은 유적들이 발견되었고, 발표되었으며, 또 과거에 대한 지식이 얼마나 보잘 것없이 진전하였는지를 알 수 있다. 엘.엔.이반이예프는 1952년에 패총유적을 포함하는 문화에 대해 1880-1885년에 형성된 신석기 문화로 파악하는 입장을 그대로 되풀이하였다. 그 문화는 당

그림 5. 아.뻬.아끌라드니꼬프

시 연해주에 알려져 있었던 유일한 원시 고고학 문화였다.

총괄적으로, 혁명 전과 2차세계대전 전의 연해주와 쁘리모리예의 고고학사는 우리들에게 유적의 발견, 방법론 그리고 이데아라는 유산을 남겼지만, 해당 지역에 지속적으로 활동하는 연구기관 및 발굴의 부재는 앞으로의 발전에 지장을 주게 되었다. 1953년 아.뻬.아끌라드니꼬프(А.П.Окладников)와 게.이.안드레예프(Г.И.Андреев)가 연해주에서 조사활동을 시작함으로써 상황은 본질적으로 변화하였다. 레닌그라드와 모스크바의 학자들을 통합한 극동 학술 조사단이 탄생되었다. 학술조사단은 基地 都市(1961부터 노보씨비르스크)를 바꾸었고 명칭을 北아시아 학술조사단으로 교체하였으며 조사단은 극동과 시베리아의 여러 도시에서 온 학자들을 포함하였고 고등교육기관과 또 새로 창설된 연구센터들을 포함하여 학술조사단은 크게 발전하였다. 그래서 지금까지 40년이 넘는 기간동안 이 활동은, 우리가 오늘날 극동고고학이라 부르는, 전문가들, 자료들, 그리고 여러 지식들의 본원지를 형성하고 있다.

본질적으로 보아 극동 고고학은 1953년에 현대적 단계로 진입하게 되는데, 보다 세분된 단계로 구분하기는 극히 어렵다. 구분의 기준을 찾아내기가 힘들다. 대작들의 출간, 연구기관의 재구성, 새 세대의 고고학자들 배출 등이 약 40여 년간에 걸쳐 이루어졌다. 연구방법의 발전, 간부의 양성, 새로운 연구기관의 설립 등에 알렉세이 빠블로비치 아끌라드니꼬프는 엄청난 영향을 끼치었다. 그의 지도하에 커다란 발굴들이 행해졌으며, 개론서, 논문, 보고서, 대중서 등의 많은 저작들이 그의 펜대를 거치었다. 아.뻬.아끌라드니꼬프의 제자들도 많은 업적을 쌓았다. 아끌라드니꼬프가 활동한 기간은 아끌라드니꼬프 期로 부를 수 있을 것이다. 아끌라드니꼬프 期는 1981년에 중단된다.

위와 같은 시기구분은 외부적인 발전 만을 반영한다. 극동 고고학 발전과정의 내부적 법칙을 밝히는 것이 보다 가치있을 것이다. 그것을 위해 다시 처음 50년 대로 돌아가자.

아.뻬.아끌라드니꼬프와 게.아.안드레예프의 조사단은 거의 평행적으로, 서로 서로 독립적으로 일하였다. 첫번째 발굴 시즌에 다층위의 중요한 유적들 - 오씨노브까(Осиновка), 루드나야(Рудная), 자이싸노브까(Зайсановка), 쎈끼나 샤쁘까(Сенькина Шапка) - 이 발견 및 발굴조사 되었다. 1956-1959년 사이에는 끄로우노프까(Кроуновка), 뻬샨느이(Песчаный), 하린스까야(Харинская), 끼롭스끼(Кировский), 발렌찐(Валентин), 씨니예 스깔르이(Синие Скалы) 등이 발견 및 발굴조사되었으며, 수십개의 새로운 주거유적이 발견되었다. 패총문화에 대한 첫번째의 예비적 검토에서 그 문화를 금속시대, 즉 청동기시대의 문화로 보아야 한다는 의견이 제시되었다.

신석기시대가 분리되고, 층위학 학파가 형성된다. 1959년에 아.뻬.아끌라드니꼬프의 책이 출판되었다[256]. 그 책 속에 고금속시대의 현대적 계열 - 하린스까야-뻬샨느이-끄로우노프까-쎈끼나 샤쁘까 - 이 형성되었다. 신석기시대의 층위구분은 어렵게 진행되었다. 게.아.안드레예프는 하산(Хасан) 유적을 기원전 3천년기 중엽에서 2천년기 말엽까지 4단계로 시기구분하였다[7, p.157]. 1959년은 나름대로의 경계선이 된다: 《연해주의 먼 과거: Далекое прошлое Приморья》가 그 기간을 총괄한다. 그 책의 자료와 결론은 후에《시베리아史: История Сибири》[149]와 다른 저작에서 수회에 걸쳐 반복된다. 이 단계에는 두 연구자 그룹의 연구 방법론과 자료 접근 방법이 크게 발전하였다. 아.뻬.아끌라드니꼬프는 연차적인 발굴과 지표조사를 병행하여 보다 폭 넓게 조사 작업을 행하였다. 그와 함께 엔.엔.자벨리나(Н.Н.Забелина), 에르.에쓰.바씰리엡스끼(Р.С.Васильевский), 엠.웨.바라비요프(М.В.Воробьев), 웨.예.라리체프(В.Е.Ларичев), 엔.웨.이보치끼나(Н.В.Ивочкина), 에.웨.샤브꾸노프(Э.В.Шавкунов) 등이 일하였다. 게.이.안드레예프와는 줴.웨.안드레예바

(Ж.В.Андреева)가 함께 일하였고, 발굴보다는 지표조사를 더 많이 행하였으며, 주거유적의 발굴은 단 한 시즌에만 행하였다.

양 그룹의 연구자들은 러시아 고고학에 있어 일반적인 방법론을 적용하였지만, 본질적인 차이를 지니고 있었다.

아.뻬.아글라드니꼬프와 엔.엔.자벨린은 층위학에 많은 관심을 기울였고, 동료들을 위해 특별 지침서를 개발하였다. 그 지침서에는 극동 문화층과 반움집 주거유적의 특수성이 고려되었다.

반움집(полуземлянка)이란 개념은 명확하지가 못했다. 1972년 고고학 연구소 총회에서 엠.뻬.그랴즈노프(М.П.Грязнов)는 필자에게 반움집이란 용어를 사용할 때 무엇을 염두에 두냐고 질문한 적이 있다. 평지의 경우 반움집의 구덩이는 지하 30-60cm 정도의 깊이를 지니지만, 유감스럽게도 그것이 경사면 혹은 테라스에 위치하는 경우가 흔한데, 그 경우 한쪽 면은 깊이가 1,5m 혹은 심지어 2m에 달하고 다른 한 면은 지상에 노출되곤 한다. 그런 주거지의 벽은 단지 일부 만이 흙으로 덮혔을 뿐이며, 기둥이나 나무 막대기를 지주로 하여 부분적으로는 지상으로 돌출한 경우도 있다. 사람들이 단 한번만 거주한 주거유적은 아주 드물며, 대개 두 번 혹은 그 이상 거주한 경우가 대부분이다. 후자의 경우 먼저 있었던 구덩이를 의식적으로 골라 새로운 집 구덩이로 사용한 경우가 자주 눈에 띈다: 부스러기 흙은 파기가 쉽다. 한 집자리가 3-5개의 구덩이를 포괄하고 있는 경우도 있는데, 그 경우에는 복잡한 유물 및 유구의 복합체를 구성한다.

집을 지으면서 구덩이·기반부를 몇 번에 걸쳐 새로이 굴토해서 유물의 교란과 혼재를 초래하기도 한다. 연해주의 신생대 토층은 1m를 넘지 않으며, 흔히 60-70cm 정도이다. 초기 철기시대의 쩍개와 같이 古式의 유물이 오랫동안 사용된다. 부식층 형성의 특수성: 물과 바람에 의한 침전물의 증대는 여러 시대의 유물을 윗 층위에 압착한다. 지금까지 열거된 요인들은 문화층의 층위학적 구분을 극히 어렵게 한다.

대규모의 발굴범위, 집자리와 집자리 사이사이를 모두 포괄하는 전면 발굴, 층위 단위의 굴토 및 정리 등 러시아 고고학에 공통적인 방법론 이외에도 특별한 방법이 필요하였다. 개별적인 집자리, 집자리의 일부, 마루, 구덩이, 제작소 등에서 손상되지 않은 구역 및 은폐유적을 탐색하고 분리하는 것이 그 기저에 놓여 있었다. 그런 유적들에서 출토된 유물들은 다른 유물들의 상대편년 및 성격을 파악하는데 도움이 되었다.

암석학적 준거도 설정하고자 노력하였지만, 만족할 만한 결과를 얻지 못하였다: 한 유적 내에서는 일정한 층위와 주거 시기를 관련시킬 수 있지만, 이웃 주거유적에서는 이미 다른 현상이 나타나기 때문이다. 예를 들어, 신생대 초기의 유물은 대개 맑은 사질점토층에 매장되어 있지만, 부식 사질토양에서 고금속시대의 유물과 공반출토되는 경우도 있으며, 또 반대로 고금속시대의 유물이 사질점토층에서 발견되는 경우도 있다. 실제적으로 각각의 발굴장에서 문화층 형성과정을 새로이 복구할 수 밖에 없다.

그와 같이 복잡한 조건 속에서 각 지역에 대한 층위학적 준거를 실수없이 빠른 시간안에 설정하기란 극히 어려운 일이다. 완전하지는 못하지만, 南연해주 지역에 대한 층위학적 준거가 그래도 가장 잘 설정되어 있다. 아무르 하류에는 그런 준거가 아직 개발되지 못했다. 꼰돈(Кондон) 주거유적(신석기시대)의 경우에는 유물 복합체가 오랫동안 단층위의 것으로 인식된 바 있는데, 한까 고분군 발굴의 결과로 나선형 문양이 있는 토기와 《아무르 역음문(амурская плетёнка)》가 있는 토기가 다른 문화의 복합체로 분리되었다.

소수의 단층위 주거유적의 발굴도 바로 그와 같은 역할을 한다.

방법론의 개발은 아.뻬.아끌라드니꼬프와 그의 동료들로 하여금 이미 50년 대에 고금속시대의 층위학 과제를 해결 가능케 하였다. 유형학적인 방법도 활용되었다.

게.이.안드레예프도 유적들을 층위분류하였다. 예를 들어, 그는 자이싸노브까(Зайсановка)에서 얀꼽스끼 문화의 윗 층위를 분리하였다. 하지만, 그 유역에서 주거지는 거의 발굴하지 않았다. 게.이.안드레예프는 유물에 많은 관심을 기울였는데, 그의 유물분석은 지금까지도 중요한 의미를 지닌다. 안드레예프는 자신의 첫번째 편년설정에 甘肅省, 일본, 에스키모, 앙소문화 등 《알려진》 곳과의 유물들을 폭넓게 비교·적용 하였다. 게.이.안드레예프의 편년설정은 지금도 어느정도 정확하다: 예를 들어, 그는 얀꼽스끼 문화를 기원전 7-2세기로[6, p.17], 아.뻬.아끌라드니꼬프는 기원전 2천년기 말-1천년기 초(기원전 7세기 이전까지)[256, pp.85-154]로 각각 편년하였었다.

1960년 뻬샨느이에서 일련의 철기유물이 발견되었고, 이는 얀꼽스끼 문화에 대한 재검토를 초래하였다. 뻬샨느이에 대한 논문[259]은 당시 연해주에서는 가장 높은 연구수준과 그래픽 수준을 견지한 최고의 발표물이었다. 만약 《연해주의 먼 과거》가 역사적 개괄의 노선을 열었다면, 《뻬샨느이》는 체계적인 자료 연구와 서술의 시작이었다.

연해주의 유물들은 체계적인 연구의 대상이기 보다는 개설서와 총괄서에 흔히 활용되었고, 70년 대부터는 자료와의 단절이 늘어났다.

1959년 3군데의 발굴을 토대로 하여 연해주 신석기시대에 대한 체계화가 이루어졌다. 그 발굴을 기초로 하여 南, 北, 中央신석기시대 - 자이싸노브까, 루드나야, 오씨노브까 - 라는 3개의 지역이 분리되었다. 얼마전 웨.이.디야꼬프(В.И.Дьяков)는 연해주 신석기시대의 지리적 분리에 대해 다시금 의견을 개진하였다[131, pp.77-79]. 만약 1959년의 개괄서에서 자료의 《개별 지역적》 상황이 초기 단계에 있어 자연적인 현상이었다면, 1973년[292]과 1977년[11]의 최소의 자료를 토대로 하는 개설방법은 옳지 못한 것이었다.

고고학자들은 언제나 확보된 지식 수준에 부합하는 역사적 사회적 복원을 하려고 노력하였으며 또 앞으로도 노력할 것이다. 그러나《역사로》의 진입에는 체계화, 편년, 심도 깊은 연구 등등에 대한 자료비판이 선행되어야만 한다. 자료비판의 부재는 옹색한 논리적 귀결과 자료에서 발견할 수 없는 논리적 비약을 초래한다. 70년 대는 자료에 대한 비판이 빈약한 시기였다.

60년대에는 극동 학술조사단에 아.뻬.데례뱐꼬, 예.이.데례뱐꼬, 이.이.끼릴로프(И.И.Кириллов), 아.이.마진(А.И.Мазин), 베.에쓰.싸뿌노프(Б.С.Сапунов), 에쓰.웨.글인스끼(С.В.Глинский), 웨.예.메드베줴프(В.Е.Медведев) 등과 같은 젊은 고고학자들이 대거 참가하였다. 극동대학과 필자는 그들과 적극적으로 협조하였다. 1960-1969년 사이에 알레니(Олений) 국영농장 근처의 주거유적 복합체 -4개의 주거유적과 중석기시대에서 끄로우노브까 문화(кроуновская культура)에 이르는 7개의 층위- 가 발굴되었다. 3개 층위의 끄로우노프까 유적에서도 발굴이 계속되었다. 뻬뜨로프 島(о. Петров)에서 3개의 층위가 있는 주거유적이, 뿌땨찐(Путятин)에서는 2개의 층위로 분리되는 주거유적이 각각 발견되었고, 또 씨니 가이 유적의 발굴이 시작되었다. 우스찌노브까(Устиновка) 유적이 발견 및 발굴되었고, 1965년의 발굴시즌에는 오씨노브까 유적에서 우스찌노브까 층위(устиновский слой)가 분리되었다. 엔.데.아바도프(Н.Д.Оводов)는 지리학협회 동굴(пещера Географического общества)을 발굴하고 또 쑤찬 계곡에서 동굴탐사를 하였다.

아무르 강 중류에서는 노보뻬뜨로브까(Новопетровка)[105], 그로마뚜하(Громатуха)[293], 철기시대 주거유적[107: 108: 290] 등이, 아무르 강 하류에서는 꼰돈(Кондон)[276], 바즈네쎄노브까(Вознесеновка)

등의 유적이 발굴되었으며, 노보뻬뜨로브까 文化, 그로마뚜하 文化, 아씨노오제로 文化, 말르이쉐바 文化, 꼰돈 文化, 바즈네쎄노브까 文化 등 일련의 신석기시대 문화가 분리되었다. 아.뻬.아끌라드니꼬프는 바즈네쎄노브까에서 3개의 순차적인 층위를 분리하였다[262; 302]. 아무르의 신석기시대 예술품들 - 꼰돈 출토의 小像, 바즈네쎄노브까 출토의 꽃병 등 - 이 커다란 관심을 끌었다. 출토품들은 아무르와 우쑤리의 암각화를 편년설정하는데 일정한 도움을 준다; 암각화들은 세밀하게 베껴서 발표하였다[266].

60년대에 극동 학술조사단은 자료의 양을 크게 증대시켰다. 노보시비르스크와 블라디보스톡에 연구센트가 형성되었다. 아.뻬.아끌라드니꼬프는 확보된 자료들을 《시베리아史》에 수록하였고, 그 자료를 토대로 극동의 고대사가 독창적이고 깊이있다는 개념을 정립하였다. 언해주의 자료들은 그러한 개념의 정립에 큰 역할을 하였다: 바로 연해주에서 가장 고대에 속하는 鐵과 초기 농경이 발견되었던 것이다.

그와 동시에 정보의 양적 증대와 농경과 같은 새로운 국면의 전개는 새로운 연구방법, 자연과학자들의 참여, 이론의 발전 등을 要한다. 모순과 지식에 있어서의 공백도 생겨난다. 예를 들어, 우스찌노브까 중석기 문화가 발견된 반면, 신석기시대는 이전과 마찬가지로 기원전 3-2천년기로 편년되었다: 시기적 단절이 형성되었다. 소련의 신석기시대들 중에서 가장 이른 시기 중의 하나인 기원전 5-4천년기로 편년되는 아무르의 초기 문화들[264,p.191]도 그 단절을 메꾸지 못한다. 그것은 이례적으로 검증하기 어렵다.

기원전 2-1천년기 교체기의 문화들은 마치 도시의 출퇴근 시간 교통체증처럼 복잡하다: 하린 文化, 얀꼽스끼 文化, 자이싸노브까 文化 등은 물론이고 심지어는 쎄미빠뜨나(Семипятна)의 끄로우노브까 연대도 그 시기로 편년된다.

70년대부터 우리는 모순 덩어리를 검토하기 시작하였다. 당시 소련 고고학은 이론적 문제들을 적극적으로 논의하였으며, 연구 방법을 개선하였고, 시기구분과 편년에 대한 몇몇 낡은 표상을 뜯어 고쳤다. 내부적 필요성과 외부적 충동은 극동 고고학으로 하여금 심도깊은 체계화, 개념의 명확화, 풍부한 방법론의 개발 등으로 나아가게 하였고, 결과적으로 체계적인 연구로 향하게 하였다.

연해주에서는 씨니 가이의 발굴이 완료되었고[2,pp.4-17], 아.뻬.아끌라드니꼬프는 동료들과 함께 블라지미로-알렉산드롭스끼(Владимиро-Александровский) 근처의 고대 주거유적 복합체를 몇 시즌에 결쳐 발굴하였고[287], 웨.아.따따르니꼬프(В.А.Татарников)는 쵸르따브이 바로따(Чертавы Ворота)를 발견 및 발굴하였다[337]. 이.에쓰.쥬쉬홉스까야(И.С.Жущиховская)는 끼예브까(р. Киевка) 강변의 다층위 주거유적을 발굴하였다[146; 147]. 발렌쩐 항만(б.Валентин)의 발렌쩐 협곡 주거유적에 대한 발굴이 재개되었는데, 새로운 유물과 층위 덕분으로 그 유적이 신석기시대부터 중세까지 존재하였던 것임이 밝혀졌다[12; 90; 93]. 줴.웨.안드레예바는 씨니예 스깔르이(Синие Скалы)에서 계속 발굴조사를 하였으며[9; 10], 따브리찬까(Тавричанка)에서 얀꼽스끼 문화의 고분들을 발굴하였고[12; 13], 그리고 1962년부터 말라야 빠두쉐치까(Малая Подушечка)에서 시작하였던 주거유적과 고분군에 대한 조사를 마무리지었다[8].

쁘리아무르에서는 꼰돈에서 발굴조사가 마무리되었고, 말르이쉐바 地區의 싸까치-알랸(Сакачи-Алян)에서 수회에 걸쳐 발굴이 행해졌다. 80년대 초에 싸까치-알랸에서 러시아에서는 가장 오래된 토기가 오씨뽀브까 중석기 문화의 도구와 한 층위에서 공반출토되었다[265; 295; 298]. 쑤추에서도 발굴이 행해졌다[268]. 80년대 초에 연해주에서는 우스찌노브까에서의 발굴이 재개된다.

자료의 양적인 팽창은 고고학자들로 하여금 적극적인 분석과 연구를 하게끔 하였다. 1971년에 아.뻬.데레뱐꼬는 박사학위 논문심사에 통과하였는데[106], 극동 고고학에 대한 첫 박사학위 논문이었다. 학위논문에는 전기 구석기시대부터 뿔쩨 문화까지의 쁘리아무르에 대한 거대한 양의 자료가 총괄화되었다. 70년대 초까지 축적된 연해주에 관한 모든 자료도 분석되었다. 그 엄청난 연구물은 1983년에야 새로운 자료와 개념들을 포괄하여 출간되었다[110].

아.뻬.데레뱐꼬는 유적·유물들을 발표하였으며, 자료들을 고고학 문화 수준으로 체계화하였고, 유물들을 새로이 알려진 외국의 것들과 더불어 형식분류하였고, 복원을 위해 가능한한 모든 작업을 하였다. 편년문제는 완전하게 해결하지는 못하였다: 신석기시대의 존속시기는 줄어 들었고, 초기 철기시대는 약간 길어졌으며 또 청동기시대에 의해 약간 아래로 내려 갔다.

1972년 블라디보스톡에서 고고학자들이 모임을 가져 자이싸노브까 文化(зайсановская культура), 씨니가이 文化(синегайская культура), 얀꼽스끼 文化(янковская культура), 끄로우노브까 文化(кроуновская культура) 등 현재 여러 문헌에 사용되고 있는 용어의 명칭 문제를 해결하였다. 문제는 2명 혹은 그 이상의 고고학자들이 연구하는 연해주의 모든 문화들이 문헌에 둘 혹은 그 이상의 명칭을 가지고 있었다는 데에 있다.

이미 70년대 초에 나타난 유물의 엄격한 체계화 경향으로 인해 방법론이 다양해졌고 또 협소한 전문연구가 나타났다. 아.엠.꾸즈네쪼프(А.М.Кузнецов)와 웨.아.따따르니꼬프는 이르쿠츠크에서 개발된 形態·미터서술 방법을 석기 공작 서술에 적용하였다.

이.에쓰.쥬쉬홉스까야의 초기 철기시대 토기 연구[147], 엔.아.까노넨꼬(Кононенко)의 실험·흔적학을 적용한 석기의 유형연구[170], 엘.

웨.꼰이꼬바(Л.В.Конькова)의 분광기와 금속조직학을 이용한 청동기 제작연구[173] 등이 70년대 초에 시작되어 80년대 초에 마무리되었다.

방사성탄소연대가 증가하였고, 비록 긍정적인 결과를 얻지는 못하였지만 熱루미네슨法과 고지자기법에 의한 첫번째의 연대측정이 시도되었다.

하린스까야[294, pp.85-117], 뻬드로바 섬[281, pp.3-13], 쇼르따브이 바로따[337] 등 이전에 발굴하였던 유적들의 보고서가 출간되었고, 일부는 씨니가이 문화[2, pp.4-17], 리도브까 문화, 얀꼽스끼 문화[125, pp.26-108] 등의 고고학 문화를 서술하는데 인용되었다. 연해주에서의 보고서 출간은 쁘리아무르에 비하면 훨씬 느리게 진행된 것도 사실이다.

제4기 地質學, 生態層位學(биостратиграфия), 古生物學 등이 70년대 고고학 연구에 큰 도움이 되었다[175; 97; 340]. 연해주 제4기 지질학 연구에 고고학 자료는 아직도 거의 이용되지 못하고 있다. 연해주에서 지질학과 고고학의 접목은 이제 막 시작단계에 있다. 고고학자와 지질학자 그리고 수중생물학자 간의 협력은 특히 가치있는 것이다. 연해주에는 화분포자학, 아동학, 과실학 등의 전문가가 부족한 느낌이다.

블라디보스톡 이외에도 연해주에는 우쑤리스크(Уссурийск)와 달네고르스크(Дальнегорск)에서 현재 고고학자들이 활동하고 있다. 연해주에서는 러시아 과학아카데미 극동과학센트 극동민족의 역사, 고고학 및 민속학 연구소, 극동대학, 우쑤리스크 교육대학 등에서 정기적으로 학술대회가 개최되고 있다. 이와 같은 긍정적인 현상 이외에도 고립된 조사활동, 상호 협력의 빈약 등 부정적인 요인이 없는 것도 아니다.

100여 년의 기간에 걸쳐 연해주 고고학은 풍부한 경험과 거대한 양의 자료를 축적하였다. 그 동안 약 800여 개의 유적이 조사되었는데, 대부분이 최근 40년 사이에 발견된 것이다. 70-80년대의 교체기에 고고학 연구는 체계적인 성격을 띠게 되었고, 새롭고 보다 높은 수준으로 진입하게 된다. 체계적 접근의 시원은 19세기 80년 대의 첫 저작들에서, 아.뻬.아끌라드니꼬프의 뻬샨느이 연구에서, 웨.까.아르쎄니예프의 생태학적 접근에서, 아.이.라진의 고경제학적 접근에서, 그리고 아.뻬.데레뱐꼬의 기본적 자료처리 등등에서 발견된다.

이웃하는 외국의 자료들도 취급되었다. 원시 고고학은 본질적으로 국제적이다. 행정적 국가적 경계선은, 거대한 자연적 경계와 일치하지 않을 경우 고고학 문화의 범위와 일치하는 경우가 거의 없다. 인류의 역사적 단일성 속에서 학문은 자신의 미래를 내다 보아야 한다[299, pp.249-264].

1946년에 아.뻬.아끌라드니꼬프는 일본 고고학을 개괄하였고[251], 1953년에는 이웃나라의 고고학에 대한 새로운 논문들[288, pp.246-250]과 엠.웨.바라비요프(M.B.Воробьев)의 학위논문[78]이 씌어졌다. 바라비요프의 학위논문은 곧 단행본으로 출간되었는데, 그 속에는 50년대 초까지 확보된 자료를 총괄하고 있다[80]. 같은 시기에 웨.예.라리체프(B. E.Ларичев)는 만주의 신석기시대와 청동기시대를 연구하였다[198; 199; 200; 201; 202]. 한반도, 만주, 일본 등에서 출간된 보고서와 책자들이 러시아 고고학자들의 연구 논문들[73; 107; 108; 110; 111]에 폭넓게 활용되었다.

제 2 장 層位學, 類型學, 方法論, 時期區分

　　南연해주 홀로센의 生態層位學(биостратиграфия)은 70년대에 개발되기 시작하였고, 최근에는 블리타-세르난데르의 유명한 圖式과 비교할 수 있는 가능성이 생겨났다. 花粉胞子分析, 珪藻植物分析, 大·小形動物相分析, 放射性炭素分析 등이 활용되고 있고, 期間(фаций)과 지형학적 표면의 관계가 밝혀지고 있다. 홀로센의 지질계층은 5期로 나뉜다; 先보리일(Pre-Boreal)期, 즉 아무르 단계(10,300-9,100년), 보리얼(Boreal)期, 즉 하싼 단계(9,300-8,000년), 애틀란틱(Atlantic)期, 즉 바라바쉐프 단계(8,000-4,500년), 亞보리얼(Sub-Boreal)期, 즉 암빈 단계(4,500-2,200 (2,500)년), 亞애틀랜틱(Sub-Atlantic)期, 즉 리자노프 단계(2,200- (2,500)년). 홀로센에 선행하여 빠르띠잔스크 期가 있었는데, 溫暖期(1만 2천년 중반에서 1만 1천 5백년까지)와 寒冷期(10,700년)로 구분된다[175, pp.125-150, 196].

　　홀로센은 前期- 아무르 단계(амурская фаза)와 하싼 단계(хасанская фаза), 中期- 바라바쉐프 단계(барабашевская фаза)와 암빈 단계(амбинская фаза), 後期- 리자노프 단계(рязановская фаза)로 나뉜다[97, p.77].

　　화분포자 스펙트럼 분석에 따르면, 홀로센 이전의 빠르띠잔스크 기의 식물에는 자작나무·낙엽송림과 나무가 드문 숲(редколесье)이 주를 이루었다. 전기 홀로센은 급격한 온난화와 더불어 시작되었다; 연해주의 해안 지역에는 자작나무·느릅나무숲과 참나무숲이 나타났다. 중기 홀로센의 바라바쉐프 단계에는 홀로센 最適條件(оптимум; optimum)이 도래하는데, 우쑤리·한까 평원에는 잎이 넓은 활엽수림과 초원이 분포하였고, 南연해주의 해안 지역에는 떡갈나무가 우세한(하싼 地區에는 까치박달) 잎이 넓은 활엽수림과 우산나무(傘樹), 루핀(Lupinus), 곡초류를 동반하는 草原 植物群落(фитоценоз)이 [97,pp.77-85], 씨호테-알린 산맥의 경사면에서는 잣나무·잎이 넓은 활엽수림이, 그 위에는 짙은 침엽수림이 분포하였다. 4,500년 전인 애틀랜틱(바라바쉐프) 기와 아보리얼(암빈) 기의 경계에는 寒冷化 - 小氷河期 - 가 포착되는데[175, p.205], 오리나무屬과 자작나무의 花粉이 증가한다. 亞보리얼期 중반에는 온난화가 도래한다. 亞보리얼期와 亞애틀랜틱期의 경계에는 약간의 한랭화가 포착되는데, 亞애틀랜틱期부터 잣나무·잎이 넓은 활엽수림이 널리 분포하기 시작한다. 한까 유역 평원지대에는 초원이, 씨호테-알린 산맥의 경사면에는 잣나무·전나무숲과 전나무숲이 분포하게 된다.

에틀랜틱기 최적조건의 기후는 지금보다 따뜻하였고, 당시 느릅나무(вяз), 보리수나무(липа), 물푸레나무(ясень), 만주 호두(маньчжурский орех), 아무르 빌로드(амурский бархат), 까치박달(граб), 개암나무(лещина), 떡갈나무(дуб) 등의 만주 식물상이 형성되었는데, 떡갈나무가 우세하였다. 1,500m 이하의 고지대에서는 한국 잣나무(кедр корейский)가 우세하였다. 亞애틀랜틱期에는 현재의 식물상이 형성되었다[97, pp.85-96, 108-109].

최근 보이스만(Бойсман) II의 단면에서 온난다습한 기후의 변동과정이 포착되었다: 보이스만 文化의 층위군 아래쪽에서 다수의 온난성 까치박달과 증가된 보리수 화분이, 그 층위군의 윗쪽에서는 호도나무 화분이 발견되었다. 보이스만 문화의 층위들은 잡초, 개암나무, 자작나무 등의 화분이 우세한 古土壤으로 덮혀 있다. 자이싸노브까 문화의 윗층위는 삼림초원과 초원 식물의 群棲를 동반하는 증가된 건조기후를 반영한다[76, pp.18-26]. 웨.아.라꼬프(В.А.Раков)의 규정에 따르면, 연체동물상(малакофауна)은 보이스만 문화 패총의 형성과정 동안에 한랭화의 경향이 있었음을 반영한다: 아래층위들에는 아열대 種들 - Meretrix, Anadara subcrenata - 의 패각이 있지만, 윗층위들에는 없다.

홀로센의 연해주의 지형은 강수량집적(осадконакопление)의 조건을 결정한 東海[1])와 한까 湖 水面의 변동의 영향을 받아 형성되었다. 전기 홀로센 해침시 해수면의 변동 리듬은 논쟁적이지만, 변동폭은 15-20m로 평가된다. 바로 그 시기에 한까 호는 3-4m까지 退潮하였다[97, p.85].

애틀랜틱 단계에는 동해의 수면이 20-25m로 빠르게 急上하며, 하싼 지구의 딸리미 湖(оз. Тальми) 지역에는 씨뷰치우(Сивучью) 항만과 엑스뻬디찌(Экспедиции) 항만을 연결하는 넓고 얕은 해협이 존재하였다.

중기 홀로센에는 동해의 해안선이 지금보다 1.5-4m 높았다. 가장 최근의 해수면의 沈降은 약 6-5천년 전의 5m 해안 테라스의 형성과 관련이 있다.

애틀랜틱(바라바쉐프) 단계에 한까 호가 3-4m 退潮하였다. 亞보리얼期 중기에는 동해의 해수면이 약간 上昇하였고, 2-3m 높이의 해안 구릉(вал; swell)이 형성되었다[9, pp.198-207; 345, pp.323-324]. 깔레발(Калевал) 항만의 바로 그러한 구릉에서 신석기시대 층위 - 후기 자이싸노브까 - 가 발견되었다.

후기 홀로센에는 해수면이 단기간에 약간 - 0.8m이하 - 상승한 후

---

1) 譯註 : 원본에는 日本海(Японское море)로 표기되었지만, 東海(Восточное море)로 譯한다.

에 2.5-3m의 침강이 있었다. 한까 호에는 현재의 수면보다 낮은 1-1.5m 상승하였다. 전체적으로 홀로센의 해수면 변동과 대응하는 한까 호 수면 변동은 파도모양의 양상을 지녔다고 평가된다. 강수량집적의 과정은 홀로센 기후 最適期 동안의 활발한 寢食과 관련이 있다. 후기 홀로센에는 새로운 사이클이 있었다. 이제 막 시작단계에 있는 외피층에 대한 편년설정에는 고고학 자료의 활용이 불가피하다.

考古學的 層位學은 단층위의 유적을 포함하는 여러 유적들의 개별적인 column(колонка)들의 상관관계들로 형성된다. 유형학적인 토대 위에서 구축된 그러한 상관관계에는 C_{14} 연대가 활용되며, 또한 이웃 지역들 - 아무르 하류와 중류, 북한, 만주, 일본 - 의 column들과의 비교를 통하여 검증되기도 한다.

블라디보스톡 가까이에 위치하는 알레니 국영농장의 고대 주거유적 복합체의 column이 가장 완전한 정보를 제공한다. 이곳의 고대 주거유적들은 뾰뜨르 벨리끼 灣의 일부를 구성하는 우쑤리 灣에서 4km 떨어진 아르쩨모브까 江의 右岸에 있는 알레니(Олений) A(아)와 알레니 Б(베)라는 두개의 곶을 점하고 있다. 두 곶의 상호거리는 400m이다. 보다 높은 알레니 Б 곶의 산록에, 아르쩨모브까 강 수면에서 2m 높이에 B(웨)와 Г(게) 地區가 위치한다. 전체적으로 4개의 지구에 7개의 문화층이 드러났다.

오씨노브까(Осиновка)에서는 아.뻬.아끌라드니꼬프가, 루드나야 쁘리스딴(Рудная Пристань)에서는 웨.이.디야꼬프가 각각 4개 씩의 층위를 분리하였다. 보이스만 I, II, 끄로우노브까(Кроуновка), 루다높스꼬예(Рудановское), 쎈끼나 샤쁘까(Сенькина Шапка), 불로치까(Булочка) 등의 많은 유적들에서는 3개의 층위가 분리되었다. 씨니 가이 A지구에는 2개의 층위가 Б지구에는 1개의 층위가 드러났는데, 후자는 유형학적으로 A지구 두 층위의 중간에 해당된다. 그와 같은 水平 層位學(горизонт альная стратиграфия)의 예들은 개별적인 층위들의 유형을 분리하는데 도움이 된다.

얇은 층위와 해안 구릉들은 학문적으로 가치가 있는 것이지만 아직 연구되지 않았다. 해안의 계절 유적에서는 《살균된》 모래2)로 덮힌 불과 수 밀리미터 두께의 문화층들이 형성되었다. 그와 같은 유적으로 포시예트-스딴찌야(Посьет-станция), 발렌쩐-뻬레쉐옉(Валентин-Переше ек) 등이 있지만, 단 하나의 유적도 微細層位學的 方法으로는 조사되지 않았다. 패총의 경우에 있어서는 보이스만 II 발굴에 그와 같은 방법이 적용되었다.

생태층위학과 고고학적 층위학의 연계는 식물상과 동물상의 상호관찰에 도움이 된다. 씨니 가이 A의 하층인 씨니 가이 제I층의 큰사슴(лось), 북쪽사슴(северный олень), 만주 사슴(изюбр) 등의 동물상은 한카 유석 병원에 지금은 없는 숲이 있었음을 증명한다. 씨니 가이 제I층의 물고기 뼈는 70%가 수중 산소가 부족한 늪지에서 잡은 蛇頭魚(змееголов)였다.

類型學(типология), 體系化(систематизация). 원론적으로 말한다면, 고고학 자료의 체계화는 유형학과 더불어 시작된다. 고고학에서의 "類型(тип)"의 개념은 다양하다[98; 100; 158; 163, pp.37-51; 164, pp.50-72; 165; 211, pp.74-97]. 필자는 유형의 개념을 오.스폴딘그와 야.아.쉐르의 것[164,p.53]에 가장 가까운 형태 속에서 실제적인 과제의 해결을 위한 것으로 정의하였다: 고고학적 유형이란 기능적으로 조건 지워진 屬性(признак)들의 지속적인 反復 組合(сочетание)이다. 그 경우 속성은 가장 단순한 요소로서 임의의 모든 개별적인 대상들을 묘사할 수 있는 것이다.

時間과 空間에 따른 類型의 範圍(протяженность; extent)와 變化性

---

2) 역주 : 문화의 잔존물 혹은 사람의 흔적이 없는 모래.

(изменчивость; changeableness)은 고고학적 유형을 연구할 때 나타나는 객관적인 어려움 중의 하나이다. 표준적인 생산이 부재하는 상황에서 유형의 최소한의 범위는 한 匠人 혹은 한 製作所의 産品을 분리하는 경우에야 가능하다. 유형의 상위 분류는 일반적으로 자료의 연대 및 지역적인 점진적 변화(градация; gradation)와 연관된다. 그와 같은 점진적 변화를 설정하기 위해서 유형학적 방법의 범위 내에서 오.몬텔리우스와 엠.말리메르의 평행열, 층위학적 방법 및 분포도작성 방법이 이용된다.

大興嶺(Большой Хинган), 아무르 江岸 및 海岸 사이의 극동지역은 신석기시대와 고금속시대의 최대범위 고고학지역이다. 그 경계 내에는 경계 밖에는 없거나 혹은 드물게 발견되는 유물 유형, 그 세부부속 유형, 집자리 유형 등이 분포한다. 그 경계 내에는 곳곳에 분포하는 유형들도 있는데, 다음과 같은 것들을 그 예로 들 수 있다: 토기 바닥의 엽맥그림, 반움집, 천공된 석제원판(머리퇴?), 청동제를 모방한 석제 단검과 창, 단추, 삽의 주철제 자루끼우개, 토제와 석제의 양식화된 멧돼지像.

위의 언급한 것 중의 일부 - 엽맥그림, 천공한 석제원판, 반움집, 점판암제 긁개, 평저토기 - 는 신석기시대에도 고금속시대에도 모두 존재하였다. 다른 것들은 일정한 연대적 경계선을 지니고 있다. 비스듬한 날이 있는 잔손질한 칼, 한면만 볼록한 탁마한 자귀, 구연부 아래의 꼬은 혹은 점선모양의 덧무늬(끈의 모방) 등은 신석기시대의 유형들이다. 횡단면이 장방형인 목재가공 도구, 양식화된 멧돼지상, 점판암으로 만든 청동제품의 모방품 등은 모두 고금속시대의 유형들이다. 주철제 자루끼우개는 얀꼽스끼 시대에 특징적이다. 이 모든 것들은 단계적인 유형들이다. 어깨형(плечиковый) 돌도끼는 지역의 일부에서 수세기에 걸쳐 발견되고 있으며, 특히 끄로우노브까 문화에 집중적으로 발견된다.

고고학자에게 있어 가장 가치있으면서도 동시에 가장 어려운 것은 제한된 영토적, 연대적 경계선을 가진 유형들, 즉 지역적 변종의 혹은 고고학 문화의 유형들이다. 그 경우 토기 태토의 준비(예컨데, 모래를 정선했는가, 갈아 부셨는가 혹은 그렇지 않았는가), 반죽한 점토를 붙이고 성형하기, 시문 등과 관련된 기술과 토기의 손잡이나 순부 등의 세부적 사실들이 최대한의 지역성을 반영한다. 일련의 유물들 - 예로서, 바로 그 끄로우노브까 문화의 도끼 - 은 개별적인 문화의 경계보다 더 넓게 분포한다. 그럼에도 불구하고 그와 같은 문화 유형의 분리는 끄로우노브까 문화의 은폐 복합체에서 그 유형 도끼들이 집중적으로 발견됨으로서 정당화된다. 전체적으로 문화는 문화적 유형들 뿐만 아니라 다양한 수준의 유형들을 포괄한다. 문화를 빗살무늬, "아무르 역음문" 혹은 손잡이 달린 토기 등의 한두개의 주요 유형으로 규정하는 것은 단지 서술을 할 때만 받아들일 수 있는 방법이다.

여러 지역에 분포하는 단계적인 유형들이 있다: 토제와 석제의 링(環), 멧돼지 송곳니의 모방품, 원통형과 도끼형의 구슬, 카라수크식 청동제품. 물론 이 유물들에도 지도상의 분포권이 있다. 하지만, 그것들은 대륙횡단의 것일 수도 있고(청동기) 혹은 아시아 대륙에만 분포할 수도 있다(링). 단계적 유형들의 잠재적 편년은 수 세기에서 신석기시대 혹은 고금속시대 전체까지 변동적일 수도 있다.

유형의 분류수준과 정보성에 대한 평가는 고고학적인 맥락을 파악하는데 반드시 거쳐야 할 과정이다. 단지 완형 유물 혹은 편린 상태의 유물을 "유형"으로 파악해서도 안되며, 동시에 기술만을, 세부부속 만을 혹은 독특하고 협소한 지역 특유의 것을 "유형"으로 간주해서도 안된다. 유물 자체, 유물의 세부부속, 건축물, 기술, 공업 등의 유형은 유형 존속의 시간과 공간에 대한 정보를 포함하여 다양한 차원의 정보를 지니고 있다.

考古學 文化(археологическая культура)는 러시아 고고학의 체계화의 기본 카테고리이다. "고고학 문화"의 개념 정의에 대한 논쟁은 개념의 내용 평가에 있어 본질적인 불일치를 야기하였다[149; 163, pp.37-51; 164, pp.68-72; 157, pp.18-36].

유적과 유물의 카테고리 목록을 포함하는 서술적 정의는 당면 과제를 해결하지 못한다. 가장 정확한 것은 문화를 體系(система; system)로 파악하는 것인데, 야.이.쉐르가 러시아에서는 처음으로 그와 같은 접근을 하였고, 엠.유.브리아쳅스끼와 이.에쓰.끼메네쯔끼도 문화의 정의에 체계의 개념을 포함시켰다.

필자는 야.이.쉐르의 정의를 토대로 하여 고고학 문화를 속성, 유형, 유적의 체계로서 파악한다.

체계적 방법(системный метод), 체계적 접근(системный подход), "체계"의 개념 등은 현대 학문의 인기있는 용어들이다[16; 25; 32; 214; 220]. 이 용어들은 고고학을 포함하는 여러 분야의 학문에서 아주 빈번히 사용되고 있다[162, p.59, 117-118; 164, pp.50-74; 210; 211, pp74-88].

웨.뻬.알렉쎄예프는 체계에 대한 가장 짧은 정의를 내린 바 있다: "體系란 多數의 要素(對象)들로써 그 요소(대상)들 간의 특성관계를 포함한다"[3, p.27]. 보다 상세하고 "고고학적"인 정의는 게.웨.쑤하돌스끼가 내린 바 있다: "體系란 多數의 조직화된 要素들이다. 상대적인 통일성 하에서 그 요소들을 특징있게 만드는 것에는 다음과 같은 것들이 있다: 첫째, 구성과 구성요소를 포함하는 계층적 형태론; 둘째, 단일한 혹은 다수의 기능들…; 세째, 균형, 기능화 그리고 발전적인 조건에 상응하는 정태성과 역동성; 네째, 다른 체계 속에서의 존재의 특수성과 조건, 다수의 서술 속에서 인식의 고유한 특수성과 비제한적인 가능성. 체계는 관념적인 대상인 바, 그 대상은 실제적인 대상들의 일정한 계층을 표현하고, 모델들 속에서 구조상, 기능상, 동력학상, 형태상, 존재 조건상, 질적 특성상, 인식과 표현의 가능성과 결과들의 統一性과 多樣性을 지니고 있다"[328, p.17].

아.엠.흐멜로프는 웨.엔.싸돕스끼를 인용하여 다음과 같은 해석을 한다: "體系性이란… 多數性과 統一性의 辨證法的인 合이다; 체계란 통일성을 지닌 다수성 혹은 다수성으로 나타나는(развернуть; unfold) 통일성이다[347, pp.12-13].

실제적으로 임의의 고고학적 대상은 체계 - 統一과 多數 - 이자 亞체계(субсистема; subsystem)이며, 보다 공통적인 통일과 다수의 일부이다. 점토를 소성하여 만든 고고학적 완형 토기를 예로 들어보자: 토기는 석제품과 더불어 가장 많은 수를 차지하는 고고학적 대상이다. 토기에는 다음과 같은 사실들이 반영되어 있다: a)자연적 요인의 하위체계(подсистема; undersystem): 원료(점토, 모래), 연료, 건조조건, 사용조건, 보관조건, 매장조건; б)문화적 전통의 하위체계: 원료 선별, 원료의 준비, 붙이기, 성형, 형태, 세부부속, 문양, 건조방법, 소성방법, 사용방법, 매장방법. 반면에, 하위체계 "б"는 기술, 의미, 사용 등의 하위체계들로 형성된다. 문양은 시문기술, 모티브, 구도, 의미 등을 포괄한다. 하위체계 "б"와 그 구성 요소들은 자율성(автономность)의 요인들[28, pp.63-69], 토기를 제작한 장인의 개체성, 문화의 分岐, 年代的 발전 등을 포함한다. 자율성의 그와 같은 요인들은 하위체계 "а"에서도 발견할 수 있다.

토기는 복합체의 복잡한 계급의 일부이다: 한 집자리 혹은 고분, 주거유적 혹은 고분군, 유적군 등 출토의 토기는 토제품의 그룹에, 그 복합체들 출토의 용기의 카테고리에, 한 유형 토기의 유형적 열에 포함된다; "토기"의 나머지 모든 체계들 - 기술, 문양, 세부부속 등등 -

은 독자적으로 자신의 유형적 열에 포함될 수도 있고, 그 각각은 다양한 지리적 경계와 문화적 전통 내에서 비공시적으로 발전할 수도 있다. 토기 속에 포함된 그와 같은 것들은 다른 많은 체계들과도 관련을 가진다.

토기에 대한 꽤 완전한 정보를 얻기 위해서는 고고학자는 그 토기의 충위학적 및 평면학적 상태와 일정한 복합체에의 귀속성을 포착해야만 하며, 토기 자체의 형태론적 속성과 유형, 세부부속, 문양 등을 규정해야만 한다. 암석학, 스펙트럼, 고지자기학, 열 류미네슨스, 통계학 등의 분석 자료와 물 흡수력, 시문 기술 등등의 실험적 자료의 확보는 많은 유용한 정보를 제공한다: "다수의 서술 속에서 인식의 고유한 특수성과 비제한적인 가능성이 있다".

수십, 수백, 수천 점의 토기 중에서 단 한 점! 그리고 급격하게 증가하는 다수의 다른 유물들, 그 각각은, 原子처럼, 인식의 과정에서 끝이 없는 것이며 동시에 구체적인 대상처럼 유일하다.

토기의 예는 고고학에서 체계적 분석이 얼마나 노동집약적인지를 보여 주고 있다. 때문에 체계적 분석이 실행되는 경우는 드물지만, 그렇다고 체계적 분석의 필요성이 의심 받을 수는 없는 것이다.

정보의 양이 아직 많지 않을 때의 연구의 시작 단계는 방법론적 견지에서 흥미가 있다. 연해주와 아무르 유역(Приамурье)의 고고학사는 연구방법의 발전과 체계적 접근의 형성이라는 측면에서 유익하다.

고고학자로서의 웨.까.아르쎄니예프는 연구방법에 대한 전문적인 분석을 행하였고, 그 분석을 토대로하여 고고학 연구의 순차적인 圖式을 작성하였다. 필자는 그 도식에 많은 첨삭을 가하여 새로운 도식을 작성하였다(圖式 1).

層位學, 類型學, 方法論, 時期區分　47

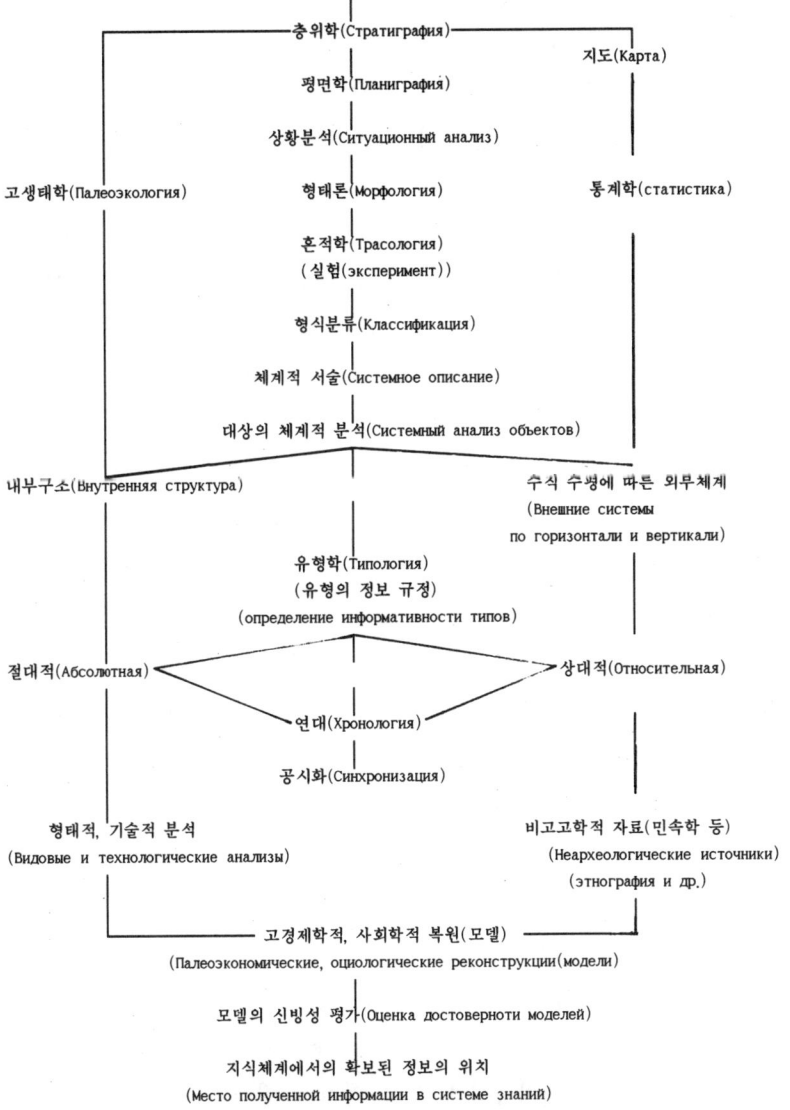

圖式 1. 考古學 硏究의 圖式

연구 방법 분야에 있어서의 노동 집약성과 전문화는 간혹 한두 유적에 대한 아주 제한된 관찰 내용을 폭넓게 해석하게끔 하기도 한다. 예로서, 발렌쩐-뻬레쉬옉[171, pp.47-49]이 연해주의 원시농경에 대한 정보를 논박할 근거를 주는 것은 아니다.

"체계 속에서 체계의 반영(바로 여기에 방법론적 문제가 있다)은 필수적인 비체계적인 단계-경험적 지식의 단계를 거친다. 대상의 실제적 체계성은 중간 형상의 무정형의 무질서 및 불완전 속에서 용해되면서, 그 속에서 사라진다. 따라서, 체계적 방법은 지식의 이론적 체계 속의 체계에 대한 경험적 지식의 재구성 방법으로, 개념적 체계의 창조를 통한 실제적 체계의 반영 방법으로 규정할 수 있다"[347, p.15]. 고고학에 있어 그것은 과거에 가까운 모델들 속에서 과거의 반영이며, 중간 단계 경험론자들의 극복이며, 다수의 (부분들의 총합보다 큰 전체와 반대로 전체의 부분이 있는) 통일성으로의 구현이다.

체계적 접근은 대상·체계의 단순한 종합적 연구도 아니며, 모델·체계 속에서 확보된 정보의 재구성도 아니다, 그것은 진정한 학문적 사색의 방법이며, 현대학문의 paradigm(парадигма)[3]이다, 이것이 바로 과거에 대한 질적인 연구에서 왜 체계적 특징이 분명하게 발현되는가 하는 이유이다.

필자는 체계적 접근의 토대로 3가지 원칙을 제안한다: 1.자료연구 및 복원 절차들의 엄격한 세분화; 2.층위학, 평면학, 유형학의 중시를 공반하는 방법의 계층화; 3.가능한 많은 수의 亞체계(태토, 기술, 소성, 세부부속, 문양)의 세분화를 공반하는 하위체계(토기, 석기, 금속기, 주거지, 예술)의 분리와 개별적인 연구.

고고학적 시기구분(археологическая периодизация)은 지속성의 단절과 발전단계를 포착가능하게 하는 인식의 필수 工具이다. 고고학자

---

[3] 일정한 유형의 세계관을 토대로 하는 보편적이고 본질적인 학문적 개념의 복합체.

들은 톰슨의 저작 이후 "三時代" - 석기시대, 청동기시대, 철기시대 - 체계를 이용한다. 20세기에 그 체계는 개량되어 "六時代" - 구석기시대, 중석기시대, 신석기시대, 동석기시대, 청동기시대, 철기시대 - 로 되었다. 각 시기의 명칭에는 도구제작에 필요한 중요 재료가 반영되어 있다.

유럽의 자료를 연구하는 관례에서는 몇몇 단순한 기술적 準據(крит ерий; criterion)가 이용되었다: 프리즘형 핵은 후기 구석기시대, 기하학 형태의 세석기는 중석기시대, 탁마한 도구와 토기는 신석기시대 등등. 물론 실제에 있어서는 더 많은 준거가 있었지만, 그 경우에는 문화들을 "시대"로 시기구분하는데 있어 의견의 불일치가 생겼다. "유럽에서" 멀어 질수록 고고학자들은 흔히 이런 저런 문화들을 어떤 시대에 해당시켜야 하는지에 대한 문제 해결에 어려움을 겪는다. 土器以前(докерамичекий)의 하드질아르(Хаджилар)에서 구리가 발견되었고, "중석기시대의" 예리혼(Иерихон)은 작은 도시임이 밝혀졌다.

시기구분에 농경과 같은 보완적인 준거를 포함시키게 되었다. 근동에서는 "無土器新石器時代"가 나타났고[230], 바로 그 50년 대에 일본에서는 구석기시대를 발견하였으며 그 문화를 土器以前期라고 부르게 되었다. 나중에는 섬들에 플레이스토센 말로 편년되고 "토기이전"의 석기를 공반하는 세계에서 가장 오래된 토기가 있음이 발견되었다. 처음에는 단순히 편년의 정확성을 믿지 않았고, 지금도 몇몇 학자들은 그 연대를 믿지 않지만, 일본에서는 수 십여개의 그와 같은 유적이 발견되었고 또한 다양한 종류의 절대편년법들 - C_{14}, Chlorinator-36, 흑요석 편년법 - 에 의해 얻어진 시리즈적인 연대들로 편년되었다[246, pp.3-6, fig.18-19; 73, pp.19-22, 102-109].

소성한 점토로 만든 제품은 후기 구석기시대에 산발적으로 나타나는데, 달리니 붸스또니쩨(Долини Вестонице)의 토제상들이 그 예이다

[143, pp.252-379]. 소성된 점토로 만든 사람모양 像이 예니세이의 마이닌스끼(Майнинский) 구석기유적에서 발견되었다[66, p.169]. 구석기시대의 탁마한 도구도 알려져 있다[304, p.110-111; 143, p.178]. 날을 탁마한 도구는 일본의 구석기시대에 특히 많은데, 그 연령이 2만년을 넘으며, 형태는 신석기시대에 전형적인 한면이 볼록한 자귀에 선행하는 것이다[246,fig.15,18,19]. 소성시 점토의 특성 및 석기 탁마의 방법 발견이 적어도 후기 구석기시대에 이루어졌음이 분명하다. 많은 다른 발명들과 마찬가지로 그것들은 나타났다가 사라졌는데, 아직은 그것들이 여러 지역에 넓게 보급될 시기가 아니었다. 따라서, 예로 든 석기의 탁마와 점토의 소성은 신석기시대의 시작을 위한 準據가 될 수 없다. 게다가 점토의 소성과 점토로 토기를 만드는 것은 도구생산의 범주에 해당되지 않거나 혹은 그 주변에 위치할 뿐이다.

　유럽의 六時代 모델과는 거리가 먼 극동의 독특한 자료들은 고고학자들로 하여금 자연히 새로운 시기구분의 원칙을 찾게끔 하였다.

　고고학적 시기구분은 기술적 시기구분으로 설정되는데, 그것을 역사적 시기구분과 혼합할 필요는 없다. 극동의 가장 오래된 토제품의 플레이스토센 연령은 이미 1980년에 필자로 하여금 "有土器 中石器時代(мезолит с керамикой)"라는 개념을 제안하게 만들었다.

　1983년에 엔.엔.디꼬프는 그와 같은 개념에 대해 처음으로 문헌에 언급하였다[124, pp.116-126]. 1990년 제4차 국제 심포지움 "유럽의 중석기시대"에서 아.베.게바우에르와 티.데.프라이스는 덴마크에 대해서도 유사한 가정을 하였다[354, pp.244-249]. 필자는 몇몇 저작에서 그 생소한 용어의 근거를 발표하였다. 토기는 석기시대의 시기구분에 결코 이용되어서는 안된다: 그것은 후기 구석기시대에 드물지만 있는 경우도 있으며 또한 신석기시대에 언제나 있는 것도 아니다. 일본에는 현재 1만 6천년 전으로 편년되는 有土器 遺蹟들이 있다. 1994년 9월 7일

블라디보스톡에서 우스찌노브까(Устиновка) III에서의 토기의 발견을 기념하는 심포지움이 열렸는데, 당시 이른 시기의 유토기 유적들의 단계 규정에 대한 일련의 논쟁이 시작되었다[406].

필자는 시기구분에 대한 국지적 접근을 옹호한다. 보편적인 준거는 없다. 고금속시대에 준하여 필자는 두가지 입장을 고수한다: 1.고유의 야금술이 아닌 금속의 수입 플러스 모든 물질문화 면모의 변화- 期(период) 분리의 준거이다; 2.극동에서는 청동기시대와 초기 철기시대 사이의 시기구분적 경계선이 연해주의 리도브까 文化(лидовская культура), 얀꼽스끼 文化(янковская культура), 아누치노 文化(анучинская культура), 아무르의 우릴 文化(урильская культура) 등의 각각 문화에 나 있을 수 있다. 극동 신석기문화들과의 양식적 차이, 독특함, 다수의 석제모방품, 고유 야금술의 지연 등은 청동기시대와 초기 철기시대를 "古金屬時代(палеометалл)"란 용어로 결합하게 하였다.

고고학 문화 발전의 多線性(многолинейность)은 시리즈적 편년의 경우에 드러난다. 19세기의 고고학은 다윈의 진화론을 영향하에서 발전하였다. 진화주의의 극복에는 전 20세기가 필요하였다: 처음에는 각 지역에 서로 교체하는 문화들로 구성된 층위학적 column이 만들어졌고, 연해주와 아무르 유역에서 일하는 고고학자들은 지금까지 그러한 관례를 따랐지만, 정보가 크게 축적되자 다른 광경이 드러났다. 다음에 검토하겠지만, 연해주 남쪽의 신석기시대 문화들과 고금속시대의 일련의 문화들은 각각 오랜 기간 동안 공존하였다. 문화들의 발전은 共時的으로 平行的으로 일어났다. 문화들의 소유자들은 이사를 하였고, 이주를 하였고, 이웃들과 상호작용을 하였다. 그 광경이 일반적이긴 하지만, 고고학자들은 그 자연성을 매번 새로이 인식해야만 한다: 층위학은 몇몇의 혹은 하나의 단면이 사건의 단선적 순차성을 구성할 경우에 특히 필요하다. 극동 고고학에는 단선적 표상을 극복할 수 있는 충분한 자료가 이미 확보되었다.

제 3 장 舊石器時代와 中石器時代

本書의 제1판 러시아어본에는 本 章이 없다. 필자는 비록 아.뻬.아 끌라드니꼬프와 함께 下層이 중석기시대에 해당하는 알레니(Аленый) A(아)와 Б(베)를 발굴하였고, 오씨노브까(Осиновка) 유적과 우스찌노브까(Устиновка) I 유적 및 사할린의 쏘꼴(Сокол) 유적의 발굴에 참여한 바는 있지만, 구석기와 중석기시대의 연구에 종사하지는 않는다. 일련의 저작에서 필자는 중석기시대 분리의 준거와 자연히 그와 관련된 신석기시대의 하한선(시작선: 역주)에 대한 논의를 하였다. 본서의 제1판 신석기시대에 관한 장에서도 방금 언급한 테마를 논의하였는데, 그 장의 첫 節은 거의 有土器 中石器時代에 관한 것이었다.

연해주 구석기시대의 연구는 1953년 아.뻬.아끌라드니꼬프의 지표조사와 더불어 시작되었다. 다음해 1954년에는 지질학자 웨.에프.뻬뜨룬(В.Ф.Петрунь)이 우스찌노브까 I을 발견하였고, 1955년에는 아.뻬.아끌라드니꼬프가 오씨노브까 유적에서 첫 발굴을 하였다. 바로 그 50년 대에 일본에서도 구석기시대의 유적들이 발견되었다. 1956년에 아.뻬.아끌라드니꼬프는 구석기시대 전문가-고문의 자격으로 처음으로 일본을 방문하였다. 40년이 지난 지금 우리는 연해주에서, 기본적으로, 많지 않은 숫자의 우스찌노브까 유적들을 가지고 연구를 하고 있는 반면, 우리의 이웃들은 6십만년 전의 먼 과거로 거슬러 올라 가고 있으며 동시에 발견된 유적의 수만 하여도 3,000여 개가 넘는다.

쁘리아무르의 하바롭스크 地區에서는 1926년에 후에 훌륭한 인류학자가 된 당시 16세의 엠.엠.게라씨모프가 첫번째의 발견을 하였다. 하바롭스크 지구의 오씨뽀브까(Осиповка) 유적들에 대한 발굴조사는 60년대에 전개되었다. 그 이전에 에.웨.샤브꾸노프는 아무르 중류의 꾸마라 마을(с.Кумара) 근처에서 구석기시대의 흔적을 발견한 바 있다. 60년대 초에 아.뻬.아끌라드니꼬프, 아.뻬.데례뱐꼬, 베.에쓰.싸뿌노프는 아무르 강(р.Амур)과 제야 강(р.Зея)을 따라 지표조사를 행하였다. 60-80년 대에는 에르.에쓰.바씰리옙스끼, 아.이.마진이 조사를 하였고, 후에는 연해주와 쁘리아무르의 해당분야 조사에 웨.예.메드베제프, 아.웨.따바레프, 뻬.웨.볼꼬프, 웨.엔.제닌 등의 노보씨비르스크의 고고학자들과 아.아.꾸르뺘꼬, 아.엠.꾸즈네쬬프, 엔.아.꼬노넨꼬 등등의 연해주 고고학자들이 참여하였다.

1992년부터 연해주 까발레롭스끼 지구 우스찌노브까 마을 구역에서 엔.아.꼬노넨꼬와 카지바르 교수(쏜다이市 토호꾸 푸꾸쉬 대학)의 지도하에 러·일공동 조사단이 해마다 발굴조사를 하고 있다[172].

아.뻬.아끌라드니꼬프와 아.뻬.데례뱐꼬의 일련의 저작에서 전기 구석기시대의 문제점이 제시되었지만, 층위학적 발굴의 형태로는 문제해결이 되지 못했다. 1963년에 게오그라피체스꼬예 옵쉐스뜨바(Географическое общество) 동굴을 방문한 아.뻬.아끌라드니꼬프는 그곳에서 신안트로프 유적을 발견하고 싶다고 농담으로 말한 적이 있었다. 필리모쉬끼(Филимошки), 우스찌-뚜(Усть-Ту), 꾸마르이(Кумары) I, 땀보브까(Тамбовка) 등의 아무르 중류 지역의 지표와 露頭(обнажение; outcrop)에서 수집된 일련의 유물들이 전기와 중기 구석기시대로 파악되었지만, 일정한, 편년된 층위와의 신빙성 있는 연결은 없다[110, pp.24-58]. 1984년에 필자는 연해주 스빠쓰끼 지구 바씰리예브까 마을(с.Васильевка) 근처의 채석장 견학에 참석한 바 있다. 당시 고고학자 아.뻬.데례뱐꼬와 웨.이.몰로딘은 지질학자 게.이.후댜꼬프와 아.데.바롭스끼와 함께 채석장의 40m 깊이에서 중기 플레이스토센의 점토가 발견되었다는 결론에 도달하였다. 그 점토 속에서 자연적으로 깨어진 珪岩(кварцит; quartzite) 조각들과 함께 찍개(чоппер; chopper) 1점이 발견되었다. 지질학자들은 西연해주에는 활발한 지각운동의 결과 연령이 4만2천-3만8천년인 층들이 5-10m의 깊이에 놓여 있고, 전기 구석기시대 층들은 두께 20-100m의 무른 퇴적물(отложение; deposit)들로 덮혀 있다고 간주한다. 연해주의 동해안 지역에는 전기 구석기시대의 유적이 동굴에서 발견될 가능성이 있지만, 1966-67년에 엔.데.아보도프(Н.Д.Оводов)가 게오그라피체스꼬예 옵쉐스뜨바 동굴을 발굴한 이후 연해주와 쁘리아무르의 동굴 구석기시대 유적에 대한 조사는 더 이상 이루어지지 않았다.

표 1. 플레이스토쎈의 남연해주 동굴 출토 포유류(뼈의 갯수/개체 수).

종 류	게오그라피체스꼬예 스뜨바(4-5층)	찌그라브이그로뜨	레뚜차야므이쉬	말라야뺀싸우	스빠사야 끄라싸비짜
1	2	3	4	5	6
가 축					
개. Собака (Canis familiaris L.)	1/1	-	2/1	3/1	-
야 생 동 물					
일반 고슴도치. Еж обыкновенный (Erinaceus europaeus L.) ..	-	1/1	2/1	-	-
익수류. Рукокрылые (Chiropiera gen. sp.)	74/?	-	-	-	-
토끼. Заяц (Lepus sp.)	16/2	-	5/2	-	1/1
새앙토끼. Пищуха (Ochotona sp.)	12/8	-	-	-	-
일반 다람쥐. Белка обыкновенная (Sciurus vulgaris L.)	-	-	1/1	-	-
얼룩무늬 다람쥐. Бурундук. (Eutamias sibiricus Laxm)	-	1/1	-	-	-
쥐. Крыса (Rattus sp.)	-	2/2	-	-	-
들쥐. Хомячок крысовидный (Cricetulus triton Wint.)	-	-	5/2	-	-
들쥐. Полёвки (Microtinae gen. sp.)	15/5	-	-	-	-
나그네 쥐. Лемминг (Myopus sp.)	1/1	11/9	-	-	-
회색 늑대. Волк серый (Canis lupus L.)	390/13	27/1	8/2	2/1	5/1
여우. Лисица (Vuipes vulpes L.)	19/4	1/1	26/2	2/1	-
너구리. Енотовидная собака (Nyctereutes procionoides Gray)	4/2	-	3/2	-	-
빨강 늑대. Волк красный (Cuon alpinus Pall.)	20/2	-	14/2	-	-
갈색 곰. Медведь бурый (Ursus arctos L.)	175/9	-	12/1	1/1	2/1
흰가슴 곰. Медведь белогрудный(?) (U. tibetanus G. Cuv.) ..	1/1	-	-	-	-
동굴 하이에나. Гиена пещерная (Hyaena sp.)	169/10	1/1	-	4/1	1/1
담비. Горностай (Mustela erminea L.)	-	-	1/1	-	-
족제비. Колонок (M. sibiricus Pall.)	2/1	-	6/2	-	1/1
흑담비. Соболь (Martes zibellina L.)	-	-	2/1	-	1/1
하르자. Харза(?) (M. flavigula Bodd.)	3/1	-	2/1	-	-
오소리. Росомаха (Gulo gulo L.)	12/2	-	1/1	-	-
오소리. Барсук (Meles meles L.)	12/1	-	19/3	-	-
수달. Выдра (Lutra lutra L.)	9/3	1/1	17/1	-	-
아무르 숲고양이. Амурский лесной кот (Felis bengalensis Kerr.)	1/1	-	6/1	-	-
삵괭이. Рысь (Felis lynx L.)	31/2	-	-	-	-

舊石器時代와 中石器時代 57

호랑이 혹은 동굴사자. Тигр или пещерный лев (Panthera tigris L. a. P. spelaea Goldf.)	233/5	32/2	4/2	-	15/1
표범. Барс (P. pardus L.)	31/2	1/1	11/3	-	-
맘머스. Мамонт (Mammuthus primigenius Blum.)	45/3	-	-	-	-
야생말. Лошадь дикая (Equus caballus L.)	230/9	-	-	-	1/1
털코뿔소. Носорог шерстистый (Coelodonta antiquitatis Blum.)	33/1	-	-	-	-
멧돼지. Кабан (Sus scrofa L.)	33/5	-	2/1	-	-
사향고양이. Кабарга (Moschus moschiferus L.)	20/2	-	19/3	-	10/1
까쑬랴. Косуля (Capreolus capreolus L.)	706/13	16/2	71/3	-	6/1
점박이 사슴. Олень пятнистый (Cervus nippon Temm.)	1224/29	3/1	14/2	-	9/1
만주 사슴. Изюбр (C. elaphus L.)	1008/8	5/1	164/5	46/1	1/1
큰사슴. Лось (Alces alces L.)	108/3	-	-	-	2/1
북쪽 사슴. Северный олень (Rangifer tarandus L.)	1/1	-	2/1	-	-
아무르 고랄. Горал амурский (Nemorhaedus Goral Hard.) . . .	134/4	9/1	-	-	10/1
들소. Бизон (Bison priscus Boi.)	196/5	-	-	-	-
바이칼 야크. Як байкальский (Poephagus baicalensis N. Ver.)	2/1	-	-	-	-
양. Баран (Ovis sp.)	1/1	-	-	-	-
굽동물과 맹수의 작은 뼈편린들	23950	-	328	10	330
결정되지 못한 쥐 종류의 뼈들	50	10	5	-	-
합 계	28972/161	121/26	762/53	68/6	395/14

게오그라피체스꼬예 옵쉐스뜨바 동굴(지리학협회 동굴)은 나호드까 市에서 북동쪽으로 20km 거리의 빠르띠잔스까야 강(쑤찬 강) 우안에 위치한다. 그곳 고원에서 그로트 찌그라브이(Грот Тигравый; 호랑이 굴), 베르블류지야(Верблюжья; 낙타굴), 레뚜차야 므이쉬(Летучая мышь; 박쥐굴) 등의 일련의 석회암 동굴들이 발견되었다. 게오그라피체스꼬예 옵쉐스뜨바 동굴의 입구는 빠르띠잔스까야 강의 침수지에서 12m 높이에 위치한다. 동굴의 기본 길이는 24m이며(그림 6), 제IV층의 높이를 기준으로 한 바닥의 면적은 40m² 이상이다. 1963년에 지역학자 예.게.레속(Е.Г.Лешок)과 웨.이.샤부닌(В.И.Шабунин)이 이 동굴을 발견하였

다. 아보도프 외에도 아.뻬.아끌라드니꼬프, 고생물학자 엔.까.베레샤긴 (Н.К.Верещагин), 지질학자 게.이.후댜꼬프(Г.И.Худяков), 아.아.브르죠쎽 (А.А.Вржосек), 베.뻬.뽀다(Б.П.Пода) 등이 이 동굴을 조사하였다. 무른(p ыхлый) 퇴적물들은 다섯개의 층위로 분리된다. 제1, 2층위의 砂質粘土 (суглинок; loamy soil)에서는 홀로센 연령의 동물뼈, 물고기뼈, 새뼈, 연체동물 껍질과 몇몇 신석기시대 유물 - 화살촉, 방추차, 골제 뚫개(п роколка) - 이 발견되었다. 석회덩이를 포함하는 밝은 회색의 사질점토 로 구성된 제3층위의 아래 부분에는 말뼈, 들소뼈, 만주 사슴뼈가 놓여 있다. 플레이스토센 동물상 - 맴머스, 털코뿔소, 말, 들소, 동굴 하이에 나 - 의 대부분 뼈들(표.1 참조), 모닥불 흔적들과 유물들(그림 7, 8)은 기본적으로 많은 수의 석회암 덩어리를 포함하는 밝은 색에서 갈색까 지의 다양한 음영을 지닌 단단한(плотный) 갈색점토의 간층들로 구성 된 제4층위에서는 발견되었다. 제4층위의 두께는 1m이다. 아래의 제5 층위는 적갈색 점토인데, 윗부분에서 동물뼈와 유물이 발견되었지만, 그 수량이 많지는 않다.

아.뻬.데레뱐꼬는 동굴에 사냥꾼들이 짧은 기간 살았을 것이라고 간 주한다. 격지를 떼어낸 흔적이 있는 자갈돌로 만든 핵석기들(그림 7, 1; 8, 6, 9)과 격지들, 뿔 무프따(муфта; sleeve)[1](그림 8, 8), 긁개(그 림.8,3) 등이 발견되었다. 많은 뼈들이 쪼개져 있는데, 그 중의 몇몇 뼈 조각의 끝은 다듬고 연마하였다. 제3층과 제4층의 경계, 즉 동굴의 고 대 퇴적물의 윗부분에서 나온 뼈는 C_{14}에 의해 32,570±1,510 (ИГАН -341)로 편년되었다.

---

[1] 역주 : 무프따는 용도가 아닌 형태의 유사함으로 인해 붙여진 명칭이다.

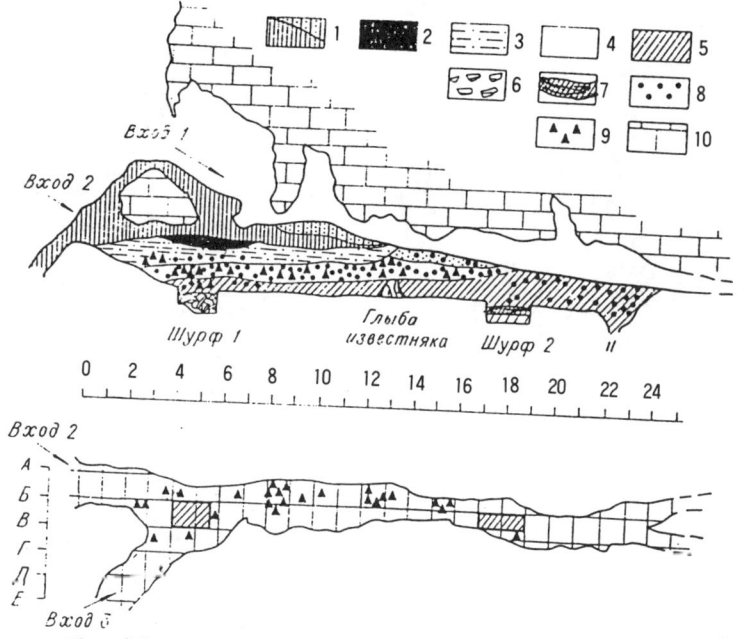

그림 6. 《게오그라피체스꼬예 옵쉐스뜨바》 동굴의 단면도와 평면도
(1967년의 조사자료에 따라 아보도프가 작성하였다). 1-제1층, 2-제2층, 3-제3층, 4-제4층, 5-제5층, 6-제6층, 7-진흙 간층, 8-플레이스토센 포유류 뼈의 분포위치, 9-구석기시대 도구의 분포위치, 10-석회암.(엔.데.아보도프에 의거)

일련의 동굴들에 넣은 시술갱(шурфовка)에서 모두 41종의 플레이스토센 동물상의 뼈가 발견되었다. 그 중의 30종 -만주 사슴, 갈색 곰, 흰가슴 곰, 호랑이, 표범, 멧돼지 등등- 은 현재에도 보존되었고, 북쪽 사슴, 큰사슴 등은 얼마 전에 남연해주에서 완전히 사라졌다. 맘머스(그림.9), 야생말, 들소, 야크, 코뿔소, 동굴 하이에나 등은 남연해주의 풍경이 아주 다양하였음을 증명한다[244]. 《게오그라피체스꼬예 옵쉐스뜨바》 동굴의 제3층에서 바다표범(тюлень)의 이빨이 발견되었다.

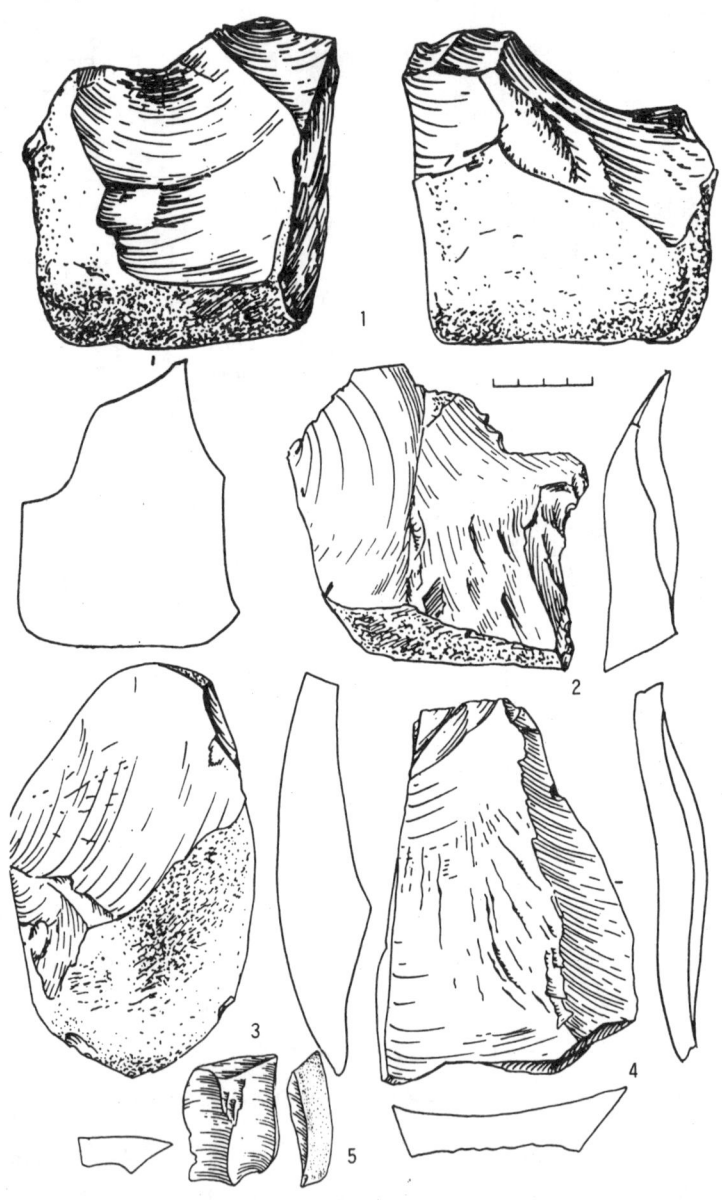

그림 7. 게오그라피체스꼬예 옵쉐스뜨바 동굴. 1-핵, 2-4-대형격지, 5-석인.(아.뻬.데레뱐꼬에 의거)

舊石器時代와 中石器時代 61

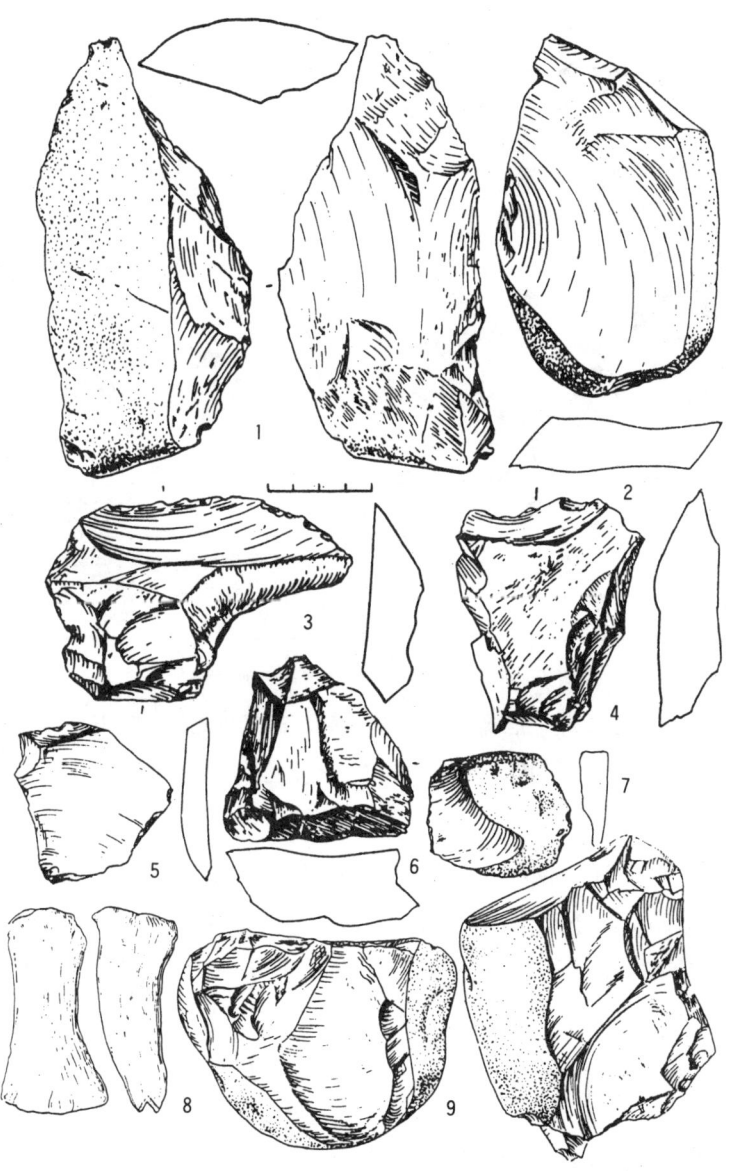

그림 8. 게오그라피체스꼬예 옵쉐스뜨바 동굴.
1, 2, 4, 5, 7-대형격지, 3-긁개(скребло), 6,9-핵, 8-뼈 무프따. (아.뻬.데 레반꼬에 의거)

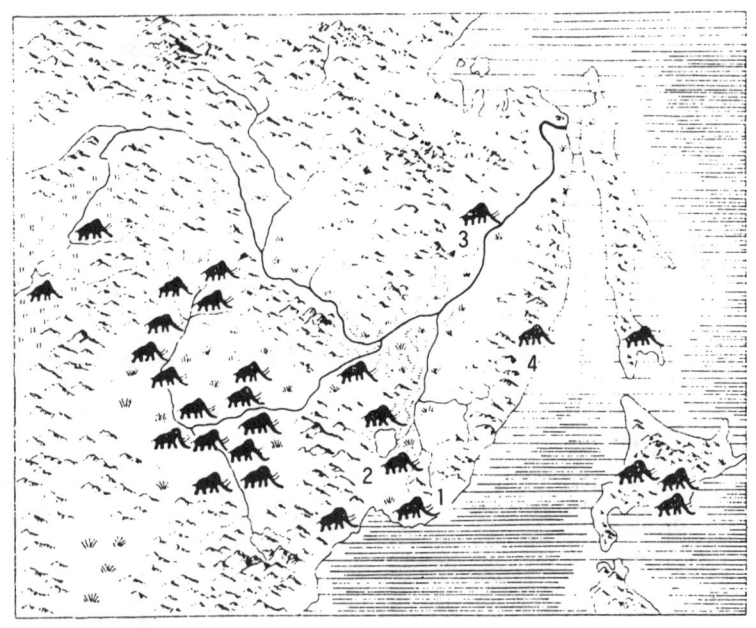

그림 9. 연해주와 인접지역의 맴머스뼈 분포위치
1-《게오그라피체스꼬예 옵쉐스뜨바》 동굴, 2-드미뜨리예브까 마을,
3-깜쏘몰스끄-나아무리예, 4-싸마라그 강안.(엔.데.아보도프에 의거).

오씨노브까(Осиновка)[93, pp.50-57; 110, pp.64-72; 242, pp.60-62; 256, pp.26-33; 283, pp.10-14]는 레푸 강(р.Лефу)의 지류인 오씨노브까 강변에 위치하는 높지 않은 구릉이다. 오씨노브까 강은 30년대에만 하여도 물이 가득차 있었으나 지금은 말랐다. 유적은 오씨노브까 마을에서는 1,5km 떨어져 있고, 152km 길이의 블라디보스톡-하바롭스크 고속도로에서는 200m 떨어져 있다. 1953년 아.빼.아끌라드니꼬프의 연해주에서의 첫 발굴 시즌 때, 당시 학생이었던 에.웨.샤브꾸노프의 말을 따르면, 마을에서 산 닭을 쫓아 잡다가 길에서 넘어졌는데 바로 그 눈앞에서 타날된 자갈돌을 보게 되었다. 아.빼.아끌라드니꼬프는 길을 낸 사람을 찾아서 그의 도움으로 길에 깔기 위해 쇄석을 채취한 채석장을 찾아 내었다. 채석장의 벽에는 두번째의 도구 - 찍개 - 가 돌출해 있었다. 차후의 유적조사에서도 흥미로운 에피소드가 뒤따랐다. 1955년, 1956년, 1965년의 3회에 걸쳐 발굴조사가 실시되었다. 첫번째의 두 발굴시즌에서는 3개의 층위가 분리되었고, 1965년에는 또 하나의 층위가 추가되었지만, 완전한 층위학은 밝혀지지 못했다.

표토 바로 아래에서는 말갈의 유물이 발견되었다(간혹 초기 철기시대로 잘못 간주하는 경우가 있다). 그 아래 밝은 황색의 사질점토층은 신석기시대에 해당된다. 2개의 다른 신석기문화 - 꼰돈 문화와 자이싸노브까 문화 - 가 드러났지만, 오씨노브까에서의 두 문화의 층위학적 상호관계는 분명하지 못하다. 1965년에 처음으로 더 아래에서 얇은 잿빛 사질점토 층이 분리되었고, 석인과 양면석기들이 발견되었는데, 당시 잘 알려져 있던 우스찌노브까 유물과 관련이 있는 것들이었다. 문화층의 가장 아래에는 화강암 쇄석, 녹물 얼룩, 응괴 등이 많이 포함된 짙은 갈색의 사질점토층이 있다. 花粉을 연구한 웨.웨.니꼴스까야(В.В.Николькая)는 그 층위가 온난다습한 기후 때에 형성되었다고 간주한다. 그러나 자작나무가 우세하였고, 몽고 떡갈나무, 보리수나무 및 건조한 기후에 특징적인 건성식물도 있었다. 웨.웨.니꼴스까야는 쇄석으로 가득찬 단면의 가장 아래를 대략 3만5천년 이전의 혹독한 대륙성 기후를 동반하는 삼림초원기로 파악하였다.

1965년의 발굴은 아.이.마진(А.И.Мазин)이 지도하였다. 아.뻬.아끌라드니꼬프는 자동차사고 이후 블라디보스톡의 병원에 누워있어야만 했는데, 당시 "예술의 아침(Утро искусства)"이라는 책의 원고를 감수하였다. 의사가 지정한 10일이 지나자 그는 오씨노브까로 갔다. 당시 10월이었는데, 블라디보스톡에는 따뜻하였지만, 오씨노브까에는 눈이 내렸다. 아.이.마진은 모든 출토유물을 사이트의 말뚝자리에 놓아 두었다.

준비한 단면을 깨끗이 정리하였고, 아끌라드니꼬프의 말에 따라 필자는 야장에 단면에 대한 기록을 하였다. 마진은 반대하지 않았다. 그러나 모든 유물을 수거하고 작업을 마무리지어 블라디보스톡으로 돌아왔을 때, 마진은 아끌라드니꼬프와 유물의 층위학적 상태에 대해 논쟁을 시작하였다. 그 논쟁은 유적발굴에 대한 보고서 간행을 지연시켰다. 그 후에 아.뻬.아끌라드니꼬프는 오씨노브까에서 더 이상 조사작업을 수행하지 못했는데, 그것은 현지 건축가 중의 누군가가 불도저로 기준 단면과 유적 자체를 파괴하였기 때문이었다. 그 사실은 현재의 몇몇 고고학자들에게 오씨노브까의 층위학적 사실을 전적으로 부정할 수 있는 근거가 되었다.

짙은 갈색(적색) 사질점토층에서 출토된 유물들(그림 10)은 커다란 유물들로 구성되어 있다. 유물들은 둥지・집적체 상태로 분포하였는데, 아끌라드니꼬프는 그 중의 하나를 자그마한 제작소라고 묘사하였다. 석기는 강의 자갈돌로 만들었는데, 잠정적으로 찍개와 큰긁개[2]로 나눌 수 있을 것이다. 세심하게 깎아 낸 찍개의 날은 넓은데, 타원형으로 볼록한 경우도 흔히 있으며, 작은 잔손질을 한 경우도 간혹 있다. 큰긁개에는 흔히 볼록한 날과 좁은 뒤꿈치가 있는데, 뒤꿈치에는 껍질이 남아 있다. 큰긁개의 특이성은 육중하다는 점인데, 치는 도구로 사용하였을 가능성도 있다. 넓게 떼어낸 것은 유사한 제품을 핵으로도 파악할 수 있게 한다. 한 제품에 여러가지 기능이 복합된 것 - 찍개・긁개・핵 - 을 아.뻬.아끌라드니꼬프는 오씨노브까 문화(осиновская культура) 분리의 속성으로 간주하였다. 그는 오씨노브까 문화에, 오씨노브까 하층 이외에도, 우쑤리스크 市의 일류쉬끼나 쏘쁘까(Ильюшкина Сопка),

---

2) 역주 : 데.엘.브로댠스끼는 긁개(scraper)를 큰긁개(скребло)와 작은긁개(скребок)로 세분하여 부르고 있다. 그의 설명에 따르면, 큰긁개는 크고 육중하며, 작은 긁개는 작고 얇다.

떼레호브까(Тереховка) 유적, 라즈돌나야(Раздольная) 강, 수이펜(Суйфэн) 강안, 아쓰뜨라한까(Астраханка) 마을 근처, 한까 호 호변 등에서 수집한 지표채집 유물도 포함시켰다. 아.뻬.데레뱐꼬는 오씨노브까의 도구를 아무르 중류의 꾸마라 II에서 수집한 도구와 비교한다.

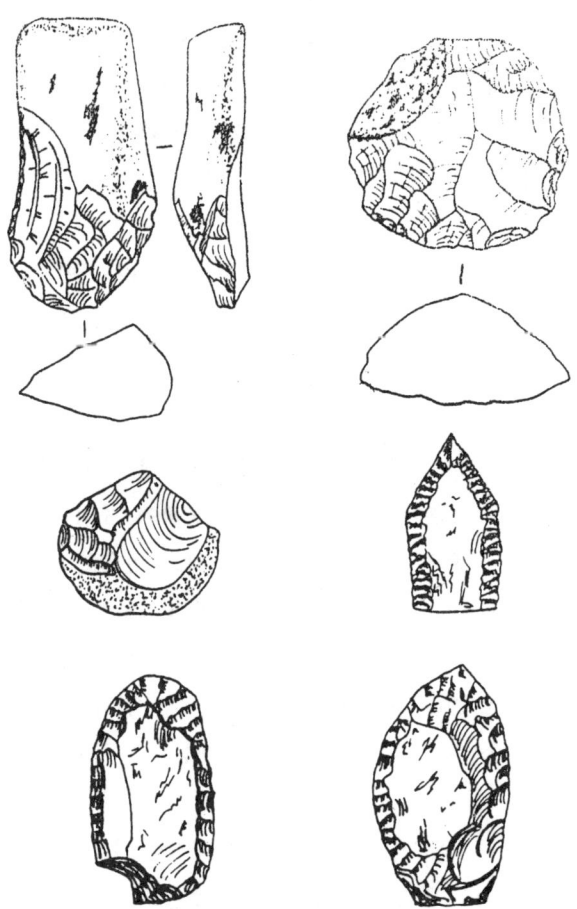

그림 10. 오씨노브까 문화

오씨노브까 문화는 4만-1만5천년 전으로 변동 폭이 넓게 편년되었지만, 3만년 이전으로 편년하는 것이 보다 정확할 것이다.

우스찌노브까 문화(устиновская культура)는 극동에서는 유일한 발굴된 자료를 토대로 연구된 구석기문화이다. 연해주에는 우스찌노브까 문화의 유적이 약 50여 군데 있다. 그 중에서 15개 - 우스찌노브까(устиновка) I, III, IV, 쑤보로바(Суворова) III, IV, VI, 오씨노브까(Осиновка) 제2층위, 알레니(Олений) А, Б 하층, 고르바뜨까(Горбатка) 3, 일리스따야(Илистая) 1, 2, 띠모페예브까(Тимофеевка) 1, 2, 이바노브까(Ивановка) 3 - 유적은 발굴조사되었다. 발굴된 유적은 두 그룹으로 나눌 수 있다: 1)제르깔나야(따두쉬) 강 강안의 북동그룹 - 우스찌노브까, 쑤보로바; 2)나머지 남서그룹. 연해주 구석기시대의 연구는 우스찌노브까 문화에 관한 것이 아주 많다[68, pp.86-95; 69; 70, pp.20-26; 72, pp.44-66; 96, pp.5-31; 110, pp.89-93, 187-193; 172; 178, pp.37-38; 179, pp.52-55; 180, pp.27-51; 189; 261, pp.352-372; 269, pp.115-120; 278, pp.5-14; 330; 331, pp.58-68; 332, pp.206-208; 333, pp.21-34; 405]. 本 章의 제목 자체가 우스찌노브까 문화의 유적들을 석기시대의 어느 시기로 간주해야 하는지에 대한 문제를 반영하고 있다. 일부의 저자들은 그 유적들을 구석기시대의 것이라고, 또 다른 저자들은 중석기시대의 것이라고, 또 어떤 저자들은 중립적으로 토기이전의 것이라고 간주하였다. 그러나 결국에는 우스찌노브까 문화의 유적에서 토기도 발견되었다. 아.뻬.아끌라드니꼬프는 1964년에 우스찌노브까 I을 중석기시대의 유적으로 간주하였고, 후에 중석기시대라는 용어를 즐겨 사용하였다. 그는 처음으로 우스찌노브까 공작을 호카이도(Хоккайдо)의 시라타키(Сиратаки) 유적의, 몽고의 헤레-우울(Хере-Уул) 유적의, 알류션 열도의 아난굴라(Анангула) 유적의 그것과 비교하였고, 본 문화 발전을 3단계를 분리하였다[261, pp.352-372; 283, pp.15-24]. 첫번째의 두 단계는 우스찌노브까 I의 층위학적 단면을 통하여, 세번째의 것은 알레니 A의 하층을 통하여 분리하였다.

우스찌노브까 I은 제르깔나야(따두쉬) 강으로 흘러드는 까로뜨끼 川의 하구 곶, 18m 높이의 제2침수 테라스[3)]에 위치한다. 1963년과 1968년에는 아.뻬.아글라드니꼬프가, 1966년에는 줴.웨.안드레예바가, 1980년, 1981년, 1984년에는 에르.에쓰.바씰리옙스끼와 웨.아.까쉰이 각각 본 유적을 발굴하였는데, 웨.아.까쉰이 가장 상세한 단면도(그림 11)를 남겼다. 1968년과 1980년에 필자는 이 유적의 발굴조사에 참여하였고, 집자리 2기(그림.12)의 정리작업도 하였다. 문화층의 두께는 2m에 달하였다. 1980년에는 두개의 층위군 - 상층과 하층 - 이 분리되었는데, 각 층위군은 다시 각각 3개씩의 층위와 일련의 렌즈 및 간층으로 세분되었다.

양 층위군에는 황백색과 녹색의 珪化 片岩(окремнелый сланец) 덩어리(желвак; nodule)와 예비품, 가장자리 부스러기(скол; spall), 핵, 격지, 석인 등이 풍부하게 있다. 편암은 잘 쪼개지는 우스찌노브까의 돌로서 여기서는 사질점토 속에서도 채취된다. 완성품은 많지 않다. 유적을 조사한 모든 연구자들은 우스찌노브까를 제작소 유적이라고 확신한다. 발견된 유물의 총 수량은 10만 점을 넘는다. 에르.에쓰.바씰리옙스끼와 에쓰.아.글라드이쉐프는 핵을 7개의 그룹으로 분리하였다: 무정형, 다양한 수의 타격면이 있는 부정형 프리즘형, 쐐기형(8개의 큰긁개 변종, 6개의 작은긁개 변종, 4개의 칼 변종), 측인 새기개(боковый резец), 모서리 새기개(угловый резец), 양각 새기개(срединный резец), 多

---

3) 역주 : 러시아에서는 강안을 수면에서의 높이를 기준으로 침수지(пойма)- 2m(수면을 기준으로 한 높이), 高침수지(высокая пойма)- 2-4m 혹은 2-6m, 제1 上침수 테라스(первая надпойменная терраса)- 6-12m, 제2 上침수 테라스(вторая надпойменная терраса)- 12-18m, 제3 上침수 테라스(третья надпойменная терраса)- 18m 이상 등으로 구분한다.

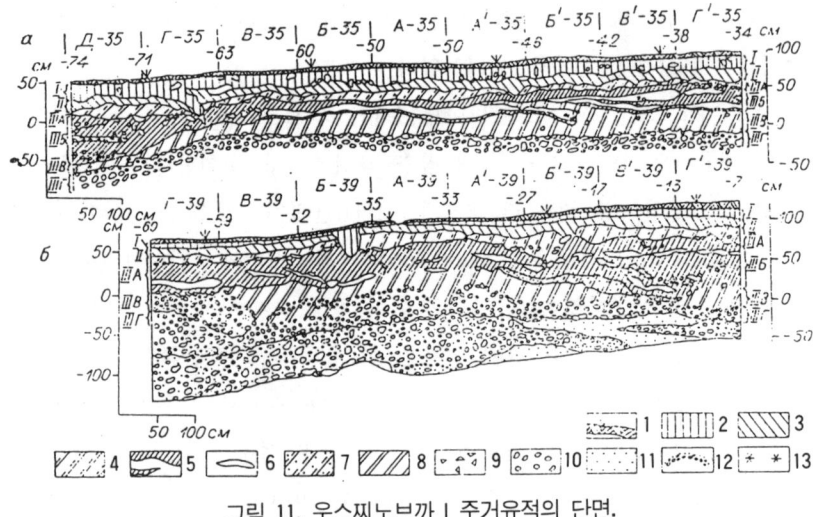

그림 11. 우스찌노브까 I 주거유적의 단면.

a-발굴지 둑 단면; 6-발굴지 북벽 단면. 1-표토, 2-부식 사질토, 3-담황색 사질점토, 4-밝은 밤색 점토, 5-밤색(쵸콜렛색) 점토층, 6-회청색 점토 렌즈, 7-회색 사질점토, 8-짙은 회색 점토, 9-광물 조각, 10-자갈돌, 11-모래, 12-잔자갈과 모래 혼합의 간층, 13-목탄.(에르.에쓰.바씰리엡스끼와 웨.아.까쉰에 의거).

切面 새기개(трансверсальный резец)[69, pp.38-75]. 아.뻬.아글라드니꼬프는 대각선 새기개(диагональный резец)(그림 13,20; 14,4), 까뀌(скобель), 뚫개(проколька; perforator) 등을 개별적으로 분리하였다. 윗층위군과 우스찌노브까 III 주거유적, 쑤보로바 VI 및 다른 유적들(아.뻬.아글라드니꼬프에 따르면 제2期의)에서 양면석기 -엽형과 부정형 삼각형의 창촉 및 화살촉(그림.14,1-3,6), 비대칭형의 양면석기·칼(그림 13, 4; 14, 7), 드물지만 날을 탁마한 자귀(그림 13, 1) 등이 발견된다.

舊石器時代와 中石器時代 69

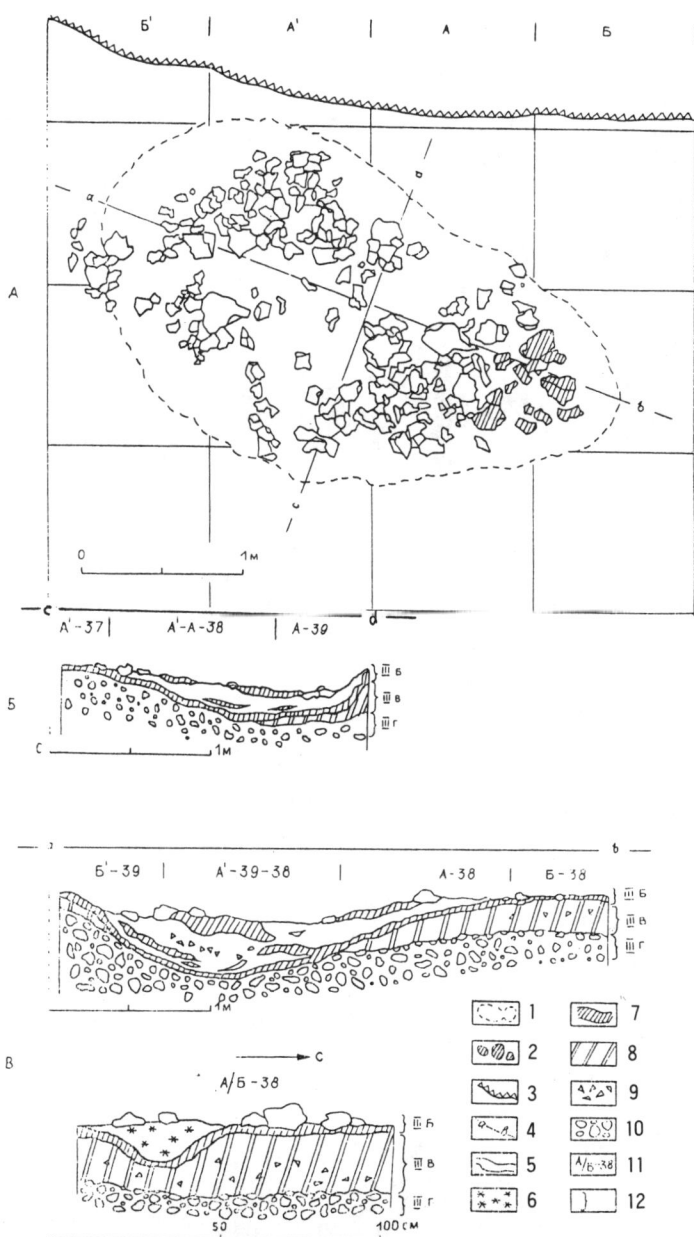

그림 12. 우스찌노브까
1. 집자리(에르.에쓰.바씰리옙스끼와 웨.아.까쉰에 의거).

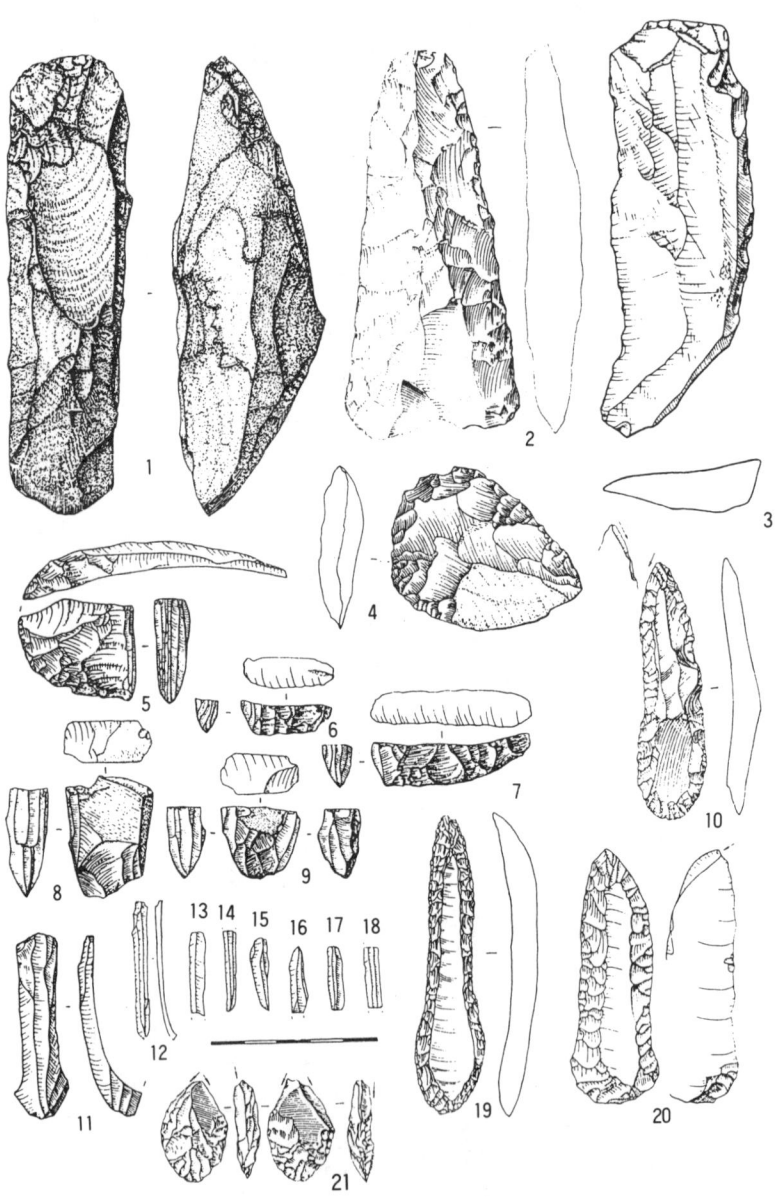

그림 13. 우스찌노브까 문화(아.아.끄류빤꼬 작성).

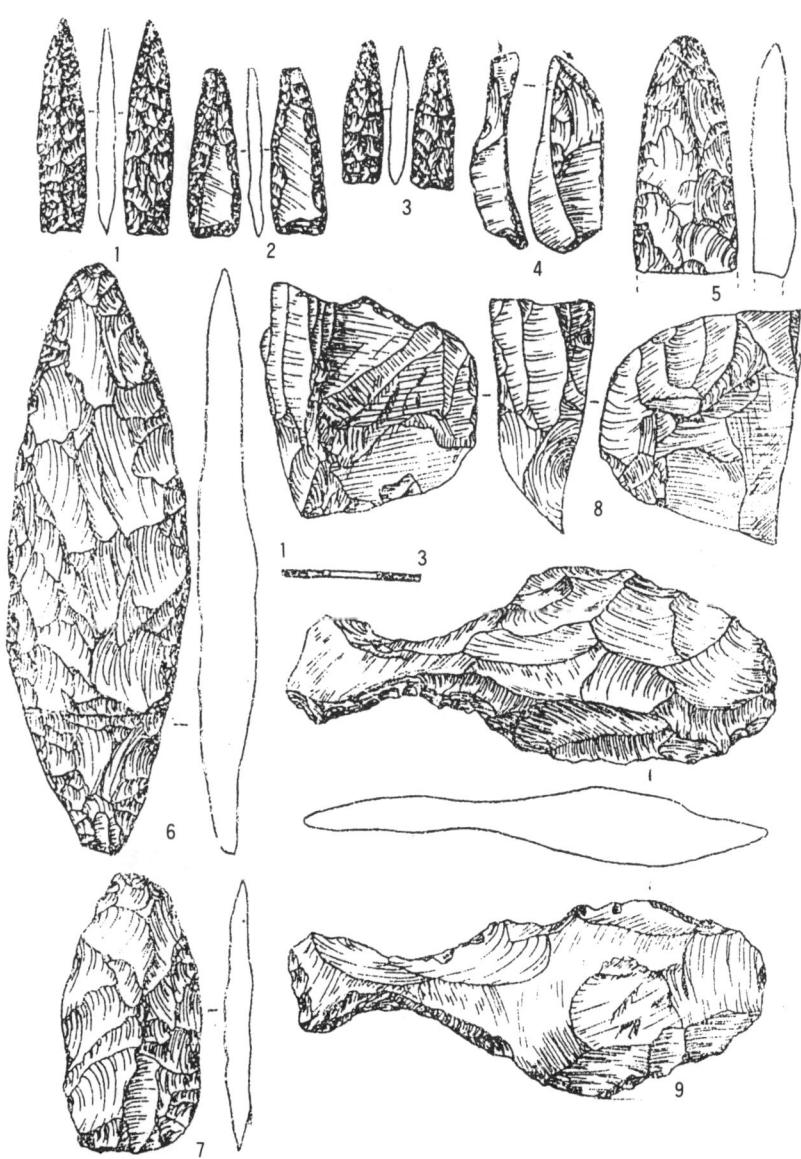

그림 14. 우스찌노브까 III. 화살촉(1-3), 새기개(4), 양면석기(5-7), 물고기상(9), 핵(8).(엔.아.까노넨꼬와 그 외에 의거).

1994년에 우스찌노브까 III에서 처음으로 토기가 발견되었는데, 그 이전에는 우스찌노브까 토기를 발견하려는 시도가 성공하지 못했었다: (아.엠.꾸즈네죠프의 말에 따르면) 토기편들이 씻겨 내려갔을 수도 있고, 혹은 윗층들에서 출토된 보다 늦은 청동기시대의 토기로 간주했을 수도 있다.

남서그룹 유적의 다수 유물에는 쐐기형의 마이크로핵과 그 핵에서 떼어낸 세석인(микропластина; microblade)이 있다. 알레니 A(본 유적에는 다른 명칭 - 마이헤(Майхэ) I, 아르쩨모브까(Артемовка) I - 도 있는데, 1972년 지명의 변경과 관련이 있다)의 $4m^2$ 발굴지에서 길이 5-10mm, 폭 1-3mm인 흑요석제 세석인이 17점 발견되었다.

C_{14} 연대는 그 수도 많지 않고 또 모순적이다: 쑤보로바 IV의 제2층위, 목탄-15,300±140(КИ-3502)와 15,105±110(АА-9463). 우스찌노브까 I 하층, 목탄(넓은 면적에서 체취되었고, 탄화된 식물뿌리에 의해 오염되었을 가능성이 있다)-7,800±500(ГИН-2503). 일리스따야 I, 목탄 -7,840±60. (아.뻬.아글라드니꼬프에 따르면) 일리스따야 I의 연대와 유형학은 전기 홀로센을 편년한다. 호카이도의 편년된 유적과의 비교에 의해 이른 층위는 1만7천-1만2천년으로, 중간 층위는 1만2천-1만년으로 편년되었다. 아.엠.꾸즈네쪼프는 우스찌노브까 문화 전체를 1만8천-8천년으로 편년한다[189, p.134].

최근 우스찌노브까 문화 유적에서 예술품이 발견되었다: 우스찌노브까 III에서 물고기상(그림.14,9)이, 우스찌노브까 I에서는 形象의 격지 (아.웨.따바레프 발견)가 각각 발견되었다. 1970년에 아.뻬.아글라드니꼬프와 필자는 피르싸노바(Фирсанова) I 동산에서 網이 새겨져 있는 판석 1점, 부드러운 明礬石(алунит)으로 만든 무정형의 물고기상 2점을 발견하였다.

오씨뽀브까 文化(осиповская культура). 오씨뽀브까 문화의 유물은 비록 1926년 엠.엠.게라씨모프에 의해 수집되었지만, 첫번째의 유적 발굴은 1960년 대에 아.뻬.아끌라드니꼬프와 그의 동료들이 행하였다: 1960년에는 하바롭스크의 오씨뽀브까 마을 근처의, 1963년에는 철교 근처의 유적이 각각 발굴되었다[110, pp.94-96, 표.51-53]. 1980년에 아.뻬.아끌라드니꼬프와 웨.예.메드베줴프는 하바롭스크에서 아래쪽으로 75km 거리, 아무르 강의 우안에 위치하는 가쌰(Гася) 절벽 위의 다층위 주거유적을 발굴하였다[298, pp.93-97]. 나중에는 그 유적을 아.뻬.데레뱐꼬와 웨.예.메드베줴프가 발굴하였다[113-117]. 1989년부터 깜싸몰스크에서 20km 거리, 훔미(Хумми) 강의 지류 강안의 훔미 주거유적이 조사되고 있다[194,p.104-106]. 오씨뽀브까 문화의 유물 연구에는 아.웨.말랴빈이 종사하고 있다[221, pp.5-7].

오씨뽀브까 유적과 하바롭스크 지구의 다른 유적들의 문화층은 물에 잠겼었던 회색 잿빛의 무른 사질점토층이다. 10-15cm 깊이에서는 단단한 점성의 점토가 있고, 유물은 없다. 60년대에 사질점토층에서 불에 탄 강돌로 형성된 화덕자리(очаг; hearth)가 발견되었는데, 그 주위에 유물이 널려 있었다. 자갈돌로 만든 핵은 타날면이 하나 있는 쐐기형이다. 두번째 유형의 핵은 양면석기인데, 세로로 1-2개의 스키모양 부스러기를 떼어 내었고, 다시 몸통에서 석인을 떼어 내었다(그림 15,1). 오씨뽀브까 문화의 유물 중에는 양면석기 - 창촉과 화살촉(그림 15, 2,4,5-8) - 이 가장 많은 수를 차지한다. 타날한 쐐기형 도끼가 있는데, 탁마한 것도 있다. 석인으로 만든 칼, 작은긁개, 쐐기, 새기개와 자갈돌로 만든 큰긁개 등도 발견되었다.

가쌰(Гася) 절벽은 아무르 강 우안에 있는 가파른 경사면이 있는 강안의 곶(높이 15m)이다. 근처에는 그 유명한 싸카치-알랸(Сакачи-Алян) 암각화가 있다. 다층위의 문화층 두께는 총 222cm이며, 최하위층은 점토층이다. 신석기시대 토기를 함유하는 움집의 구덩이들이 부분적으

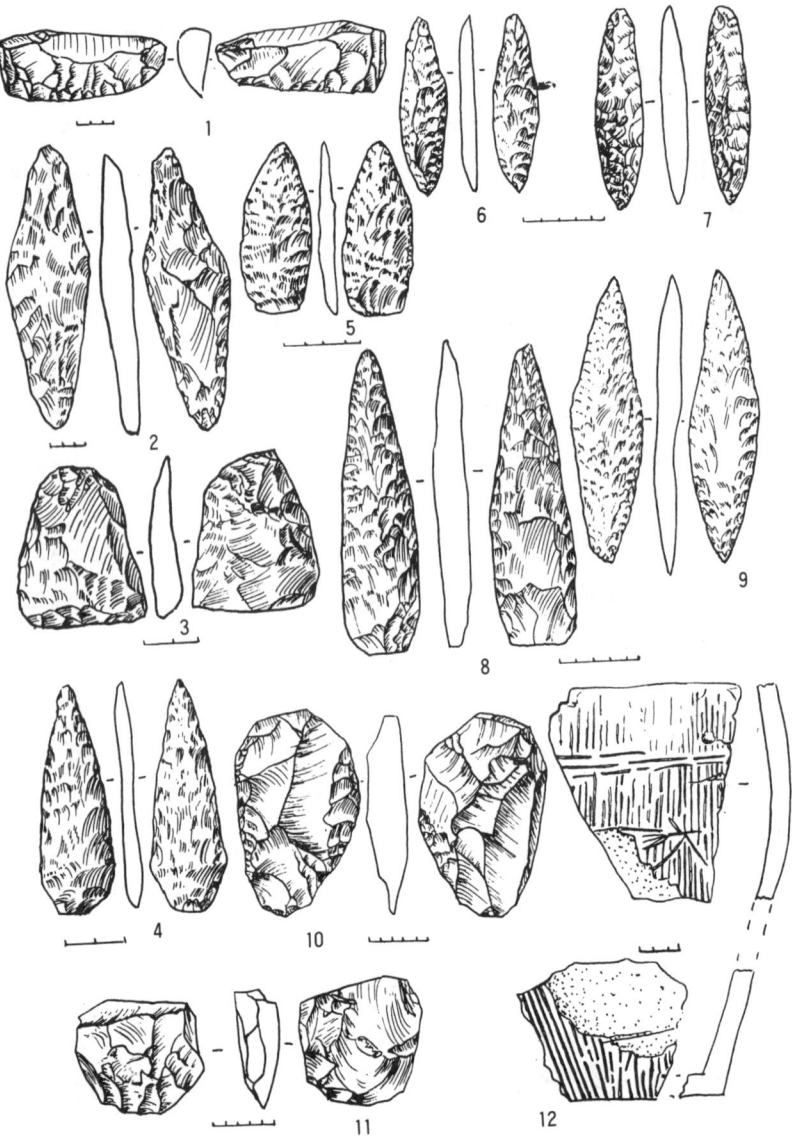

그림 15. 오씨뽀브까 문화: 1-11- 석기, 12- 가쌰 출토의 토기.

로 아래의 점토층을 파괴하였지만, 움집의 바닥 아래에 손상되지 않은 구역도 남아 있었다. 깊이 210-222cm에 규모 4.5×3.5m와 5×1.7m의 燒土 산재층에 자갈돌로 만든 긁개·자귀와 양면석기를 포함하는 전형적인 오씨뽀브까 유물들이 집중되어 있었다. 흑색 부싯돌류로 만든 오씨뽀브까의 유물 사이에 난 독특한 샌드위치 모양의 소토 산재층에서, 분명한 층위학적 상태 속에서에 양동이형의 눌리어진 토기가 1점(그림 15, 12)이 발견되었다. 토기는 거칠게 붙여 만들었고, 바닥의 두께는 1.5cm이며, 구연부(вентик) 근처의 벽은 두께 1cm이다. 구연부는 곧고 둥그스름하다. 안쪽 표면에는 풀로 문질러 다듬은 흔적이 남아 있다. 태토에 빈 공간이 있는데, (이.에쓰.쥬쉬홉스까야의 규정에 다르면)불에 탄 유기체의 흔적이다. 구연부 아래 바깥면에는 수평으로 고랑(борозда 혹은 бороздка)이 나있고, 일부의 고랑은 바닥에서 위로 수직으로 향한다. 고랑의 표면은 끈 혹은 소개껍질로 눌린 듯 올록볼록하다. 모닥불 자리에서 얻은 C_{14}연대는 12,960±120 (Ле-1781), 10,875±90년이다[406, p.14].

훔미(Хумми). 420m^{2}의 면적이 발굴되었다. 하층에서 가샤의 것과 같은 작은 토기편들이 발견되었다. C_{14} 연대는 다음과 같다: 하층의 윗부분-7,760±120 (ГИН-6945), 약간 아래의 구멍에서 얻은 목탄-10,345±110(AA-13391), 층위의 가장 아래쪽, 45-55cm 깊이의 화덕자리-13,260±100 (AA-13392).

時期區分과 新石器時代 下限線 問題

아무르 중류, 제야 강(р.Зея)의 지류, 쎌렘줴(Селемдже) 강안의 우스찌-울마(Усть-Ульма) Ⅰ 유적 제1층위 상층에서와 마찬가지로(아.뻬.데레뱐꼬는 쎌렘쥐 강안의 구석기시대를 오씨뽀브까 문화의 발생과 관련지운다) 우스찌노브까 문화와 오씨뽀브까 문화에서의 토기의 발견은 연구자들의 관심을 집중시켰고 동시에 시기구분 문제에 대한 논쟁을 불러 일으켰다. 필자는 이 문제에 대해 제2장에서 이미 자신의 입장을 밝혔다. 토기가 발견되기 전에는 그 누구도 중석기시대보다 늦은 시기로 편년한 바 없었던 두 문화를 토기에 의해 신석기시대로 파악한다는 것은 황당무계한 일이다. 우스찌노브까 문화의 늦은 단계와 오씨쁘브까 문화의 석제품 중에는 나중에 신석기시대로 전해진 일련의 유형들 - 대형과 소형의 양면석기, 곶형 긁개, 모서리 새기개, 쐐기, 자귀 - 이 있다. 석기 공작에 있어 구석기시대와 신석기시대 사이의 중간 상태는 중석기시대의 설정과 정확하게 들어 맞는다. "중석기시대"라는 개념을 거부하려는 일련의 젊은 연구자들의 시도는 주관적인 성격을 띠고 있다. 有土器 中石器時代의 존재는 객관적으로 밝혀졌다. 시간상 유토기 중석기시대 문화들은 신석기시대의 보급에 직접적으로 선행하며, 일부는 유전적으로 깊은 관련을 갖고 있기도 하다: 오씨쁘브까 문화는 그로마뚜하 문화와(아무르의 말르이쉐바 문화와도 관련이 있을 가능성이 있다), 우스찌노브까 문화는 연해주의 꼰돈 문화와 각각 관련이 있다. 중석기시대와 신석기시대의 교체는 아마도 8천-7천5백년 전의 홀로센 최적조건이 도래하면서 일어났을 것이다. 중석기시대의 토기의 존재는 왜 전기 신석기시대의 토기가 지금까지 아주 발달된 것으로 이해되었는가 하는 점을 잘 설명한다. 보이스만 신석기문화와 자이싸노브까 신석기문화의 근원이 연해주보다 더 남쪽에 있기에 유토기 중석기시대는 한반도와 만주에서도 반드시 발견될 것이다. 구석기시대와 중석기시대의 교체는 우스찌노브까 문화 안에서 이루어졌음이 틀림없다. 우스찌노브까 문화의 이른 단계는 구석기시대에 해당된다.

제 4장 新石器時代

1. 자이싸노브까 文化

80년대 초에 발견된 남연해주의 90여 개 신석기시대 유적 중에서 3분의 2는 필자가 자이싸노브까 문화(зайсановская культура)로 간주하는 토기와 기타 다른 유물들을 포함한다. 자이싸노브까 문화라는 명칭을 준 하싼 地區의 자이싸노브까 마을(с.Зайсановка) 근처의 유적은 글라드까야 江(р.Гладкая) 河口에 위치하며 1926년 아.이.라진이 발견하였고[7, p.136], 1953년에 아.뻬.아끌라드니꼬프가 조사하였으며[256, pp.56-65], 1954년에는 게.아.안드레예프[5, pp.121-145]가[1]), 1956년에는 아.뻬.아끌라드니꼬프[256, p.50]가[2]) 각각 발굴하였다. 게.이.안드레예프가 자이싸노브까 문화에 대해 처음으로 규정을 내렸다:《토기는… 平底이고, 간단한 형태이며, 단지(банка) 혹은 잔(кубок)형이고, 押印 櫛齒文(гребенчато-зубчатый штамп)과 刺突 삽文(отступающая лопаточка) 및 齒輪文(зувчатый колесик), 橫沈線文(прочерченная горизонтальная линия) 등에 위해 장식되었다. 자이싸노브까 I과 같은 늦은 단계의 유적들에서는 이른 단계의 유적들에는 없는 아주 복잡한 문양들이 관찰된다》[7, pp.156-157]. 게.이.안드레예프와 아.뻬.아끌라드니꼬프는

---

1) 유물(No.97435, 11845)은 모스크바 국립역사박물관에 보관되어 있다.
2) 유물은 노보씨비르스크 러시아 과학 아카데미 시베리아 지부(СО АН РАН) 역사, 문학, 철학연구소에 보관되어 있다.

자이싸노브까 문화의 시기구분을 시도하였다. 게.이.안드레예프는 얼마 안되는 자료를 토대로 연해주 신석기시대를 4단계로 분리할 것을 제안하였다: 1)자레치예(Заречье) I-기원전 3천기 후반부; 2)한씨(Хансь) I, V -기원전 3천년기 말-기원전 2천년기 초; 3)끼롭스끼(Кировский)- 기원전 2천년기(상·하한선을 제시하지 않음); 4)자이싸노브까 I- 기원전 2천년기 후반부[7, p.156-157]. 게.이.안드레예프는 앞의 두 단계를 자이싸노브까 문화에 선행하여 자이싸노브까 문화의 모태의 일부가 되었던 것으로, 뒤의 두 단계를 본원적인 자이싸노브까 문화로 파악하였다. 그의 의견에 따르며, 자이싸노브까 문화의 이른 단계는 한면이 볼록한 자귀와 부싯돌로 만든 도구들이, 늦은 단계는 단면이 타원형인 도끼와 흑요석(обсидиан; obsidian)제의 도구가 특징적이었다[7, p.156].

아.뻬.아끌라드니꼬프는 끼롭스끼를 신석기시대의 이른 단계로, 글라드까야 I(자이싸노브까)를 다음 단계로 파악하였다[256, p.56-57]. 후에 그는 또 하나의 단계를 추가하였다: 1)알레니 I; 2)글라드까야; 3) 끄로우노브까의 아래 층위[264, p.189]. 그는 오씨뽀브까 III과 끼롭스끼에 대한 아무런 정의없이 자이싸노브까 문화를 그 사이에 존재하였던 것으로 파악하였는데[264, p.191의 표], 오씨뽀브까와 끼롭스끼의 신석기시대 층위들이 두개에서 네개의 시간적으로 차이가 나는 相異한 문화의 유물을 포함하고 있다[42, pp.111-112]는 점을 고려한다면 수긍할 수 없다. 게.이.안드레예프는 자이싸노브까 문화의 늦은 단계를 청동기시대로 간주하였고[5, p.145], 아.뻬.아끌라드니꼬프는 굽은 몸통과 雷文이 있는 자이싸노브까 문화의 항아리(горшок)에서 안드로노프 문화(андроновская культура)의 면모를 지적하였다[256, p.62].

따라서, 연해주에서 처음으로 분리된 신석기문화는 신식기시대 後期와 末로 심지어는 청동기시대로 편년되었고, 그 연대는 기원전 3천-2

천년의 테두리를 벗어나지 못하였다. 그러한 상황과 (아주 불완전한) 루드나야(Рудная) 유적의 층위 및 60년 대부터의 새로운 정보에 대한 무관심은 몇몇 고고학자들로 하여금 수년후에 연해주의 모든 자이싸노브까 문화를 신석기시대 후기로 편년하고, 거대한 편년적 간격을 이전과 마찬가지로 복합적인 유적에서 출토된 유물들로 메꾸게 하였다[186, p.19].

자이싸노브까 문화에 대한 급격한 인식의 변화는 알레니(마이헤)(Олений(Майхэ)) 국영 동물농장 근처의 주거유적들에 대한 연차적인 발굴의 결과이다[279, pp.155-157]. 그 주거유적들의 발굴에 관한 자료는 이미 여러 문헌에 반영되었다[292, pp.177-179; 40, pp.61-66; 283, pp.28-50]. 인식의 변화는 씨니 가이 유적의 발굴에서도 계속되었다[40, pp.61-66; 283, pp.28-50]. 연해주 신석기시대의 중기와 후기의 모든 문화층과 지금까지 알려진 모든 신석기문화들이 블라지미로-알렉산드롭스끼 마을(c.Владимиро-Александровский) 근처의 5개 지역 주거유적들 - 뻬레발(Перевал), 제8킬로미터(8-й километр), 길 옆(У дороги), 발샤야(Большая), 보리수 아래(Под липами) - 에 집적되어 있었다[3]. 아.뻬.아끌라드니꼬프와 웨.예.메드베제프가 70년대에 행한 그 유적들에 대한 발굴조사는 자이싸노브까 문화에 대한 정보를 대대적으로 보충하였다.

---

3) 유물은 노보씨비르스크 러시아 과학 아카데미 시베리아 지부(CO AH PAH) 역사, 문학, 철학연구소에 보관되어 있다.

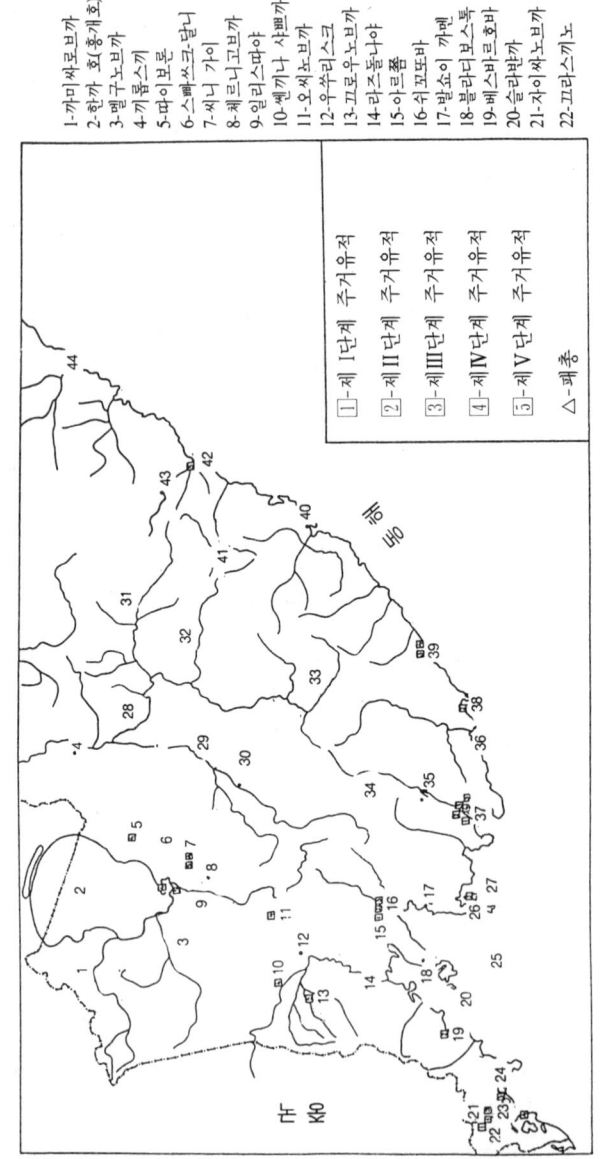

그림 16. 자이싸노브까 문화 유적 분포도

문제는 자이싸노브까 문화의 유물이 수백배 증가하였다는데 있는 것이 아니라, 은폐유적인 주거지가 발견 및 발굴되고 또 알레니 유적에서 자이싸노브까 문화의 이른 단계에 해당하는 수직의 column(колонка)이 확보되었다는데 있다. 알레니와 씨니 가이의 층위 및 출토유물의 유형분류는 자이싸노브까 문화를 5단계로 세분 가능하게 한다: 북한과 만주의 column과의 상관관계는 필자의 시기구분의 신뢰성을 높였고 또 자이싸노브까 문화의 연대가 최소한 기원전 5천년기 이전으로 소급됨과 극동 전체 신석기시대에서의 자이싸노브까 문화의 위치를 밝히게 하였다.

제1단계. 자이싸노브까 문화의 가장 이른 단계는 알레니 B 주거유적과 알레니 II 층위의 발굴자료를 토대로 하여 분리되었다. 알레니 B 주거유적은 1959년에 아.뻬.아끌라드니꼬프가 아르쩨모브까 江(p.Apтемовка) 강변에서 200-300m 거리에 위치하는, 이전에 온실이 있었던, 국영농장 부속의 마을에서 발견하였고, 보고서에는 마이헤·온실로 기록하였다. 주거유적은 높은 침수지, 일상적인 강수면에서 2-3m의 높이에 위치하며, 범람기에 물에 잠기지 않는다. 주거유적의 자연적 경계선은 아르쩨모브까 강 이외에도 주거유적을 로씨느이 湖(о.Лосиный)와 분리하는 분수령의 곶(Б 지점), 강으로 흘러드는 무명의 샘물, 비정기적으로 샘으로 흘러드는 개울 등에 의해 구성되어 있다.

국영농장 건물들 사이의 건축용 도랑과 구덩이의 벽에서 약 100m² 의 면적에 해당하는 2개의 발굴을 하였다. 다음과 같은 층위가 드러났다:

1. 현재의 경작층: 심하게 부식된 모래, 많은 유리, 두께 26-36cm.
2. 밝은 갈색에 입자가 작은 모래층: 두께 18-24cm.
3. 다양한 음영을 지닌 회색 모래층: 두께 20-24cm.
4. 자잘한 자갈이 섞인 다양한 음영의 회갈색 잔모래층: 두께

7-20cm.
5. 황색의 입자가 굵은 모래, 자갈: 두께 1m 이하.
6. 적황색 음영을 지닌 점토층: 두께 10-30cm.
7. 회록색의 광물화한 진흙층, Spisula sachalinensis 패각이 발견된다.

제1지구의 $10m^2$ 면적에서 제2층위가 손상되지 않은 상태로 보존되었는데, A지점과 Б지점의 신석기시대 집자리들에서 토기와 단일 유형의 유물들이 대량으로 출토되었다.

제3층위는 씻겨 나갔고 출토유물이 없다.

제4층위에는 가장 이른 시기의 흥미있는 유물들이 매장되어 있었다. 제5-7층위에는 유물이 없었다. 모든 층위군은 현재 아르쩨모브까 강의 넓고 낮은 침수지로 변해있는 얕은 灣 혹은 潟湖를 둘러쌌던 구릉을 형성하고 있었던 것이었다(로씨느이 湖는 그 과거의 灣의 잔존물이다).

제4층위는 주거유적 전체에서 조사되었고, 다량의 유물을 함유하고 있었다.

제1지구의 제2층위에서 깊지 않은 집자리 구덩이가 발견되었다. 제4층위에서도 구덩이의 흔적이 있고, 제2지구의 생토층 표면에서는 燒土質의 間層과 직경 15-30cm인 78개의 기둥구멍이 발견되었는데, 기둥구멍은 목탄, 돌, 토기편 등으로 메꾸어져 있었다. 제1지구 제4층위에서는 저장구덩이(хозяйственная яма)가 발견되었는데, 그 바닥에 2개의 토기가 놓여 있었다(그림.18, 19). 제4층위 출토유물들은 교란되지 않은 상태였다. 토기, 격지(отщеп; flake) 및 기타 도구들이 집자리 바닥의 수평면에 집적체를 이루고 있었다. 결과적으로, 비교적 작은 발굴면적에도 불구하고 알레니 B(웨)는 층위학적으로 희망적이고 가치있는 정보를 주었다.

新石器時代 83

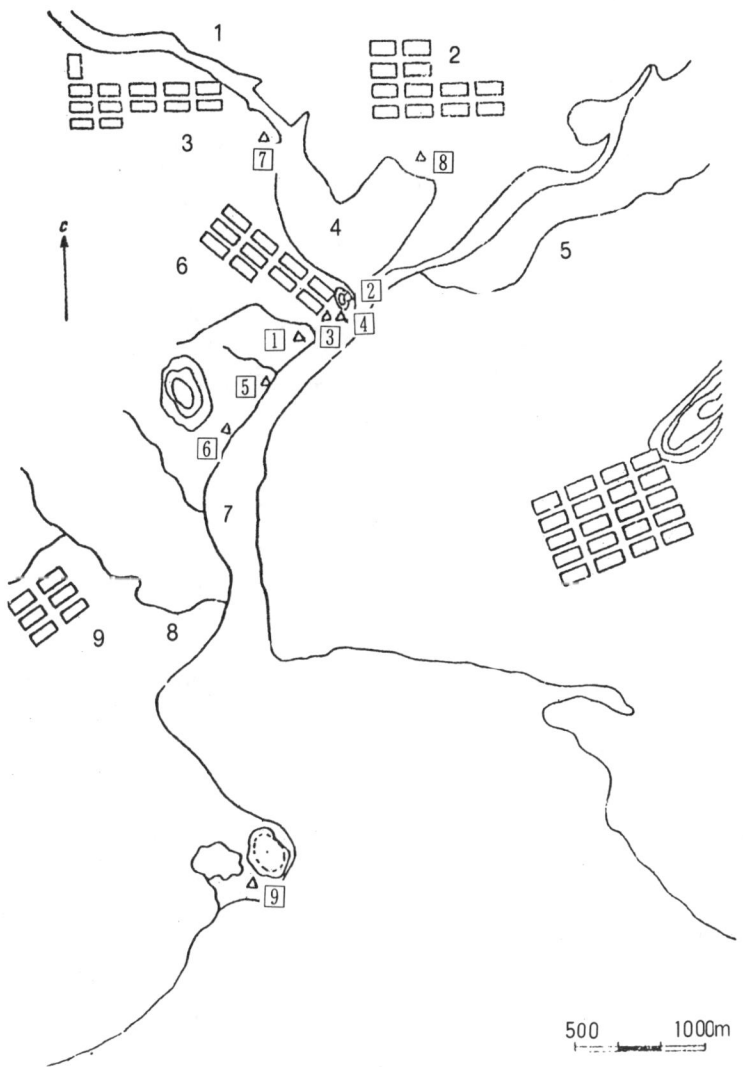

그림 17. 알레니 마을 근처의 유적 위치도
①-알레니 A, ②-알레니 Б, ③-알레니 B, ④-알레니 Г, ⑤-알레니 Д, ⑥-알레니 E, ⑦-끄롭스끼, ⑧-아르쩸그레쓰, ⑨-체레빠하 곶. 1-끄네비찬까, 2-아르쩸그레스, 3-끄롭스끼, 4-로씨노예 호, 5-쁘라또까 쏠그날, 6-알레니, 7-아르쩨모브까 강, 8-글류치, 9-쉐벨레브까, 10-쉬꼬또바, 11-무라비느이 만, 12-체레빠하 곶, 13-겔레라 곶.

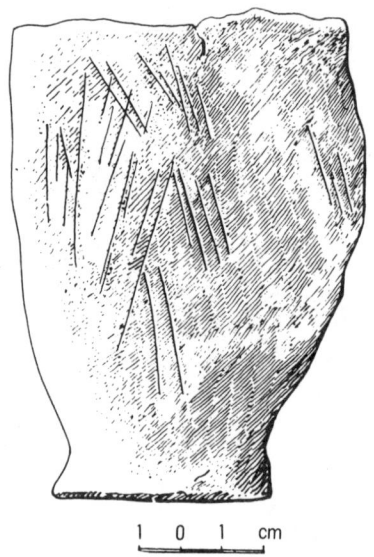

그림 18. 알레니 B 주거유적 제II층 출토의 토기

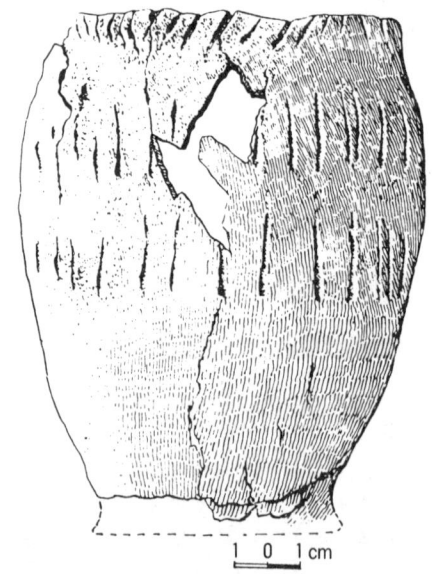

그림 19. 알레니 II 주거유적 B 문화층 출토의 토기

아.뻬.아끌라드니꼬프는 이미 첫번째 유물 수습에서 최대의 유물인 토기편(2,000 점 이상)을 가장 이른 시기의 것으로 평가하였다. 토기는 500° C의 온도에서 불균등하게 소성되었고, 태도에는 입자가 굵은 石英(кварц; quartz)이 혼합되어 있으며, 색깔은 회색, 황색, 갈색, 적색 등이 있다. 토기의 내부면은 매끈하게 다듬었고 흑색이다. 바깥면은 꺼칠꺼칠하고 다듬은 정도가 약하다. 모든 토기는 평저에, 두께는 두껍고, 테두리가 둘러져 있으며, 바닥의 안쪽 가운데는 더 두껍다. 커다란 토기에서는 바닥을 몸통과 따로 만들어 붙이었다. 토기 저부는 흔히 나름대로의 굽을 형성한다. 구연부는 몸통의 점토띠를 늘이어 만들었는데, 거의 대부분의 경우 外傾하였다. 구연부의 성형은 다음과 같은 몇가지 방법으로 하였다: 1)입술을 뾰족하게 한 경우. 입술아래에 밧줄을 모방한 덧 隆起文(налепный валик)이 있는데, 꼬집음(защип), 點穴(ямок) 혹은 短刻線(насечка) 등으로 장식하였다(그림 20,1,3); 2)끝이 약간 두툼한 둥그스름한 입술로서 간혹 옷깃모양을 갖는 경우도 있다. 구연부는 30° 정도 약간 外傾하였거나 혹은 곧다(그림 21); 3)곧은 입술. 덧무늬와 두툼함이 없다. 입술은 물결모양이고, 뾰족하거나 둥그스름하다(그림 18, 19). 벽의 두께는 3-7mm이다. 토기의 형태는 큰 편린들과 완형을 통해 보건대 3그룹으로 나뉜다: 1)약한 경사각과 약하게 만곡한 몸통이 있는 반원추-단지형(그림 18); 2)항아리형-가장 많은 수를 차지하며, 입술 아래의 약간 오목하게 들어간 목이 1번 그룹과 구분된다(그림 19); 3)사발(чаша). 거칠고 조잡하게 성형한 비대칭의 토기도 있다.

素文의 토기도 있지만, 대부분의 토기는 文樣으로 장식되었다. 施紋은 토기의 윗 3분의 1부분, 윗 2분의 1부분, 윗 3분의 2부분에 하였다. 시문을 하지 않은 저부에는 몸통과 바닥을 연결하면서 난 손가락 자국이 남아있다. 바닥에는 葉脈을 모방한 그림이 있는 경우도 있다. 한 바

닦 편린의 바깥면에 실을 곧게 짜서 만든 천자국이 남아 있었다.

굳지 않은 점토에 다음과 같은 방법을 사용하여 시문하였다: 날카로운 막대기나 빗을 눌러서(押捺) 혹은 그어서(刻線), 《뒤로 밀려 나면서 눌러서(刺突)》, 손톱을 눌러서(押捺), 막대기에 끈을 감아 눌러서(押捺), 이빨-바퀴(齒輪)의 흔적을 내어서(押印)4).

隆起文도 있는데, 벽의 점토를 밀어내어 혹은 점토띠를 덧붙여 만들었고, 꼬집거나, 막대기 혹은 손톱으로 눌러 장식하였다.

문양의 기본적인 구도는 넓은 띠이지만, 간혹 몇개의 좁은 띠로 구성된 것도 있다.

胴部를 따라 비대칭적으로 흩어진 線文과 押印文 및 그들의 그룹으로 형성된 문양이 있다.

문양의 모티브는 다음과 같다:

1. 직선, 파상선 혹은 부채꼴의 선으로 메워진 삼각형, 능형, 직사각형 등으로 된 띠. 그 경우 시문 기술은 대개 한 종류가 사용되었고, 한 띠에 여러 종류의 선이 활용될 수가 있었다. 이 모티브는 알레니 II의 B지점 아래층에 가장 널리 분포한 것이다(그림 20,1,2; 22,2,6).
2. 수직의 혹은 사선의 홈선, 刻線, 다양한 형태의 點穴, 손톱 모양 문양 등으로 구성된 띠(그림 19; 20,4; 21,1,2; 23,2).

---

4) 譯註: 押印, 押引, 押捺, 刺突 등의 개념은 白弘基(白弘基. 東北亞 平底土器의 研究/學研文化社1994)의 의견을 따랐다. 그는 押印을 押引, 押捺, 刺突을 포괄하는 개념으로 사용한다. 押引은 施文具를 깊게 찍은 뒤 끌어서 文樣을 이루게 하는 것이며, 押捺은 施文具를 한점 한점 눌러 文樣을 내는 것이며, 刺突은 찍어서 끌어 올려 文樣을 내는 것이다(p.44, 114).

新石器時代 87

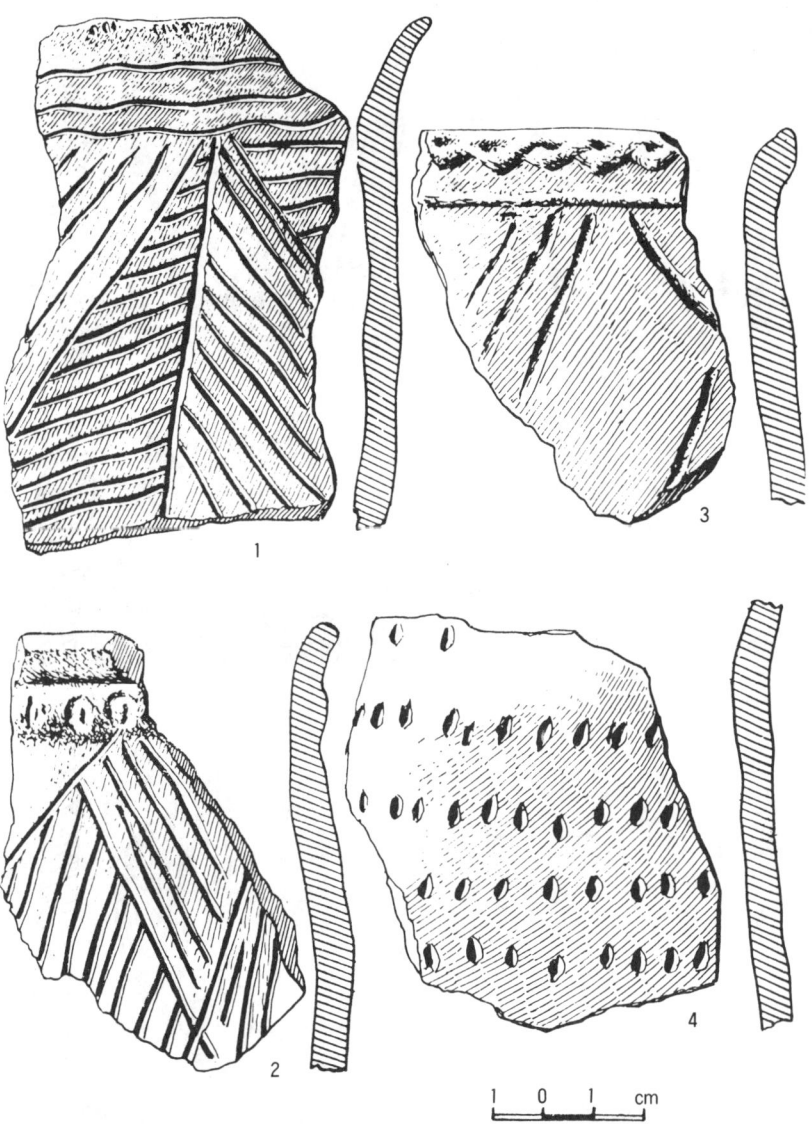

그림 20. 알레니 B 주거유적 하층(알레니 II층) 출토 토기편들

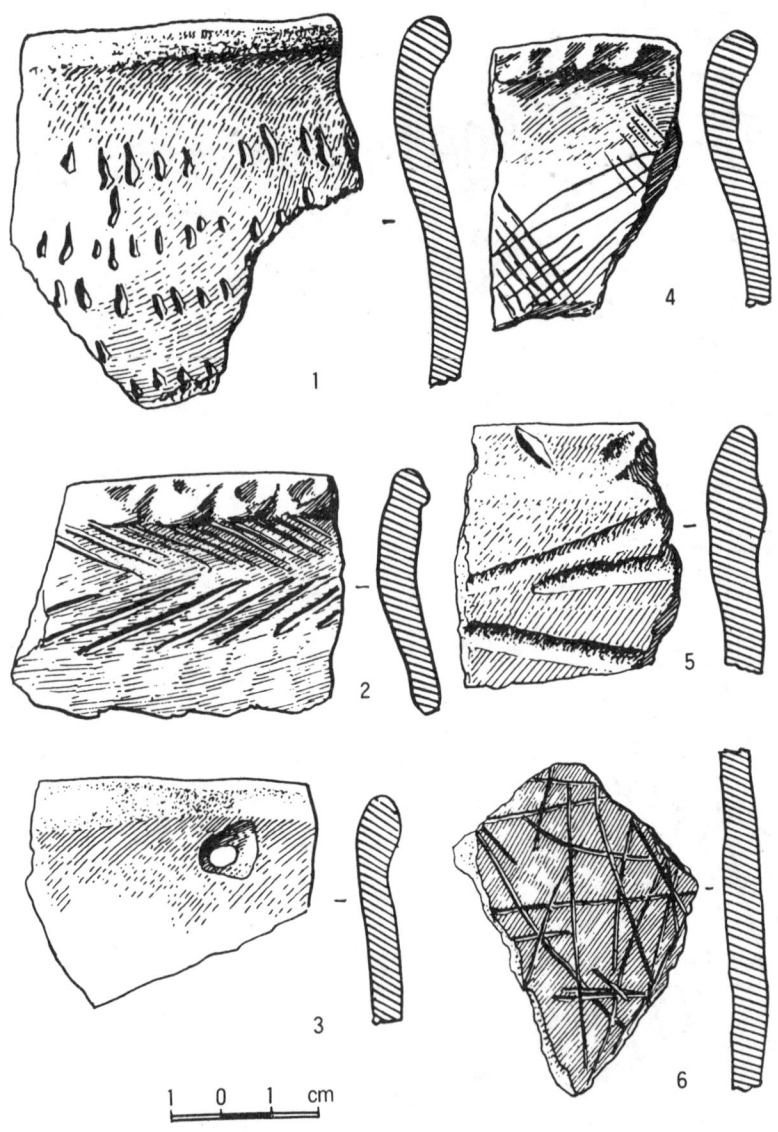

그림 21. 알레니 B 주거유적 하층(알레니 II층) 출토 토기편들

3. 刻線과 點穴로 구성된 網으로 몸통과 구연부에 시문되어 있다
   (그림 21,4; 22,7).
4. 3-4개의 齒가 있는 施文具를 교차하게 그어 낸 문양(그림 18;
   23,3).
5. 素文의 좁은 띠를 사이로 하여 난 수직 혹은 사선의 點穴柱(그
   림.22,1).
6. 櫛齒를 수평으로 그어 만든 문양들.
7. 《끈》의 혼적으로 구성된 수직의 지그재그(게.이.안드레예프의《
   幼蟲文》)(그림 21,2,6).
8. 파상선과 직선이 개별적으로 혹은 복합적으로 형성된 문양(그
   림 22,5; 23,1).
9. 點穴로 된 선: 구연부의 위를 따라 혹은 융기문을 따라 나 있다
   (그림 22,4).
10. 點穴로 구성된 短螺線(아주 드물다). 가늘게 선을 그어 윤곽을
    잡았다.
11. 斜線 혹은 點穴의 列과 연결된 수평의 刻線.

제4층위에서 직사각형 혹은 삼각형의 點穴들로 구성된 빽빽한 띠모양의 문양이 있는 토기편이 6점 발견되었다. 橫線과 斜線이 교차하는 경우도 간혹 있다. 기술적 속성에 따르면, 그 토기편들은 다른 것들과는 태토의 높은 밀도와 금빛에 의해 구분된다(그림 22,3). 게.이.안드레예프는 자레치예 I과 한씨 I에서 그와 같은 토기를 분리하였고, 그 토기가 齒牙形 押印器에 의해 시문된 것으로 파악하였고, 잠정적으로 그 문양을 櫛齒文이라 불렀다[7, p.142]. 그런 유형의 토기는 아무르 하류에 널리 분포하였는데, 특히 바즈네쎄노브까와 쑤추 유적에 잘 알려져 있다. 그런 류의 문양을 시문하는 기술은 얼마전 실험에 의해 재현되었다[1, pp.63-68]: 문양을 점토제 球(쑤추에서 2점이 발견됨)[1,그림

1] 혹은 원통(쉐레메찌예바(Шереметьево)에서 1점이 발견됨)5) 모양의 특별한 施文具로 시문하였다.

아래에서는 그와 같은 시문기술을 押印 小細胞(штамповая мелкоячеистая)(《아무르 역음문》유형의 大細胞와 구분하여) 혹은 小細胞 格子(мелкоячеистый накат)라고 부르기로 한다. 흥미로운 점은 쉐레메찌예바 출토의 원통형 압인기(拍子?)에 두 유형의 세포 - 커다란 능형의 網과 소형의 세포 - 가 공존한다는 사실이다. 쉐레메찌예바 출토의 토기 중에는 그 두 유형의 세포가 같이 시문된 것이 있다. 押印文 토기가 어느 문화에 속하는지에 대해서는 아래에서 논의하기로 하자. 최소한, 게.이.안드레예프가 지적하였듯이[7, pp.142-156], 압인문 토기는 자이싸노브까 문화의 것과는 크게 차이가 난다.

알레니 II(B지점 제4층)의 석기공작은 프리즘 떼어내기, 가장자리와 양면의 잔손질, 타날, 탁마 등의 기술이 혼합되어 있다.

1차 원료와 그 가공에 대해서는 주거유적에 거의 알려지지 않았다: 몇점의 부셔진 자갈편과 玉髓(хальцедон; chalcedony)편- 1점, 흑요석편- 2점, lidit(лидитовая)- 1점, 흑요석 핵에서 떨어져 나온 가장자리 격지 2점 등이 있다. 석인을 떼어내는 기술이 알려져 있었다는 사실은 석인 자체가 뒷받침한다: 2점의 흑요석제 석인과 밝은 녹색 珪化 片岩 (окремнелый сланец)으로 만든 석인 1점. 자갈돌이 부싯돌류 원료의 기본적인 자재로 활용되었던 것 같다. 멀리 떨어진 장소에서 채취하고 가공한 석재 - 우스찌노브까와《루드넨스끼》의 珪化 片岩 - 로 만든 완성품과 예비품도 있다. 알레니 I의 문화층에서 나온 석재를 근처의 곳에서 다시 활용하였을 가능성도 있다. 부싯돌류로 만든 완성품이 15점 발견되었다. 片岩(сланец; schist)과 alevrolite(алевролит)로 만든 완성

---

5) 노보씨비르스크 러시아 과학 아카데미 시베리아 지부(CO AH PAH) 역사, 문학, 철학연구소에 보관되어 있다.

新石器時代 91

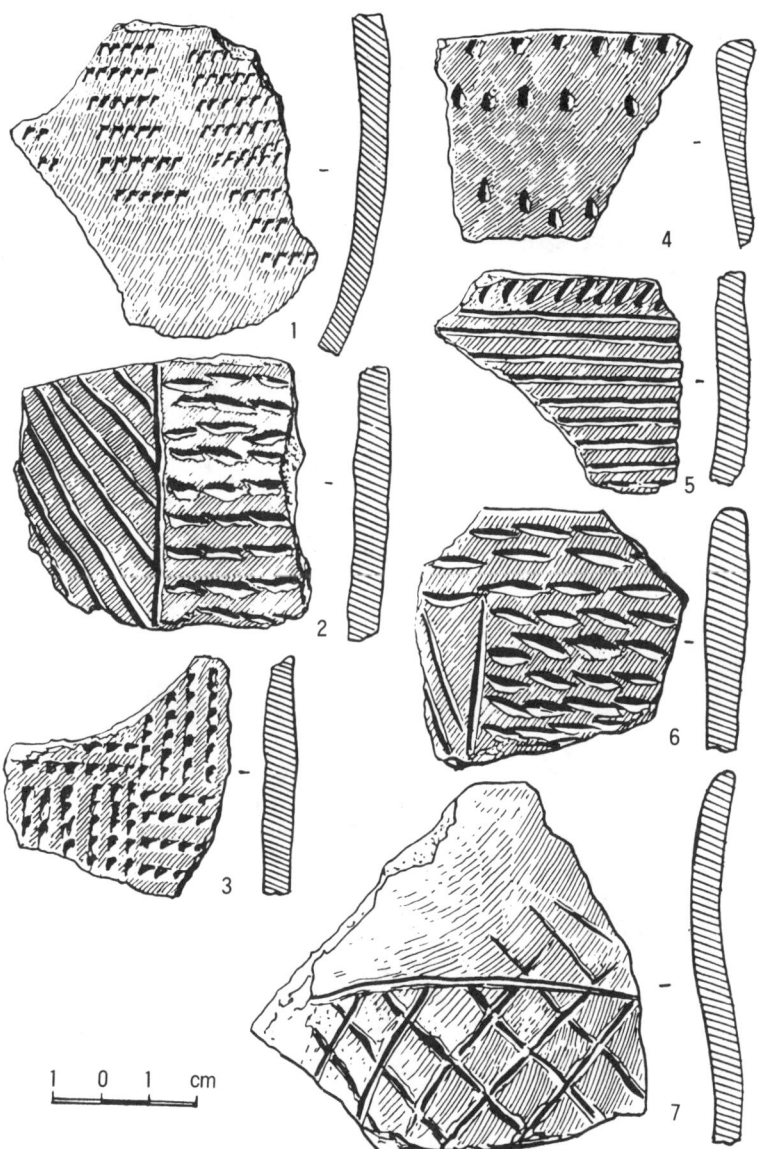

그림 22. 알레니 B 주거유적 하층(알레니 II층) 출토 토기편들

92

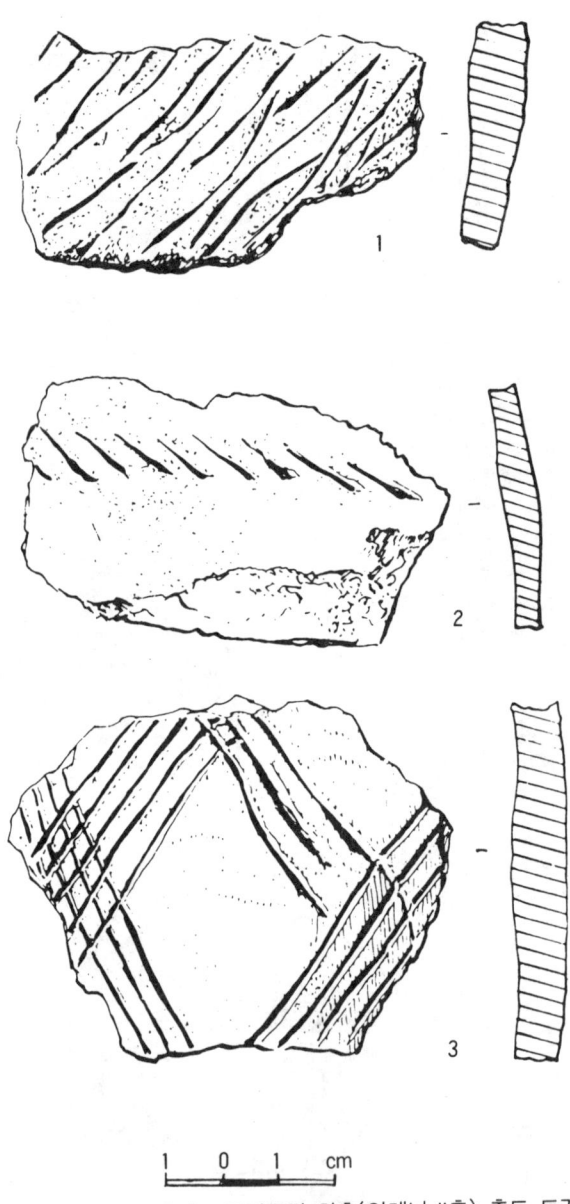

그림 23. 알레니 B 주거유적 하층(알레니 II층) 출토 토기편들.

품들도 있다.

다음과 같은 종류, 유형 및 변종의 석기가 있다.

칼(нож; knife). 靑白色의 흑요석으로 만든 희귀한 칼이 1점 발견되었다: 평면과 단면이 삼각형이고, 길이는 100mm, 최대폭 30mm이다. 날은 點打로 잔손질하였다. 칼은 오스트레일리아(호주)의 삐리(пирии, pirrie)를 연상시킨다. 날에 잔손질을 가한 부정형 삼각형 유형의 칼에 포함시킬 수 있을 것이다. 아.뻬.아끌라드니꼬프는 그 칼을 무스테리안의 뾰족끝석기들과 비교한 바 있다. 출토유물 중에는 같은 유형의 칼이 4점 더 있다. 모두 葉狀·三角形으로 날에 잔손질을 했다. 흑요석, 흑색 부싯돌류, 밝은 녹색 규화 편암 및 점판암으로 만들었다. 점판암으로 만든 칼도 날을 따라 잔손질을 하였다.

긁개·칼(скребок-нож; scraper-knife). 1)회색 점판암에서 떼어낸 삼각형의 격지로 만들었고, 날을 따라 잔손질을 하였다; 2)부정형 장방형의 점판암 석인으로 만들었고, 날이 넓다. 규모는 16×6cm이다.

긁개(скребок; scraper). 1)볼록날 긁개(концевой скребок): 돌출부·귀가 있고, 손톱형이며, 파란색의 흑요석으로 만들었다; 2)양날을 가진 흑요석제 긁개, 평면상 부정형 삼각형이며, 격지로 만들었고, 날에 잔손질을 하였다.

천공기(сверло; borer, drill). 2점의 삼각형 모양 도구이다. 흑요석제와 녹색 규화 편암제가 각각 1점씩 있다. 후자는 양면을 가공을 하였는데, 자르는 공구로도 사용할 수 있었을 것이다.

화살촉(наконечники стрел; arrowhead). 두가지 유형이 있다: 1)삼각형, 2)유엽형, 모두 양면을 가공하였다. 몸통은 곧거나 약간 오목하다. 옥수와 녹색 부싯돌로 만들었고, 흑요석제도 3점 있다. 점판암으로 만든 화살촉도 5점 발견되었는데, 마연하였고, 모두 좁은 삼각형에 단면은 납작한 렌즈형이다.

자귀(тесло; adze). 세 유형이 있다: 1)횡단면이 한면만 볼록한 렌즈형, 날은 타원형이고, 등은 약간 날카롭게 되어 있다. 모두 3점이 발견되었고, 길이는 7-20cm이다; 2)좁은 사다리꼴로 신석기시대에 희귀한 자귀이다. 날은 곧게 경사졌다. 길이는 18.5cm이다. 등은 둥그스름하고, 날 폭과 등의 비율은 5:1이다. 횡단면은 장방형이다; 3)짧은 사다리꼴이고, 단면은 납작한 렌즈형이며, 날은 볼록하다. 2점이 발견되었다. 모두 마연하였는데, 특히 날 부위는 세밀하게 가공하였다. 1,3유형은 녹색 貫入岩類로, 2유형은 회색 alevrolite로 만들었다.

도끼(топор; axe). 사다리꼴이고, 횡단면은 타원형이다. 육중하다. 날에는 琢磨(шлифовка; polishing)과 點打(пикетаж)를 하였다. 길이는 12-15cm이다. 녹색계통 암석, 편암, alevrolite 등으로 만들었는데, 모두 4점이 발견되었다(그림.24,1).

괭이(мотыга; hoe). 사다리꼴이다. 양측을 거칠게 타날하여 만들었는데, 껍데기 혹이 부분적으로 남아 있다. 편암과 alevrolite로 만들었고, 길이는 9-12cm이고, 날의 폭은 4-5cm이다. 제2지구에서 완형 7점, 편린 4점이 발견되었다.

으깨개(курант)6). 사다리꼴이고, 길이는 14×8cm이며, 경사진 날부위의 폭은 2.5cm이다. 砂岩으로 만들었다. 곡물분쇄기판(갈판)에서 떨어져나온 편린 2점과 방금 서술한 유형의 으깨개 1점(그림 25)이 발견되었다.

磨硏器(лощило; polisher). 자이싸노브까에서 마연기 1점이 출토되었는데, 게.이.안드레예프는 그것을 《화살대 밀판(выпрямитель древков стрел》라고 불렀다[5, 그림 3,11]. 砂岩製 板石으로 만들었고, 규모는

---

6) 譯註. 필자 브로댠스끼는 "курант"를 돌판에서 물건을 갈아 으깨는 도구라고 정의한다. 갈돌(пест)과는 약간 다른 개념의 도구이다. 때문에 "꾸란뜨"를 잠정적으로 "으깨개"로 譯한다.

56×30×13mm이다. 납작한 면에는 폭 6mm의 반구형 홈이 나있고, 뒷면은 볼록하다.

薑板(терочника ；grater). 다양한 형태의 砂岩板으로서 1-2개의 勞動面 있다. 노동면에 1-2개의 반구형 穴이 있다.

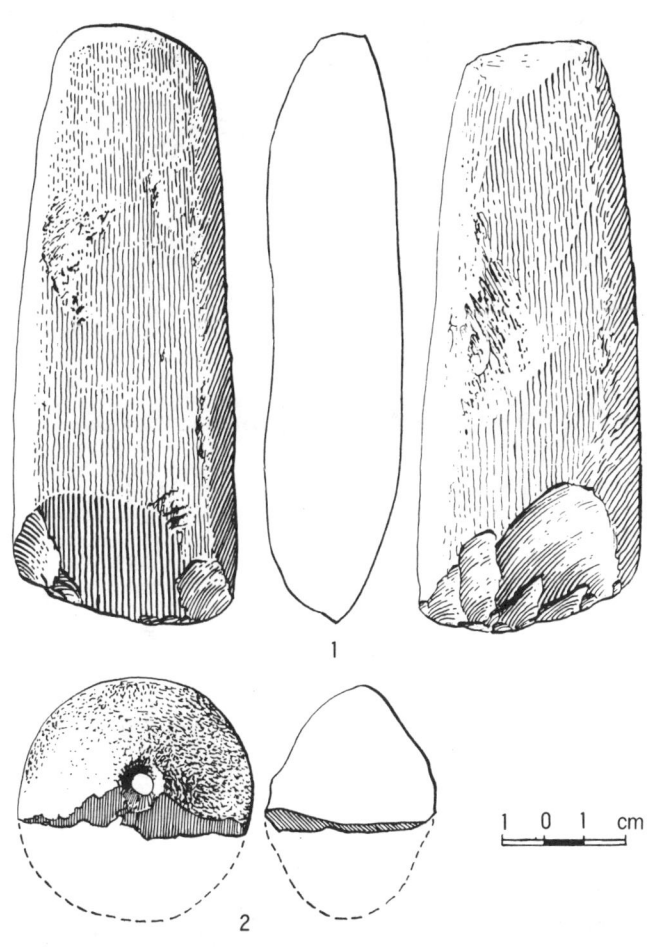

그림 24. 알레니 II층 출토의 도구들: 1-석기, 2-토제

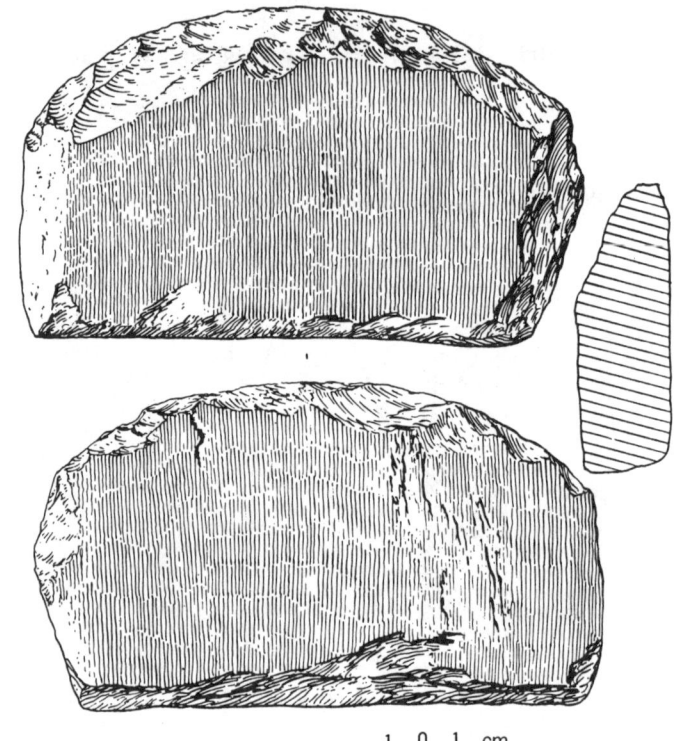

그림 25. 알레니 II층 출토의 으깨개(꾸란뜨)

돌망치(отбойник; hammerstone). 길쭉한 혹은 둥그스름한 자갈돌인데, 1-3개의 노동면이 있다.

錘(грузило; sinker). 길이 5-6cm의 자그마하고 납작한 자갈돌로 만들었는데, 두개의 홈을 대칭되게 내었다. 추의 크기와 녹색 관입암류의 자갈돌을 선정한 것은 신석기시대에 특징적이다. 연해주 고금속시대에는 그와 같은 도구(추)를 玄武岩(базальт; basalt)으로 만들었고 또 훨씬 크게 만들었다.

紡錘車(пряслица; spindle whorl). 토제품이다: 1)단면이 한면만 볼

록한 렌즈형인데, 한 방추차는 5개의 光線과 2개의 同心圓을 구성하는 點穴로 장식되었다; 2)兩圓錐形으로 문양은 없다(그림 24,2).

粘土人物小像. 규모는 35×25×10mm이다. 전체적으로 원추형이다. 몸통은 편평한 타원형이고, 머리와 양손은 손으로 꼬집어서 모양을 잡았다. 제2지구 제4층위의 아래 층위에서 발견되었다.

생산의 원료와 불량품 중에서 흑요석, 점판암, 녹색 규화 편암 등으로 만든 300점 이상의 소형 및 대형 격지, 큰 점판암板, 멧돼지의 송곳니 등에 대해서도 언급할 필요가 있다.

위에 언급한 많지 않은 유물들은 명확한 층위학적 관찰 덕분으로 다른 유적들 - 알레니 B에서 2km 거리의 로씨나(Лосина) 湖邊에 위치하는 끄롭스끼와 블라지미로-알렉산드롭스끼 주거유적群에 속하는 뻬레발(Перевал) - 에서 출토된 혼합된 유물들에서 전기 자이싸노브까의 깃을 분리할 수 있는 典型(эталон; standard)이 되었다.

끄롭스끼에서는 1959년에 아.뻬.아끌라드니꼬프가 2기의 신석기시대 집자리를 발굴하였다. 그 후에 그곳의 경작지와 길옆의 노출면에서 수차에 걸쳐 유물들이 지표채집되었다. 끄롭스끼 윗 층위의 모든 유물들을 청동기시대로 간주하였고, 오랫동안 이른 단계의 자이싸노브까 문화와 같은 시기 같은 문화로 파악하였었다. 1971년 엔.엔.구리나(Н.Н.Гурина)는 지표채집 유물을 검토하면서 필자에게 그와 같은 해석에 문제점이 있음을 지적하였는데, 이는 필자로 하여금 연해주 신석기시대의 유적들을 종합적으로 고찰하게 하는 한 계기가 되게 하였다.

1959년 끄롭스끼에서 발굴한 신석기시대 집자리 №1과 №2는 쇄석 함유 황색 생토층을 25-40cm 파고 내려갔는데, 현재의 지표면에서 보면 1m 이상의 깊이에 위치한다. 집자리 구덩이의 가장자리선은 (전부는 아니지만) 생토층을 따라 확인되었고, 구덩이를 메우고 있던 탄질의 간층을 포함하는 다양한 색조의 회색 토양은 하나의 신석기시대 층위로 처리되었다. 끼롭스끼 출토의 신석기시대 유물을 알레니 출토의 典型遺物과 비교한 결과는 끼롭스끼에 3개의 자이싸노브까 층위와 소세포 격자문 토기가 혼합되어 있음을 보여 주었다. 그럼에도 불구하고, 아.뻬.아끌라드니꼬프의 보고서[258]에는 알레니 B의 아래 층위에 전형적인 몇몇 유물들이 집자리 구덩이의 마루바닥에서 발견되었음을 보여준다: 교차하는 沈線文으로 장식된 큰 토기편들(공표되었음[264, 그림 7]), 橫沈線文으로 장식된 거의 완형에 가까운 단지형 토기(높이 23cm), 길이 6mm의 축소형 흑요석제 삼각형 鏃, 자귀 반쪽(제1유형), 돌망치.

방금 열거한 유물들이 in situ에서, 해당 주거유적의 집자리들 중에서 가장 오래된 집자리의 바닥에서 발견되었음이 분명한데, 이는 다음과 같은 의미를 갖는다: 1)알레니 B에서와 마찬가지로 끼롭스끼에서도 전기 자이싸노브까 층위가 가장 오래된 것이다; 2)주거유적의 거주민들이 부정형 장방형의 구덩이를 갖는 집을 만들었고, 구덩이 벽을 따라 25-30cm의 간격을 두고 생토면에 판 깊이 6-25cm, 직경8-30cm의 기둥구멍에 나무기둥을 세워 집을 지었다.

끼롭스끼에서는 알레니 B에서 발견된 것과 같은 모든 종류의 문양 모티브와 그 시문기술이 적용된 토기편들이 발견되었다. 또한 녹색, 밝은 황색, 담황색 등의 규화 편암으로 만든 괭이와 잔손질을 한 석기 등 끼롭스끼에 특징적인 유물도 있다. 후자에서는 알레니 II 문화층에서 출토된 것과 같은 다음의 유물들을 분리할 수 있을 것이다: 1)칼·양면석기; 2)삼각형의 날과 넓은 몸통을 갖는 천공기(буравчик; borer) 겸 칼. 삼각형의 날에는 잔손질을 가하였다(그림 17,1).

후기 신석기시대의 유물들이 아래 층위의 유물들과 교란된 경우가 적지 않기 때문에 이른 단계의 석기들을 모두 분리해 낸다는 것은 불가능하다.

新石器時代 99

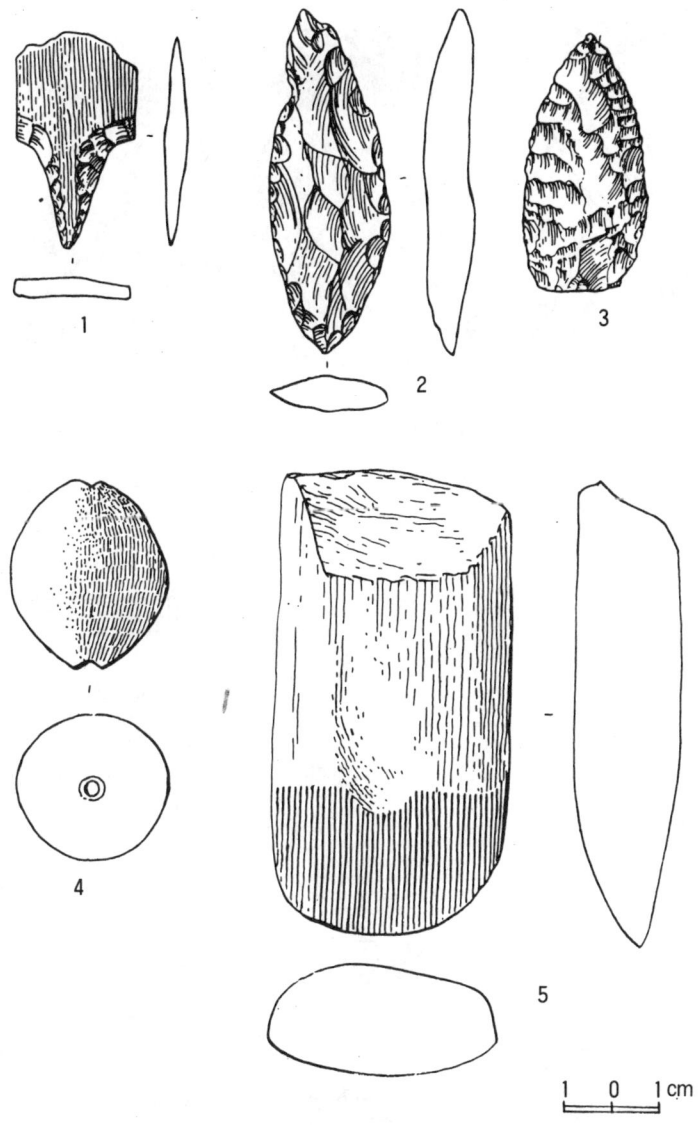

그림 26. 끼롭스끼 하층 출토의 유물들: 1-3, 5-석기, 4-토제

100

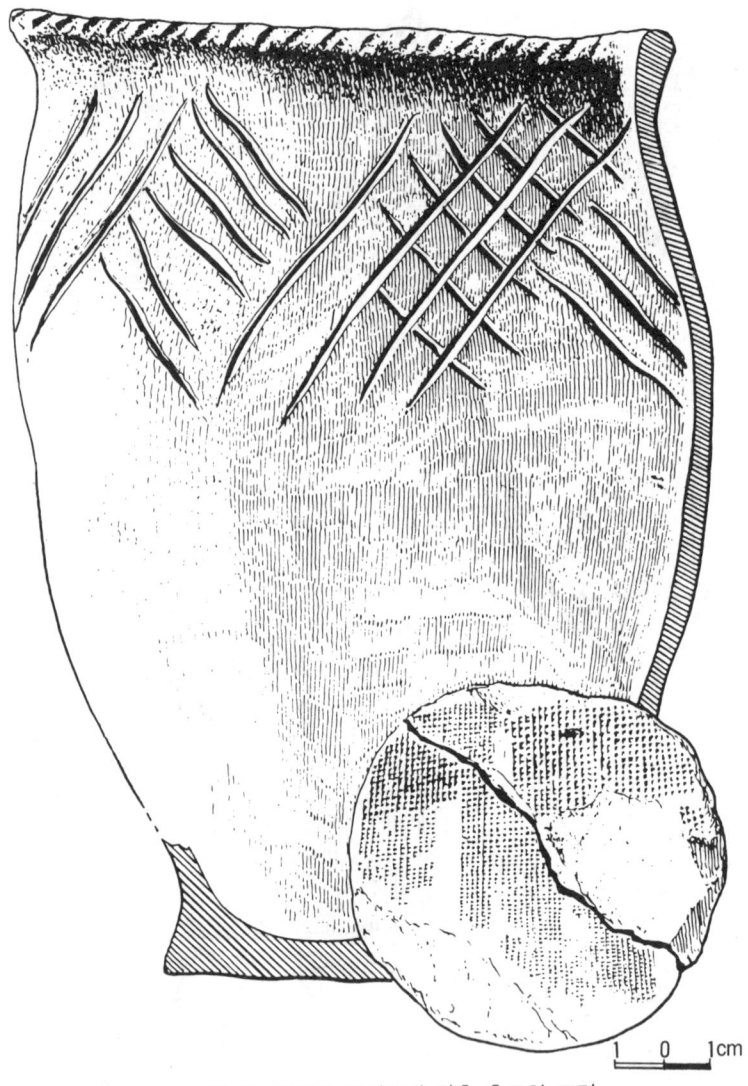

그림 27. 뻬레발 주거유적 하층 출토의 토기

아.삐.아끌라드니꼬프가 1978년에 발굴한 삐레발 주거유적의 출토유물[7]을 연구하는데도 마찬가지의 어려움에 부딪히게 된다.

집자리 No2의 깊이 144cm에서 전기 자이싸노브까에 특징적인 토기가 발견되었는데(같은 류의 토기가 문화층 전체에서 발견된다), 소세포 격자문과 《아무르 역음문》으로 장식되었다(쉐레미찌예보에서와 같이 한 토기에 두 유형의 押印文이 조합되었다). 집자리 No3의 깊이 120cm까지 동일한 상황이 반복되었는데, 단지 《아무르 역음문》은 없다.

완형 토기 1점은, 논쟁의 여지없이, 전기 자이싸노브까에 속한다: 붉은 색 단지형 토기인데, 벽의 두께는 3mm로 얇고, 테두리가 있는 바닥은 나름대로의 類似 굽을 형성한다. 바닥의 직경은 70mm이다. 저부에서 몸통의 아래 3분의 2정도 까지는 원추형으로 넓어지며, 직경은 108mm이다. 몸통외 위 3분의 1정도 부터는 좁아지다가 구연부에 이르러 다시 넓어진다. 구연부의 직경은 103mm이다. 바닥은 알레니 B의 것과 같은 유형의 직물흔으로 덮혀 있다. 구연부와 그 아래의 소문부위 아래에 폭 52mm의 문양부위가 위치한다. 문양은 2열의 평행선들로 구성되었는데, 평행선 사이의 공간은 삼각형을 형상하는 平行刻線들로 채워져 있다(그림 27). 알레니 B에서와 마찬가지로 刻線으로 구성된 기하학적 모티브가 주류를 이룬다. 위에서 열거한 거의 모든 모티브가 있는데, 토기의 기술적 속성도 일치한다.

석기도 (알레니 B에서와: 역자) 같은 종류의 돌로 만들었다: 평행하는 날을 가진 가느다란 석인들, 녹색 규화 편암으로 만든 부정형 프리즘형 핵석기도 1점, 짧은 슴베가 있는 다우르(даур) 유형 鏃, 볼록한 삼각형의 몸통에 양면을 가공한 삼각형 촉, 길다란 석인으로 만든 긁

---

7) 노보씨비르스크 러시아 과학 아카데미 시베리아 지부(CO AH PAH) 역사, 문학, 철학연구소에 보관되어 있다.

개, 볼록날 굵개, 혀모양 긁개, 삼각형의 송곳, 크고 부정형 삼각형인 점판암제 칼·긁개. 열거한 모든 유물들을 확고하게 전기 자이싸노브까의 것으로 볼 수는 없다.

게.이.안드레예프가 자이싸노브까에서 확보한 유물 중에는 알레니 B 하층 유형의 토기편들 몇점,《아무르 역음문》이 있는 토기편 1점, 칼 모양 석인 몇점, 날에 잔손질을 가한 넓은 석인·격지로 만든 다수의 흑요석제 칼 등이 있다. 그의 유물에는 시간상 다음 단계에 해당하는 자이싸노브까의 것들이 있기 때문에 전기의 유물을 분리해 내기가 어렵다.

제2단계. 알레니 III 문화층과 상응한다. 제B지점 제1지구 이외에도 알레니 A 주거유적에 널리 분포하며, 알레니 Б에도 있다. 그 문화층의 순수한 유물 복합체는 아.뻬.아끌라드니꼬프가 블라지미로-알렉산드롭스끼 근처의 "보리수 아래" 주거유적에서 발굴하였다. 블라지미로-알렉산드로스끼 주거유적群 중의 뻬레발 주거유적, "제8킬로미터" 주거유적, 쏘쁘까 발샤야 주거유적 등의 문화층에서도 혼재된 상태로 제2단계의 유물들이 출토되었다. 게.이.안드레예프는 포시예트(Псьет)와 한씨(Хансь) V의 패총에서 본 문화층에 특징적인 유물을 수집하였다[7, 그림 9,12]. 끼롭스끼, 자이싸노브까, 한씨 I 등의 유적에도 그와 같은 유물들이 존재할 가능성이 높다[7, 그림 7,3,8,9]. 그와 같은 문화층은 1965년에 아.뻬.아끌라드니꼬프와 필자가 함께 발굴한 뿌땨찐 島(о-в.Путятин), 르이쏘이(Лысой) 동산, 뻬뜨로바 島(о-в.Петрова) 등의 주거지에서도 발견되었다. 보이스만 I, II의 중간 층들에서 흡사한 유물들이 발견되었다.

말쩨바 곶(м.Мальцева) 근처 슬라뱐스끼 灣(з.Славянский)의 해변 砂丘에 있는 파괴된 주거유적에서 필자는 약간의 유물을 수습하였다. 한까 湖 유역 평원지대에 위치하는 가이보론(Гайворон) 마을과 쎄미빠뜨나(Семипятна) I, II의 하층에서 지질학자들이 흡사한 유물을 발굴하였다. 제2단계의 주거유적이 연해주 남부를 따라 널리 분포하였음이 분명하다. 주거유적은 연변(알레니 B, 말쩨바 곶), 테라스(끼롭스끼), 곶 (이상 표고 3-40m) 등에 위치한다. 단 뿌땨닌 I, II는 표고 50-70m 에 위치한다. 발굴을 행한 곳에는 곳곳에서 반움집이 발견되었다. 연해주 신석기시대에 유일한 굴(устрица; oyster)껍질이 우세한 패총(뽀씨예뜨)도 이 시기에 생겨났다. 알레니 A 주거유적은 완전히 발굴되었다.

주거유적은 높이 20-25m의 구릉을 점하고 있다. 구릉은 곶처럼 아르쩨모브까 江의 침수지로 쑥 나와 있다. 강의 하류를 따라 右岸 침수지에 그와 같은 구릉·곶이 여러개 있는데, 그 중의 4 곳에 第2期(단계) 자이싸노브까 주거유적이 위치한다.

구릉 A는 東西로 늘어져 있는데, 남쪽과 동쪽의 경사면은 가파르다. 주거유적은 8-16m의 폭으로 능선을 따라 100m 거리와 북쪽 경사면에 위치하는데, 북쪽 경사면에서는 집자리들이 3개의 인공적인 段·테라스를 형성한다. 총 면적은 2,500m²이다. 집자리 구덩이들은 그 이전의 古토양인 회백색의 밀도높은 점토층과 자갈모래와 쇄석이 섞인 생토층을 파고 들어 갔다. 전자에는 알레니 I(우스찌노브까) 층위 인들이 남긴 유물들이 발견된다. 신석기시대 집자리 구덩이는 마루바닥과 마찬가지로 약간 부식된 파괴된 생토층으로 구성되어 있다. 때문에 토양의 색으로는 생토층과의 구분이 어려운 경우가 많다. 주거유적의 서쪽부분에 있는 집자리들 - №13, 17, 24, 26, 27, 28, 29, 31 - 은 후대의 주거인들에 의해서는 손상되지 않은 상태로 보존되었다(자연적인 파괴는 제외하고). 18a와 19a 집자리는 위의 얀꼽스끼 문화의 집자리들에 의한 손상을 면하였고, 마루바닥과 일부의 집자리 구덩이 퇴적물은 보존되었다. 집자리 №6в, 9б, 11a, 12a, 14a, 20a, 22a, 25a, 30a는 손상되었거나 벽과 마루바닥과 인접한 부분의 상당부분 혹은 전부가 부존되었다.

집자리 No.16, 26, 66에는 일부의 마루바닥과 어깨선이 보존되었다. 능선의 동쪽 절반에 있는 집자리들 - No.22에서 25 - 은 3회 이하에 걸쳐 파괴되어 집자리의 수를 정확하게 파악하는 것이 불가능하였다. 보존된 집자리들의 면적은 8-50m²로 다양하다. 구릉 윗부분에서는 집자리 구덩이가 생토층을 0.7-1.5m 정도 파고 내려 갔다. 집자리들은 평면상 장방형, 사각형, 사다리꼴, 타원형 등이 있는데, 앞의 세 형식 집자리의 모퉁이는 모두 둥그스름하다. 가장 작은 집자리는 No.13으로 둥글다.

몇몇 집자리들을 세밀하게 검토하고자 한다. 능선의 가장 넓은 부분에, 다층위의 No.4와 6번 구덩이 사이에, 0.5m 정도의 그 구덩이들을 파낸 흙으로 덮인, 작고(8m²) 장방형(3.7×2.2m)인 집자리 No.6в가 위치한다. 그 집자리는 3/4 정도 보존되었는데, 남-동부분이 얀꼽스끼의 집자리 구덩이 No.4a에 의해 잘려 나갔다. 집자리는 14-30cm 정도로 깊지 않았던 것 같은데, 파괴이후에는 잔디층에 의해 메워졌다. 마루바닥에서 타원형의 판석, 양원추형의 방추차, 한면이 볼록한 자귀, 흑요석제 혀모양 긁개, 커다란 흑요석 격지 등이 발견되었다. 수직으로 배열된 沈線 지그재그文으로 장식된 완형의 단지형 토기와 刻印 齒輪文으로 빽빽이 덮힌 토기편이 발견되었다. 마루바닥에는 106×86×23cm 크기의 화덕자리, 70×11cm의 불에 탄 나무의 흔적, 직경 13×16cm, 깊이 12×21cm의 기둥구멍 3개가 보존되어 있었다.

집자리 No.11a는 부정형 장방형에, 면적은 43m²이고, 깊이는 1.2m이다. 얀꼽스끼 인들에 의해 일부 훼손되었지만 3개의 어깨선과 황색 자갈모래와 《살균된》 모래층으로 덮힌 마루바닥은 보존되었다. 6점의 토기가 발견되었는데, 그 중 1점은 완형이다: 전형적인 花盆形土器(ваза)로서 높이 40cm, 바닥과 구연부의 직경 각각 11cm와 22cm, 바닥 두께 4mm이다. 바닥의 두께와 비슷한 두께의 기벽은 완만하게 넓어지고 있으며 붉은색이다. 구연부는 일반적인 융기문·끈으로 형성되었고, 동체

新石器時代 105

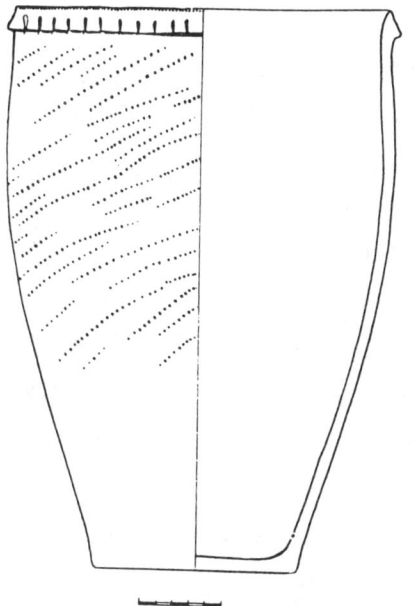

그림 28. 알레니 A, 제III층, 집자리 No.11a 출토 토기

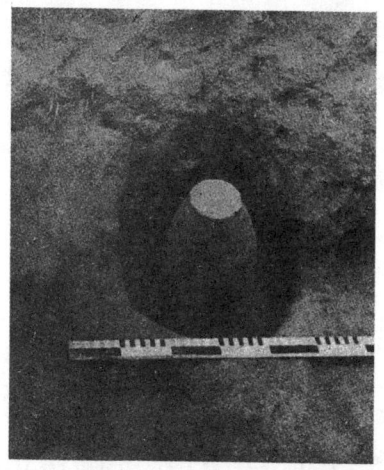

그림 29. 구덩이 속의 토기(그림 28 참조), 집자리 No.11a, 알레니 A.

의 상부는 刻印 齒輪文으로 체워졌다. 그 토기는 저장혈에 뒤집어진 상태로 발견되었다. 높이 30cm 이상의 항아리(горошок)와 타날과 탁마로 가공한 커다란 점판암제 판석 2점도 발견되었다. 후자의 기능은 분명하지 않다.

집자리 No.13은 북쪽 경사면, 3개의 테라스 중 가장 높은 곳에 위치한다. 자그마한 크기인데, 후에 0.5m 이하의 두께로 모래와 쇄석의 《살균된》 모래층으로 덮혔다. 둥근 구덩이의 생토바닥에는 5-8cm 두께의 갈색 자갈모래와 재를 깔았다. 그 아래에서 화덕구덩이·렌즈와 일렬로 무리를 지어있는 5개의 기둥구멍이 발견되었다. 마루바닥에서 50-60cm 높이의 산 언덕쪽벽의 벽토에 깊지 않은 타원형의 구멍들이 보였는데, 마치 수직으로 빽빽히 세워져 벽의 테를 형성하는 직경 10-27cm의 통나무 혹은 半통나무의 흔적 같았다. 집자리는 평면상 둥글고, 강으로 향한 돌출한 입구가 있다.

집자리 No.17은 같은 높이에 나란히 위치하였다; 부정형의 외형(암벽 돌출부를 피해 나 있다)에, 면적은 13m², 구덩이의 깊이는 0.9m 이하이고, 바닥에는 9개의 기둥구멍이 있다. 출토유물은 다음과 같다: 토기 5점과 석기 3점(괭이(мотыга; hoe), 자귀, 화살촉)은 집이 파괴될 당시의 바닥, 즉 in situ에 보존되었다.

집자리 No.18a(그림.30)는 북쪽 경사면에 위치한다. 10-34cm의 회황색 사질 바닥층은 두께 80-90cm의 《살균된》 황갈색 모래층으로 덮혀 있다. 집자리는 평면상 사다리꼴이고, 구덩이 벽의 높이는 0.65-1.5m이다. 면적은 25m²이다. 기둥구멍은 모두 22개인데, 모두 한꺼번에 만들어진 것은 아니다. 기둥구멍 중의 하나는 화덕자리에 나 있다. 대개 벽 근처와 능형의 중앙부 주위에 밀집해 있다. 깊이는 6-38cm이고, 직경은 10-22cm이다. 편평한 바닥의 화덕과 저장혈이 있었다. 14점의 토기, 거북像, 다수의 도구 및 격지가 발견되었다.

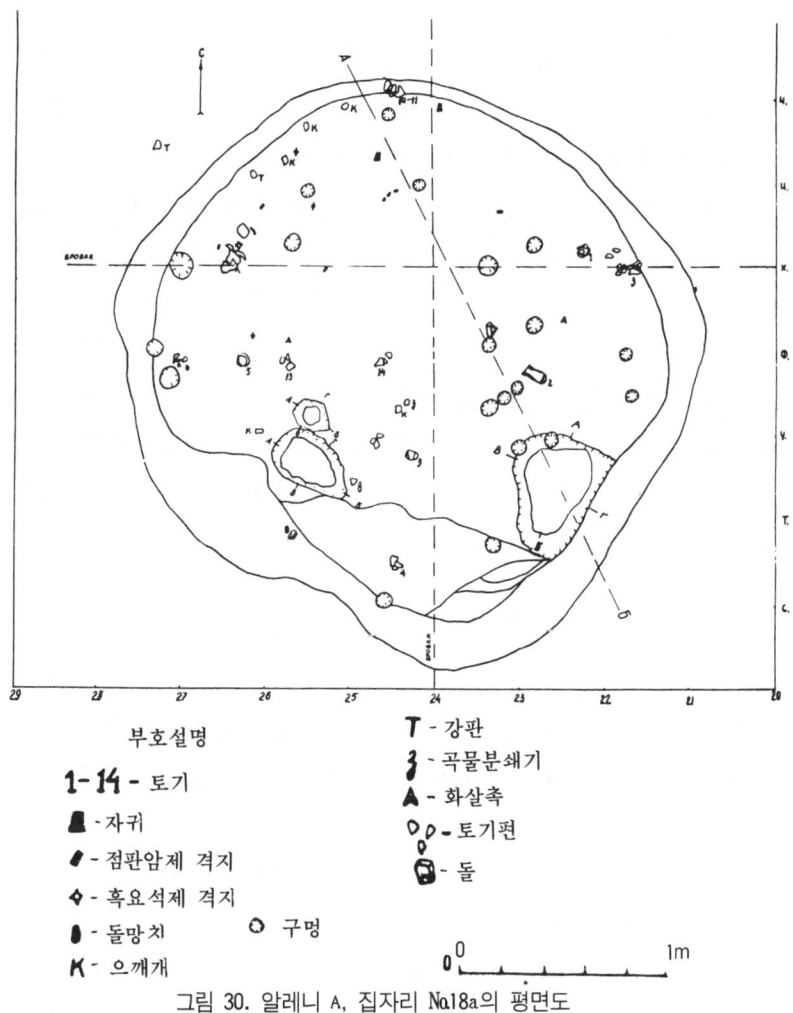

그림 30. 알레니 A, 집자리 №18a의 평면도

구덩이 №19a는 딱딱한 토양을 파고 들어가, 그 벽이 덜 무너졌고, 장방형의 명확한 윤곽을 남겼다. 남서벽에는 삼각형의 壁龕(ниша; niche)이 있다. 벽의 높이는 15cm에서 1,2m까지이다. 바닥은 가장자리를 따라 약간 융기하였다. 규모는 6,4x4,7m이고, 면적은 28m²이다. 기둥구멍은 21개가 있다. 출토유물 중에는 7점의 토기가 있다.

위에 언급한 움집들은 알레니 Ⅲ 층위가 일련의 은폐(유물)복합체를 주고 있음을, 그리고 그것은 제2단계 자이싸노브까 주거유적 및 자이싸노브까 문화 전체를 분석하는데 있어 支柱가 될 수 있음을 말한다.

능선의 서쪽부분에 있는 집자리들은 특히 잘 보존되었다. 그곳에는 새로운 건물 축조도 없었고 또 함몰도 없었다. 집자리 №24는 거의 방형에 가깝고, 규모는 4,6×4,4m이고, 문지방이 있는 짧은 돌출부 모양의 출구가 있다. 출구는 동쪽으로 나왔다. 2열의 기둥구멍은 복도를 만들고 있고 또 동시에 중앙부를 둘러싸고 있다. 출구의 중앙 기둥들 사이에 비스듬히 일련의 작은 기둥구멍들(바깥 방?)이 늘어져 있다. 유사한 구조가 집자리 №19a와 27에도 있다. 집자리 №27에는 장방형의 내부를 2열의 기둥구멍이 지나고 있다. 기둥구멍은 직경 33-38cm이고, 내부 면적은 40m²이다.

화덕자리들은 타원형, 원형, 삼각형 등의 자그마한 구덩이 형태를 띠고 있고, 대개 한쪽 벽옆에 위치한다. 하지만 №28과 29처럼 중앙에 위치하는 경우도 드물지만 있는데, 그 경우에는 통상 벽옆에 또 하나의 화덕이 있다. 집자리의 바닥에는 강판, 돌망치, 원석, 예비품, 격지 등 석기를 가공하기 위한 도구들이 놓여있다.

알레니 Ⅲ 층위의 집자리 사이사이의 공간에는 구멍, 화덕자리, 작업장 등이 없다. 주거유적이 겨울집(冬屋)들로 구성되었음이 틀림없다.

제2단계의 토기에는 제1단계의 속성들이 남아 있지만, 기술상의 특성은 개량된다. 문양의 시문 방법이 바뀌고, 새로운 모티브가 나타난다. 11a 출토의 盆(ваза)과 같이 커다란 토기들을 포함하여 테(закраина)가 없는 가느다란 바닥이 있는 토기들이 널리 사용된다. 바닥과 구연부의 직경이 거의 비슷한 단지(банка)는 드물게 발견되지만, 작은 축소형의 단지도 있다. 가장 일반적인 토기는 완만한 경사면의 벽에 목이 있거나 혹은 없는 잘린 원추형의 항아리(горшка)와 盆이다. 곧은 혹은

新石器時代 109

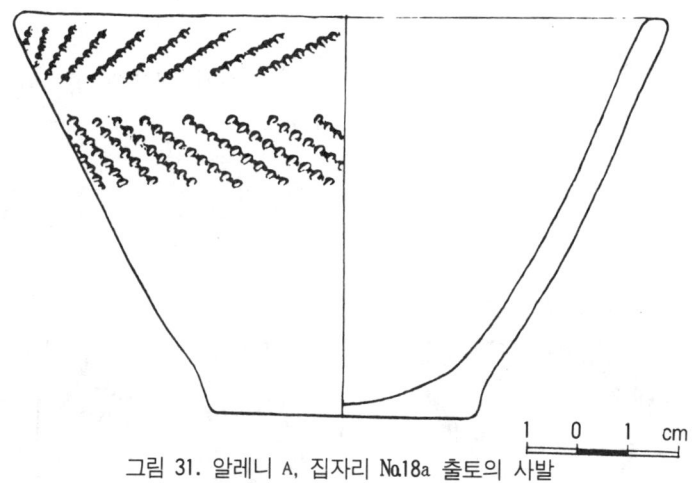

그림 31. 알레니 A, 집자리 №18a 출토의 사발

굽은 기벽을 가진 사발과 그 유사품 - 삐알라(пиала), 컵(стакан), 손잡이 달린 작은 사발(чашечка) - 의 토기의 수가 크게 늘어난다(그림 31; 32,4; 35,3).

토기의 색에는 분홍색, 회색, 붉은색, 밝은 갈색 등이 있는데, 색이 반점으로 표시된 경우도 있다. 燒成 온도는 일정하지 않지만, 600°이하이다. 토기편의 깨어진 부분이 검은 경우가 흔하다. 토기의 내부면은 대개 흑색이지만 간혹 짙은 회색도 보인다. 태토(тесто; paste)에는 모래와 내화점토 등 입자가 굵은(1-4mm) 혼합물이 첨가되었다. 토기 표면은 점토가 마르기 전에 딱딱한 물체로 매끈하게 다듬었지만, 대부분의 경우 벽면이 꺼칠꺼칠하고 혹이 많다.

成形은 폭 4-5cm의 점토띠를 붙여서 만들었는데, 접합부가 안쪽으로 가도록 하였다. 중간 크기와 큰 크기의 토기에는 저부와 동부를 따로 만들어 붙이었다. 원판형의 저부를 동부에 난 구멍의 안쪽 혹은 바깥쪽에 접합하였다. 안쪽에 붙인 경우에는 저부에 테가 없었지만, 바깥쪽에 붙인 경우에는 테가 있을 수도 있었다. 저부를 고정시키기 위해

안쪽에 추가의 점토띠를 대었다. 바닥에 식물과 모래의 흔적이 남아 있고, 또 엽맥 그림이 있는 경우도 흔하다.

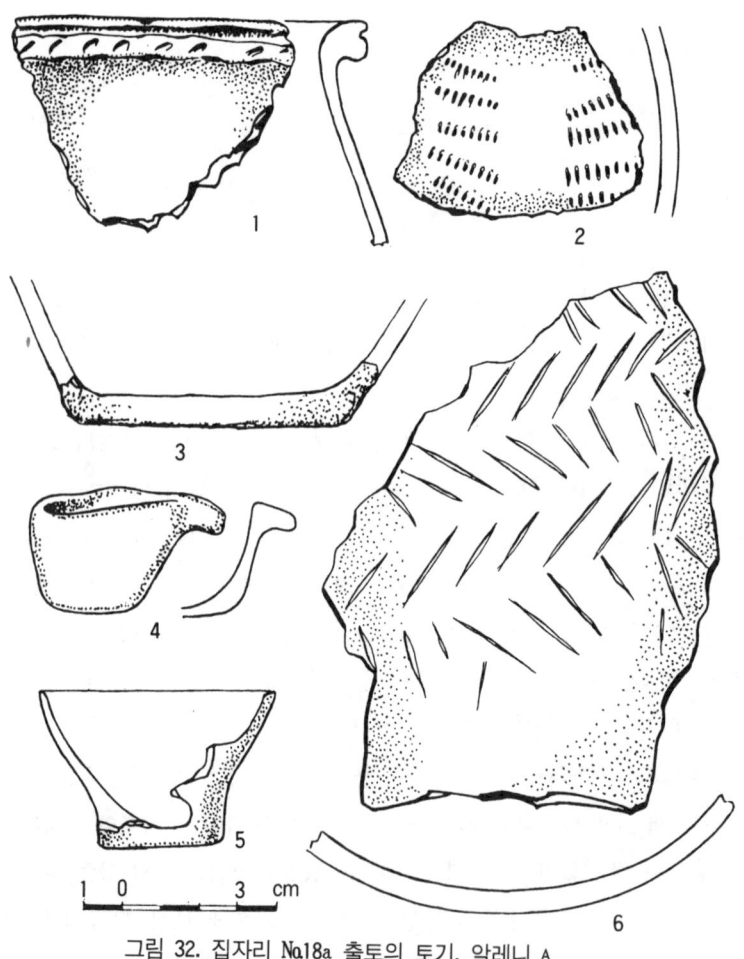

그림 32. 집자리 No.18a 출토의 토기. 알레니 A

벽은 4-7mm로 얇다. 드물게는 약하게 마연한 경우도 있다: 예.베.쁘리마꼬바(Е.Б.Примакова)의 집계에 따르면, 2,300점의 토기편 중에서 55점이 그 경우에 해당하는데, 그 중 8점은 양쪽에, 31점은 바깥쪽에, 16점은 안쪽에 마연을 하였다.

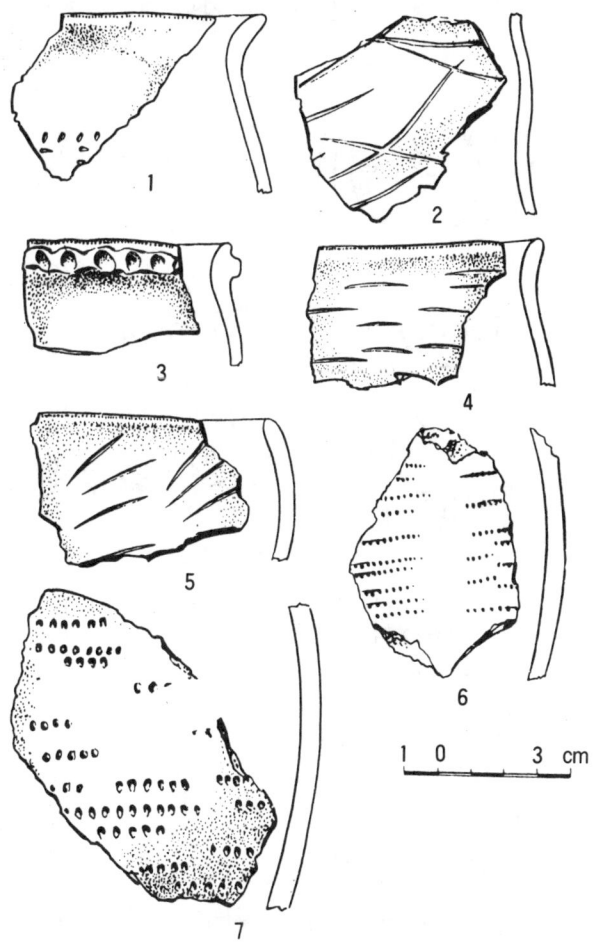

그림 33. 집자리 №18a 출토의 토기. 알레니 A

바깥쪽에 융기문·끈이 있는 날카로운 혹은 둥그스름한 입술을 가진 제I유형의 구연부가 절대적으로 우세하다. 사발의 직립구연(약하게 굽은 것도 있다)과 같이 제III유형의 구연부도 있다. 둥그스름하고 두터운 입술을 가진 제II유형 구연부는 드물다. 45°로 外反하고 둥그스름한 입술을 가진(제I, II유형의 구연부에서와 같이 외반한 점토띠로 만들었다) 제IV유형의 구연부도 널리 분포하였다.

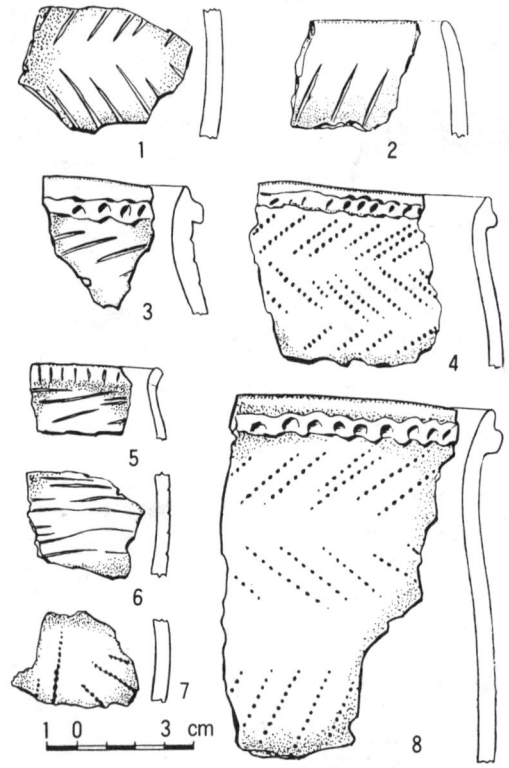

그림 34. 알레니 III 층위의 토기편들 : 1-3, 집자리 №12a; 4-집자리 №17; 5-7, 집자리 №13; 8-집자리 №14a.

新石器時代 113

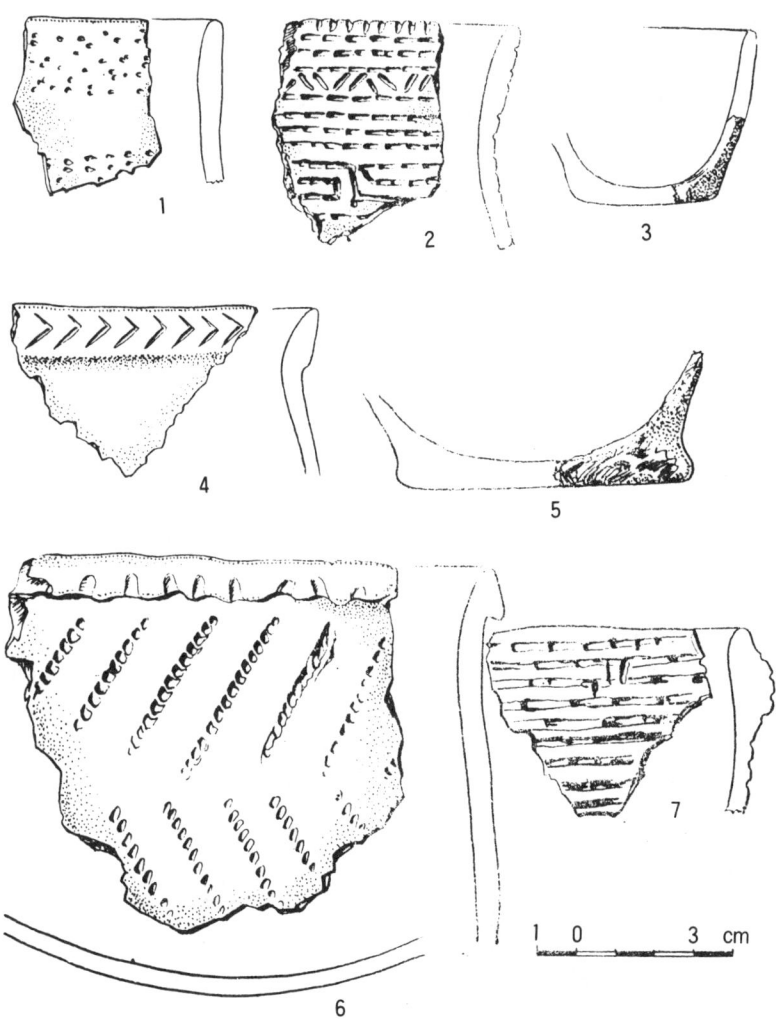

그림 35. 알레니 III 층위의 토기편들: 1-6, 집자리 №9б; 7, №27a

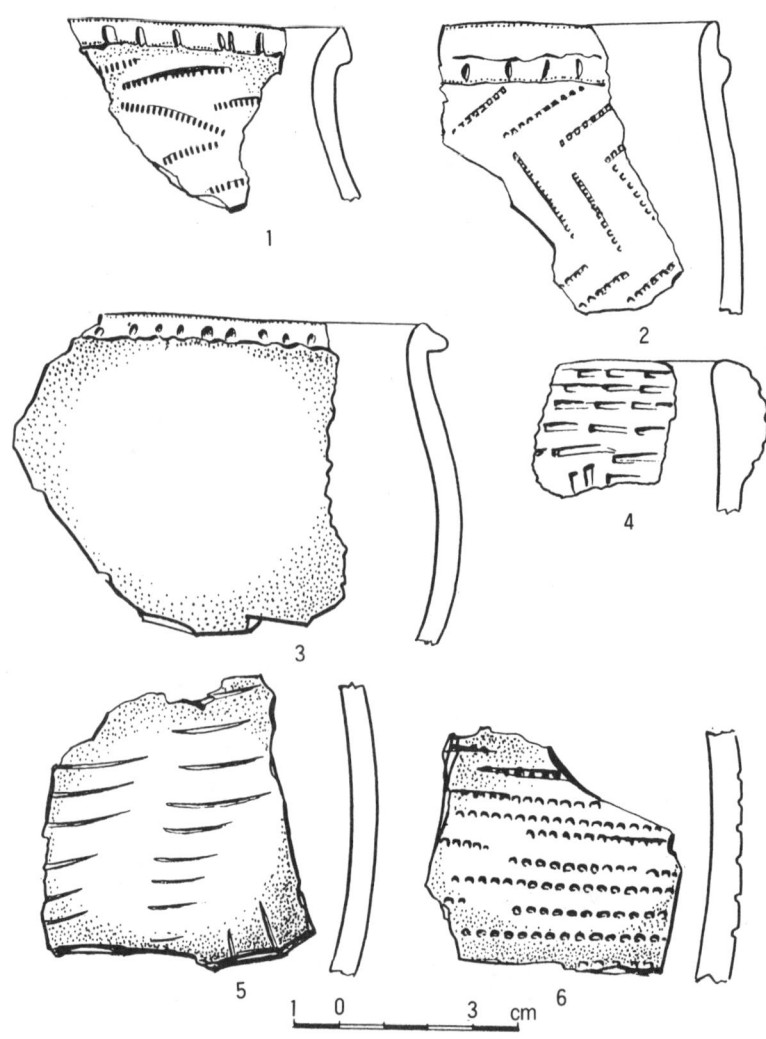

그림 36. 알레니 Ⅲ 층위의 토기편들: 1-4, 집자리 №4б; 5,6, №12a

가장 큰 변화는 문양에 있다. 제1기의 시문 방법과 문양 모티브가 보존된 상태에서 刻印 齒輪文과 押印 및 刻線 櫛文이 주요 문양이 된다. 모티브 중에서 수직 지그재그(그림 32,6; 34,4,8), 사선의 혹은 수평의 선(細線(штрих), 沈穴, 輪), 수직 세선 혹은 심혈로 구성된 列(그림.28; 33,4,7) 등이 가장 널리 보급된 모티브이다. 새로운 모티브에는 다음과 같은 것들이 있다: 1)刺突로 시문한 meander(меандр)文- 언제나 제II유형 구연부와 그에 인접한 부분의 몸통에 시문되었다(그림 35,2,7); 2)3-4개의 齒가 있는 빗으로 서로 교차하게 낸 沈線 멍에文(그림 33,2); 3)수평의《전나무》文- 수직 지그재그의 한 요소이다(그림 31; 35,4).

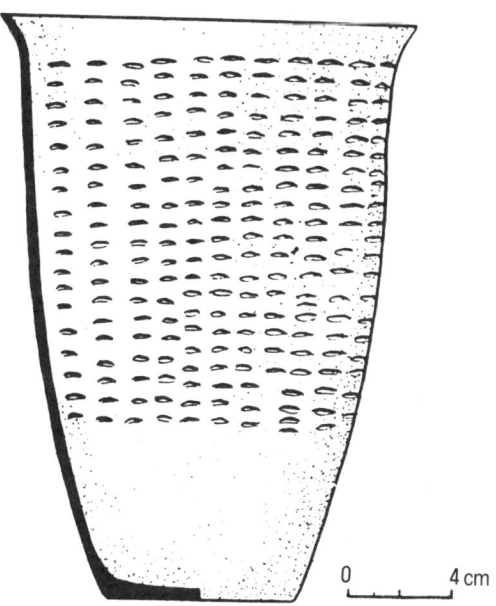

그림 37. 집자리 №27 출토의 토기, 알레니 III

개별적으로 떨어져 있는 집자리들에서 출토된 7-12점의 토기 중에서 2-3점 - 항아리, 사발, 축소형 컵 - 은 무문에 표면이 매끄러웠다. 단지형 토기는 언제나 문양으로 장식되었다.

小細胞 格子文(мелкоячеистый накат)으로 장식된 기벽 편린 3점이 발견되었고, 꼭 같은 문양으로 장식된 토기편 3점이 알레니 Б(베)에서도 발견되었다. 압인문이 조금 섞인 토기편들이 자이싸노브까와 "제8 킬로미터" 등의 다른 유적들에서도 발견되는데, 그 유적들에는 알레니 III 층위의 토기편들도 있다; "보리수 아래" 주거유적에는 《珍珠》가 있는 토기편과 가느다란 꼬챙이로 새긴 단선 나선문이 있는 토기가 있다.

전체적으로 알레니 III 층위의 토기는, 의심의 여지없이, 알레니 II 층위 전통의 연장 및 발전이다.

알레니 III 층위의 유물이 알레니 II 층위 유물의 연장 및 발전이라는 사실은 석기공작에 있어서도 들어 맞는다. 석기 제작의 기본 원료는 흑요석 계통의 자갈돌과 점판암제 판석이었다. 부싯돌류(녹색 규화편암), lidit, 玉髓(халцедон; chalcedony)도 이용되었지만, 극히 드물다. 후자는 알레니 집단농장 근처의 주거유적 복합체와 자이싸노브까 주거유적에 특징적이다. 뿌따젼 I, II 주거유적과 뻬뜨로바 섬(島) 주거유적에는 綠色 琉璃質 燧石이 널리 보급되었다. 핵석기는 이전과 마찬가지로 드물다: 부정형 프리즘형과 부채형의 핵석기가 있다.

자이싸노브까 문화의 유물에는 다음과 같은 제품들(제II기에만 나타난다고 간주해서는 안된다. 제I기에는 숫자가 너무 적을 뿐이다)이 있다:

뚫개(проколка; borer): 1)어깨형; 2)삼각형(그림.38,5,6; 39,6,9).

칼·양면석기(нож-бифас; knife-biface) - 슴베가 없는 것과 아주 작거나 약하게 표현된 것이 있다(그림.39,2).

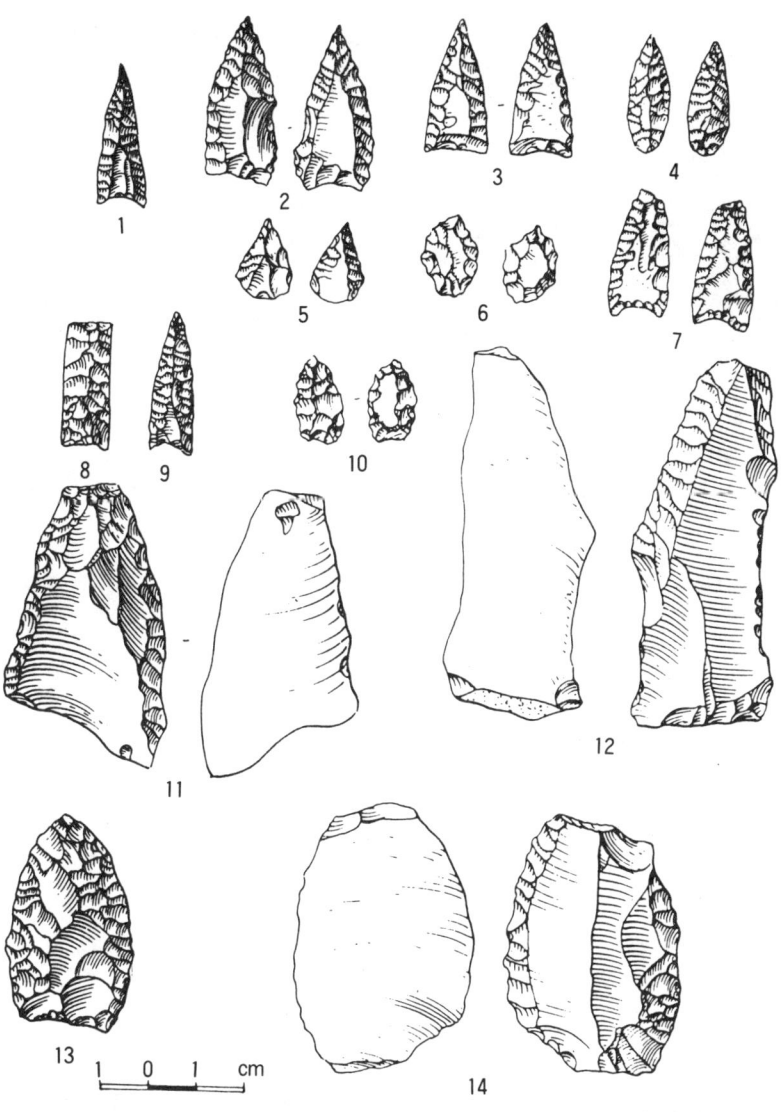

그림 38. 알레니 III 층위 출토의 흑요석제 석기들, 주거유적 A

118

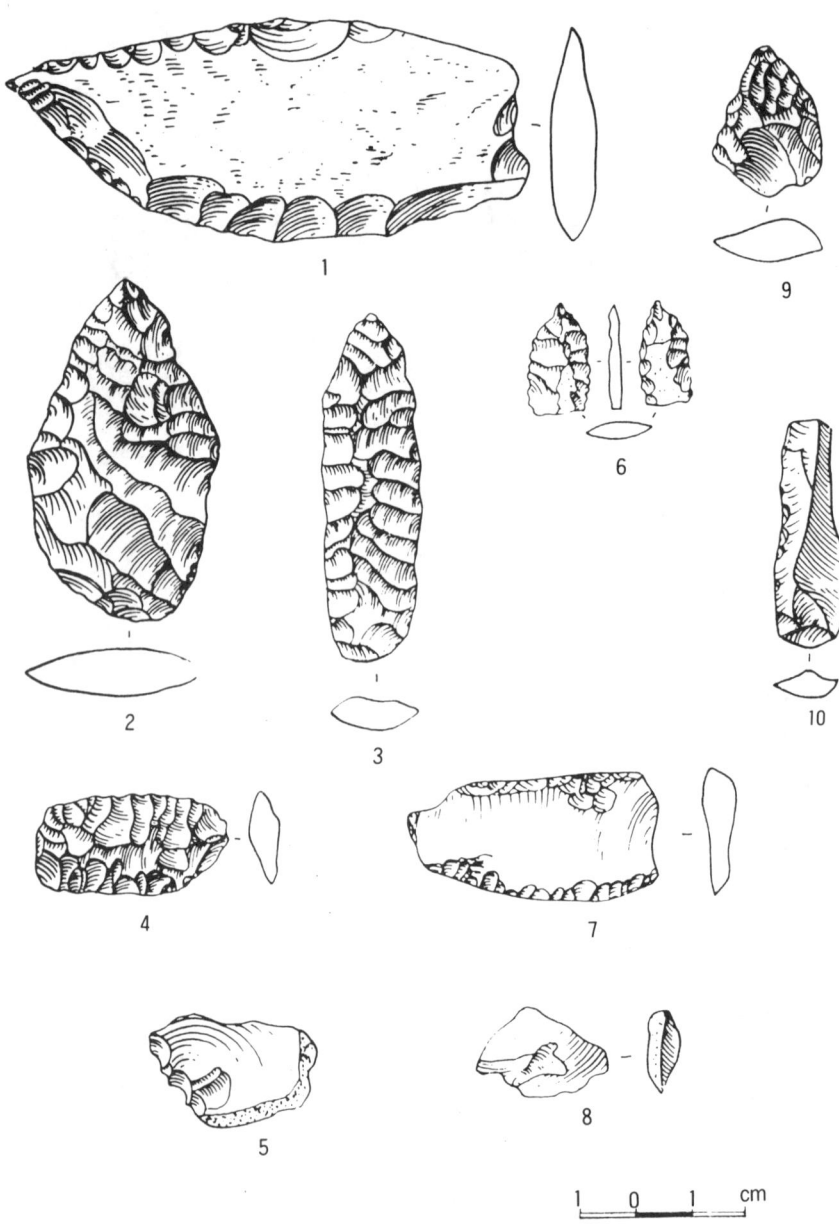

그림 39. 알레니 III 층위 출토의 석기들, 주거유적 A: 1-점판암, 2-6,8-10-흑요석, 7-녹색 부싯돌류

新石器時代 119

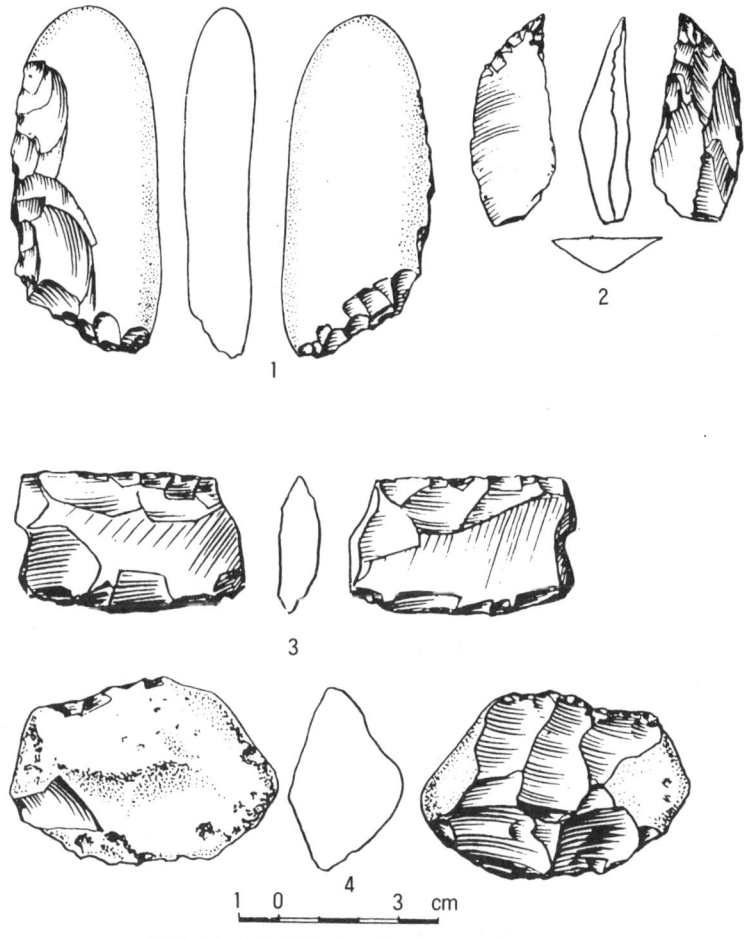

그림 40. 집자리 №18a 출토의 토기, 알레니 A

긁개. 자갈돌을 깨어서 혹은 가장자리를 따라 타날하여 만들었다.

쐐기·양면석기(вкладыш-бифас; wedge-biface). 단면이 사다리꼴 혹은 렌즈형이다(그림.39,4).

큰 창촉·양면석기이며, 葉形이다(흑요석제와 점판암제가 있다)(그림 38,18; 39,3).

화살촉: 1)소형에 능형; 2)엽형: а)잔손질을 가한, б)마연한(그림 38,1-4, 7-10).

창촉. 삼각형에 슴베가 있다.

새기개(резчка; burin). 격지로 만들었다(그림.39,10).

측인 긁개(скребок боковый). 석인 혹은 격지로 만들었다.

찍개(косарь; chopper) 혹은 커다란 칼: 점판암을 타날하여 만들었다. 삼각형에 슴베가 약하게 표현되었다. 알레니 A와 "보리수 아래"에서 각각 1점씩 발견되었다.

창촉 혹은 작살촉. 몸통은 삼각형이다. 장방형의 슴베는 몸통 기반부보다 2배가 가늘다. 알레니 A, 집자리 №25a에서 유일하게 1점이 발견되었는데, 점판암제이다. 양면을 타날하여 만들었는데, 약간 마연하였다.

괭이. 2)바이올린형, 3)어깨형(그림 41), 4)삽형. 이 세 유형의 괭이는 모두 제2기에 나타난다. 제1유형 작은 사다리꼴 괭이는 드물게 보인다.

곡물분쇄기(зернотерка): 1)접시형, 2)계단형.

으깨개: 2)좁은 궁형, 3)넓은 궁형. 제1유형 작은 사다리꼴 으깨개는 드물다.

톱(пила; saw). 점판암제인데, 알레니 A 집자리 №26에서 유일하게 1점이 발견되었다.

磨研器. 단면상에 좁고 삼각형인 溝가 나있다.

찍개(чоппер; chopper)형 도구. 알레니 A 집자리 №17과 6б의 in situ에서 발견되었다(그림 40,1).

자귀. 제1유형의 축소형으로, 등이 약간 뾰족하다(그림 42,3).

방추차: 1)납작한 원통형, 2)낮은 원추형.

球狀 粘土製 팬던트. 방직기에 사용하였던 것이다.

뼈리 유형의 칼과 횡단면이 장방형인 자귀를 제외하고, 제1기의 모든 유형 도구가 보존되었다.

粘土小像: 집자리 No.18a에서 거북상이 발견되었는데, 나란히 손잡이가 달린 축소형 대접이 놓여 있었다. 집자리 No.22에서는 물고기상이 발견되었는데, 그와 나란히는 가자미의 윤곽을 가진 납작한 자갈돌이 놓여 있었다. 따라서 주거유적 A 제Ⅲ 층위에서 모두 3점의 소상이 발견된 셈이다.

제3단계. 자이싸노브까 문화의 제3단계는 알레니 A(아) 집자리 No.23(완전하게 보존됨)과 이웃하는 No.10a(관통되었지만, 구덩이벽 주위 전체와 그에 인접한 바닥이 모두 보존되었다) 출토의 유물에 의해 분리되었다. 주거유적에서 수집한 유물들의 분석은 일련의 집들이 능선과 그 아래 가장자리 및 표고 25m이하의 동단에 있는 제Ⅲ층위의 집들보다 더 늦게 세워졌음을 보여 주었다. 다른 장소(가장 서쪽에 위치하는 집자리 No.23은 제외)에는 얀꼽스끼 문화인들과 끄로우노브까 문화인들이 건물을 남겼다. 신석기시대 층위의 보존된 구역들 - 2б, 4б, 7б - 은 제Ⅲ층과 제Ⅳ층의 상호관계에 대한 아주 명확한 그림을 보여 주었는데, 그 구역들에는 제Ⅳ층위의 토기가 우세하지만 제Ⅲ층위의 토기는 포함되었다. 23-10a에서 출토한 것과 같은 유형의 토기가 1б, 6б, 9б에도 적은 양이지만 출토되었고, 능선의 남쪽 경사면에는 비록 이동된 상태이긴 하지만, 얀꼽스끼와 끄로우노브까 시기의 층위에 제Ⅲ층위의 토기들과 혼재하여 존재한다.

이웃하는 No.24와 6в 집자리를 포함하여 제Ⅲ층위의 순수한 유물 복합체와 북쪽 경사면과 능선의 북쪽 및 서쪽의 교란층에서는 본 토기가 발견되지 않는다.

층위학적 및 평면적 관찰은 알레니 A 주거유적에 제Ⅲ층위(자이싸

122

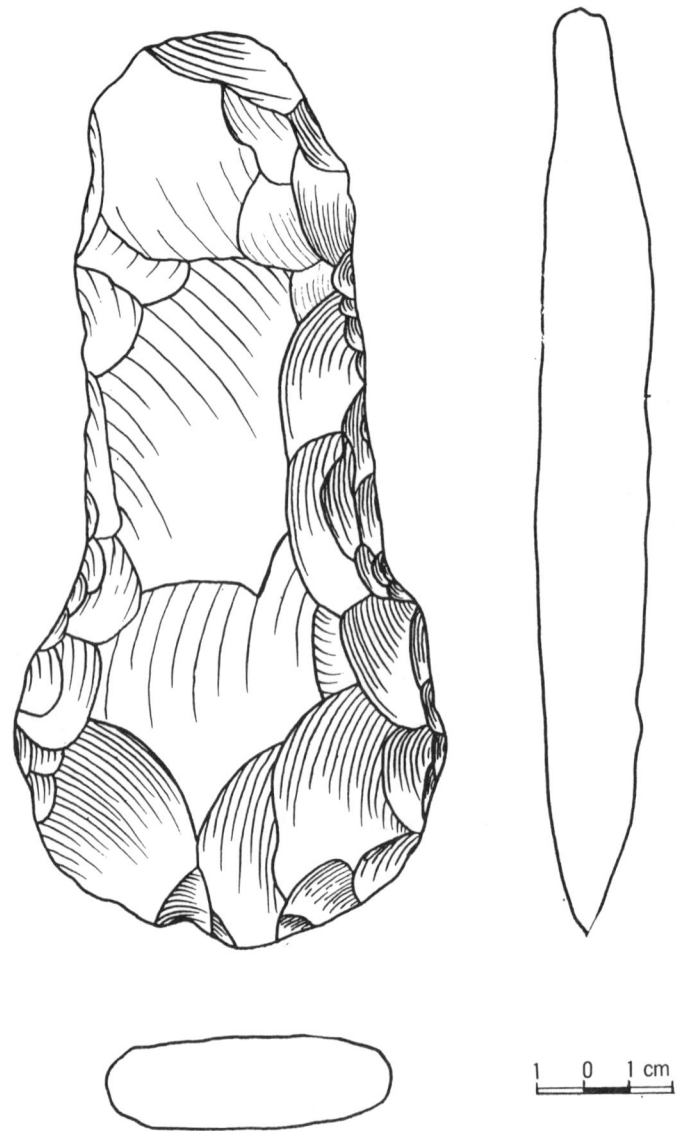

그림 41. 집자리 №27 출토의 괭이, 알레니 A

노브가 II期)와 제V층위(얀꼽스끼 문화) 사이에 건축期가 존재하였음을 보여 준다. 당시 집자리 No.26, 46, 76, 10a, 23이 축조되었으며, No.1과 6도 축조되었을 가능성이 있다. 제3기에 순수한 토기 복합체는 발쇼이(메드베쥐) 동산의 집자리 No.2와 블라지미로·알렉산드롭스끼 근처 - 1978년에 아.뻬.아끌라드니꼬프와 웨.예.메드베제예바가 발굴 - 그리고 "제8킬로미터" - 1972년에 발굴 - 에서 발견되었다.

뻬레발과 끼롭스끼에서도 다른 시기의 것과 혼합된 상태로 그 토기편들이 발견되었다.

알레니 A의 집자리 No.23은 5×3.8m 규모에 거의 정확한 장방형으로 남쪽의 가파른 경사면 위, 능선을 따라 위치한다. 구덩이의 벽은 높이 60cm(북쪽)에서 8cm(남동쪽)까지 황색 자갈모래의 생토와 그를 교차하는 백색 사질점토(古토양)으로 구성되었다. 구덩이의 바닥에는 갈색 음영이 있는 황색 자살모래와 사질토 및 재를 4-6cm 두께로 깔았다. 그 위에는 회갈색 자갈모래+사질토층이 13cm(중앙)에서 45cm(가장자리를 따라) 두께로 깔려있다. 그 층위의 아래부분에는 신석기시대의 유물이 대부분인데, 그 중의 일부는 마루층과 그 아래의 구멍에서 발견되었다(토기 No.11). 회갈색층에는 흑색 부식사질토층과 갈색 下표토층이 있는데, 그 두 층위에서는 얀꼽스끼의 유물만 발견되었다. 얀꼽스끼의 유물은 회색층 위의 파괴된 두 구덩이와 관련이 있는데, 그 구덩이들은 신석기시대의 유물이 출토되는 레벨은 건드리지 않았다. 집자리의 세로축을 따라 마루와 동쪽 어깨선에 4개의 기둥구멍이 있다: 둘은 서벽에서 1m 거리에 나란히, 하나는 중앙에(이상 직경 16cm), 또 하나(직경 34cm)는 동쪽 어깨선에 각각 위치한다. 중앙의 기둥구멍 가까이에 토기를 포함하는 타원형의 저장 구덩이가 있다. 많은 수의 유물 중에서 13점의 토기에 대해 언급하고자 하는데, 그 토기들은 독특함으로 인하여 발굴과정에서 많은 주목을 받은 것들이다. 그 독특함은

124

같이 발굴을 한 2m 북쪽에 위치하는 집자리 №24 출토의 유물들과 비교할 때 특히 잘 드러난다.

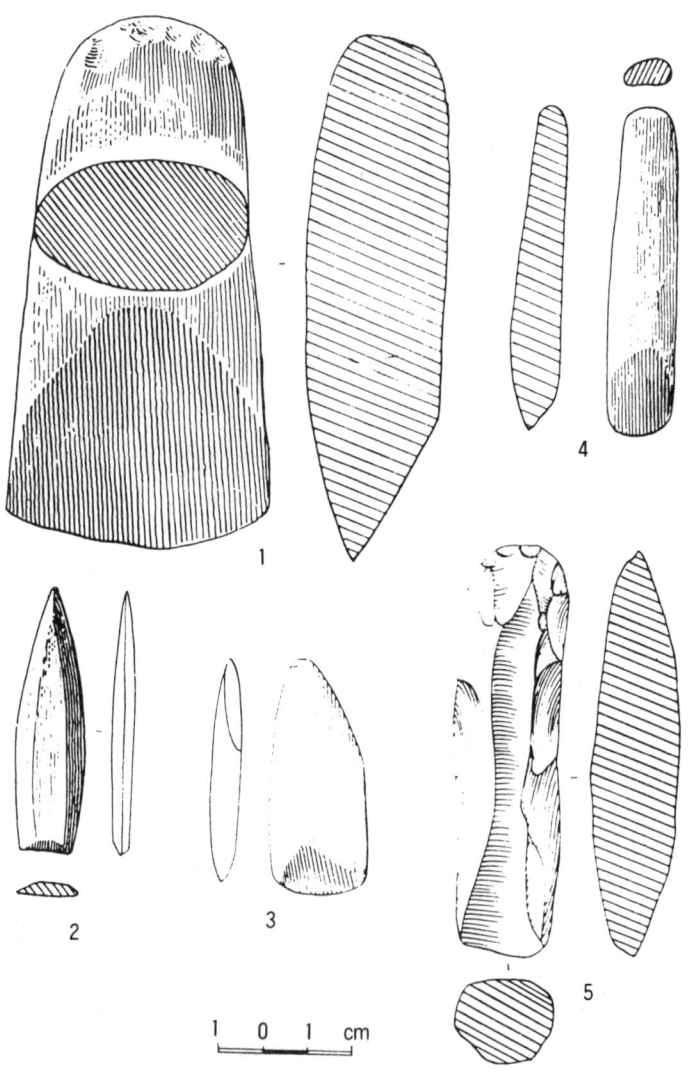

그림 42. 알레니 제Ⅲ층위 출토의 마제석기, 주거유적 A

典型(эталон)이 되는 은폐 복합체에 대해 말하고 있는 바, 23호 집자리 출토의 토기들에 대해 서술하고자 한다.

토기 №1(그림.43)과 유사품 №11- 바닥이 좁은 盆이다. 몸통의 2/3 높이까지는 반구형으로 넓어지다가 경부에서 좁아진다. 경부(горловина)의 직경은 12cm로 바닥의 6cm에 비해 정확히 2배가 더 크다. 높이와 몸통의 최대 직경은 1:1로 동일하며 각각 14cm씩이다. 구연부(вентик)는 직각으로 외반하였다. 구연부 아래 3cm 지점에는 날카로운 꼬챙이로 短斜線의 列을 내었다. 바닥은 3개의 엽맥 그림(№11에는 없다)으로 장식되었다.

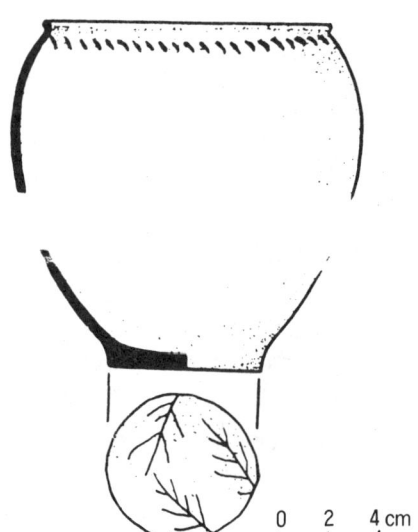

그림 43. 23호 집자리 출토의 토기 №1 : 알레니 A, 제Ⅳ층위.

토기 №2- 잘린 원추형으로 높이는 34cm이다. 세부 직경의 비율은 №1의 것과 같다. 순부는 약간 뾰족하고 70-80°정도 외반하였다. 순부 아래에는 끈·융기문(валик-шнурок)이 있고, 그 아래에는 이빨이 2개 있는 빗을 그어 낸 좁은 문양대가 있다: 위와 아래에는 2열의 횡선이, 그 사이에는 2열씩으로 된 경사진 沈線들이 있다. 바닥에는 나뭇잎의 그림이 있다.

토기 No.3- 底部로 매끈하며, 투박하게 성형하였고, 마연하였다. No. 4- 잘린 원추형에 단지형이며, 벽은 매끈하다. 높이와 직경의 비율은 No.1의 것과 거의 같다.

토기 No.5(그림 44)- 목이 좁은 암포르(Амфор)형이다. 몸통의 굴곡은 양원추형이며, 높이는 25cm이다. 몸통의 최대 직경은 26cm이며, 구연부의 직경은 바닥의 것보다 약간 길다. 구연부는 90° 외반하였다. 기벽은 꺼칠꺼칠하고 붉은색이다. 몸통의 윗 3/4은 뱀모양의 나선(심선 사이에 찔러서 문양을 냄(наколы))과 동일한 기법으로 시문된 삼각형 및 물방울형 등으로 구성된 복잡한 문양으로 장식되었다.

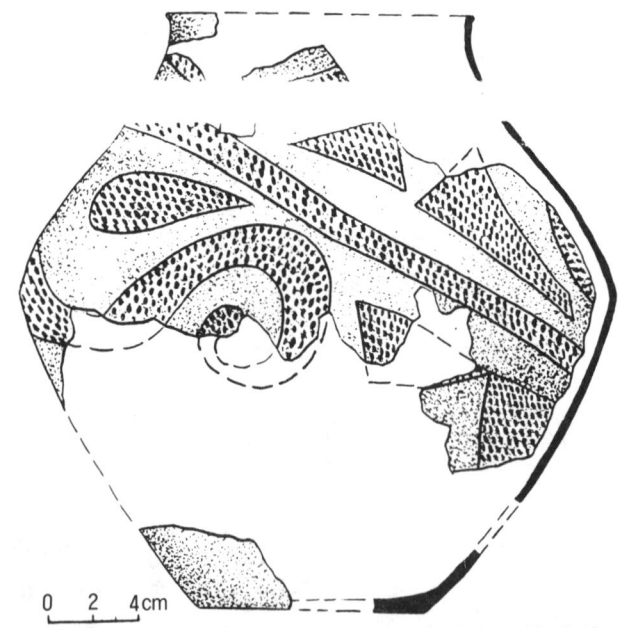

그림 44. 집자리 No.23 출토의 토기 No.5: 알레니 A, 제IV층위

토기 No.6- 직립구연에 잘린 원추형이다. 입술에서 5cm 아래에 폭 9cm의 띠가 있다: 2개의 평행하는 沈線 사이에 刻線《전나무文》이 있다.

No.7- 알레니 제III층위에 일반적인 유형의 구연부편이다: 항아리로 순부(край венчика)가 45° 외반하였다. 순부 아래에는 끈·융기문과 수직 지그재그문이 있다.

No.8- 잘린 원추형이며, 둥그스럼한 순부는 90° 외반하였다. 구연부 아래에는 沈穴로 장식된 융기문이 있고, 그 바로 아래에는 6개씩의 橫押印 齒文과 2개씩의 斜押印 齒文이 교체하는 문양이 있다.

No.9- No.8과 같은 형태의 것이나, 단 문양은 수직 지그재그모양이다.

No.10- 형태는 No.1의 것에 가까우나, 보다 길쭉한 비율이다. 구연부 아래와 몸통 중앙을 따라 沈斜線으로 구성된 2열의 좁은 띠가 있다. No.12는 No.10과 같은 형태이다(그림.45).

No.13- 매끈한 기벽과 고리형의 굽이 있는 사발·삐알라이다.

집자리 No.10a는 No.23에서 동쪽으로 2m 거리에 위치하며, 평면상 5각형에 가깝다. 구덩이의 깊이는 남쪽의 10cm에서 북쪽의 90cm까지이다. 구덩이는 백색의 古土壤으로 덮힌 쇄석이 섞인 자갈모래층의 생토를 파고 들어 갔다. 남벽에는 매몰토가 단절된 부분을 메꾸고 있는데, 입구일 가능성이 있다. 면적은 25m²이다. 중앙에는 끄로우노브까 문화의 움집이 관통하였다. 신석기시대 구덩이의 바닥은 황색 음영이 있는 밝은 회색의 사질토양, 자갈모래, 쇄석 등이 덮고 있는데, 곳에 따라서는 古土壤이 덮고 있는 경우도 있다. 문화층의 두께는 7-26cm이다. 마루바닥에서 뒷면에 網의 흔적이 있는 磨硏器, 沈線 幾何文이 있는 편평·원통형의 紡錘車, 흑요석제의 천공기·리머(сверло-развертка), 잔손질을 한 석인 격지로 만든 흑요석제 칼 편린, 제I유형 으깨개 등등의 유물이 발견되었다. 6점의 토기가 발견되었다:

토기 No.1- 잘린 원추형이며, 높이는 40cm이다. 렌즈형의 두툼한 순부를 따라 장방형의 압인기를 기울게 눌러 낸 文樣·列이 있다. 꼭 같은 문양이 순부 아래에 3열 더 있다. 토기 No.2, 3, 5과 이 집자리에서 출토된 절대 다수의 토기편들도 동일한 문양으로 장식되었다. 간혹 문양이 아주 아래쪽에 위치하거나 개별적인 요소로 흩어지는 경우도 있다. 단지형 토기 이외의 항아리와 대접류의 토기에도 이 모티브가 보인다.

토기 No.3- 구연부는 기본적으로 곧지만, 외반한 곳(주둥아리?)이 한군데 있다. 文樣帶는 2개가 있다.

토기 No.4- 두툼한 구연부는 장방형의 압인기로 낸 meander文으로 장식되었다. 구연부 아래에는 일반적인 沈斜線으로 구성된 5개의 띠가 있다. 렌즈형의 화덕자리에 놓여 있었다.

토기 No.6- 잘린 원추형이다. 5-6개의 이빨이 있는 빗을 그어서 시문한 띠들로 구성된 문양이 있다. 2개는 수평으로 1개는 기울게 번갈아 가며 배열하였다(그림 46).

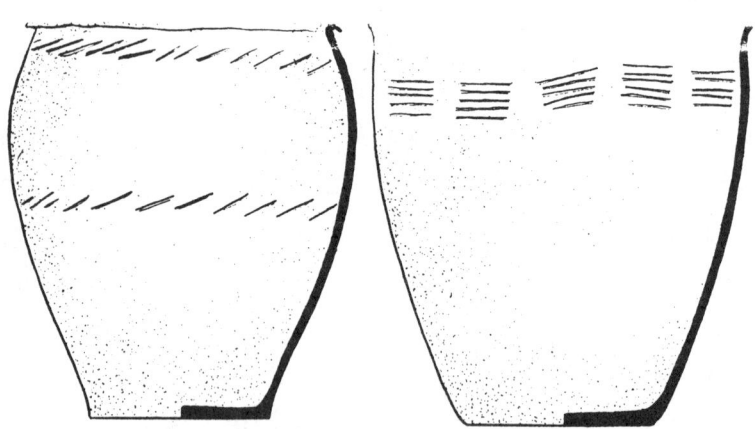

그림 45. 23호 집자리 출토의 토기 No.12: 알레니 A, 제IV층위.

그림 46. 집자리 No.10a 출토의 토기 No.6: 알레니 A, 제IV층위.

알레니 제III층위의 토기편들도 발견되었다: 일반적인 구연부를 가진 제I유형의 편린들인데, 융기문과 수직 지그재그문으로 장식된 것도 있고, 심혈문, 치륜문, 심선문 등으로 장식된 것도 있다.

집자리의 마루바닥에서 폭 80cm의 高地·침상(нары)과 2개의 저장혈 및 13개의 기둥구멍이 발견되었다.

집자리 №76에는 마루바닥과 모퉁이가 일부 보존되었다. 마루바닥에서 1,4m의 간격을 지닌 2열의 평행하는 기둥구멍과 평면상 사각형(1,8×1,5m로 부정형 평행사변형이다)의 화덕자리가 발견되었다.

문화층의 암석학적 특성과 토기는 10a의 것과 마찬가지이다. 櫛齒로 낸 수직의 지그재그문이 있는 토기도 있다.

집자리 №46에는 마루바닥이 보존되었다. 몇점의 토기가 발견되었다(그림.47): 기벽이 매끄러운 사발·뼈알라, 오목한 순부와 평행선 사이에 沈線 《전나무文》이 있는 뼈알라; 곧게 외반한 순부와 2열씩의 S-자형 단심선으로 된 2개의 띠가 있는 잘린 원추형(집자리 №23에서도 발견됨)(그림 48,1).

집자리 №2에는 마루바닥이 보존되었다. 집자리 №23과 10a의 것과 유사한 토기가 우세하였다. 6б(아주 적음)와 1б의 것과 같은 토기편도 있다. 매몰토에는 9-9б의 것과 같은 토기편이 있다.

위에 서술한 집자리들 출토의 토기들은 알레니 III층위의 기술적 속성, 토기의 모든 형태, 시문에 있어 즐치기법 등이 보존되었다. 제III층위의 토기와 구분되지 않는 것들도 있다. 그러나 그와 동시에 다음과 같은 새로운 요소들이 나타난다: 1)몸통이 양원추형으로 만곡하는 암포라형 토기; 2)몸통이 반구형인 盆- 잘린 원추형의 유형학상 발전된 모습; 3)고리형의 굽; 4)곧게 외반한 순부; 5)좁은 문양대가 우세하다. 위에 열거한 연해주 토기의 모든 속성들은 다음 단계의 신석기시대와 고금속시대에 널리 보급 및 발전되는데, 충위학적 관찰에 대한 부차적

130

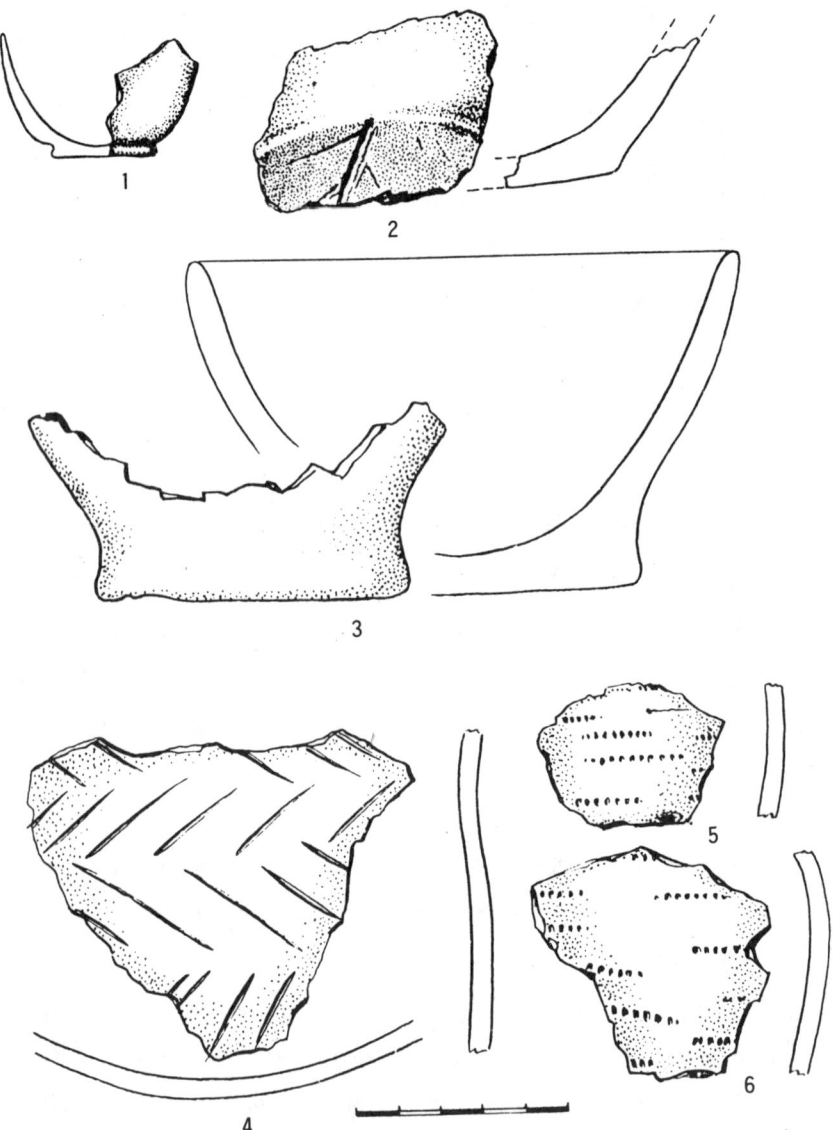

그림 47. 집자리 №46 마루바닥 출토의 토기편들: 알레니 A, 제IV층위

新石器時代 131

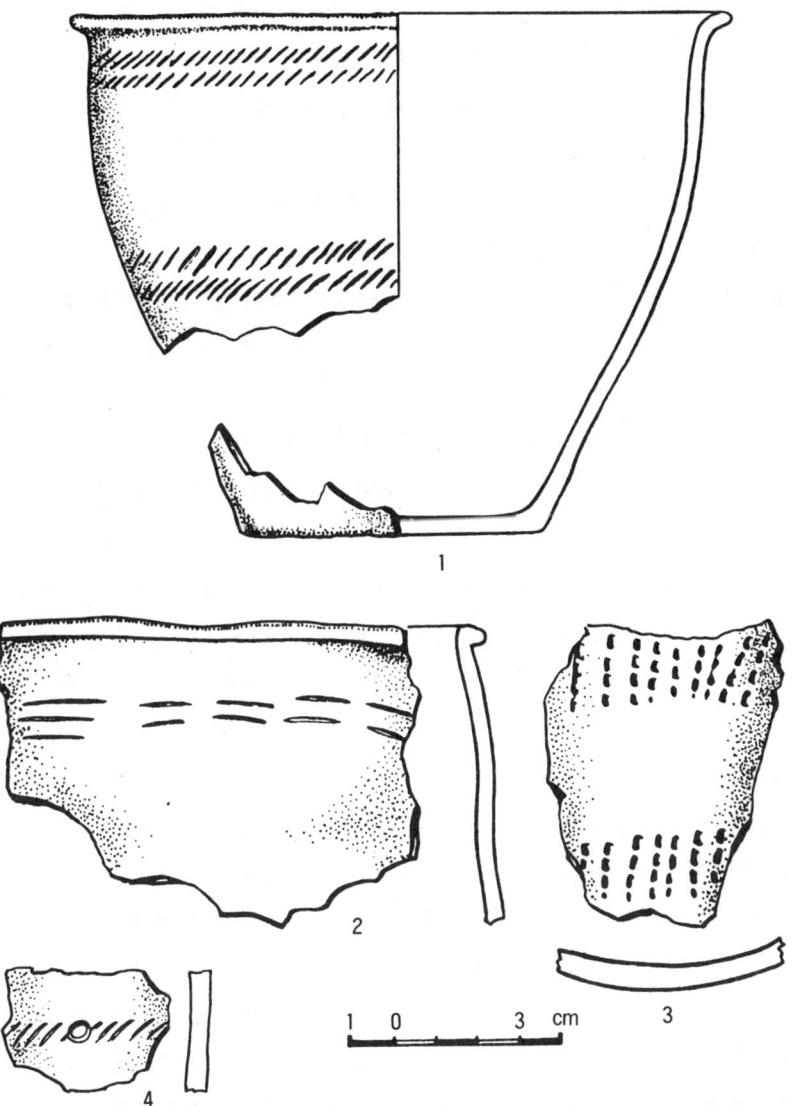

그림 48. 집자리 №4б 마루바닥 출토의 토기편들: 알레니 A, 제IV층위

인 유형학적 논거로 볼 수 있다.

　다른 새로운 요소를 지적하자면, 토기 표면에 대한 (약한)마연이 보다 널리 보급되었다는 점과 장방형의 압인기로 낸 長方形 押印 斜文, S-자형 단심선, 제I단계와 제II단계에서는 극소수 편린에만 보였던 나선문 등의 문양 모티브를 들 수 있다.

　석기 중에서는 숫적으로 크게 증가한 제I유형의 으깨개(제II유형의 것도 있음), 발쇼이 쏘쁘까에서 발견된 점판암제의 크고 타원형인 칼들, 23호 집자리 출토의 옥수제 球狀 구슬들, 목이 표시된 납작한 방추차 등을 지적할 수 있다. 다른 유형의 석기들은 알레니 제III층위 출토의 것들과 동일하다.

　제4단계. 자이싸노브까 문화의 제4단계 주거유적들은 씨니 가이(Синий Гай) 제I층위(주거유적 A의 아래층)에 의해 분리되었다. 아.뻬.아끌라드니꼬프가 블라지미로-알렉산드롭스끼 근처의 "길옆(레뱌쥐 부고르: Лебяжий Бугор)" 주거유적과 쎈끼나 샤쁘까(Сенькина Шапка) 주거유적 하층에서 유사한 자료를 발견한 바 있다[256, p.68, 그림 58,3,5]. 씨니 가이 제I층위에 전형적인 토기가 오씨노브까와 뻬레발의 교란층에서도 발견되었다. 루드나야에서는 그 토기들이 마치 독자적인 층위를 이루고 있는 듯 하지만, 그 층위가 어느정도 순수한지는 불명확하다. 하산스끼 地區의 깔레발라 항만의 해안에는 문화층이 해변의 구릉에 위치하는데 얀꼽스끼의 토기편들이 있는 층으로 덮혀 있다. 같은 자료들이 지질학자들에 의해 루자노바 쏘쁘까(сопка Лузанова)와 같은 한까 湖 평원지대 殘丘(останец)들의 여러 지점에서 발견되었다. 전체적으로 제IV단계는 한까 湖의 자그마한 踰越(трансгрессия)과 관련이 있다는 결론에 도달하게 된다. 한까 호의 유월은 인접하는 평원지대의 온난화를 초래하였고, 이는 사람들로 하여금 구릉지대에 정착하게 하였다. 씨니 가이 A (그림 49-51)도 바로 그런 주거유적에 속한다.

新石器時代 133

그림 49. 씨니 가이 A 구릉

씨니 가이 주거유적은 높고 가파른 구릉의 남쪽 경사면을 점하고 있다. 그 구릉은 씨호테-알린산맥 서부 습곡의 사슬모양 줄기에 그리고 좁은 강안들과 한까 湖유역의 넓은 저지대의 경계지역에 위치한다. 주거유적의 양측에는 과거에 한까 湖邊으로 흘러들러 갔던 강의 마른 河床(русло)이 보존되어 있다. 주거유적은 위치상 江岸과 굽동물들(까쏠리, 사슴)의 계절적인 이동을 통제가능하게 하였으며, 상대적으로 안전하였고, 겨울에는 북풍을 막아 주고, 여름에는 남풍이 모기떼와 날파리떼를 몰아 낼 수 있는 그런 장소이다.

신석기시대에 남쪽 경사면 대부분에 사람들이 거주하였다. 약 2hr의 면적에 150채 이상의 집이 들어 섰었는데, 커다란 집들의 기반부가 경사면에 7개의 명확한 段·테라스를 만들고 있다. 발굴에서 보여 주었듯이, 대략 5기 중 1기의 신석기시대 집자리는 외부적 속성이 없는 상태였다. 때문에 집자리의 총수는 그러한 상황을 고려하여 수정을 가한 것이다. 가장 위의 집자리들은 구릉 정상부에서 7-10m 아래에 위치하며, 가장 아래의 집자리들은 강안에서 20-30m 높이에 위치하는데, 가장 윗쪽과 가장 아래쪽 집자리들은 100m 높이 차이가 나게 위치한다. 집은 경사면을 파고 들어가 만들었는데, 2-3개의 벽은 윗부분의 마루바닥에서 1,5-3m 높이로 생토층에서 솟아나 있는 바위나 암벽의 돌출부로 구성되었다. 아랫부분의 벽은 아예 없거나 혹은 암석으로 표시만 하였다.

얇은 사질점토층이나 자연적인 암반이 마루바닥으로 활용되었다. 마루바닥의 위로 10-30cm 두께로 분홍색, 보라색, 밝은 갈색, 짙은 갈색 등의 음영을 지닌 밀도가 아주 높은 사질토양으로 구성된 문화층이 있다. 그와 같은 다양한 색상은 생토층의 유색 역암(конгломерат ; conglomerate)과 유기물이 혼합되어 생겨난 것이다. 그 위 0,7-1,5m 정도는 회색과 갈색 계통의 다양한 음영을 지닌 자그마한 바람에 날려온 모래와 작은 돌맹이들로 채워져 있는데, 집이 매몰되면서 채워진 것이다. 윗부분의 두 테라스에 자신들의 집을 세운 청동기시대 인들은 개별적인 경우에만 신석기시대의 마루바닥을 파고 들어 갔을 뿐이며, 제I 층위의 대부분 집자리들을 그들은 건드려지 않았다.

그림 50. 씨니 가이: 주거유적 A와 Б의 위치

3개의 테라스에서 30기의 신석기시대 집자리가 발견되었다(그림.51). 발굴지의 서쪽 부분 - No.1, 10-16 - 에는 청동기시대의 층위가 아예 없었다. 씨니 가이의 신석기시대 집자리들은 장방형, 사다리꼴, 능형, 타원형, 궁형, 삼각형 등 다양한 형태의 부정형 기하학적 외형을 지니고 있고, 면적은 암반의 돌출부에 의해 제한되었다. 몇몇 경우에 있어서는 역암群을 깎아 낸 흔적이 보인다. 거의 모든 집에 벽장과 자연적으로 난 공간 및 선반이 있는데, 대부분 유물로 가득차 있다. 일련의 집자리에는 마루바닥이 계단식인데, 그 경우 폭 0.8-2m의 段이 2-3개 정도 있다. 집자리 No2는 면적이 70m^{2}로 가장 큰 규모인데, Γ-자형의 단이 마루바닥의 중앙부를 둘러싸고 있다. 마루바닥에는 타원 혹은 원형의 구덩이 형태 화덕자리들, 저장혈들, 기둥그멍들 등이 있다. 기둥구멍들이 벽을 에워싸고 있고 또 마루바닥의 종축과 횡축을 따라 가로질러 나 있지만, 건물구조를 복원하기란 쉽지가 않다: 일부의 기둥은 원래부터 있던 딱딱한 돌을 주춧돌로 삼았기 때문에 잘 파악이 되지 않는다. 유물로 가득찬 두꺼운 마루바닥, 수리 혹은 재건축의 흔적, 화덕자리에 난 기둥구멍 혹은 그 반대 현상 등으로 보건데, 집은 오랫동안 사용되었던 것 같다. 집은 규모에 따라 몇개의 그룹으로 분리된다: 1)6-9m^2- 7기; 2)10-12m^2- 7기; 3)18-22m^2- 8기; 4)27-36m^2- 3기; 5)40-70m^2- 5기. 발굴된 집자리 30기의 총면적은 640-650m^{2}이다.

예로서 14호 집자리에 대해 서술하면 다음과 같다(그림 53): 남서 경사면의 위에서 세번째 테라스에 위치하며 규모는 5.2×3.5m의 부정형 장방형이다. 북측에 2개의 돌출부·벽장이 있고, 총면적은 19m^{2}이다. 마루바닥은 두께 5-10cm의 황토성분의 사질점토로 편평하다. 그 황토성분의 사질점토층 표면에서 14호 집자리에서 출토된 모든 유물들이 발견되었다. 집의 북동쪽은 암벽 돌출부에 의해 반원형으로 은폐되었고, 그것과 마루바닥 사이에는 날카로운 암벽 돌출부가 있어 半통나무

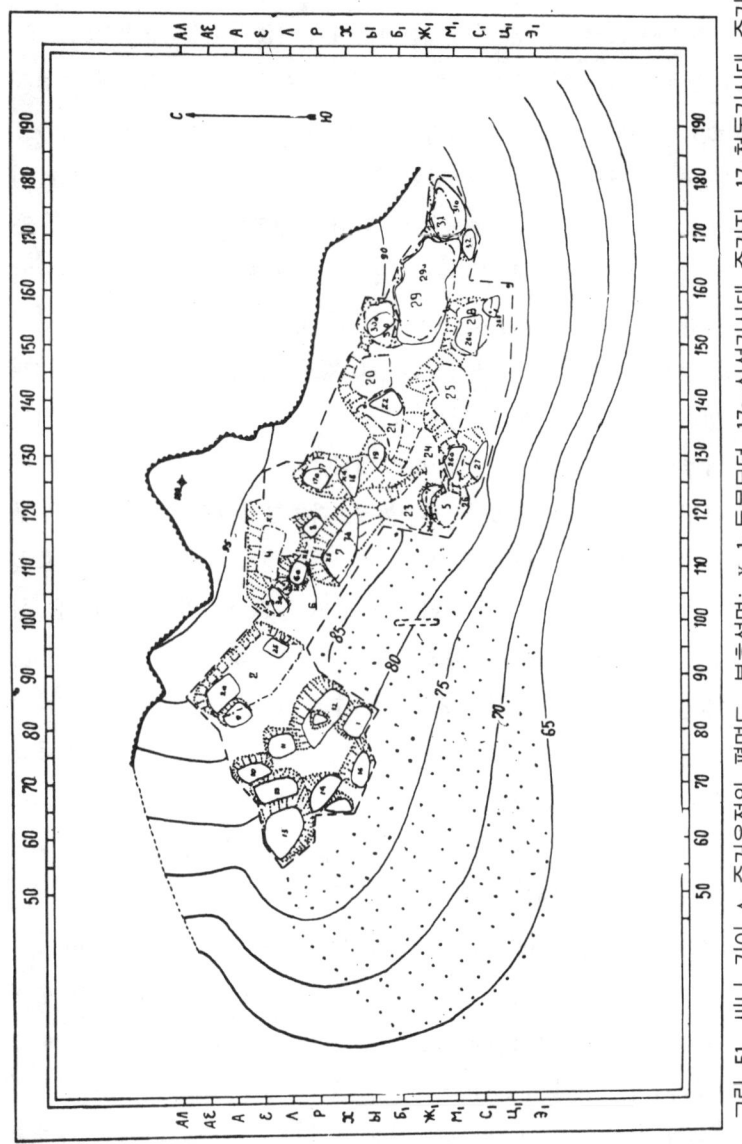

그림 51. 쎄니 가이 A 주거유적의 평면도. 부호설명: X 1-돌물무덤. 17a-신석기시대 주거지, 17-청동기시대 주거지, - - - 발굴 경계선, 축척 1/500.

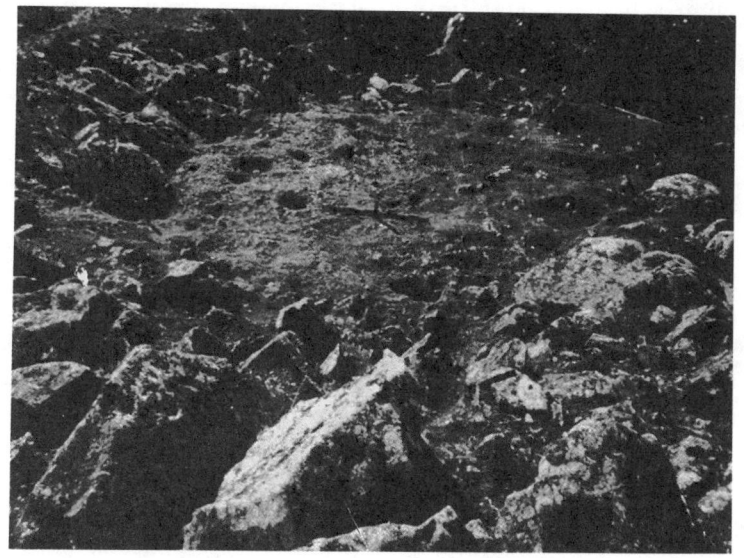

그림 52. 13호 집자리, 씨니 가이 A, 제1층위

를 댈 수 있는 지주로 쓰일 수 있었을 것이다. 북동쪽 모퉁이의 돌 사이에 1×1m 크기의 사각형 벽장이 있는데, 그 마루바닥에서 토기 3점, 만주사슴 뿔, 홈이 있는 석제 끝장식, 멧돼지의 송곳니를 쪼개어 만든 낫, 크고 납작한 점판암제 자귀 등의 유물들이 발견되었다. 벽장에서 동벽(서벽 및 남벽과 마찬가지로 높이 20-30cm의 돌출한 암석에 의해 표시되었다)을 따라 남쪽으로 토기 3점과 강판 3점이 놓여 있었다. 남측과 서측에는 돌을 쌓은 구역이 남아 있다. 남동쪽 모퉁이와 남서쪽 모퉁이에는 이웃 집자리로 통로가 나있다. 집의 중간에 규모 60×50×17cm의 타원형 구덩이의 화덕자리가 있는데, 목탄, 뼈, 토기편 등으로 매몰되었다. 마루바닥의 북서쪽, 삼각형의 벽장 곁에 또 하나의 화덕자리가 있는데, 규모는 32×28×10cm이다. 두번째 화덕자리 근처에 두번째의 석제 끝장식이 있다. 13개의 기둥구멍 중에서 7개는 마루바닥의 동서축(경사면의 가로축)을 따라 열을 형성하고 있다. 3개의 기둥구멍은 서벽에서 1m 거리에 위치한다.

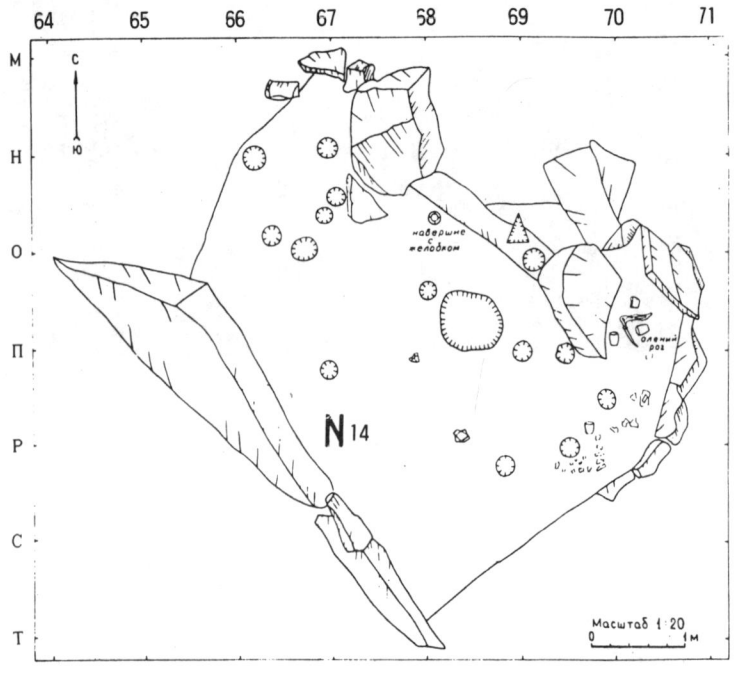

그림 53. 14호 집자리의 평면도, 씨니 가이 A, 제I층위

 이웃하는 집자리들 №13, 14a, 15, 16은 №14의 벽에서 1-2m 거리에 위치하지만, 명확한 경계선이 있어, 독자적이고 동시대적인(나머지의 모든 집자리들에서와 같이 동일한 유형의 토기를 포함한다) 집자리로 파악할 수 있게 한다. 집자리들은 30° 경사진 비탈에 위치하기에, 주거가 가능한 모든 공간을 활용하였다.

씨니 가이의 토기는 현지의 점토에 모래, 잘게 부순 역암, 조개껍질 및 활석을 섞어서 만들었는데, 활석으로 인해 토기에는 특징적인 광택이 난다. 점토는 잘 침전 분리하였고, 모래(입자의 크기는 0.5-1mm)는 선별하였지만, 상대적으로 벽이 두터운 큰 토기에는 자갈모래(입자 크기가 6mm 이하)를 섞기도 하였다. 전체적으로 기벽이 얇은 것과 두터운 것을 각각 따로 만들었음이 분명하다. 직경이 8cm 이상의 바닥은 몸통과 분리하여 만들어 서로 붙였는데, 그 경우 추가의 점토띠를 붙여 고정시켰다. 모든 저부에는 테(закраина)가 없고, 얇으며, 흔히 안쪽으로 오목하게 들어 갔다. 흔히 저부의 가장자리가 토기의 지주가 되었다. 완전한 형태의 고리형 굽(поддон)이 있는 경우도 있다. 바닥과 몸통 벽의 경계는 명확하다. 기벽의 두께는 3-8mm로 얇은데, 10mm (바닥은 15mm까지 있다)가 되는 것도 있다. 벽은 폭 4.5-5cm의 밀도 높은 점토띠를 붙여 만들었는데, 접합부를 아주 조밀하게 붙였다. 순부는 윗 점토띠를 굴곡시켜 성형하였고, 바깥측에 점토를 추가로 발랐다. 안쪽의 표면에는 점토를 얇게(두께 0.1mm) 바르고 마연하거나 혹은 매끄럽게 다듬었다. 바깥쪽 표면은 흔히 매끄럽게 다듬었지만, 잘 마연한 경우도 있다. 13호 와 16호 집자리에서 양측 - 안쪽은 흑색, 바깥쪽은 홍색 - 을 마연한 토기가 발견되었다.

소성 온도는 600°이상이고, 색깔은 밝은 갈색에서 벽돌색까지 있다.

토기에는 목이 넓은 혹은 좁은 盆, 항아리, 대접 등이 있다(그림.54-58). 바닥과 구연부 직경의 비율은 1:2, 1:3이다. 기벽은 반구형에 대칭적이다. 잘린 원추체와 같은 곧은 기벽을 가진 토기는 드물다. 양원추형으로 굽은 토기와 원저의 대접도 있다. 덧떠로 구성되고, 45° 외반한 제IV유형의 구연부가 우세하다. 둥그스름한 순부와 융기문이 옷깃을 형성하고 있는데, 點穴, 찌름, 꼬집음 등으로 장식된 경우도 있고 혹은 융기문과 순부 사이에 홈줄이 있는 매끈한 경우도 있다. 융기

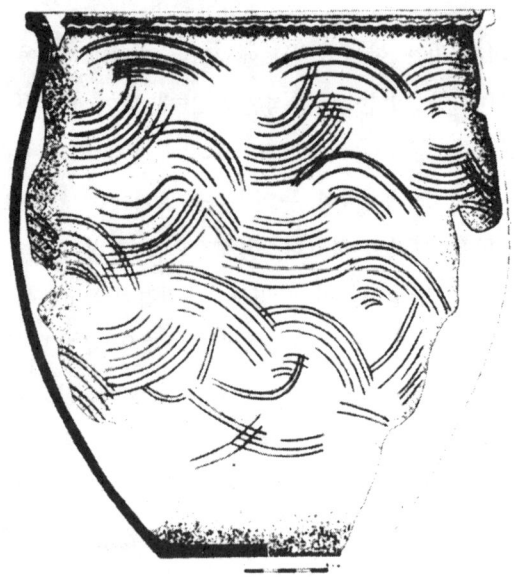

그림 54. 씨니 가이 A 출토의 토기, 제Ⅱ층위

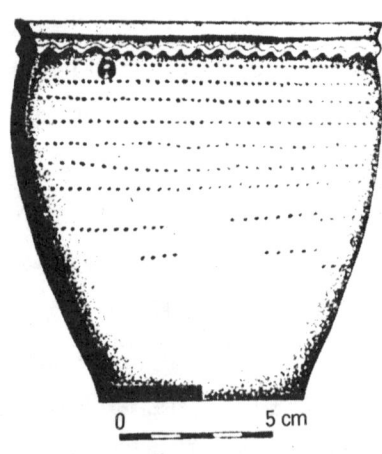

그림 55. 씨니 가이 A 출토의 토기, 제 I 층위

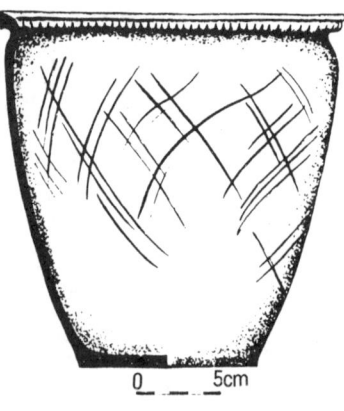

그림 56. 씨니 가이 A 출토의 토기, 제 I 층위

新石器時代 141

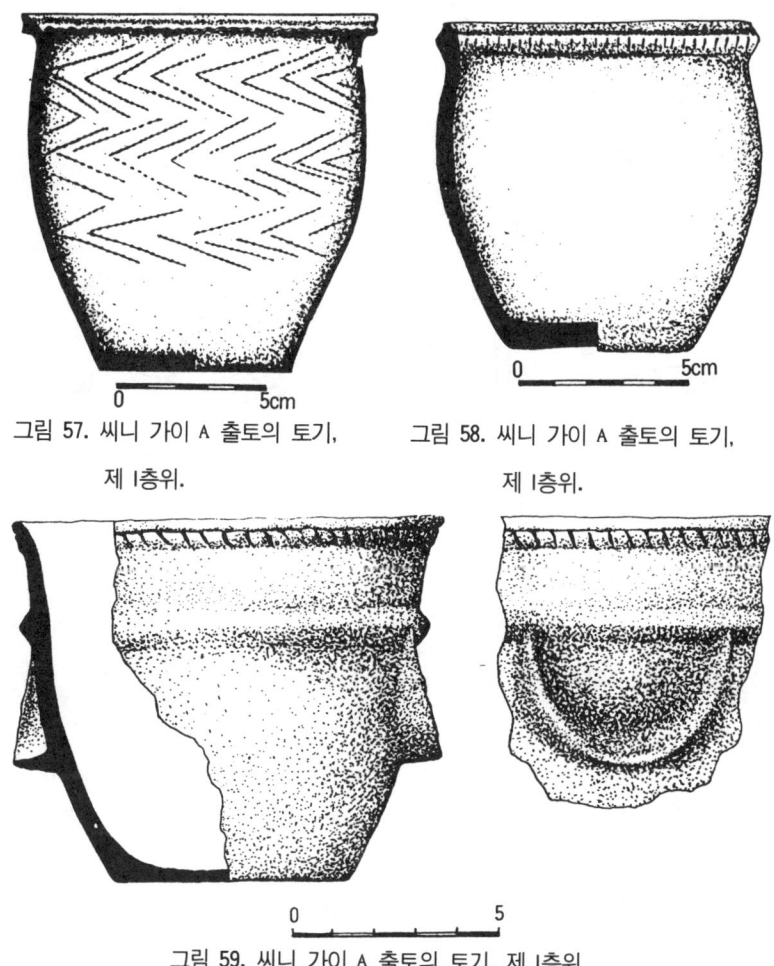

그림 57. 씨니 가이 A 출토의 토기, 제 I층위.

그림 58. 씨니 가이 A 출토의 토기, 제 I층위.

그림 59. 씨니 가이 A 출토의 토기, 제 I층위

문은 덧띠를 붙여서 만들었다. 몸통을 따라 융기문 장식과 손잡이
· 꺽쇠가 있는 토기도 있다(그림 59). 순부에는 곧은 혹은 짧고 곧게
외반한 알레니 IV 유형의 것과 길고 곧게 외반한 것이 있다. 순부의
폭은 3.5cm이하이다. 위와 같은 순부들은 몸통에 난 손잡이와 융기문

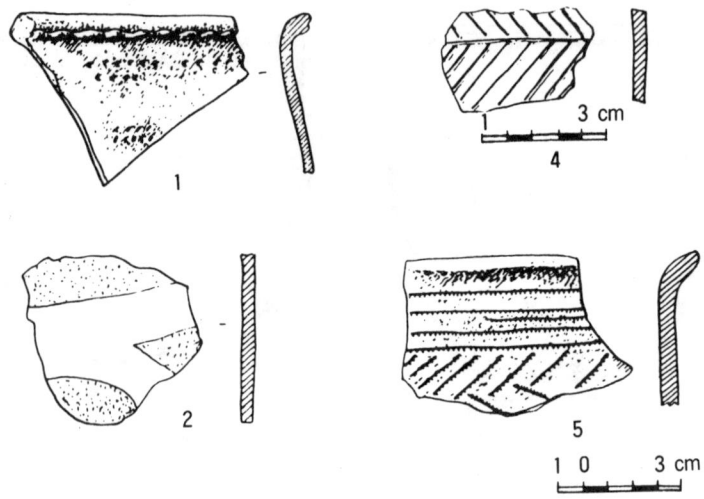

그림 60. 씨니 가이 하층 출토의 토기편들

과 마찬가지로 후에 얀꿉스끼 문화에 널리 보급되었다. 토기중의 30% 는 무문이며, 구연부를 따라 난 끈·융기문이 유일한 문양일 경우가 많다.

시문 기술에는 다음과 같은 것들이 있다: 1)3-7개의 이빨이 있는 빗을 그어서(刻線); 2)꼬챙이 혹은 골제 압인기로 찔러서; 3)치륜문을 각인하여- 가장 흔하다; 4)손톱자국을 내어; 5)《진주》를 만들어; 6)뒤로 밀려 나면서 눌러서(刺突); 7)구멍을 내어.

문양의 모티브에는 다음과 같은 것들이 있다: 1)수직 지그재그- 시문된 토기의 70%를 차지; 2)빗을 멍에형으로 각선- 20%; 3)수직과 수평의 전나무문- 두가지 모두 《기둥》이 있는 경우와 없는 경우가 있다(그림.60,4,5); 6)網; 7)橫線- 一字線과 點線; 8)幾何文: 평행 심선으로 구성된 직사각형과 삼각형- 안쪽에는 선을 긋지 않았다; 9)螺線(그림.59,2); 10)斜線; 11)평행하는 두 선 사이의 斜線.

모티브 4, 7, 8, 9, 10은 좁은 띠 - 알레니 제IV층위의 것과 유사 - 를 형성하고 있고, 나머지는 용기의 1/3에서 3/4 윗부분을 점하는 넓은 띠를 형성한다. 저부까지 문양이 시문된 경우는 없다. 위에서 언급한 융기문, 《진주》, 손잡이 등도 장식품으로 간주해야 할 것이다.

제4단계의 토기는 자이싸노브까 문화의 모든 속성들을 간직하고 있다. 기술적 수준도 높아지는데, 세부적 표현과 형태에 있어서는 연해주 고금속의 수준과 비교할 수 있을 것이다.

씨니 가이에서, 주로 집자리의 마룻바닥에서 돌, 점토, 뼈, 뿔, 동물의 이빨 등으로 만든 유물과 뼈, 조개껍질, 자작나무 등이 많이 발견되었다. 뼈의 보존상태가 아주 양호한데, 이는 연해주 자이싸노브까 유적에 있어 유일한 것이다.

석기의 재료에는 점판암, alevrolite, 흑색 및 연기 색의 흑요석이 우세하고, 옥수, 녹색 및 보라색 부싯돌류, 角閃石, 閃綠岩, 砂岩, 石英, 安山岩 등이 사용되었다. 원료로는 주로 자갈돌이 활용되었지만, 40-60km 떨어진 곳에서 가져온 것들도 간혹 있다. 부정형 프리즘형 핵에서 떼어낸 부스러기(скол; spall), 석인, 석인으로 만든 제품 등도 있다. 흑요석제의 큰 석인으로 만든 제품이 2점 발견되었는데, 표면의 古色과 새로운 가공의 흔적은 구석기시대의 유물을 재활용했다는 증거이다. 2차가공시에 타날(оббивка), 점타(пикетаж), 다양한 잔손질(ретушь), 톱질(пиление), 穿孔(сверление), 琢磨(шлифовка), 磨研(полировка) 등의 방법을 이용하였다.

研磨器(абразиба)에는 이전 단계에 알려져 있던 강판·판석, 제I, II 유형의 으깨개, 접시형과 段형의 곡물분쇄기 등이 있는데, 이 모든 제품에 반구형의 齒槽와 단면이 삼각형인 홈줄이 있다. 장발형의 연마용 숫돌과 짧은 원통형(드물다)과 원추형의 갈돌(пест)의 출현은 특기할 만 하다.

많은 수의 자잘돌로 만든 돌망치와 도끼·돌망치 및 자귀가 있고, 또한 판석·모루(наковальня)도 있다. 어망추용 자갈돌의 부재는 유적의 특이성을 반영하는 것이다. 하지만 이 단계 전체에 어망추가 없을 리는 없다.

도끼. 신석기시대에 일반적인 횡단면이 타원형이고 곧거나 혹은 기울었거나 혹은 약간 볼록한 날을 가진 것 이외에도 제I유형(반원형의 날이 있는 도끼)의 변종들과 신석기시대에 있어 새로운 것 - 사다리꼴에 납작하고, 횡단면이 거의 장방형이고 모서리가 둥거스럼한 것 - 도 나타난다.

자귀. 도끼와 마찬가지로 주로 납작하다. 크기는 다양하다. 한쪽만 볼록한 제I유형이 있는데 등이 뾰족한 것도 있다. 그 중에는 좁고 마연한 것이 있는데, 아마도 끌(долото; chisel)일 것이다. 흑요석 자갈돌을 타날하여 만든 끌과 제I유형 자귀를 가지고 만든 끌이 있다. 후자의 경우 측면을 탁마하여 횡단면이 거의 사각형에 가깝고 등이 볼록하다.

괭이. 제I, II, IV유형의 것이 있다.

큰긁개(скребло): 1)둥근 것, 2)사다리꼴- 모두 탁마하였다, 3)볼록한 날이 있는 것-자갈돌과 격지로 만들었다. 둥근 것은 이 문화에 있어 새로운 유형이다(그림 61,2,3).

새기개(резец; burin): 1)석인과 격지로 만든 모서리 새기개(угловой резец; angle burin), 새기개·긁개도 있다: 2)양각 새기개(срединный резец; straight dihedral burin)- 새기개·까뀌이다.

천공기: 1)삼각형, 2)모서리형, 3)기울게 잘린 가장자리가 있는 골제管.

까뀌(скобель; hand-adze). а)점판암제, б)격지로 만든 것.

칼: 1)석인과 석인 격지에 만들었고 날부위에 잔손질을 하였다. 부정형 삼각형과 사다리꼴이 있고, 좁은 점판암으로 만든 변종들이 있는

데 날부위에 잔손질을 하였다; 2)큰 점판암으로 만들었다. 삼각형이고 타날하였다; 3)양면석기: 유엽형, 사다리꼴, 직사각형; 4)점판암제에 사다리꼴, 반달형으로 형태상 고금속시대의 수확용 칼을 연상시키지만, 날은 타날되었고, 표면은 탁마되었다(그림 63).

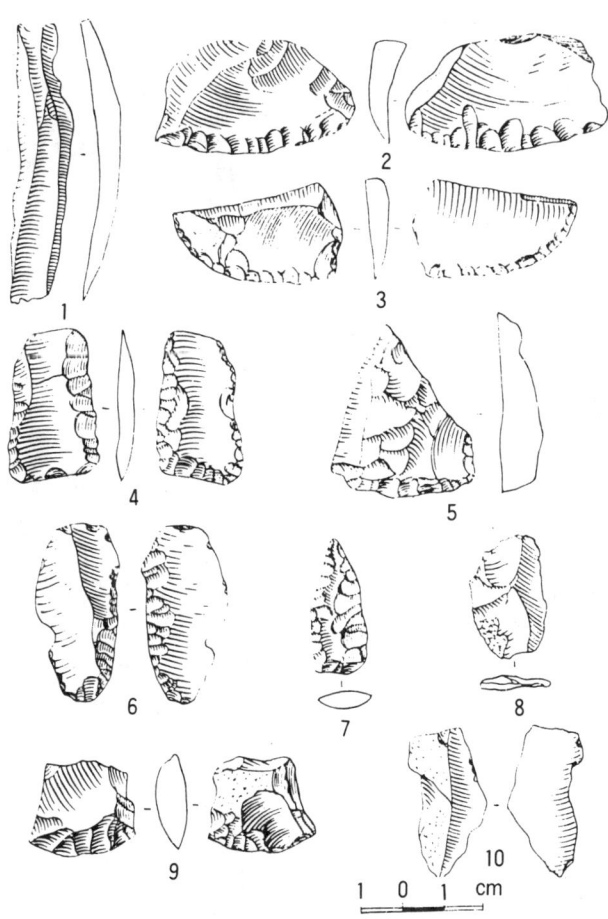

그림 61. 씨니 가이 A 하층 출토의 석기

그림 62. 씨니 가이 A 하층 출토의 석기

新石器時代 147

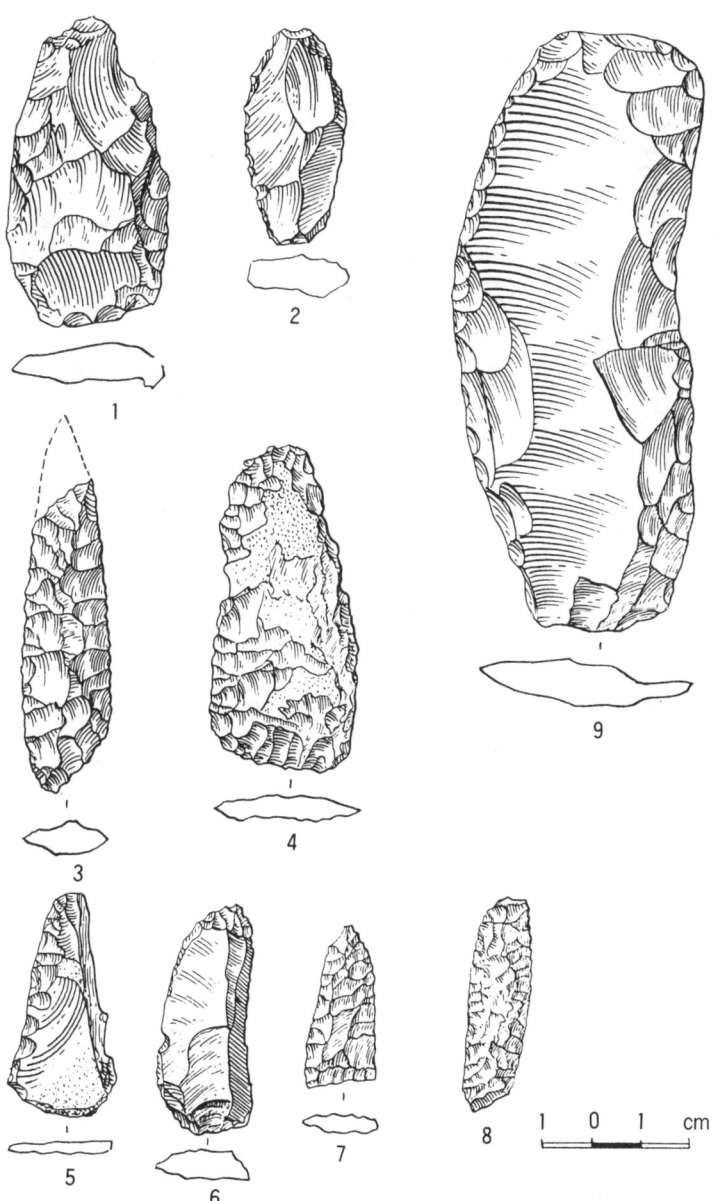

그림 63. 씨니 가이 A 하층 출토의 칼

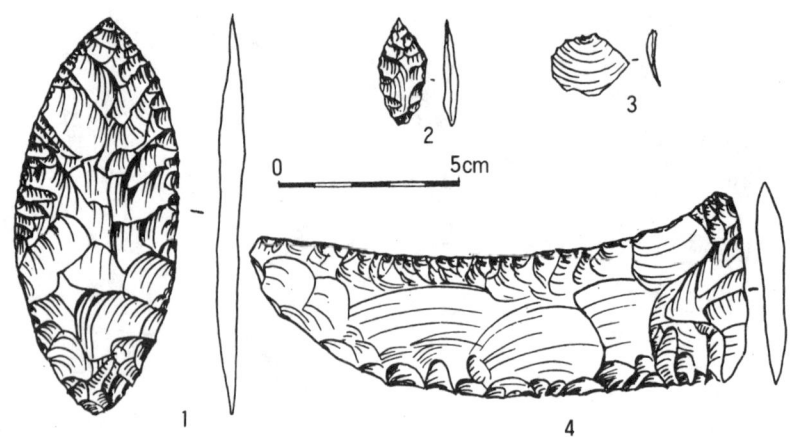

그림 64. 씨니 가이 A 하층 출토의 燧石製 석기

칼(нож-резак; chopping knife). 양면석기로 부싯돌로 만들었다. 얀꼽스끼 문화의 점판암제 《장화》와 유사하다(그림 64,4).

칼·긁개. 사다리꼴이다.

쐐기·양면석기: 사다리꼴, 직사각형, 능형이 있고, 길이는 2-3cm이다. 자이싸노브까 문화에 있어 처음으로 많은 수가 발견되었다. 제IV단계 유적의 모든 곳에서 출토된다(그림 62.1, 2, 5, 16-19).

톱. 점판암제로 편린이다. 톱질의 흔적 - 좁은 홈줄 - 이 있는 점판암제 석인이 다수 발견되었다.

작은긁개(скребок). 도구 중에서 가장 많은 수를 차지하며, 형태와 크기가 다양하다: 1) 석인으로 만든 직사각형으로 3개의 날이 있다 -씨니 가이에 특징적이다(그림 61,4); 2) 격지로 만든 손톱모양; 3) 석인과 격지로 만든 다용도의 긁개; 4) 격지로 만든 흔한 유형으로 점판암으로 만든 것도 있다; 5) 삼각형의 격지로 만든 축소형; 6) 《콧수염》 - 突齒가 있는 사다리꼴; 7) 큰 석인으로 만든 舌形; 8) 긁개·까뀌(그림 61,5-9; 62,3, 6, 7, 10-15).

긁개. 커다란 점판암 석인으로 만들었고, 사다리꼴, 나뭇잎형, 장방형, 타원형이 있다. 많은 수가 발견되었다.

화살촉. 1-3cm로 조그만 하다: 1)물방울형에 납작하고 기저가 둥그스름하다. 점판암제로 탁마하였다; 2)유엽형에 양면석기이다; 3)삼각형으로 기저가 곧거나 오목하다: a)양면석기, b)탁마한 점판암제; 4)석인으로 만들었고, 삼각형이다. 날을 따라 잔손질을 했다; 5)능형의 양면석기(그림 65).

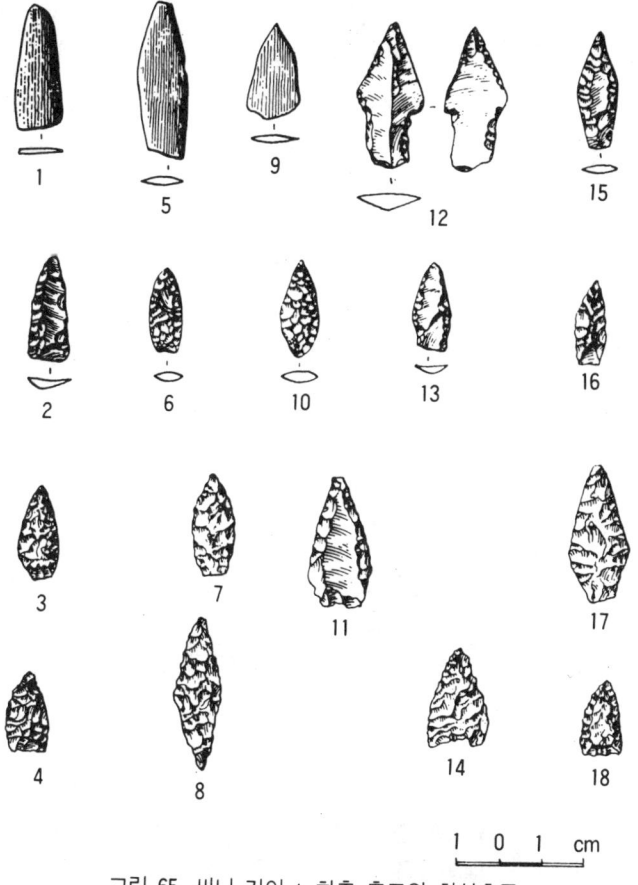

그림 65. 씨니 가이 A 하층 출토의 화살촉들

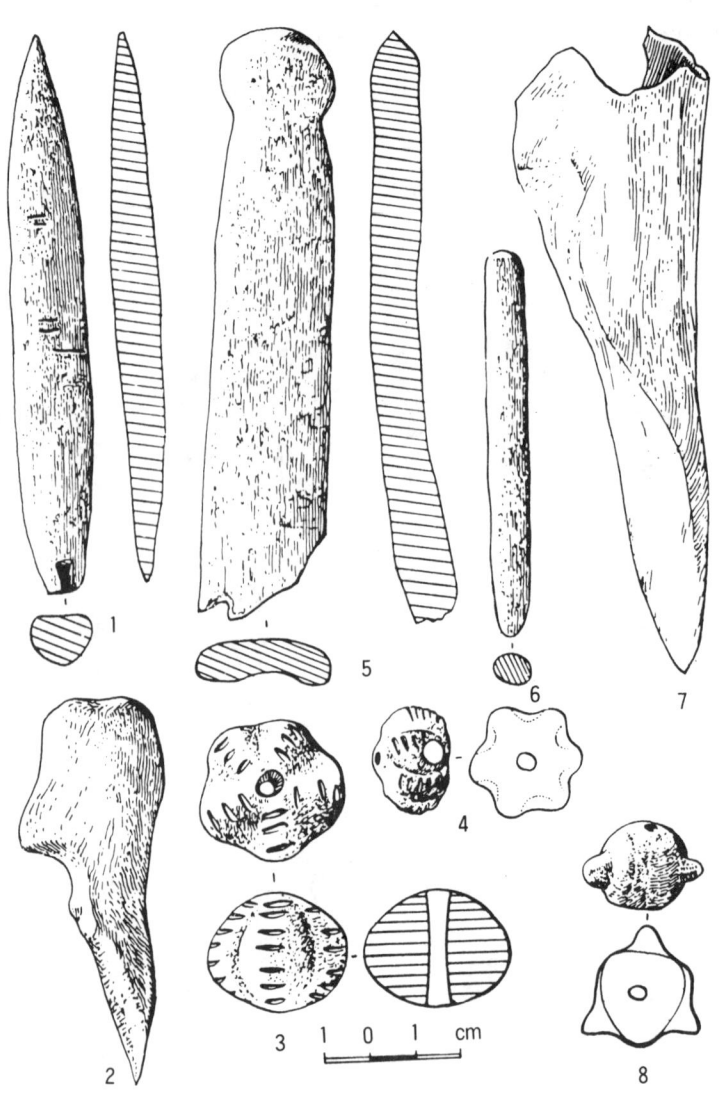

그림 66. 씨니 가이 A 하층 출토유물: 1-骨製鏃; 2,7-골제 뚫개; 5-뿔로 만든 뜨개용구; 3,4,8-방적 팬던트; 6-골제 압인기

新石器時代 151

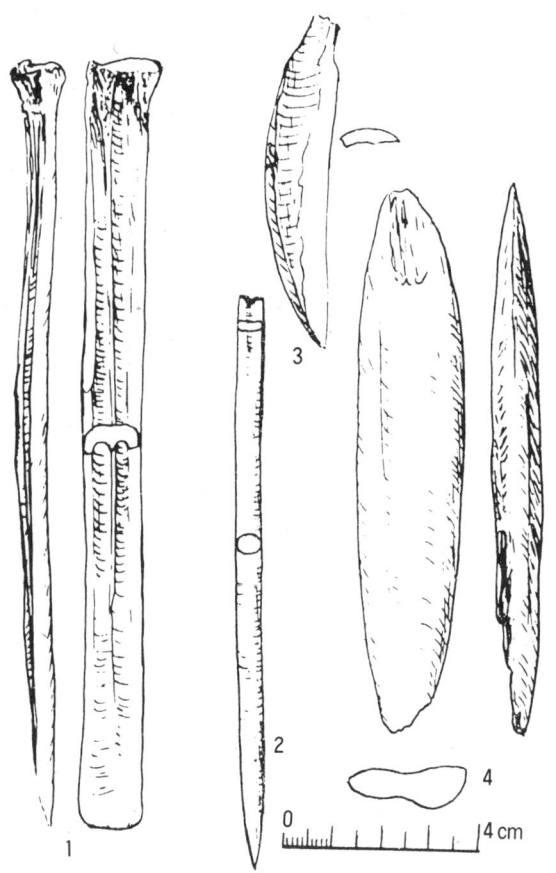

그림 67. 골제품들, 씨니 가이 A, 제I층위

骨製鏃. 길다. 화살촉이나 창촉이다: 1)랏셋형; 2)삼각형-슴베가 있는 것도 있고 없는 것도 있다. 모두 탁마하였다(그림 66,1).

작살(гарпун; harpoon). 뿔로 만들었다. 삼각형이고 2개의 미늘이 있다. 단 1점이 발견되었을 뿐이다.

뚫개(проколки): 1)골제; 2)석제; 3)석제- 삼각형에 탁마한 것.

골제 바늘. 1)귀가 있는 것; 2)귀가 없는 것(그림 67,2).

바늘형 골제 찌르개(острие)

낚시바늘(крючок рыболовный). 하나의 뼈를 깎아 만들었다. 윗쪽이 둥글고 넓은데 끈을 고정시키기 위한 것이다.

골제 압인기(костяный штамп). 토기에 시문하기 위한 것이다(그림 66,6).

골제 조각칼(резчик)·마름질용구(заглаживатель)(?)- 대롱형 뼈를 쪼개서 만든 제품으로 씨니 가이에 특징적인 제품이다. 날은 좁고 곧고 날카로우며, 표면은 매끄럽게 잘랐다. 가죽 혹은 자작나무(?)를 가공하는데 사용하였을 가능성이 높다(그림 67,1).

골제 숟가락·삽.

곡괭이. 사슴의 뿔로 만들었다.

손잡이. 대롱형 뼈로 만들었다.

뜨개(그물?)용구. 뿔로 만들었다(그림.66,5).

천공한 석제 원판·끝장식. 자이싸노브까 문화에서 처음으로 나타난다. 아무르강 하류에 널리 분포하는데, 그 곳에서는 더 크고 조잡하게 만들었다. 일반적으로 커다란 물고기의 머리를 때려서 잡는 머리퇴(булава)로 간주한다(그림 68).

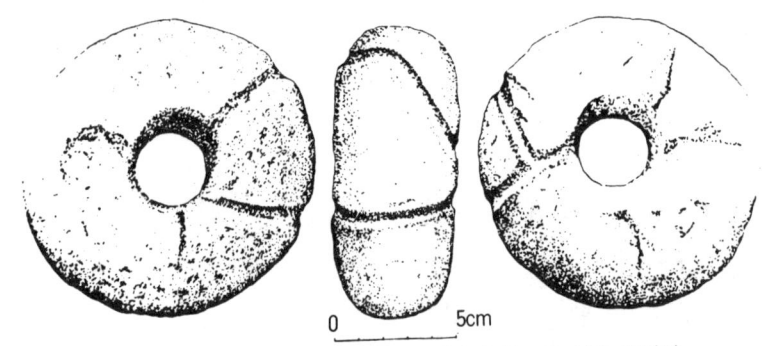

그림 68. 씨니 가이 A, 하층. 22호 집자리 출토의 석제 끝장식

장방형의 자귀모양 유물이 1점 발견되었다(12호 집자리). 탁마되었고, 좁고 곧은 날과 중앙에 장방형으로 천공된 구멍이 있다. 이 제품은 끝장식과 더불어 연해주에서는 첫번째로 천공된 구멍이 있는 대형 석기 그룹을 형성한다.

방추차. 점토제이다: 1)양원추형; 2)납작한 렌즈형, 목이 있는 것도 있다; 3)바퀴형- 1점인데 가면(личина; mask) 그림으로 장식되었다.

방적 펜던트. 점토제이다. 많은 수를 점하는 유물이다(100점 이상 발견됨). 형태가 다양하다. 문양으로 장식된 것도 있고, 사람 혹은 동물모양의 것도 있다. 올록볼록한 구형과 작은 원판형도 있다(그림. 66,3,4,8).

장신구. 자이싸노브까 문화에서 첫번째로 씨니 가이에서 장신구 그룹이 발견되었다: 천공한 이빨로 만든 펜던트, 물고기의 척추뼈로 만든 목걸이, 구멍이 뚫린 작은 원판(옥수제), 토제 고리, 멧돼지 송곳니 모양의 토제 펜던트, 골제 구슬. 구멍이 있는 혹은 없는 토제 圓(토기의 기벽에서 떨어져 나온 것)도 잠정적으로 장신구에 포함시킬 수 있을 것이다.

예술품과 의례용품. 위에 언급한 방추차·가면, 홈줄이 있는 끝장식, 방적 펜던트를 제외하고, 토제 가면, 양면에 그림이 있는 타원형의 점토 편린(추링가(чуринга)?), 1-2개의 刻線으로 인해 사람모양 소상으로 변한 까쑬리의 발굽뼈들 등이 있다. 골제와 토제의 동물모양 소상이 각각 1점씩 발견되었다. 전체적으로 씨니 가이에서 극동 신석기시대에 있어 최대의 조형 미술품들이 발견되었다[41. pp.133-141].

天然資料(экофакты). 천연자료는 씨니 가이의 동물상에 대한 많은 정보를 남겼다. 포유동물: 만주 사슴(изюбр. C. elaphus L.), 점박이 사슴(пятнистый олень. Cervus nippon Temm), 북쪽 사슴(северный олень. Rangifer tarandus L.), 까쑬랴(косуля. Capreolus capreolus L.), 멧

돼지(кабан. Sus scrofa L.), 개(собака. Canis familiaris L.), 오소리(барсук. Meles meles L.), 너구리(енотовидная собака. Nyctereutes procyonoides Gray), 흑담비(соболь.Martes zibellina L.), 여우(лисица. Vuipes vulpes L.), 호랑이(тигр. Panthera tigris L.), 갈색 곰(бурый медведь. Ursus arctos L.), 말(лошадь. Equus caballus L.), 황소(бык) 혹은 들소(бизон), 토끼(заяц. Lepus sp.)8). 큰사슴(лось. Alces alces L.)과 북쪽 사슴은 현재 남연해주에 보이지 않는다[244, pp.175-176]. 에.웨.알렉쎄예바는 위의 동물상 목록에 하르자(харза. M. flavigula Bodd), 족제비(колонок. M. sibiricus Pall.), 늑대(волк)를 추가하였다. 엔.엠.예르몰로바(Н.М.Ермолова)는 엔.데.아보다브이(Н.Д.Оводовый)가 선별한 돼지 이빨(12마리 분)에서 사육된 돼지 이빨 1개를 분리하였다.

새: 하얀이마 기러기(белолобая казарка. Branta leucopsis), 회색 거위(серый гусь. Asser asser), 거위(гусь сухонос. Ancer cygnoid), 작은 백조(малый лебедь. Cygus bewickii), 왜가리(серая цапля. Ardea cinerea), 오리(свиязь. Anas penelope)9).

물고기: 은색 붕어(серебряный карась), 잉어(сазан. Cyprinus carpio), Pseudobagrus fulvidrao(касатка-скрипун), 아무르 메기(амурский сом. Parasilurus asotus)(1.5m 이하), 곱추연어(горбуша. Oncorhynchus gorbuscha), 잉어(верхогяд. Erythroaelter erythropterus), 蛇頭魚(змееголов. Channa argus). 사두어가 우세한데(물고기 뼈의 70%를 차지), 1마리의 무게가 32kg에 달한다. 사두어의 우세는 늪지에서의 어로에 대해 말하는 것이다10). 진주조개(перловица) 껍질, 달팽이, 뱀의 이빨과 두개골, 자작나무 조각 등도 발견되었다.

---

8) 엔.데.마보도프(Н.Д.Оводов)가 규정.
9) 엔.이.부르착-아브라모비치(Н.И.Бурчак-Абрамович)가 규정.
10) 엘.엔.베쎄드노프(Л.Н.Беседнов)가 규정.

新石器時代 155

제5단계. 제5단계는 씨니 가이 주거유적의 수평적 층위와 유형학적 관찰에 의해 분리되었다. 씨니 가이 A(아)에서 서쪽으로 1km 거리, 구릉 A가 포함되는 능선의 끝부분, 한까 호 유역 저지의 고대의 표면, 주거유적 A의 가장 윗쪽 집자리에서 100m 아래에 단층위 주거유적 씨니 가이 Б(베)가 발견되었다. 씨니 가이 Б(베) 주거유적은 자그마한 호수변의 1,5-2hr 면적을 점하고 있다. 주거유적의 표면은 경작을 위해 갈아 엎었고, 첫번째의 유물은 바로 경작토에서 발견되었다. 능선의 아래부분이자 주거유적의 가장 높은 부분을 132m²발굴하자 간단한 토층들이 나타났다: 1)20-30cm - 짙은 회색의 오랜 경작층; 2)10-40cm - 황갈색의 부드러운 사질점토; 3)황갈색의 생토 - 사질점토. 두번째 층위에 구덩이 흔적이 있는데 집자리일 수도 있다. 2번째 층위에 유물이 집중되어 있었다.

주거유적 Б에서 발견된 토기, 도구, 징신구는 내부분의 경우에 있어서 주거유적 A 하층 출토의 것들과 동일하다. 예외는 다음과 같다: 1) 매끄러운 혹은 마연한 표면을 따라 각인한 좁은 문양띠가 나 있는 토기: meander文과 幾何文이 모티브이다(그림 69); 2)특이한 변종의 어깨 괭이(плечиковая мотыга): 짧고 좁은 슴베와 넓고 큰 날이 있다(그림 61,1); 3)추; 4)장방형의 토기 바닥(그림 71,1). 흑요석과 부싯돌류로 만든 유물의 수가 크게 감소하였다.

아.뻬.아끌라드니꼬프가 안드로노프 문화의 것과 비교한 바 있는 방금 언급한 토기는 끄로우노브까 주거유적(하층)과 자이싸노브까 주거유적에서도 발견되었다. 동일한 토기가 한까 호 연안의 자보리나 江(p. Заборина)의 높은 침수지에 있는 벼를 심는 논(чек)에서도 수집된 바 있다. 무스딴그(Мустанг) 주거유적에서 출토된 유사한 토기를 1972년 블라디보스톡의 학술대회에서 아.웨.가르꼬비크(A.B.Гарковик)가 선보인 바 있다[89, pp.72-73]. 그런 토기는 블라지미로-알렉산드롭스끼의 발샤야 쏘쁘까에도 있다.

　높은 침수지에 위치하는 끄로우노브까 주거유적의 자이싸노브까 층위는 흑색 古토양과 관련이 있으며,《살균된》층위로 덮혀 있다. 한까호 유역 주거유적들(끄로우노브까, 씨니 가이 Б, 자보리나(Заборина))의 낮은 표고는 亞보리얼 기 후반에 한까 호가 退潮하였음을 말한다.

　씨니 가이 Б에서 제4단계의 것과 같은 硏磨用具, 도끼 및 자귀와 점판암제의 넓은 칼, 작은긁개와 큰긁개, 제II, IV유형의 괭이 및 제III유형 괭이의 변종이 발견되었다. 흑요석과 부싯돌류로는 작은긁개, 손톱형, 복합형 및 엽형의 화살촉 등을, 玉髓로는 디스크와 링 등의 장신구를 만들었다. 한 피트에서 서로 다른 크기의 천공된 점토제 원판이 7점 발견된 바 있는데, 막대기에 피라미드형으로 링을 끼운 아이들의 장난감을 연상시킨다. 끄로우노브까와 씨니 가이 Б에서 납작한 자갈돌에 두개의 홈을 내어 만든 추가 발견되었는데, 고금속시대의 것과 크기가 비슷하다. 점토로 만든 방적용 펜던트와 납작한 혹은 양원추형의 방추차도 있다. 골제품에는 찌르개가 유일하다.

　제5단계를 구분하는 유물은 토기이다. 게.이.안드레예프의 계산에 따르면, 자이싸노브까에는 메안드르文이 있는 토기가 2,5%를 차지한다 [5, p.133]. 씨니 가이 Б에는 그 양이 자이싸노브까보다 많지 않고, 끄로우노브까에는 약간 더 많다(7%정도). 메안드르문이 있는 토기들은 얇은(3-4mm) 기벽, 세밀한 마연, 분과 사발의 양원추형 굴곡 - 몸통의 중간 혹은 윗1/3 부분에 나 있다 - 이 특징적이다. 날카로운 물체의 끝으로 시문된 문양띠는 언제나 좁고, 용기의 윗부분에 위치한다. 문양띠의 위아래에는 이중의 평행선이 나 있다. 그 이중의 선은 문양을 a)折線, б)직사각형의 메안드르, в)삼각형 등의 모양으로 만들고 있다. 모든 이중선 사이의 공간은 短斜線으로 채워졌고, 문양의 배경은 素文으로 남아 있다. 빛나는 표면과 부조 그림의 합성은 토기에 특별한 아름

新石器時代 157

다음을 준다. 제V층 토기의 대부분은 제IV층의 것과 동일하다.

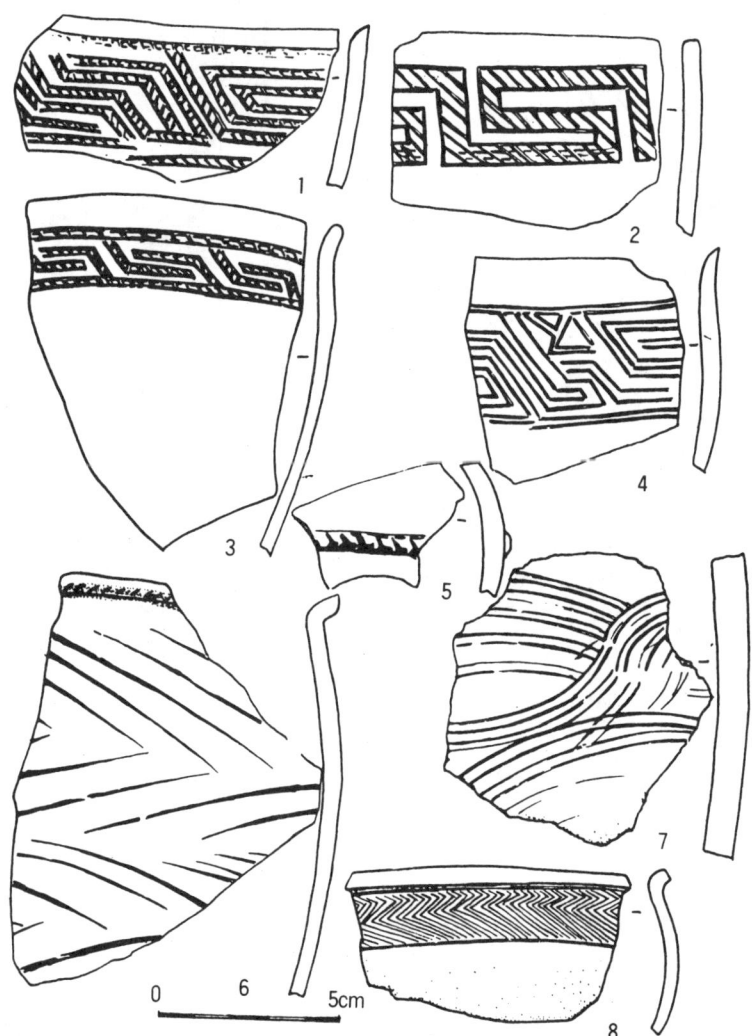

그림 69. 자이싸노브까 문화 마지막 단계의 토기편들: 1-3, 6-8-끄로우노브까 하층; 4, 5-씨니 가이 Б

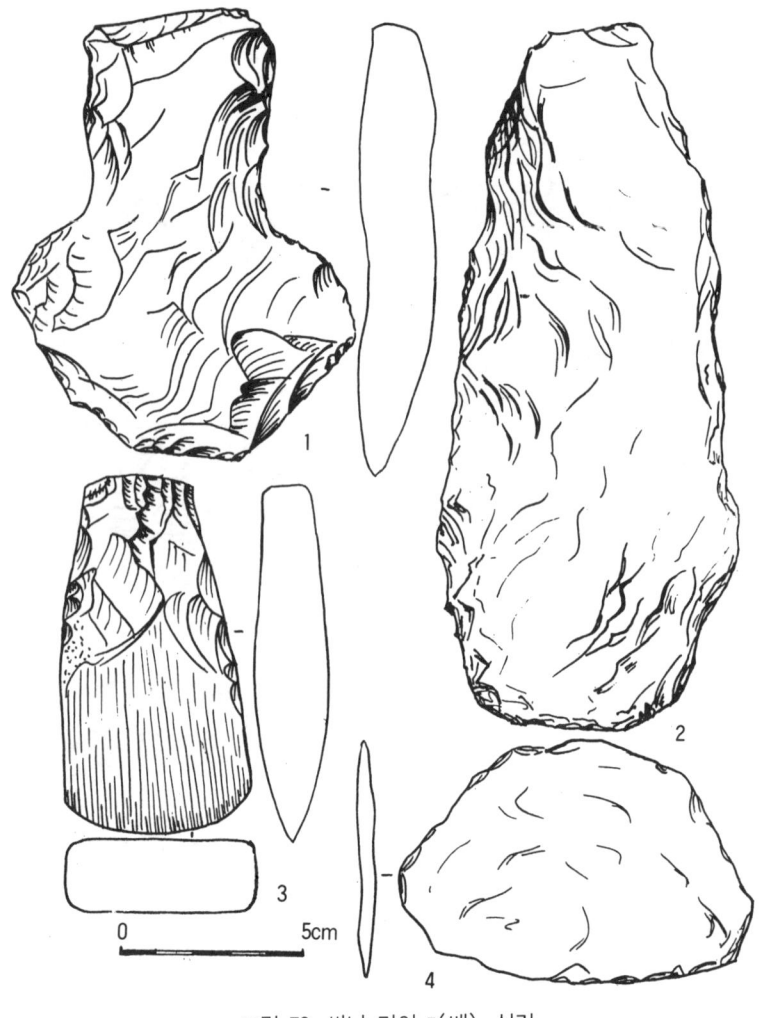

그림 70. 씨니 가이 Б(베). 석기

《메안드르》 토기는 자이싸노브까 문화에 있어 새로운 요소이자 동시에 늦은 시기의 요소임이 틀림없다. 모든 연구자들이 이 토기에서 새로운 시대의 속성을 파악하고 있는 것은 결코 우연이 아니다. 시베리아 청동기시대 전문가 엠.뻬.그랴즈노프(М.П.Грязнов) 같은 저명한 고고학자도 그 토기에 나타난 안드르노프 문화의 요소에 주목한 바 있다.

양원추형의 골곡이 있는 토기들이 沈線 전나무文과 융기끈文으로 장식되었고, 또 그 바닥에 잎사귀 그림이 있다는 사실도 지적할만 하다. 새로운 토기가 자이싸노브까 인들의 물질문화에 있어서, 별종이 아닌, 바로 한 구성부분이 되었다고 확신적으로 말할 수 있다.

전체적으로 씨니 가이 Б와 끄로우노브까 출토의 유물유형, 제1층 및 그 유사층은 씨니 가이 제I층 유형의 계속이자 발전임이 분명하다. 시간상으로 씨니 가이 Б는 씨니 가이 I층 보다는 위에, 씨니 가이 III층 보다는 아래에 위치하여야만 하고, 신석기시대 말 혹은 청동기시대 초로 파악되어야만 한다. 그러나 자이싸노브까 문화의 내용이 이로서 끝나는 것은 아니다.

60년대에 구연부의 융기끈문과 매끈한 기벽이 있는 토기가 출토되는 유적에 대한 논쟁이 진행된 바 있었다. 게.이.안드레예프는 그러한 토기를 한씨(Хансь) XI 주거유적의 독자적인 복합체로서 분리하였고, 루드나야 쁘리스딴 상층의 유물과 대조하였고, 동해안에서 줴.웨.안드레예바가 수집한 유물들과의 유사함을 지적하였으며, 흑요석제품의 공반을 지적하였고, 그런 유적들의 연령에 대해 해결되지 못한 것으로 남겨 놓자는 제안을 하였다[7, pp.151-158].

웨.아.따따르니꼬프는 달네고르스크 地區에서 한씨 XI 유형의 매끈한 기벽이 있는 토기와 부싯돌, 옥수, 흑요석, 점판암 등으로 만든 많지 않은 수의 유물들을 공반하는 바다라즈젤나야(Водораздельная) 유적11)을 발견하였다[336, pp.43-49]. 타날흔이 있는 4점의 핵석기가 있다. 자

---

11) 웨.아.따따르니꼬프는 바다라즈젤나야 유적 출토의 유물을 필자에게 자세하게 보여 주었다.

이싸노브까 문화에 일반적인 칼, 작은긁개, 축 등과 톱(쐐기·양면석기)이 발견되었다. II, III유형의 으깨개도 있다. 단면이 장방형인 도끼와 오목한 기저와 뾰족한 미늘(жалец)이 있는 점판암제 화살촉은 연해주의 고금속시대에 특징적인 유형이다. 웨.아.따따르니꼬프는 바다라즈젤나야 유적을 신석기시대의 마무리 단계로 편년한다.

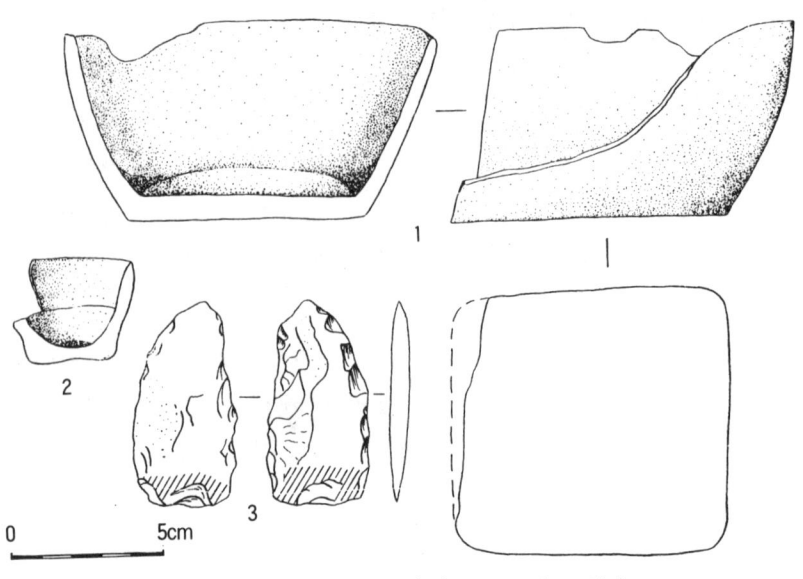

그림 71. 씨니 가이 Б(베): 1,2-토기, 3-석기

유물의 검토는 매끈한 기벽과 구연부 아래에 융기끈문이 있는 토기가 오씨노브까와 루드나야 유물 - 이 유적들에는 씨니 가이 I 유형의 토기도 있다 - 의 다수를 점하고 있음을 보여 주었다. 위에서 알레니 II-IV층과 씨니 가이 I층에 그러한 토기가 반드시 공반됨을 지적한 바 있는데, 즉 그 토기는 자이싸노브가 문화에서 유래함이 틀림없다. 假說

新石器時代 161

의 수준에서 매끈한 기벽을 가진 토기 유형이 신석기시대의 마지막 단계에 독자적인 지역적 그룹으로 분리되는데(동해안에서?), 이는 자이싸노브까 문화의 제5단계에 그 發展線이 2개로 분리되었음을 의미한다고 가정할 수 있을 것이다. 현 단계의 자료로는 더 이상의 추론이 불가능하다.

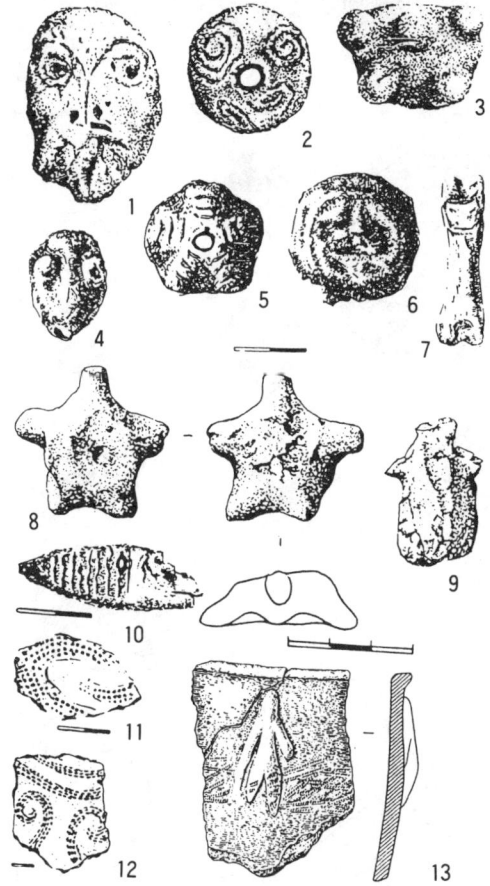

그림 72. 자이싸노브까 문화의 예술품들.

1-6, 8-13-토제품, 7-골제품, 1-7, 11-씨니가이 A, 8, 10, 12-알레니 A, III층, 9-알레니 B, 하층, 13-발렌찐-뻬레쉐엑

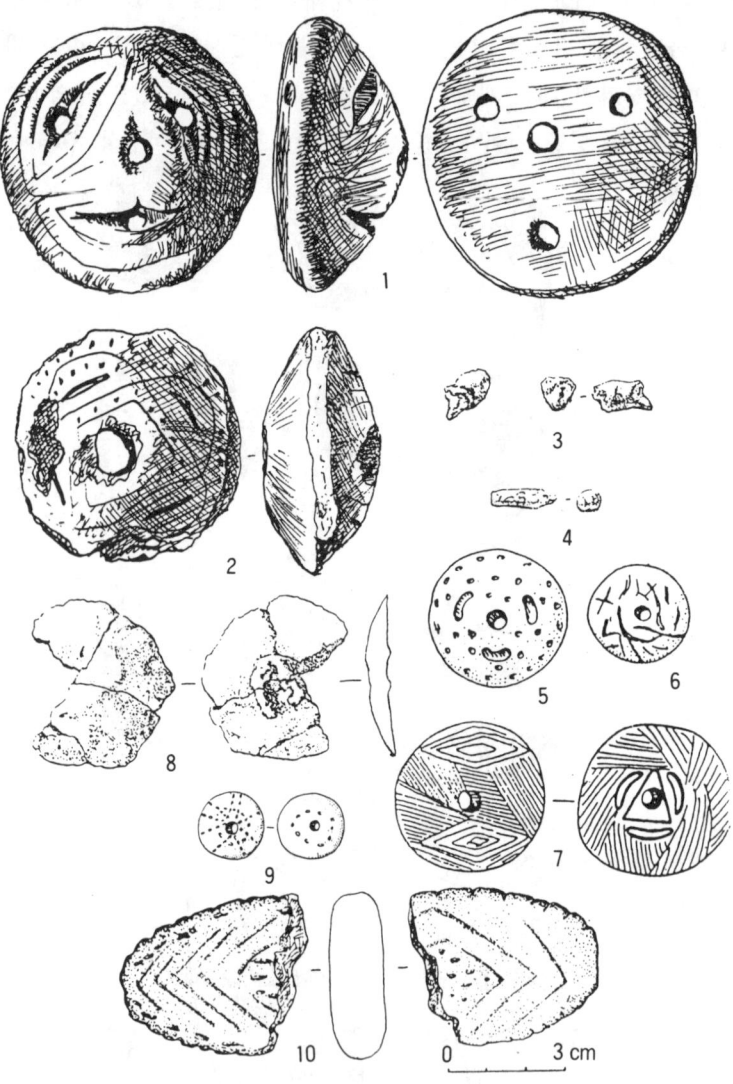

그림 73. 자이싸노브까 문화의 예술품들(모두 토제품). 1-2, 5, 7, 9-발렌찐-뻬레쉐엑, 3, 4, 8- 옙스따피, 10-씨니 가이 A.

문화는 시간적으로 지속하는 확고하고 동시에 변화하는 체계이다. 용기의 형태, 제I유형 구연부, 덧띠, 시문기술, 대부분의 문양 모티브 및 일련의 도구는 자이싸노브까 문화의 전 단계에 걸쳐 존재하며, 체계의 단일성을 보장하는 확고한 전통적 속성과 유형이다. 그와 동시에 각 단계에는 새로운 속성과 유형이 나타나며, 보존된 요소들의 상호관계가 바뀌는데, 이는 각각의 단계에 새로운 면모를 주고 있다.

새로운 요소들은 1)선행하였던 요소들이 유형적으로 발전한 것과 2)완전히 새로운 것으로 나눌 수 있다. 첫번째의 예는 제2단계에 나타난 盆과 고리형의 토기굽, 매끈한 덧띠, 곧게 외반한 구연부, 납작한 도끼와 자귀, I-III유형의 괭이, 전 유형의 으깨개 등을 들 수 있다. 완전히 새로운 것에는 제4단계의 석제 끝장식과 둥근 큰긁개 및 제5단계의 《메안드르》文 토기가 있다.

각 단계에 대한 정보의 불균등은 本 문화 내에서 유물의 유형도표에 대한 전체적인 분석을 어려움을 준다. 외부적 접촉은 本 문화를 밖에서부터, 극동 신석기시대라는 보다 넓은 맥락에서 검토할 수 있게 한다. 내부체계의 정보는 알레니 II층부터 바다라즈젤나야 유형까지의 체계의 부분들을 단일한 자이싸노브까 고고학문화의 부분으로 확고하게 연결할 수 있게 한다.

현재의 자료 상황에서 자이싸노브까 문화 내의 지역적 변종에 대한 문제를 제기한다는 것은 시기상조이다.

표 2. 자이싸노브까 문화 주거유적들의 C14 연대

遺跡名	對象	試料	實驗室과 固有番號	5730에 따른 年代	年代
알레니 아(A)	집자리 9Б. 기둥. 깊이 1m	목탄	СОАН-1539	5370±65년	기원전3420±65년
알레니 아	집자리 7Б. 화덕자리. 깊이 78cm	목탄	СОАН-1534	5010±30년	기원전3060±30년
알레니 아	집자리 4Б. 기둥	목탄	ДВГУ-ТИГ 83	3500±163년	기원전1550±163년
빠드 리빠미	집자리	목탄	СОАН-1530	3915±50년	기원전1965±50년
빠드 리빠미	집자리	목탄	СОАН-1532	3635±30년	기원전1685±30년
발렌쩬-II	깊이 0,7-0,8m	목탄	МАГ-398	4900±200년	기원전2950±200년
발렌쩬-II		목탄	МАГ-514	4670±90년	기원전2720±90년
발렌쩬-II		목탄	МАГ-?	4500±120년	기원전2550±120년
발렌쩬-II	깊이 1m	목탄	МГУ-544	4320±90년	기원전2370±90년
루드나야 쁘리스딴	집자리 VII	목탄	ГИН-5980	4130±40년	기원전2180±40년
루드나야 쁘리스딴	집자리 VII	목탄	ГИН-5981	4000±60년	기원전2050±60년
루드나야 쁘리스딴	집자리 VII	목탄	МГУ-514?	4140±40년	기원전2160±40년
루드나야 쁘리스딴	집자리 VIII	목탄	ГИН-5630	4040±40년	기원전2090±40년
루드나야 쁘리스딴	집자리 VIII	목탄	ГИН-5982	4030±40년	기원전2080±40년
제르깔나야 II	깊이 4,2m	목탄	МГУ-461	3950±800년	기원전2000±800년
리도브까	화덕자리	목탄	СОАН-1387	4250±95년	기원전2300±95년
무스딴그	깊이 0,5m	목탄	КИ-3152	4050±70년	기원전2100±70년
무스딴그	깊이 0,8m	목탄	КИ-3151	4660±60년	기원전2710±60년
끄롭스끼		목탄	РУЛ-177	4160±60년	기원전2210±60년

자이싸노브까 문화 유적에서 얻은 방사성탄소연대는 〈표 2〉와 같다.

자이싸노브까 문화의 시작단계와 마지막 단계는 편년되지 않았지만, 제2-4단계는 5370-3500년 사이로 파악된다. 자이싸노브까 문화의 상한(마무리 단계) 연대는, 씨니 가이의 층위에 따르면, 기원전 2천년기 말보다 늦지 않는 것으로, 더 정확하게는 기원전 2천년기 중엽까지(바다라즈젤나야 유형은 예외)로 편년할 수 있을 것이다. 보다 정확한 편년설정, 마무리 단계의 단계적 상태 규정, 자이싸노브까 문화의 발생 문제 그리고 그 문화 내의 상호관계 등의 해결에는 본 문화에 관한 외부 정보가 반드시 필요하다.

2. 꼰돈 文化

1953-1955년에 아.뻬.아끌라드니꼬프는 자이싸노브까 주거유적과 함께 꼰돈 문화의 첫번째 유적 - 루드나야 쁘리스딴(Рудная Пристань) - 을 발견·조사하였다[238; 252, pp.3-13; 253, pp.109-118; 256, pp.46-56; 339]. 하지만 50년대에는 비록 아.뻬.아끌라드니꼬프가 루드나야 하층의 토기를 1935년의 지표조사에서 알려진 아무르의 토기와 비교하고, 《아무르 역음문》이라는 용어를 사용하기는 했지만 꼰돈문화(кондонская культура)를 분리하지는 않았었다. 1956년에 유사한 토기가, 자이싸노브까의 것과 함께, 오씨노브까 Ⅱ층에서 발견되었다[256,p.65-69]. 1960년에 역음문이 있는 토기가 프후쑨(Пхусун)(마략-르이바로프: Моряк-Рыболов)의 발굴에서 발견되었다[260, pp.73-83. 그림 4]. 위에서 지적하였듯이, 역음문과 소세포 격자문이 있는 몇 점 토기편이 자이싸노브까에서 게.이.안드레예프에 의해 수집된 바 있다. 그 토기편들은 현재 모스크바의 러시아 국립 박물관에 보관되어 있다. 1970년에 필자는 한까 호 근처의 씨로쩐까(Сиротинка)와 뻬뜨로비치(Петровичи)의 파괴된 유적에서 그와 같은 토기편을 2점 수집한 바 있다. 1973년에 웨.아.따따르니꼬프는 루드나야 강의 지류, 끄리바 강 상류에서 쵸르따브이 바로따 동굴 - 루드나야 쁘리스딴과 가까운 위치에 있

다 - 을 발굴하였고, 그 출토유물을 토대로 극동국립대학에서 자신의 석사학위 논문[334]을 썼으며, 나중에는 여러 논저에 발표하였다[337, pp.110-127; 237]. 1978년에 아.뻬.아끌라드니꼬프는 뻬레발의 문화층 아래부분에서 역음문이 있는 토기와 대·소세포 격자문이 결합된 토기를 발견하였다. 1982-1983년에 웨.이.디야꼬프는 루드나야에서 새로운 발굴조사를 하였다[12)[136].

방금 열거한 유적목록이 보여 주듯이, 연해주에서의 꼰돈문화 유적의 수는 많지 않으며, 또한 유물의 양도 자이싸노브까의 것에 비해 몇배는 적은 편이다. 그러나 아무르 하류에는 상황이 다르다. 1962-1972년에 아무르 하류에서 엄청난 규모의 꼰돈 주거유적 - 본 문화의 명칭이 유래하게 된 유적이다 - 이 발굴되었고[276; 277], 또한 말르이쉐바-싸까치-알럈, 바즈네쎄노브까 및 기타 다른 지점에서 일련의 발굴조사가 행하여졌었다. 아.뻬.아끌라드니꼬프는 그러한 발굴조사를 토대로 꼰돈 문화를 분리할 수 있었다[262, pp.175-178; 264, pp.181-191; 267, pp.3-35].

필자는, 아.뻬.아끌라드니꼬프의 뒤를 이어, 1973년부터 일련의 저작에서 연해주의 꼰돈 문화에 대한 글을 발표하였다[37, p.43; 39, pp.181-182; 42, pp.110-115; 283]. 아.웨.가르꼬비크는 아무런 논증없이 다른 명칭을 제안한 바 있다[91, pp.22-26]. 연해주의 신석기시대에 대해 글을 쓰는 일련의 저자들은 꼰돈 문화라는 용어를 사용하였으나 [129, p.166; 335, pp.66-68; 186, p.19], 나중에 웨.이.디야꼬프는 아.웨.가르꼬비크가 제안한 루드넨스까야 문화(рудненская культура)라는 용어를 지지하였고[131, p.79], 웨.아.따따르니꼬프 또한 그 뒤를 따랐다 [335, p.125].

웨.이.디야꼬프가 제시하는 논리는 꼰돈과 쵸르따브이 바로따의 방

---

12) 출토유물은 극동국립대학에 보관되어 있다.

사성탄소연대가 차이가 나고 또 연해주의 유적에 나선형 문양이 없다는 사실로 귀결된다. 용어 사용과 논증의 부실함은 꼰돈 문화에 대한 체계적 서술과 그 문화에 대한 상세한 의미규정이 없다는 사실로 설명될 수 있을 것이다. 위에 언급한 연해주의 자료 중에서 본 문화의 유물이 다른 문화들(자이싸노브까 문화, 리도브까 문화)과 완전하게 분리되는 경우는 없다. 심지어는 쵸르따브이 바로타 유적에서도 그와 같은 혼재가 있다.

꼰돈 유적에 대한 발표물[276]과 그 출토 유물에 대한 저작, 외국 자료- 한까 호 북쪽의 新開流 古墳群[427, pp.491-518], 그리고 많지는 않지만 써로젼까(Сиротинка)과 뻬뜨로비치(Петровичи)출토유물을 토대로 본 문화를 서술하고자 한다. 연해주의 유적들 만을 토대로 서술이 가능하였던 자이싸노브까 문화와는 달리, 꼰돈 문화에는 연해주에 충분한 자료가 없기 때문에 확보 가능한 모든 자료를 끌어 보아야만 한다.

분포지역과 유적. 꼰돈 문화의 유적들은 아무르 강 하류지역에 가장 풍부하게 분포하는데, 아무르 강변과 그 지류들을 따라 주거유적들이 위치한다. 아무르를 따라 윗쪽으로는 꼰돈 유형의 토기가 제야(Зея) 강 하구까지 발견된다. 꼰돈 문화의 주거유적들은 우쑤리 - 쉐레미찌 옙스꼬예 주거유적 - 에서, 중앙 씨호테-알린에서, 동해안 - 루드나야, 쵸르따브이 바로따, 마략-르이바로프 - 에서, 연해주의 남쪽 해안 - 뻬레발 - 에서, 한까 호의 남쪽 호변 - 뻬뜨로비치, 써로젼까 및 써로젼까 가까이의 오씨노브까 - 에서도 발견되었다. 중국에서도 한 유적 - 新開流 - 이 발굴되었다. 신개류는 한까 호와 小한까 호를 구분하는 모래톱에 위치한다. 꼰돈 문화에 싸까치-알랸과 쉐레미찌옙스꼬예의 깊은 홈선으로 된 암각화를 포함시킬 수 있는 근거가 있다.

꼰돈(Кондон)- 하바롭스크州 깜싸몰스끼 地區의 나나이 족 촌의 우

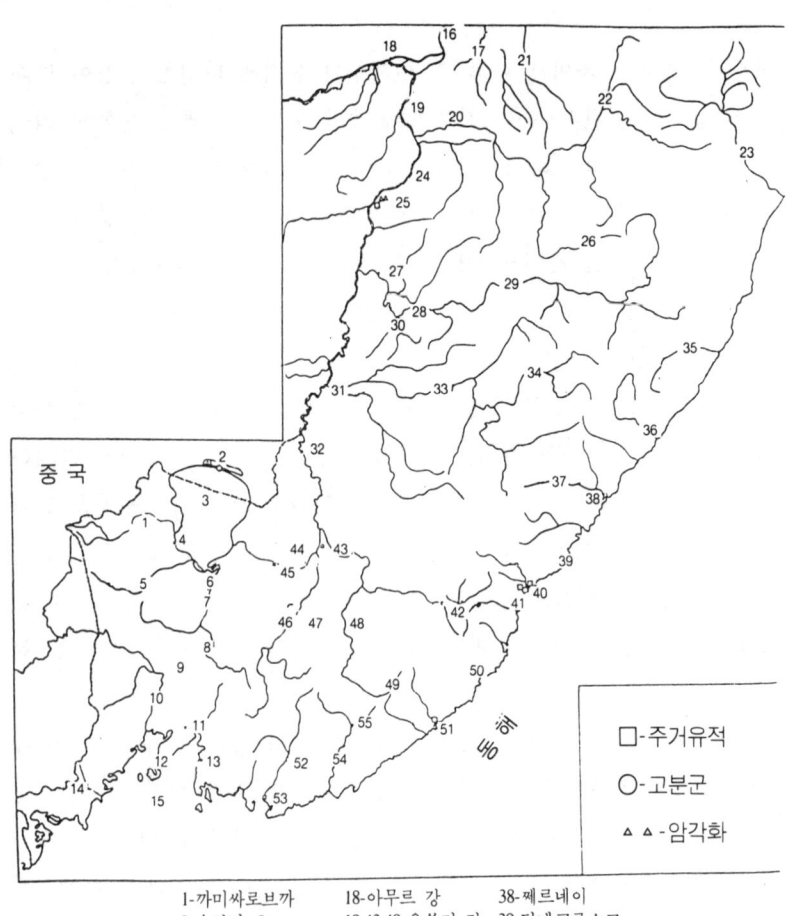

1-까미싸로브까	18-아무르 강	38-쩨르네이
2-小한까 호	19,43,49-우쑤리 강	39-달네고르스크
3-한까 호(흥개호)	20,22-호르 강	40-루드나야 쁘리스딴
4-까멘-르이바로프	21-넴따	41-쵸르따브이 바로다
5-빠그라니치느이	23-싸마르가	42-꼬발레로바
6-씨로찐까	24-뱌젬스끼	44-그론쉬따드까
7-뻬드로비치	25-쉐레미찌예바	45-스빠쓰크-달니
8-오씨노브까	26-꼬뗀	46-아르쎄네브까 강
9-우쑤리스크	27-29, 비낀 강	47-아르쎄네프
10-라즈돌나야	30-루체고르스크	48-추구예브까
11-아르쫌	31-달네고르스크	50-올가
12-블라디보스톡	32-레사자보드스크	51-마략 르이바로프
13-발쇼이 까멘	33-발샤야 우쑤르까	52-빠르띠잔스크
14-슬라뱐스크	34-아르무	53-나호드까
15-뾰뜨르 벨리끼 만	35-막씨모브까	54-크네브까
16-싸까치-알랸	36-께마	55-라조
17-하바롭스크	37-쎄레브랸까	

그림 74. 연해주의 끈돈 문화

체국 근처, 에바론(Эворон) 호에서 흘러 나오는 데뱌뜨까(Девятка) 강의 높은 침수지에 위치한다. 꼰돈 주거유적에서는 12기의 반움집이 완전히, 3기의 집자리는 부분적으로 발굴되었다. 다층위의 유적이다: 청동기시대와 초기 철기시대의 복합체 및 중세의 유물도 있다[276]. 발굴된 집자리들은 모두 신석기시대의 것으로 단일한 문화에 속하는 것으로 파악되었다. 그러나 출토유물과 발표된 자료의 분석은 꼰돈 유적이 합성적(композитивный- 혹은 複數的)인 신석기시대 유적임을 보여 주었다. 집자리 №1, 3, 13, 14의 마루바닥에서는 바즈네쎄노브까(Вознесеновка) 상층 출토의 토기와 동일한 혹은 유사한 것들이 발견되었다 [262]. 그 토기들은 沈線 螺線文으로 장식되었는데, 刻印 櫛·齒輪文과 결합한 경우도 있고, 표면이 赤色 磨硏된 경우도 있다. 자이싸노브까 제4단계의 토기와 구분되지 않는 토기도 있다. 매몰토와 바닥에서 엮음문이 있는 토기편들도 발견되지만, 아주 작은 편린들일 뿐이다. 아.뻬.아끌라드니꼬프가 꼰돈 문화를 묘사하면서 기술한 꼰돈의 螺線文 土器는 아.뻬.아끌라드니꼬프가 동일한 저서에서 바즈네쎄노브까 文化 (вознесеновская культура)라고 부른[262] 다른 문화에 포함됨이 분명하다.

집자리 №2, 4-10에는 나선문 토기가 바닥에 없고, 대신 다음과 같은 방법으로 시문된 문양으로 장식된 토기들이 발견되었다: 1)능형, 삼각형, 꺽쇠형, 《눈(目)》을 가진 능형 등을 포함하는 대세포 격자 압인문- 수십개의 변종이 있다; 2)소세포문, 심선문, 찌름문, 점혈문, 각인 손톱문, 패각문, 끈문 등과 대세포 압인문이 서로 결합한 문양; 3)소세포 압인문; 4)덧융기문-일반적으로 굵은 점선모양이다. 융기문은 소세포 압인문 및 다른 문양과 결합하기도 하였지만, 대세포 압인문과는 결합한 경우가 없다.

위와 같은 시문 기술이, 다른 유적들에서와 똑 같이, 32기의 고분 -

32개의 은폐복합체 - 이 발굴된 新開流 古墳群[427]에서도 발견되었는 바, 필자는 《꼰돈 문화》라는 용어를 꼰돈의 No2, 4-10 집자리에서 출토된 상기한 시문기술로 장식된 토기를 포함하는 유물 복합체를 위한 용어로 사용할 것을 제안하는 바이다. 꼰돈 문화의 서술에 잘못 포함된 나선문 토기는 본 문화에서 제외하여야 한다.

나선문 토기는 색깔과 다른 여러 속성이 본원적인 꼰돈의 토기와는 차이가 난다. 집자리 No3에서는 나선문 토기와 함께 유명한 《처녀像》을 포함하는 일련의 의례용품들이 발견되었다. 유적의 층위학과 평면학은 꼰돈과 바즈네쎄노브까에서 나선문 토기를 포함하는 문화가 꼰돈 문화보다 더 늦은 시기의 것임을 보여 주었다.

쵸르따브이 바로따(Чертовы Ворота)- 현재로서는 유일하게 조사된 꼰돈 문화의 동굴유적이다. 유기물질을 포함하여 많은 수의 유물이 출토되었다. 인골도 출토되었으며, 일련의 C_{14} 연대도 확보되었다[337; 237]. 유감스럽게도, 웨.아.따따르니꼬프의 글에는 분명한 리도브까 문화의 유물이 꼰돈 문화의 유물과 분리되지 않았다. 또한 동굴 내에서의 유물의 평면학적 층위학적 상태도 언급되지 않았다. 웨.아.따따르니꼬프가 밝힌 세개의 유구 - 집자리, 제작소, 생활공간 - 는 동시대적이 아닐 수도 있다. 또한 세 대상 모두에 화덕자리가 있는데, 어쩌면 모두 집자리일 가능성도 있다.

루드나야(Рудная)- 루드나야 강 하구에서 4km 거리, 브라모르나야(Мраморная) 강과 마나스드이르까 (Монастырка) 강 사이의 곳에 위치하는 넓은 주거유적이다. 꼰돈 문화와는 본 유적의 가장 이른 시기 층위와 관련이 있다. 쵸르따브이 바로따와 루드나야는 지리적으로 서로 가까이 위치할 뿐만 아니라 시기적으로도 서로 가까울 가능성이 높다.

뻬뜨로비치(Петровичи)- 뻬뜨로비치 마을에서 서쪽으로 6km 거리에, 한까 호 남쪽 호변에서 5km 거리에 위치하는 주거유적이다. 본 유적은 물이 마른 호수 곁의 아주 낮은 표고에 위치한다. 주거유적은 한까유역 저지대 소택지 사이의 작은 섬을 점유하였음이 거의 분명하다. 뻬뜨로비치 유적은 관계용 수로에 의해 절단되었는데, 그 중의 한 벽에서 다음과 같은 층위가 관찰되었다: 1) 경작층- 15cm(위에는 수로에서 파낸 흙이 덮혀있다); 2) 밝은 사질토- 30cm; 3) 짙은 갈색층(古土壤?)- 9-10cm. 제3층에서 본 유적의 모든 유물들 - 토기편, 석기, 휴대용 석제 가면(그림.75) - 이 발견되었다. 휴대용 석제 가면의 제작 기술과 스타일은 싸까치-알랸과 쉐레미찌옙스꼬예의 가면과 흡사하다[41, pp.136-137, 그림 1,8].

씨로쩐까(Сиротинка)- 소택지 평원 사이에 홀로 서 있는 높이 14m의 구릉으로, 그 안부에 주거유적이 있다. 뻬뜨로비치 유적에서 4km 거리에 위치한다. 11-12기의 오목한 집자리 흔적이 발견된 바 있지만, 유감스럽게도, 건축 작업으로 인해 구릉 자체가 모두 깎여 나갔다. 꼰돈 문화의 토기편들과 흑요석제 긁개 및 격지들이 발견되었다(그림 78).

新開流 古墳群(могильник Синькайлю)- 한까 호(興凱湖)와 小한까 호(小興凱湖) 사이의 모래톱에 위치하며, 중국 고고학자들에 의해 발견되었다[427, pp.491-518]. 10기의 魚窖가 발견되었는데, 모두 완전한 형태의 생선뼈로 채워져 있었다. 魚窖들은 1기의 고분과 함께 본 유적의 하층에 위치한다. 상층에서는 31기의 고분이 발견되었다. 두 층위의 유물이 단일함이 지적되었다.

본 유적이 러시아 고고학자들에게 잘 알려지지 않았기에, 유적에 대한 간단한 서술을 하고자 한다.

모래톱은 길이 40km다. 모래톱의 구릉부분에는 숲이 나 있고, 아래쪽에는 물에 잠겨있다. 모래톱의 구릉부에 위치하는 유적은 면적이 300x80m, 즉 24000m^{2}이다. 2개 지구, 280m^{2}를 발굴하였다. 층위는 다

음과 같다: 1)경작층- 0,14-0,25m; 2)무른 모래층- 0,20-0,35m; 3)단단한 황토층- 0,23-0,39m. 31호 고분을 제외한 고분들은 제2층에서, 생선뼈가 있는 구덩이들과 M31 고분은 제3층에서 발견되었다. 이곳에서 처음으로 생선 구덩이 - 신선한 혹은 소금에 절인 생선 저장소 - 가 생겨났다. M31은 생선 구덩이 중의 하나를 일부 파고 들어 갔다. 고분들은 시간상 순차적으로 형성되었다: M19는 M23을 파괴하였고, M13은 M25를 파고 들어갔다[427, pp.491-493].

그림 75. 뻬뜨로비치 출토의 석제 가면

매장은 모래와 황토를 파고 들어간 깊지 않은 장방형(혹은 방형)의 구덩이에 행하였다. 인골들의 머리는 각각 북쪽, 북서쪽, 동쪽을 향하고 있다. 一次葬(первичное погребение)에는 등을 아래로 한 자세의 인골이 우세하지만, 옆으로 누운 인골도 있고, M5에서와 같이 4명의 앉은 상태로 매장된 경우도 있다. 그 4명 중에는 여성도 1명 있는데, 두개골의 형태가 변형되었다. 32기의 고분 중에서 18기는 二次葬(вторичное погребение)인데, 그 중에서 1기는 夫婦合葬이고 2기는 群葬이다.

M31의 중년 남성의 머리는 장방형의 평평한 돌베개 위에 놓여 있고, M6에는 50-60세의 남성이 피장되었는데, 머리 맡에는 용기를, 왼발 옆의 장방형 痕迹 - 아마도 甲板의 흔적 - 에는 100점 이상의 유물이 놓여 있었다. M3과 M16에서도 M6과 동일한 상태로 유물이 놓여 있었다. 멧돼지와 개의 송곳니, 사슴뿔, 거북이 등껍질 등도 발견되었다. M5 출토의 뼈를 통해 6080±130년, 즉 기원전 5-4천년기 교체기의 C_{14} 연대(교정연대)를 얻었다. 그 연대는 쵸르따브이 바로따의 것과 가깝지만, 교정을 하지 않은 신개류의 연대 - 기원전 3320년 - 는 쵸르따브이 바로따의 것과 1100-1500년이라는 차이가 난다는 점을 지적할 필요가 있다. 유사한 토기와 도구가 우쑤리 강 좌안을 따라서 그리고 송화강 하류 - 倭肯含達(Вокэньхэда), 小南山(Сяонаньшань), 萬里霍通(Ванлихотун)[414, p.87] - 에서도 발견되었다.

신개류의 석기공작(14점의 핵석기가 있고, 오팔색 玉, 오팔, 흑요석을 이용하였다)은 석인과 격지로 만든 제품 - 350점 이상으로 우세하다 - 을 포함하며, 또한 점판암과 다른 광물을 타날 혹은 탁마하여 만든 제품 - 52점 - 도 있다.

뼈와 뿔로 만든 제품도 많다(141점): 쐐기칼의 테, 큰 작살(гарпун; harpoon), 작은 작살 (острога; fish-spear), 낚시바늘, 송곳, 바늘, 핀, 압인기, 멧돼지 송곳니로 만든 칼, 사슴뿔로 만든 곡괭이 등. 뼈와 뿔로 만든 유물들은 씨니 가이 I층 출토의 것들과 아주 흡사하다. 뼈로는 모형미끼 - 물고기상과 가마우지상 - 을 만들었다. 점토로 남근모양의 상을 만들었고, 그 표면에는 찡그린 입이 있는 가면·얼굴을 표

174

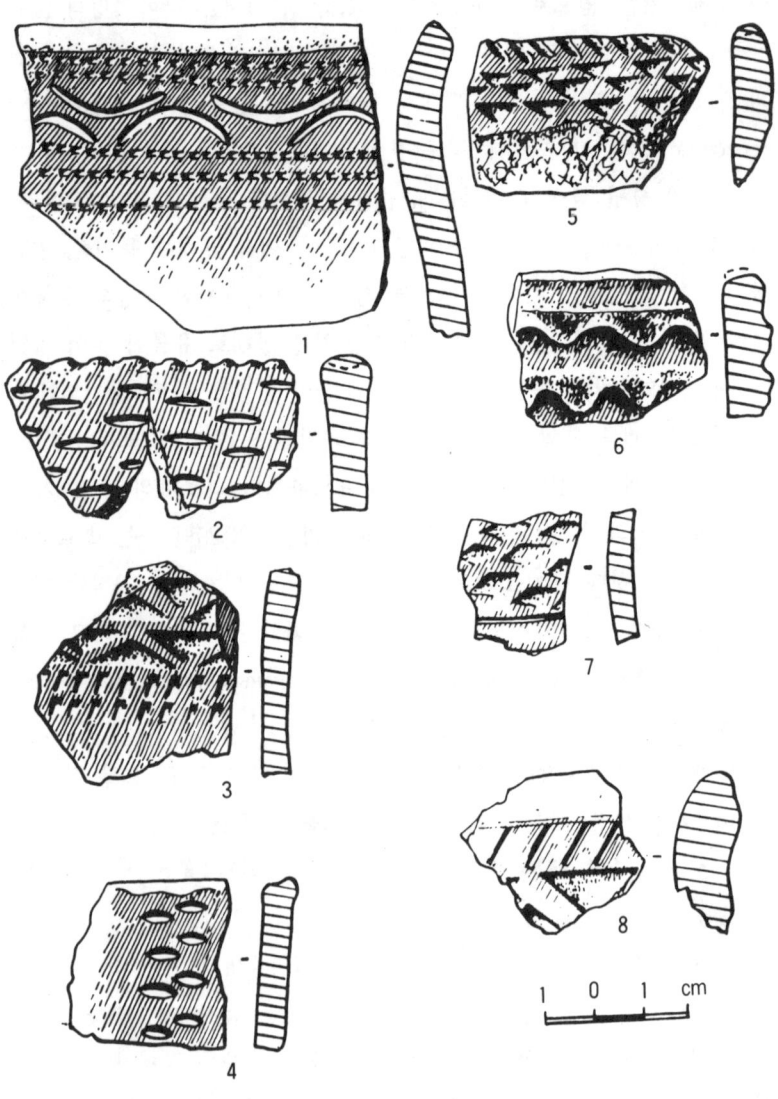

그림 76. 뻬뜨로비치 출토의 토기편들

新石器時代 175

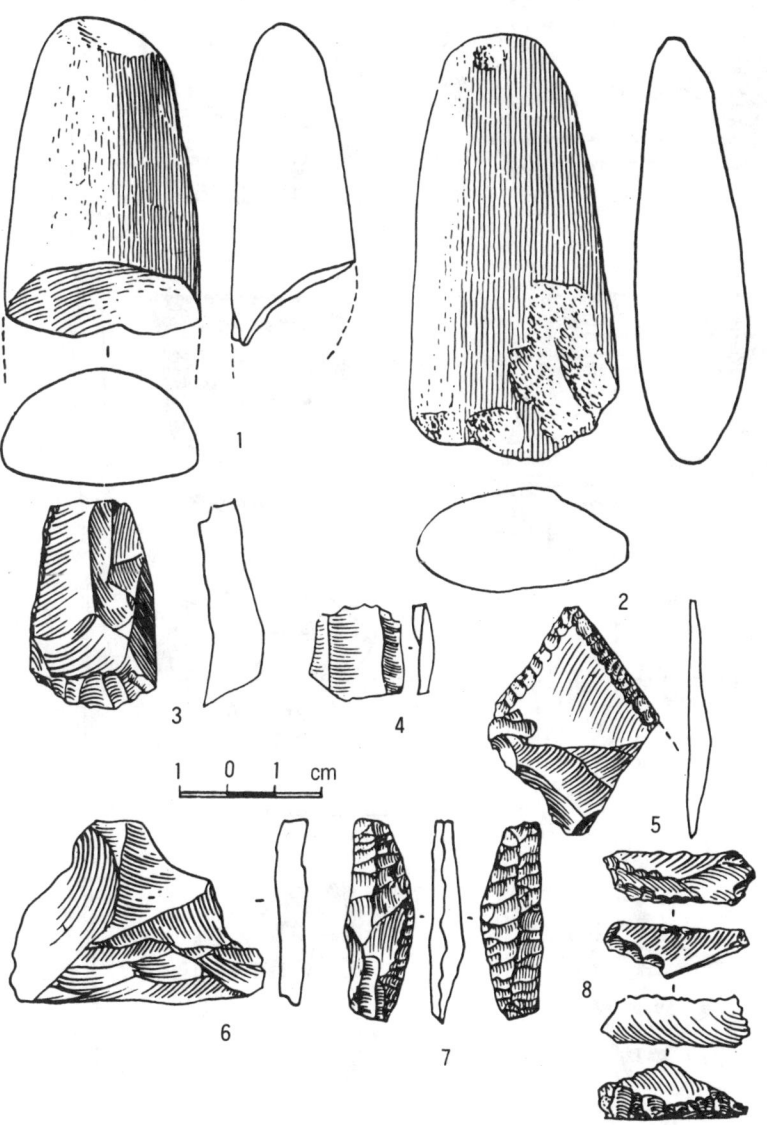

그림 77. 뻬뜨로비치 출토의 석기들

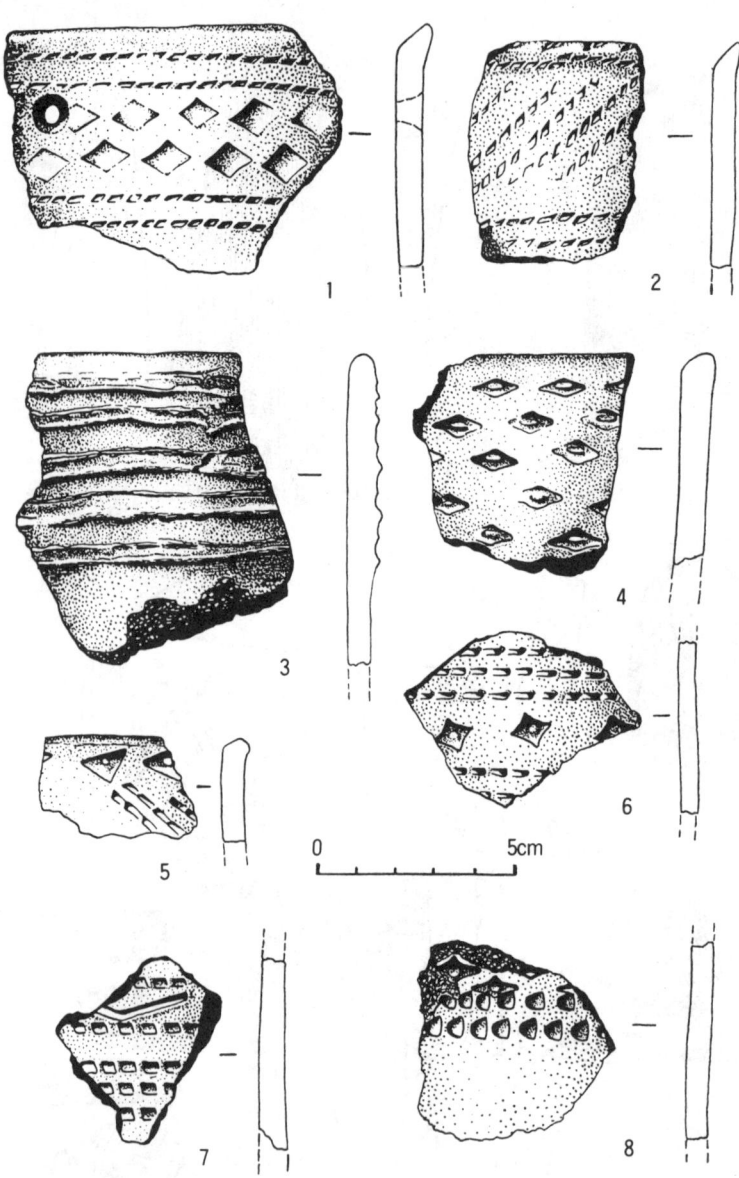

그림 78. 씨로찐까 출토의 토기편들

현하였다(그림 152,1).

한 생선 구덩이에서는 사발·뻬알라(直口罐)이 발견되었다: 구연부의 직경이 저부의 직경보다 3배가 크며, 기벽은 완만하게 경사졌다. 구연부 바로 아래부분은 11줄의 가느다란 융기문(細凸弦紋)으로 장식되었다. 상층에는 그와 같은 시문기술이 보이지 않는다. 그와 관련하여 쵸르따브이 바로따 출토의 융기문 토기(с валиками)와 역음문 토기(с плетенкой)가 서로 다른 시기의 것이라고 말한 웨.아.따따르니꼬프의 의견이 옳은 것 같기도 하다. 즉, 융기문이 더 오래된 것이다. 그러나 아직은 그와 같은 결론을 내리기 위한 관찰이 충분하지 못하다. 러시아의 유적들에는 융기문 토기와 역음문 토기가 기술상 동일하며, 점차 서로 공존하게 된다. 아마도, 연대에서가 아니라, 의미론상에 차이점이 있을 지도 모른다.

신개류 출도의 나머지 토기들은 다양한 형태와 시문기술들 - 대세포(역음), 소세포 격자, 심선, 즐 각인, 꼬챙이로 찔러서, 조개껍질 가장자리를 사용하여 - 로 구분된다. 모두 15가지의 시문기술이 포착되었다.

토기의 색은 갈색계통으로 다양한 음영 - 황갈색, 적갈색 - 을 지니고 있다. 성형은 흙띠를 나선형으로 감아서 하였고, 안쪽과 바깥쪽의 접합부는 매끈하게 다듬었지만, 기벽의 두께는 일정하지 않다.

신개류 고분군은 현재로서는 유일한 꼰돈 문화의 고분군으로, 그 가치는 실로 지대하다. 신개류 고분군은 주거유적들 출토의 유물들을 분석하는데 아주 필요한 순수한 복합체이다.

뻬레발(Перевал) - 연해주 남쪽 해안 가까이에 위치하는 꼰돈 문화의 유적 중에서는 유일하다. 층위의 관찰은 이 유적이 꼰돈 문화의 이른 시기에 속함을 확신케하지만, 자이싸노브까 문화의 이른 층위들과의 상호관계 문제는 분명하지 않다.

오씨노브까(Осиновка)에는, 위에서 언급하였듯이, 표토층에 꼰돈 문화의 유물들이 후기 자이싸노브까 문화의 유물들과 섞여있다.

마랴-르이바로프(Моряк-Рыболов)의 꼰돈 층위 유물은 리도브까 문화기의 집을 지을 때 교란되었다.

싸까치-알랸(Сакачи-Алян), 쉐레메찌옙스꼬예(Шереметьевское) [266; 272, pp.201-203]. 두 유적은 서로 가까이 위치한다. 전자는 암각화이고 후자는 꼰돈 문화의 주거유적이다. 뻬뜨로비치 출토의 가면은 홈줄과 구멍으로 가면을 만드는 기법이 꼰돈 문화에서 유래함을 확고하게 증명한다. 꼰돈 유적의 집자리 №10에서 사암으로 만든 곰상과 자갈돌로 만든 가면이 발견된 바 있는데, 모두 위와 동일한 기법으로 만들었다[276, p.60, 그림 75]. 물론 이후에도 석제 미술품이 존재하였다: 바즈네쎄노브까 출토의 가면과 소상도 스타일과 소재에 있어 위의 것들과 비교되지만, 보다 늦은 시기에 해당하는 쁘리아무르의 문화들 중에는 싸까치-알랸의 암각화와 유사한 기술로 만든 석제품은 발견되지 않는다.

전체적으로 꼰돈 문화에는 신석기시대에 있어 고전적인 유적들 - 주거유적, 고분군, 암각화 - 이 모두 있다.

집자리와 저장혈. 꼰돈 문화의 집자리와 저장혈에 대해서는 상세하게 서술되었다[276, pp.5-76]. 유적들 사이의 공통점을 지적하면 다음과 같다: 꼰돈과 신개류에는 생선 구덩이가 있고, 꼰돈과 쵸르따브이 바로따에는 집자리에 골조구조와 나무테를 두른 장방형 화덕자리가 관찰된다. 그 같은 유형의 구덩이와 화덕자리는 꼰돈 문화의 한 속성으로 간주할 수 있을 것이다.

쵸르따브이 바로따의 집자리는 동굴 내에 위치한다[337, pp.111-114, 그림 3]. 꼰돈에는 집자리에 돌무더기와 돌을 내버린 것이 있다[276, pp.50-56, 그림 61]. 신개류 M31의 석열은 그러한 것들이 우연히 생긴 것이 아니며 또한 경제활동 과정에서만 생긴 것이 아님을 보여준다.

꼰돈 문화의 유물 유형도표. 꼰돈 문화의 유물들은 기능상 다음과 같은 그룹으로 나뉜다: (토제)용기, 도구, 장신구, 예술품. 각 그룹은 범주, 유형, 亞유형, 변종으로 세분된다.

土器. 입자의 밀도가 높다. 輪積法으로 만들었고, 접합부는 잘 다듬었다. 씨로찐까 출토의 토기 중에서 흙테를 바깥측에서 문질러 접합한 것이 있다. 윗 흙테는 구부려져, 폭 6-8cm의 이중의 흙테가 되는데, 깨어진 토기편에 잘 보인다. 안쪽과 바깥쪽의 표면은 세밀하게 다듬고 씻었다. 마연한 것도 보인다. 문양의 압인은 토기를 씻은 후에 행하였는데, 표면에 대조적인 음영을 주고 있다. 燒成은 $600°$ 이하의 온도에서 행하였다. 토기의 형태는 아주 다양하며, 다음과 같은 유형들이 있다:

1) 약간 볼록한 벽이 있는 양동이형과 잘린 원추형 토기. 변종에는 높은 것과 땅딸막한 것이 있다. 땅딸막한 토기에는 높이와 최대 직경이 거의 같다.

2) 저부는 잘린 원추형이고 윗쪽은 원통형인 토기.

3) 원추형 단지. 오목한 벽과 나팔형 경부가 있는 변종이 있다.

4) 좁은 바닥과 완반하게 굽은 벽이 있는 속이 깊은 사발.

5) 목이 좁은 양원추형(웨.아.따따르니꼬프에 따르면, 잘린 계란형) 토기. 높이와 직경이 같다.

6) 암포라형: 제5유형이지만, 수직의 경부가 있다.

7) 목·허리가 있는 항아리.

제 1, 2, 7유형의 토기들이 가장 많이 발견된다. 모두 평저 토기이지만, 안쪽으로 약간 오목하게 들어간 바닥도 있다. 바닥에는 언제나 테·굽이 없으며, 저부와 동부 사이에는 명확한 경계가 있다. 큰 토기의 바닥은 따로 만들어 붙였다.

구연부에는 45°로 곧게 외반한 것과 오목한 것이 있다. 순부에는 1)타원형; 2)명확한 面이 있는 편평한 것- 면은 곧거나, 안쪽으로 기울었거나 혹은 바깥쪽으로 기울었다; 3)파상형 등이 있다. 순부 바깥쪽을 따라 나있는 무문의 띠가 특징적이다. 그 띠는 오목한 문양이 있는 부위에 비해 돌출해 있다. 간혹 순부를 따라 확연한 돌출부가 나있는 경우도 있다- 순부가 기벽보다 더 두텁다.

다양한 형태의 문양에 대해서는 위에서 이미 언급하였다. 융기문은 흔히 시문구의 압인시에 만들어졌음을 지적하고자 한다. 즉, 그것은 압인 문양의 기본적인 시분기법이었다. 입체적인 융기문은 꼬집음으로 만들었다. 문양에 있어 두가지 혹은 그 이상의 모티브의 결합이 특징적이다. 흔히 직선, 파상선 혹은 절선이 대세포 혹은 소세포의 비늘과 결합한다.

삼각형들 혹은 세포군도 있고, 자작나무 껍질 모양 혹은 망상의 문양도 있다. 꼰돈에서는 100 종류 이상의 문양이 분리되었다. 쵸르따브이 바로따와 루드나야 출토의 토기에는 좁은 띠의 가장자리 구성이 특징적이다.

자료의 축적과 더불어 문양에 있어서의 지역성과 연대적 차이가 밝혀지고 있지만, 꼰돈 인들의 모든 토기 전통의 단일한 문화성과 그 문화 발전의 높은 수준에 대해서는 의심의 여지가 없다. 꼰돈 문화 발전의 높은 수준은 자이싸노브까 인들에 있어서의 알레니 제IV층과 비교된다. 쵸르따브이 바로따에서는 목제 사발이 발견된 바 있다[337, p.120].

도구에는 다음과 같은 범주가 있다: 연마용구, 두들기는 용구, 치는 용구, 구멍을 내는 용구, 톱, 칼, 작은긁개(скребки)와 큰긁개(скребло), 까뀌, 새기개, 천공기와 리머, 뚫개와 송곳, 바늘, 압인기, 곡괭이와 팽이 등이 있다.

어로용구 - 어망추, 큰 물고기의 머리를 치는 머리퇴, 보트에 수지를 바르기 위한 자갈돌, 낚시바늘, 작살(гарпун), 작살(острога), 물고기 모양 미끼, 그물 - '와 사냥용구 - 화살촉, 창촉.

석기가공기술에는 프리즘형, 부정형 프리즘형, 마이크로 프리즘형의 핵에서 석인과 석인 격지를 떼어내는 것, 다양한 형태의 잔손질, 타날, 탁마와 마연, 천공, 톱질 등이 있다. 자르는 용구과 촉을 만드는 데는 주로 부싯돌류를 이용하였다. 자이싸노브까 문화에 비하여, 원료 선택에 있어 덩어리돌을 선호한 점, 높은 비율의 석인과 그 질의 향상, 편암과 알레브로리트(алевролит ; alevrolite)를 적게 이용한 점이 눈에 띈다.

연마용구- 기본적으로 사암제 판석이다. 횡단면이 방형인 숫돌이 있고, 아주 드물게는 납작한 것도 있다. 곡물분쇄기는, 비록 신개류에서 1점(?) 언급되기는 하였지만, 특징적이 아니다. 연마용구에는 일반적으로 반구형의 구멍이 있다.

쵸르따브이 바로따에서 반구형의 홈이 있는 마연기·숫돌이 발견된 바 있다[337, 그림 6,1]. 꼰돈에서는 갈돌이 출토되었었다.

두들기는 용구 중에는 꼰돈에서 돌망치와 압인기가 발견되었다. 루드나야, 쵸르따브이 바로따 그리고 뻬뜨로비치에도 이와 같은 도구들이 있다.

도끼와 자귀. 언제나 서로 구분되는 것은 아니다. 웨.아.따따르니꼬프는 오로지 자귀 만을[337, p.118,그림 6,6,7,9], 중국 저자들은 오로지 도끼만을[427, p.499,508] 지적하였다. 치는 용구는 평면상 대개 부정형 장방형이거나 사다리꼴이며, 삼각형도 있다. 횡단면은 타원형, 한면 볼록형, 렌즈형, 납작한 렌즈형, 장방형 등이다. 날은 곧거나, 약간 볼록하거나, 반원형이거나, 혹은 기울었다. 꼰돈 출토의 유물 중에는 다음과 같은 유형의 도끼가 있다: 1)길다란 사다리꼴, 횡단면이 타원형 혹은 렌즈형이고, 날은 곧은 것에서 반원형까지이다[276, 표 3,6; 4,1; 23,7]; 2)횡단면이 부정형 삼각형 모양으로 볼록한 《곱추형》으로, 등은 약간 뾰족하고, 날은 곧다[276, 표 41,16; 61,6; 67,8]; 3)사다리꼴로 횡단면이 장방형이고, 날은 곧다[276, 표 62,5]; 4)짧은 장방형으로, 등은 타원형이고, 단면상 한면만 볼록하다[276, 표 61,5,6]. 쵸르따브이 바로따에는 제1유형[337, 그림 6,6]과 제4유형[337, 그림 6,7]의 도끼가 있다.

자귀: 1)횡단면이 한면만 볼록하며, 길다랗다. 등이 뾰족스럼한 것 - 극동 신석기시대에 가장 널리 분포하는 유형이다 - 이 있다. 꼰돈 문화의 모든 유적에는 단면이 거의 삼각형, 《곱추형》인 亞유형이 있다 [276, 표 54,2]; 2)청동기시대 씨니가이 문화의 자귀와 유사한 짧고 편평한 것- 꼰돈에서만 발견되었는데[276, 표 10,22; 48,15; 52,5; 58,1], 꼰돈 문화가 아닌 보다 늦은 시기에 해당될 가능성이 있다; 3)길다랗고 편평하다. 횡단면은 타원형 혹은 렌즈형이다[276, 표 8,1; 21,15,17; 30,10,25; 39,4; 46,13; 58,3; 59,1], 평면상 삼각형[276, 표 32,6] 혹은 등이 뾰족스럼한[276, 표 56,4,11; 70,21] 변종도 있다.

끌. 모든 발굴된 유적에서 시리즈로 발견되었다. 자귀와는 좁은 날로, 특히 세밀하게 마연한 날로서 구분된다. 기본적으로 3가지 유형으로 나눌 수 있다: 1)횡단면이 한면만 볼록한 것으로 제1유형 자귀와 유사하다[276, 표 34,3; 35,27]; 2)평면상 타원형이고, 횡단면이 납작한 렌즈형. 날은 좁고 타원형이다[276, 표 24,24,29]; 3)평면과 횡단면이 장방형이다[276,표.41,9,21]. 신개류에는 씨니 가이 유형의 골제 끌이 있다.

꼰돈에는 도끼와 자귀의 예비품이 많이 있는데, 그 중의 일부는 조잡한 치는 공구로 활용하였을 것이다. 찍개 모양의 제품도 있다[276,

표 20,3].

톱: 1)뽀족스럼한 톱니 형태의 날이 있는 점판암제 판석이다; 2)부싯돌제 날·쐐기, 양면석기 혹은 석인, 날은 톱니모양이다[276,표 10,3,4; 70,20]. 톱으로 켠 판석도 있다.

칼. 기본적으로 부싯돌류로 만들었지만, 멧돼지의 송곳니로 만든 것과 쐐기칼도 있다. 칼은 기능적 속성에 따라 외날칼 - 곧게 기운, 볼록한 혹은 똑바른 모양의 날이 있다 - 과 양날칼 - 똑바른 혹은 볼록한 날이 있다 - 로 나눌 수 있다. 이 속성들의 상호 조합과 제작방법에 따라 칼에는 아주 다양한 형태의 유형이 있다(표 3).

긁개. 압도적인 다수가 볼록날이며, 격지로 만들었고, 날에는 잔손질을 하였다. 원형, 손톱형, 부채형 - 손잡이가 있다 - 과 부정형 삼각형, 타원형 등이 있고, 높은 형태의 볼록날을 가진 것도 있다. 이들 형태의 긁개는 거의 모든 유적에서 발견된다. 식인 격지[337, p.117,그림 5,6,31]와 석인[276, 표 24,11; 35,11 등]으로 만든 측인 긁개도 있다.

긁개- 격지, 편암제 석인 혹은 자갈돌로 만들었다. 원형, 사다리꼴, 볼록한 날이 있는 것 등이 있다. 꼰돈에는 양면 타날의 긁개·자귀형의 제품이 다수 있는데, 오씨쁘브까 것의 유형학적 계승품이다.

양면석기: 능형[276, 표 17,1; 37,16,17; 40,10], 엽형[276, 표 36,3; 37,25; 42,10; 73,25,26; 74,6,26], 슴베 있는 부정형 삼각형[276, 표 18,7; 37,16]이 있다. 이와 같은 반기능적인 도구가 쇼르따브이 바로따[337,그림 5,13,14]와 신개류[427, 그림 15,11]에도 있다. 이 또한 오씨쁘브까 공작의 계승임이 분명하다.

까뀌. 모든 발굴지에서 출토되었다. 격지와 석인으로 만들었고, 날을 따라 한면 혹은 양면에 잔손질을 하였다.

표 3. 꼰돈 문화의 칼

類　型	遺跡名			
	쵸르따브이 바로따	루드나야	꼰돈	신개류
1) 쐐기형				
a) 골제 덮개	+			+
6) 쐐기·양면석기		+	+	+
마이크로 석인	+		+	
2) 멧돼지 송곳니: 볼록한 외날칼	+			+
3) 잔손질한 날이 있는 석인칼:				
a) 외날칼	+	+	+	+
6) 양날칼			+	+
в) 슴베가 있는 것	+		+	
4) 날을 잔손질한 격지칼, 외날	+	+	+	+
5) 양면석기:				
a) 유엽형	+		+	+
6) 삼각형	+	+	+	+
в) 슴베가 있는 것	+	+	+	+
6) 편암제:				
a) 기운 날이 있는 삼각형			+	
6) 유엽형, 양날			+	
7) 골제 외날칼	+			+
골제 양날칼	+			+

새기개. 자이싸노브까 문화의 것보다 더 폭넓게 도처에서 발견된다. 측인 새기개, 양각 새기개, 모서리 새기개가 있고, 격지로 만들었다. 도구로 만든 긁개·새기개도 있다. 마이크로 석인으로 만든 소형 새기개도 있다.

천공기, 리머: 1) 삼각형- 가장자리를 따라 잔손질을 한 양면석기이다. 2) 양각이며 석인으로 만들었다.

뚫개: 1) 어깨가 있는 것, 2) 길쭉한 삼각형. 신개류에는 새모양의 것도 있다.

송곳, 바늘-골제이다. 管狀의 뼈로 만든 바늘통도 있다[337, 그림 119; 427, p.509].

신개류에는 사슴뿔로 만든 곡괭이들이 분리되었고, 꼰돈에는 편암과 알레브로리트의 판석으로 만든 비전형적인 타날된 괭이가 몇점 있다. 모두 흙을 파내는 도구이다.

방추차- 아주 드물게 발견된다. 쵸르따브이 바로따에는 단면이 타원형인 석제 방추차가 1점 있다[337, 그림 118,2]. 아.뻬.아끌라드니꼬프는 꼰돈에서 발견된 토기 벽편린에 구멍을 낸 조그마한 원형 물체를 방추차로 파악한 적이 있다[276, p.77]. 그러나 그러한 원형 물체에 구멍이 없는 것이 다수 있다. 자이싸노브까 인들에게 그와 같은 원형 물체들이 방추차들 사이에 있긴 하지만, 정확한 용도는 알려지지 않았다.

어로용구. 아주 중요한 범주의 제품들이다. 재질과 유형이 아주 다양한 어로용구가 있지만, 기능상 한 범주에 포함시킬 수 있다.

어망추. 두가지 유형이 있다: 1)마주보게 위치하는 홈이 있는 자갈돌[276, 표 9,5; 40,17; 46,10; 55,1]; 2)윗부분에 홈줄이 테를 이루며 나있는 것[276, 표 38,1; 55,3].

머리퇴- 원형 혹은 장방형의 육중한 도구로서, 중앙에 양원추형의 구멍이 나있고, 가장자리는 뾰족하거나 뭉툭하다. 점타로 만들었는데, 간혹 탁마한 것도 있다. 꼰돈에서는 다수 발견되었지만, 연해주의 꼰돈문화 유적에서는 아직 발견된 바 없다. 이 도구는 전통적으로 큰 물고기의 머리를 때려 정신을 잃게 하는데 사용한 것이라 간주하지만, 다른 기능 - 어망추의 기능도 포함하여 - 을 가졌을 수도 있다.

끝에 수지가 묻어 있는 자갈돌. 길다랗다. 아.뻬.아끌라드니꼬프는 이 자갈돌을 보트의 틈사이에 수지를 발랐던 도구로 간주하였다[276, p.77, 표 1,9; 17,8; 71,3,8].

미끼. 돌, 뼈, 뿔, 조개껍질 등으로 만들었다. 긴 홈줄에 구멍이 뚫려 있는 판형[276, p.76, 표 16,26; 60,4; 337, 그림 6,11,25; 427, 그림 18,15]과 물고기형[427, 표 4,10-12; 5,7]이 있다.

낚시바늘. 골제로 신개류에서 발견된 7점이 있다. 뼈를 길게 잘라서 만들었고, 안쪽에 고랑이 나있다. 윗부분은 줄을 매기가 좋게 두껍게 되어있다[427, 표 4,9].

작살(harpoon). 뼈와 뿔로 만들었다. 쵸르따브이 바로따 출토의 작살에는 비대칭적으로 배열된 미늘이 2개에서 11개까지 있다. 기저부는 다른 부위보다 더 두꺼운 원추형이다[337, p.119, 그림 7,1,2]. 신개류에서는 작살의 끝부분(점판암제와 골제)과 4쌍의 미늘이 대칭적으로 배열된 작살이 발견되었다[427, 표 4,14; 5,4,5].

작살(fish-spear). 신개류에서 발견되었다. 골제품들이며, 단면이 원형이고, 끝부분과 기저부가 뾰족한 원추형이다[427, pp.509-510, 그림 18,1,4].

그물- 쵸르따브이 바로따의 불에 탄 집자리에서 그물 부스러기가 발견되었다[337, p.121,123].

위에 열거한 도구들 중의 일부는 사냥에 사용하였을 수도 있다. 화살촉과 창은 의심의 여지없는 사냥무기이다: 부싯돌과 편암의 격지와 석인, 뼈, 뿔 등으로 만들었다. 화살촉과 창의 변종은 표.4에 잘 나타나 있다.

삼각형과 잘린 엽형의 화살촉에는 곧거나 혹은 약간 오목한 기저부가 있다. 창촉은《오씨뽀브까》의 양면석기일 수도 있다. 신개류(상층)에는 편암제가 모든 촉의 12%를 차지하지만[427, p.508], 러시아 유적에는 그 수가 많지 않다.

압인기. 꼰돈 문화에 두가지 유형이 발견되었다: 1)골제 찌르개: 변종에 양쪽 끝이 뾰족한 것과 한쪽 끝은 입체모양, 다른 한쪽 끝은 뾰족한 것이 있다[427, 그림 18,20-22; 337, pp.119-120, 그림 7,7]; 2)

점토제 원통, 앞에서 이미 언급한 바 있는 쉐레미찌옙스꼬예 출토의 압인기이다(그림 79). 첫번째의 것으로는 찌름문과 선문을, 두번째의 것으로는 격자문을 낼 수 있었을 것이다.

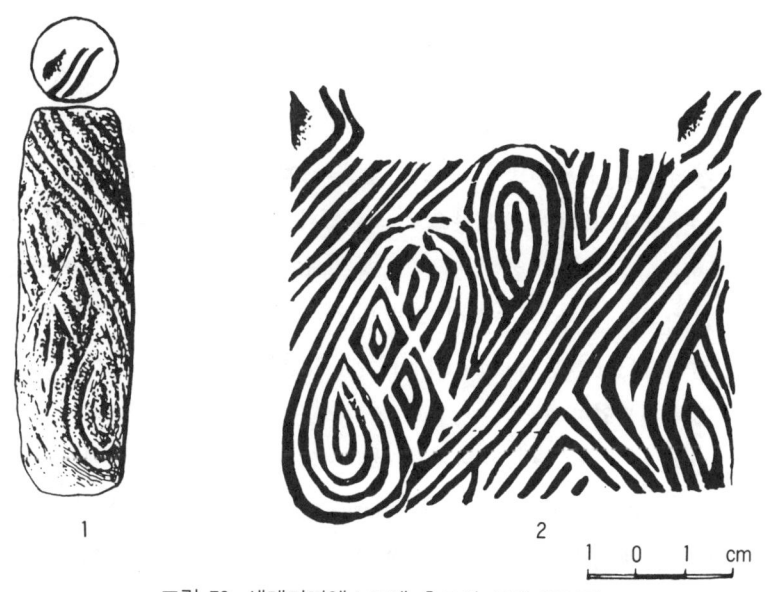

그림 79. 쉐레미찌옙스꼬예 출토의 토제 압인기

장신구. 돌, 점토, 뼈, 뿔, 송곳니, 이빨, 조개껍질 등으로 만들었다. 펜던트, 목걸이, 머리핀, 팔찌 등 다양한 형태의 것들이 있다. 꼰돈, 쵸르따브이 바로따, 신개류 등의 3유적에 장신구가 발견되었다(표 5).

장신구의 형태는 유적에 따라 아주 독창적이다. 언급된 세 유적 중의 두 유적에서는 송곳니로 만든 펜던트, 管形 구슬, 조개껍질로 만든 펜던트, 천공한 원판이, 다른 유형의 장신구들은 나머지 한 유적에서만 발견되었다.

예술품. 암각화와 자그마한 휴대 가능의 제품이 있다. 암각화들은 아.뻬.아끌라드니꼬프가 조사·기술하였다[266]. 앞에서 뻬뜨로비치 출토의 석제 가면과 신개류 출토의 토제 가면에 대해 언급한 바 있다. 신개류에서는, 그 외에도, 뼈와 뿔로 만든 물고기와 가마우지 상이, 꼰돈에서는 곰상이 발견되었다. 꼰돈에서는 자갈돌로 만든 펜던트 -구멍과 톱질로 인해 사람모양의 형태를 띤다[276, p.44, 표 49,15]-, 또 하나의 자갈돌·가면[276, p.62], 2점의 석제상·남근, 그 중 1점은 갈돌의 역할을 하였다[276, p.49, 표 63,5; 74,31], 새모양 상[276, 표 60,17] 등이 발견되었다. 죠르따브이 바로따 출토의 멧돼지 송곳니로 만든 펜던트 1점은 일각 고래의 뿔모양으로 되어있다[337, p.120, 그림 7,13]. 루드나야에서 발견된 그림이 있는 곡물분쇄기[337, pp.120-124]는 꼰돈 문화의 층위에 속할 가능성이 희박하다. 루드나야에서는 부싯돌로 만든 일련의 상들(그림 80,8,9,11,13-17)과 자갈돌로 만든 추링가[13](그림 80,7)가 발견되었다.

　천연자료. 꼰돈, 죠르따브이 바로따, 신개류 등의 세유적에서 확보되었다. 물고기 (연어의 일종(таймень. taimen)이 언급되었다[276, p.55]), 곰[276, p.55], 만주 사슴, 멧돼지, 개 등의 뼈와 거북이의 등껍질이 발견되었다[427, p.514]. 죠르따브이 바로따에서는 자작나무 껍질, 나무 등으로 만든 제품의 잔흔과 늑대, 너구리, 곰, 족제비, 흑담비, 만주 사슴, 큰사슴, 고랄, 설치류, 새 등의 뼈 및 아무르 빌로드의 씨앗과 도토리 형태의 열매가 발견되었다[337, pp.120-124].

　인골. 신개류 출토의 인골은 아직 (형질)인류학자에 의해 서술되지 않았다. 죠르따바야 바로따에서 약간의 인골이 발견되었다: 보존상태가 불량한 5구의 인골이 있는데, 4개의 두개골을 포함한다. 떼.에쓰.발루예바(Т.С.Балуева)가 조사하였고[337, p.124], 웨.뻬.알렉쎄예프(В.П.Алесеев)와 이.이.고흐만(И.И.Гохман)이 보충적으로 관찰하였다: 죠르따브

---

13) 오스트레일리아의 원주민들은 성스러운 목제품과 그림·문양이 있는 석제품을 추링가(чуринга)라고 부른다.

표 4. 꼰돈 문화의 촉들

			遺跡名			
	類型		쵸르따브이 바로따	루드나야	꼰돈	신개류
I.화살촉	A.석인제	1.《다우르》식	+	+	+	+
		2.짧은 슴베가 있는 삼각형			+	+
		3.짧은 슴베가 있는 엽형				+
		4.물방울형			+	+
		5.능형		+	+	
		6.유엽형			+	+
		7.잘린 엽형	+		+	+
	Б.날을 잔손질한 석인 격지제	8.슴베가 있는 엽형			+	
	B.격지로 만든 양면석기	9.길다란(9cm 정도) 엽형				+
		10.잘린 유엽형		+	+	+
		11.삼각형	+	+	+	+
		12.슴베가 있는 삼각형			+	
	Г.골제,각(뿔)제	13.원추형 머리에 원추형				+
		14.슴베가 있는 삼각형				+
	Д.탁마한 점판암제	15.단면이 능형-6각형인 란셋형				+
		16.길다란 삼각형	+			+
II.창촉	A.석인제	1.길다란 삼각형			+	
	Б.양면석기	2.슴베가 있는 삼각형	+	+	+	
		3.유엽형	+		+	
		4.능형		+	+	
		5.엽형	+	+	+	
	B.골제, 각제	6.슴베가 있는 잘린 엽형				+
		7.슴베가 있는 송곳형	+			
	Г.탁마한 편압제	8.유엽형			+	
		9.잘린 유엽형			+	

이 바로따 출토의 두개골은 《아무르 강변의 현 토착민들의 것과 형태가 어느 정도 선에 있어 흡사하다… 그 두개골의 형태론적 특징은 밀림지대 디링그 유랴흐(Диринг Юрях) 출토의 두개골과 유사함을 말하고 있지만, 그 해석은 자료가 더 축적될 때까지 기다려야 할 것이다》[4, p.34]. 떼.아.치끼쉐바(Т.А.Чикишева)와 예.게.쉬빠꼬바(Е.Г.Шпакова)

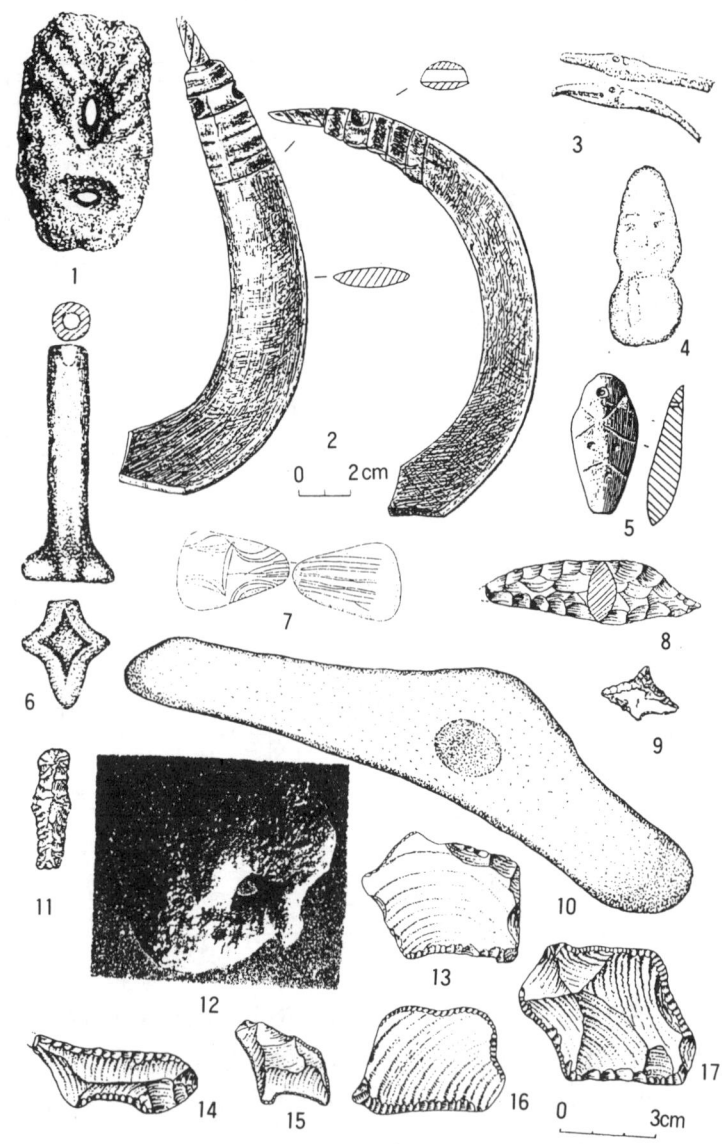

그림 80. 꼰돈 문화의 예술품들: 1-뻬뜨로비치, 2-쵸르따브이 바로따, 3,4-신개류, 5,6,10,12-꼰돈, 7-9,11,13-17-루드나야 쁘리스딴 (1,5,7-17-석제, 2-멧돼지 송곳니, 3-뼈, 4,6-점토)

표 5. 꼰돈 문화의 장신구들

類 型			遺 跡 名		
			꼰돈	쵸르따브이 바로따	신개류
I.석제	A.펜던트	1.편평한 물방울형, 구멍은 좁은 혹은 구형 부분에 나있다.	+		
		2.사다리꼴	+		
		3.궁형	+		
		4.《미끼》		+	
		5.멧돼지 송곳니형 석제 펜던트		+	
	Б.구슬	6.원통형·관형	+	+	
		7.나무통형		+	
		8.미니 머리퇴	+		
	B.고리(링)	9.연옥제	+		
		10.트인 것		+	
	Г.원판	11.중앙에 구멍이 있는 것	+		+
II.뼈, 이빨, 송곳니		12.멧돼지 송곳니로 만든 펜던트			
		a)쌍으로 된 것			+
		б)하나로 된 것		+	+
		13.머리핀			+
		14.긴 타원형의 펜던트			+
III.조개껍질		15.천공한 구멍이 있는 펜던트		+	+
		16.팔찌		+	
		17.자개패로 만든 타원형 장신구		+	

는 다음과 같이 말한다: 《…우리는 츄크치 인들을 연해주 신석기시대 종족들의 직접적인 후예로 보려 하지 않는다. 우리는 단지 보이스만-2 출토의 인골들 및 쵸르따브이 바로따 출토의 두개골의 특성들을 북극 몽고인종들에 특징적인 속성의 조합에서, 츄크치 인들에 가장 가까운 변종에서 발견할 뿐이다》[355, p.34].

꼰돈 문화 유적들의 층위와 연대. 아주 불충분하게 연구되었다. 우쬬스 가샤 유적에는 꼰돈의 층위가 오씨뽀브까의 층위보다 어느 정도 위에, 오씨노브까 유적에는 우스찌노브까의 것보다 위에 위치함이 밝혀졌다. 바즈네쎄노브까 유적에는 꼰돈의 층위가 말르이쉐바 문화(малы шевская культура)의 것보다 아래에 위치한다[262, pp.176-178]. 바즈네쎄노브까에는, 꼰돈에서와 마찬가지로 꼰돈 문화층이 바즈네쎄노브까 문화의 것에, 루두나야에는 자이싸노브까 문화의 제4단계 층위에 덮혀 있는데, 오씨노브까에도, 상황을 보고 파악하건데, 비슷한 상태이다. 바즈네쎄노브까 문화와 자이싸노브까 문화(제4단계)는 토기와 석기공작에 있어 일련의 공통점을 지니고 있는데, 두 문화는 아마도 같은 시기일 것이다. 또한 두 문화는 꼰돈 문화의 《층위적 천장》을 함께 형성하고 있다. 뻬레발에는 꼰돈 문화의 토기가 초기 자이싸노브까의 것과 섞여 있는데, 어느 것이 먼저였는지는 분명하지 않다. 유형학적으로 그리고 기술적으로 꼰돈 문화의 토기는 자이싸노브까 제3단계의 것과 비교되지만, 그 둘이 동시대적이라고 말하는 것은, 비록 가능성은 있지만, 아직은 시기상조일 것이다.

꼰돈 문화 유적들의 절대연대는 C_{14} 연대를 토대로 한다(표 6). 쵸르따브이 바로따와 신개류의 방사성탄소연대는 교정연대가 기원전 5-4천년기에 해당된다. 꼰돈의 연대는 기원전 3천년기 중엽으로 더 낮지만, 어느 유적의 신석기 층위에 해당되는지 분명하지 않다. 그럼에도 불구하고, 그 연대를 꼰돈 문화의 것에서 제외해서는 안된다: 꼰돈 문화의 전체적인 맥락과 보충적으로 마랴크·르이바로프의 연대- 4250±60년전[19, pp.22-23](연대측정에 이용된 시료는 리도브까 문화의 것이 아닌 꼰돈 문화의 것임이 거의 확실하다)을 따르면 그 연대는 모순적이지 않다.

표 6. 꼰돈 문화 유적들의 C_{14} 연대

遺跡名	對象	試料	實驗室과 固有番號	5730에 따른 年代	年代(기원전)
루드나야 II	집자리 2. 화덕자리	목탄	ГИН-5631	7550±60	5600±60
루드나야 II	집자리 2. 횡대	목탄	ГИН-5984	7390±100	5440±100
루드나야 II	집자리 2. 기둥(?)	목탄	ГИН-5983	7690±80	5740±80
쵸르따브이 바로따	집자리	목탄	COAH-1083	6575±45	4625±45
쵸르따브이 바로따	집자리	목탄	МГУ-504	6380±70	4430±70
쵸르따브이 바로따	제2층	뼈	COAH-1212	6825±45	4875±45
쵸르따브이 바로따			ЛОИА-?	6710±105	4760±105
쵸르따브이 바로따			ЛОИА-?	5890±45	3940±45
쁘호쑨(Пхусун)		목탄	РУЛ-193	4250±60	2300±60
新開流	5호 고분	인골	ZK-4240	5270±90	3320±90

　적어도 충위학은 꼰돈 문화의 상한선(마무리 단계:역주)이 기원전 3천년기임을 보여주고 있다.

　필자는 꼰돈 문화의 시기구분을 시도하고 그 내적 진행과정을 파악하려고 한 바 있지만[283,p.43-46]. 자료의 부족으로 인해 만족할 만한 성과를 얻지 못하였다. 꼰돈 문화에 대한 그러한 시도와 지역적 변종을 분리하려는 노력은 충분한 정보가 축적될 때까지 기다려야 할 것이다.

　전체적으로 꼰돈 문화는, 비록 다양한 유형의 유적들을 포함하고 있지만. 극동의 다른 신석기시대 문화들과는 구분되는, 의심의 여지가 없는. 단일성을 지니고 있다. 꼰돈 문화는 중기 신석기시대의 것으로, 극동의 중석기시대 및 전기 신석기시대와 먼 친족성을 간직하였으며, 아무르 강변. 우쑤리 강변. 한까 호변 그리고 동해 연안에서 어로와 사냥에 종사하였던 문화였다.

3. 보이스만 文化

　1950년 대에 게.이.안드레예프는 두만강 북쪽, 연해주의 최남단 지역에서 지표조사를 행하여 자레치예(Заречье) I 유적을 발견하였다 [7,p.152-154]: 압인 소세포문(바구니文)으로 장식된 토기편들이 수집되었다. 후에 아.뻬.아글라드니꼬프는 블라디보스톡의 북쪽, 끄롭스끼의 발굴에서 그와 같은 토기편들을 발견하였지만, 층위의 교란으로 인하여 자이싸노브까 문화의 즐문토기에서 그것들을 분리할 수가 없었다. 아.뻬.아글라드니꼬프는 그 토기편들과 아무르 하류의 말르이쉐브까 문화의 토기들과의 유사성을 언제나 지적하곤 했지만, 다년간 수수께끼는 풀리지 않았다. 70년대에 북한의 두만강 하구 남쪽의 서포항에서 다층위 주거유적의 발굴이 있었다. 서포항 유적의 아래 3개 층위, 패각층 사이에서 자레치예 I의 것과 같은 유형의 토기편이 출토되었다[381, pp.31-145; 398; 206, pp.10-56].

1985년에 웨.예.예르마꼬프(В.Е.Ермаков)는 보이스만(Бойсман) 灣의 해안에서 시굴피트를 넣어 패각층을 발굴하였다. 1987년에 필자는 웨.예.예르마꼬프가 발굴한 곳에서 400m 떨어진 곳, 같은 보이스만 만에서 두꺼운 패각층을 발견하였다(불도저에 의해 두꺼운 패각층이 드러났다). 1988년에는 아.아.끄루뺜꼬(А.А.Крупянко)와 웨.아.라꼬프(В.А.Раков)와 함께 필자는 노출된 부위의 유적조사를 하였다. 그 결과, 패각층에 자레치예 I 유형의 토기가 풍부하게 포함되어 있음이 밝혀졌고, 골제 작살들, 밝은 녹색과 황색의 규화 편암으로 만든 양면석기들, 격지로 만든 칼·단면석기 2점이 발견되었다(그림 81). 패각층은 기본적으로 성숙한 Yrassostrea gigas 굴껍질로 구성되었는데, 굴의 채취시에 의식적인 선별이 행해졌음이 분명하다: 1년 이하된 굴껍질은 실제적으로 없다. 굴껍질들은 열처리(끓는 물에 넣었다?) 되었기에, 확보된 C_{14} 연대 6500±5800년은 사실보다 더 낮은 연대일 가능성이 높다[54, pp.128-132].

新石器時代 195

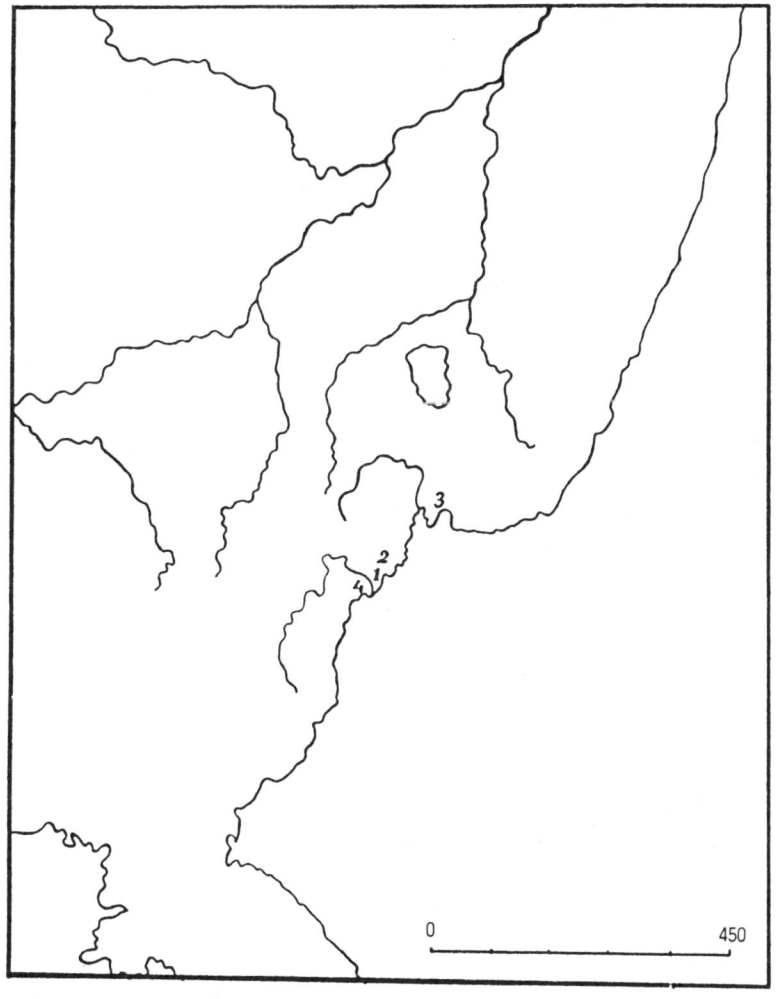

그림 81. 보이스만 문화 유적 분포도: 1-자레치예, 2-보이스만 I, II, 3-끼롭스끼, 4-서포항

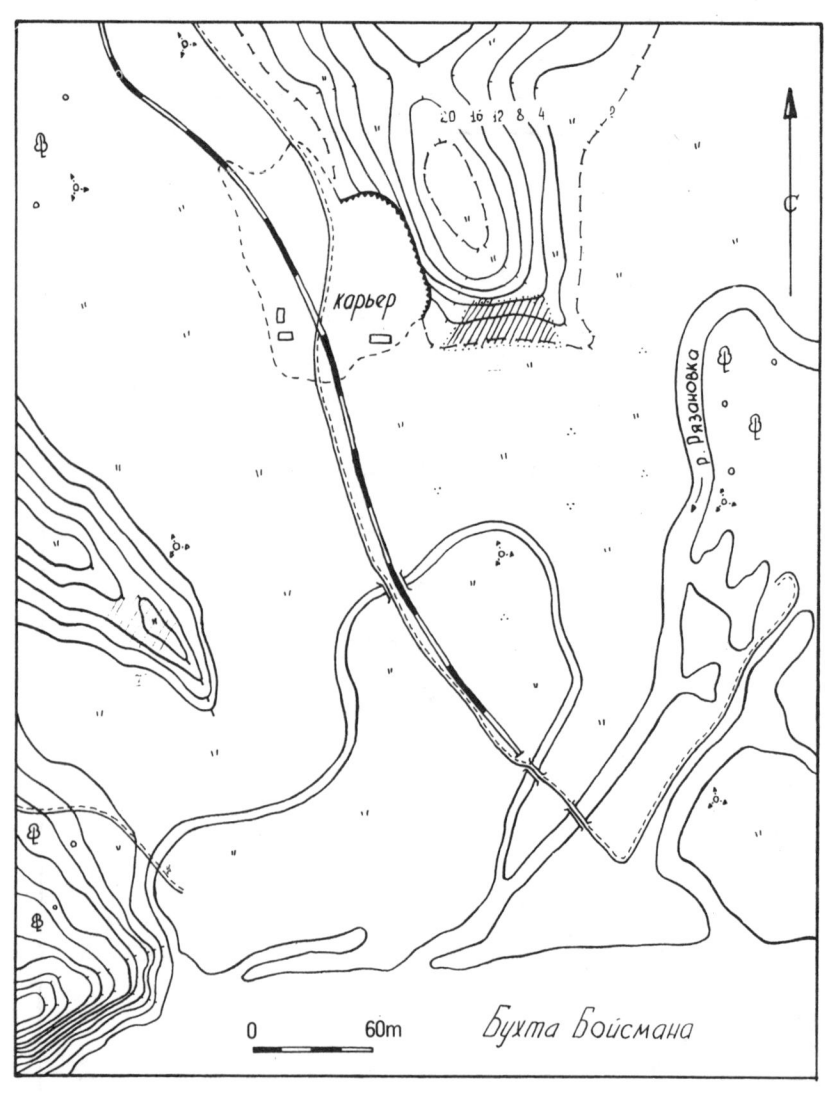

그림 82. 보이스만 灣 주변의 平面圖

패각층 위의 갈색 사질토와 부식층에서 자이싸노브까 신석기문화와 초기 철기시대의 얀꼽스끼 문화의 유물들이 발견되었다. 본 유적은 보이스만 II로, 웨.예.예르마꼬프가 조사한 유적은 보이스만 I로 각각 명명되었다(그림 82).

1991년 봄에 고고학 애호가들이 패각의 노출층에서 고분의 일부를 발견하였다. 유적을 방문한 아.아.끄류빤꼬(A.A.Кряпянко)는 고분을 현상태로 보존하고, 즉시 야외조사 위원회에 구제발굴 허가를 요청하였다. 7-8월에 걸쳐 유적에 대한 구제발굴이 행해졌다. 아.아.끄류빤꼬와 필자는 남녀합장묘 1기와 또 다른 고분 1기를 발굴조사하였다. 당시 유.예.바스뜨레쪼프(Ю.Е.Вострецов)는 보이스만 I의 발굴을 시작하였는데, 실제적인 작업은 웨.웨.똘스따나고바(В.В.Толстоногова)가 하였다. 후자는 리자노브까(Ризановка) 강 하구에서 폐기된 굴채취장(보이스만 II에서 150-170m 거리에 위치)을 발견한 바 있다.

1992년에는 뻬.엘.쑈민(П.Л.Сёмин)의 물질적 도움으로 보이스만 II에서의 발굴조사작업이 가능하였다. 당시 아.아.끄류빤꼬가 발굴을 이끌었고, 필자이외에도, 아.엔.빠뽀프(А.Н.Попов), 이.에쓰.쥬쉬홉스까야(А.С.Жущиховская), 웨.아.라꼬프(В.А.Раков), 엔.베.베르홉스까야(Н.Б.Верховская), 아.에쓰.꾼드이쉐프(А.С.Кундышев), 뻬.엘.쑈민이 발굴에 참여하였다. 보이스만 I에서는 유.예.바스뜨레쪼프가 미티오 오카무라가 이끄는 일본 발굴조사단과 함께 발굴조사를 하였다. 보이스만 II의 출토유물 중에서 작살을 관람하던 미티오 오카무라는 회전 작살(поворотный гарпун)은 없느냐고 질문하였다. 우리는 없다고 대답했다. 다음날 우리는 이티오지 유형의 아주 단순한 회전 작살을 발견하였다: 그런 형태의 작살은 산가르 해협 지역의 초기 죠몽 유적에 알려져 있고, 연해주에는 얀꼽스끼 문화의 패총유적에서 일반적으로 발견된다. 보이스만 II에서는 약 100여점의 (외면 혹은 양면의)미늘 작살(зубчатый гарпун)과 3점의 회전 작살이 발견되었다.

1992년에는 120m² 이상의 면적을 발굴조사하였다. 패총유적은 3개의 조개 무더기로 구성되었는데, 각각의 조개무더기는 개별적인 얇은 패각층들로 이루어졌고, 그 얇은 패각층들은 다시 작은 조개껍질편들이 뒤섞인 밤색 사질토와 뒤섞여 있다. 패각층 아래에서 얕은(30cm) 구덩이 모양의 집자리의 기반부가 발견되었다. 집자리는 테라스의 윗쪽에만 남아 있고, 형태는 부정형 장방형 혹은 타원형이다. 그 집자리와 나란히 윗쪽에 넓은 화덕자리 흔적이 있는 잘 다져진 공간이 위치하였다. 그곳에서 만주 사슴의 뿔들로 덮혀 있는 석열들이, 그 아래에서 멧돼지 송곳니와 모양이 흡사한 조개껍질편이 각각 발견되었다.

1992년에는 고분군을 완전히 발굴하였다[308,p.23-30; 355, pp.30-37]. 고분군은 서쪽 조개 무더기의 중간층들에 위치한다. 고분군은 평면상 4,5×3,5m의 타원형이며, 2기의 합장묘와 2기의 단독묘로 구성되었다(그림 83). 거의 중간쯤에는 보다 이후에 덧매장한 여성의 묘(№2)가 위치한다: 묘혈을 파면서 4호 고분의 남성 두개골 일부를 들어 내었다. 무덤 위에서 4회 이상 커다란 모닥불을 지피었고 그 위에 패각을 뿌려 덮었다. 첫번째와 두번째 모닥불 높이에 구멍과 홈이 있어 표현물·가면을 이루고 있는 9개의 돌이 놓여 있었다. 3개의 돌 옆에는 나란히 사슴뿔이 놓여 있었다. 그와 같은 돌 1개와 뿔 조각이 2호 고분의 매몰토에서도 발견되었다. 마지막 모닥불 자리는 40cm 두께의 패각층으로 덮혔는데, 그 패각층위 위에서 아래로 길이 31cm의 남근모양 자갈돌이 꽂혀 있었다. 필자의 생각에, 모닥불 자리, 돌, 사슴뿔, 패각층 그리고 남근모양 자갈돌은 고분군의 추모 복합체를 구성한다.

청년들이 매장된 4호와 5호 고분(그림.84)에는 얼굴 앞에 화살촉들이 빽빽하게 놓여 있었는데, 화살촉들은 원래 화살통 안에 들어 있었을 것이다. 화살촉들에는 잔손질과 탁마를 하였는데, 특히 5호 고분에

新石器時代 199

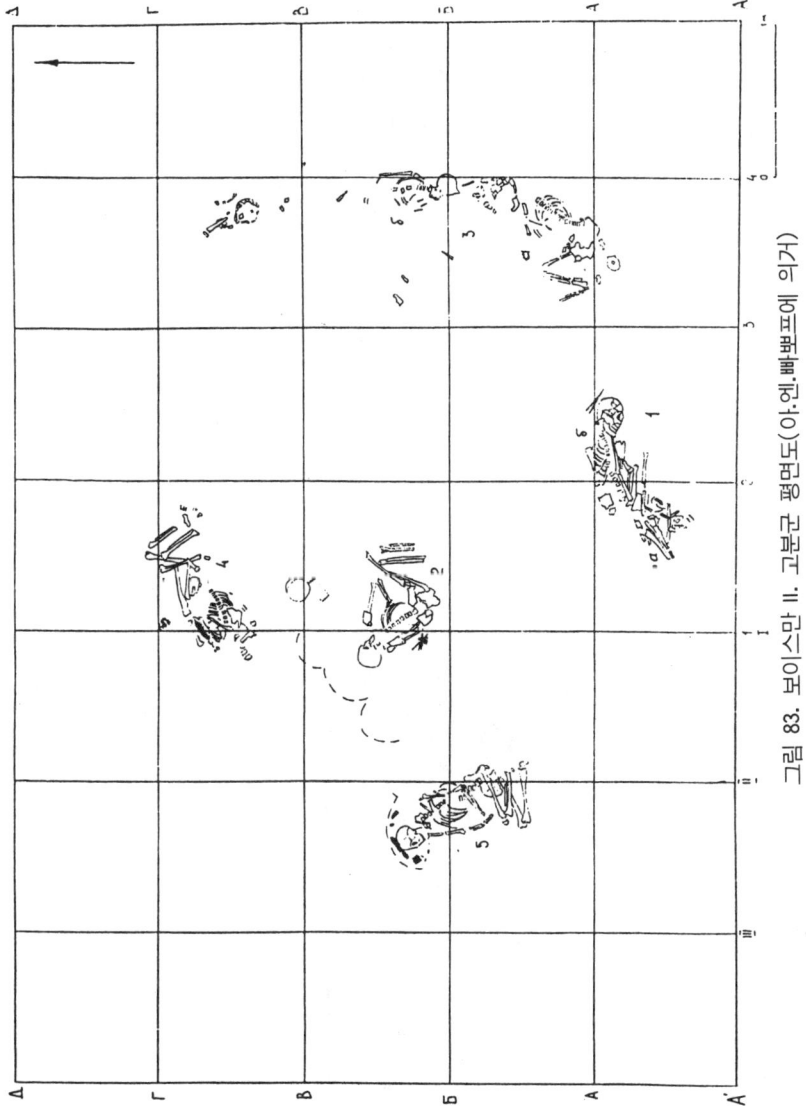

그림 83. 쟈이선 Ⅱ. 공동묘지 평면도(이부가예프에 의거)

200

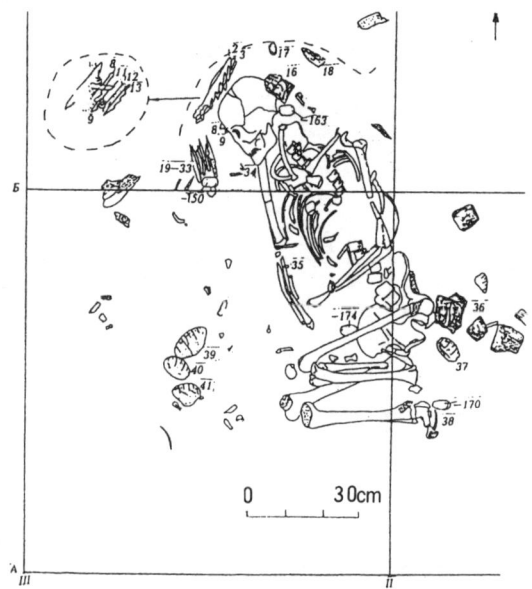

그림 84. 보이스만 II. 5호 고분(아.엔.빠뽀프에 의거)

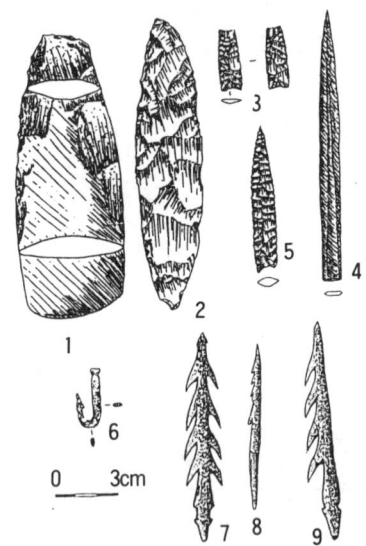

그림 85. 보이스만 II. 5호 고분 출토품들:
1-4-석제, 6-9-골제(아.엔.빠뽀프에 의거)

서는 길이 135mm나 되는 마제석촉이 몇점 발견되었다. 필자는 그와 같은 훌륭한 화살촉을 고고학에 종사한 35년 동안 연해주에서는 단 한번도 본 적이 없었다.

4호 고분 출토의 길이 210mm의 흑요석제 창촉도 아주 훌륭한 제품이다. 5호 고분의 청년 머리 맡에서 몇점의 작살이 발견되었는데(그림 85,7-9), 필자와 옐.두비꿉스끼가 1994년 서울에서 공동으로 발표한 논문[50, pp.443-451]에 사진이 잘 나와있다. 바로 그곳에서 나선·달력이 새겨진 사슴뿔이 발견되었다(그림 92,3). 그 청년의 발꿈치 근처에서 조개껍질로 만든 "콤마" - 멧돼지 송곳니의 상징 - 가 발견되었다(그림 86,6). 모든 여성묘에서는 Anadara brouyhtoni(анадара Броун) 조개껍질로 만든 팔찌가 발견되었다(그림 86,5). 2호 고분의 여성에는 그와 같은 팔찌가 왼손에는 5개, 오른손에는 4개가 각각 끼워져 있었다. 그녀의 등 뒤에는 5점의 골제 송곳과 바늘 세트가 놓여 있었는데, 송곳 중의 1점에는 달력이 새겨져 있었다. 3호 고분의 여성 골반뼈 곁에는 가운데에 커다란 구멍이 나있고 또 잡아 맨 흔적이 있는 거대한 조개껍질이 놓여 있었다. 보이스만 II의 하층에서 그와 같은 조개껍질 3점이 더 발견되었다(그림 86,4).

1호 고분의 남성 두개골 밑에는 골제 작살 1점이, 턱 밑에서는 마제화살촉 1점이 놓여 있었고, 천골에는 삼각형의 잔손질한 화살촉이 1점 붙어 있었다. 어깨에는 둥근 형태의 자개를 오려 붙인 "견장"이 2점 놓여 있었다(그림 86,2). "견장" 사이에는 상어의 이빨이, 귀 곁에는 두마리 용의 머리모양을 한 옥수제 펜던트가 각각 놓여 있었다.

1995년 봄에 노보씨비르스크에서 형질인류학자 떼.아.치끼쉐바(Т.А.Ч икишева)가 보이스만 II 출토의 인골들을 검토하였는데, 그 결과 1호와 3호 고분의 뼈는 어린이의 것임이, 4호 고분의 뼈는 여성 다리뼈임이, 고분군 전체에 15명분에 해당하는 인골들이 출토되었음이 밝혀졌다(그

202

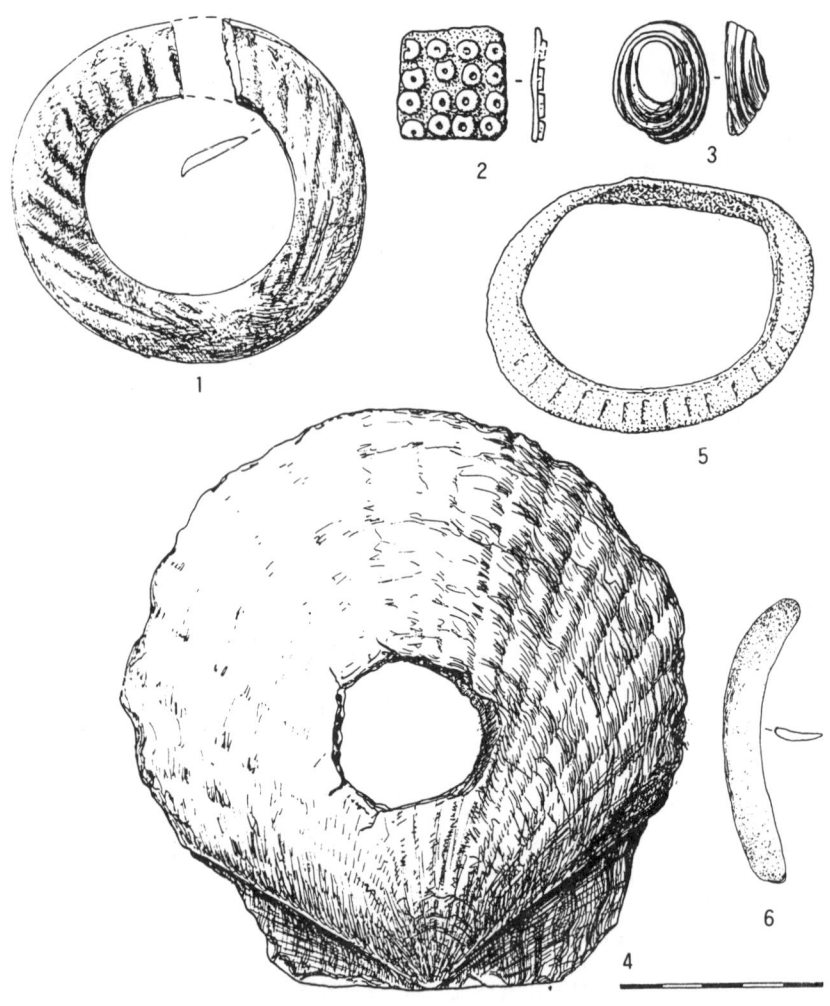

그림 86. 보이스만 II. 하층. 조깨껍질로 만든 제품들

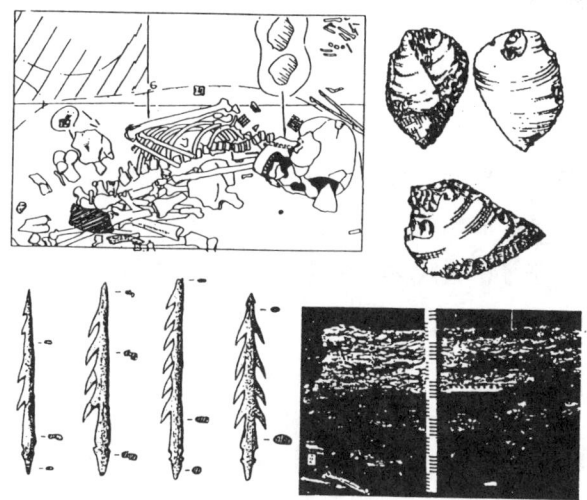

그림 87. 보이스만 II. 1호 고분: 평면도, 석제품, 골제 작살, 1호와 2호 고분 위의 패각층.

림 94). 떼.아.치끼쉐바는 피장자들이 북극인종의 캄차트카 분족(вствь)에 속하는 것으로 파악하였다[355]. 현재의 종족들 중에서는 츄크치 인(чукча)과 까랴크 인(коряк)에 가장 가깝다. 북극 소수 민족에는 에스키모 인도 포함된다. 떼.아.치끼쉐바의 결론은 보이스만 II 고분군에 특별한 의미와 가치를 부여하였다. 떼.아.치끼쉐바는 1973년 웨.아.따따르니꼬프가 발굴한 쵸르따브이 바로따 출토의 인골도 같은 인류학적 유형으로 파악한다.

하층의 출토유물은 예외적으로 풍부하다. 토기(그림 88,90)는 정선 상태가 불량한 점토로 만들었다. 내화점토를 혼합하였고, 태토에 조개껍질 가루를 섞은 경우도 있다. 토기는 흙띠를 돌려서 성형하였지만, 성형을 시작하는 부분은 틀에서 만든 경우도 있다. 소성은 550-600°C에서 행하였다. 기벽은 세밀하게 다듬었고, 바깥측에는 점토막을 씌웠다. 볼록한 몸통이 있는 항아리와 경부가 있는 단지류의 토기가 있다. 구연부는 곧게 외반하였거나 혹은 라틴어 "C" 모양으로 굽었고, 굴곡부위는 두텁다. 구연부, 경부, 동부가 주로 문양으로 장식되었지만, 바닥에 문양이 있는 토기도 있다. 押捺, 押引, 刻線으로 시문을 하였다. 押印은 櫛, 막대기, 특별 압인기, 드물게는 끈으로 하였다. 문양의 모티브에는 기울게 배열된 櫛印으로 구성된 橫線, 원, 삼각형, 직사각형, 궁형 등의 小沈穴로 구성된 波狀線과 橫線이 있고, 刻線으로 이루어지고 點穴로 채워진 삼각형과 능형도 있다. 시문된 전체 구역이 아주 촘촘하게 압인된 점이 특징적이다.

보이스만 문화의 석기공작에는 규화 편암으로 만든 양면석기 - 칼과 톱 - 가 특징적이다(그림 85,2; 89,1-3). 석인 격지로 만든 칼·단면석기(그림.89,8)와 볼록날 긁개, 횡단면이 납작한 렌즈형인 도끼와 자귀가 있고, 홈자귀, 작은 자갈돌로 만든 어망추(그림 89,6), 많은 수의 강판도 있다. 화살촉 세트에는 편암제 마제화살촉도 포함된다: 1)길이 135mm의 란셋형. 단면은 첨두부분은 능형, 몸통을 따라서는 육각형이다. 기저는 곧은 것과 볼록한 것이 있다(그림 85,4); 2)위와 같은 세부 속성을 지닌 길다란 삼각형; 3)길다란 장방형. 부싯돌류로 만든 잔손질한 화살촉에는 유엽형과 삼각형이 있는데, 기저는 오목하거나, 곧거나 혹은 부정형 삼각형이다(그림 85,3,5). 슴베가 있는 골제 화살촉도 몇점 발견되었다. 가장 많은 수를 차지하는 골제품은 외면과 양면의 작살로서 100점 이상이나 된다(그림 85,7-9; 91,1). 단순한 이티오지 유형의 회전 작살도 3점 발견되었다(그림 91,1); 뼈를 횡으로 잘라서 만든 것과 조립식으로 만든 작살, 낚시바늘(그림 85,6), 송곳, 바늘, 바늘통, 마연기, 작은 삽(그림 91,5), 숟가락, 골제와 멧돼지 송곳니를 쪼개 만든 칼, 압인기(櫛, 골제관, 뿔로 만든 망치를 포함) 등이 있다.

新石器時代 205

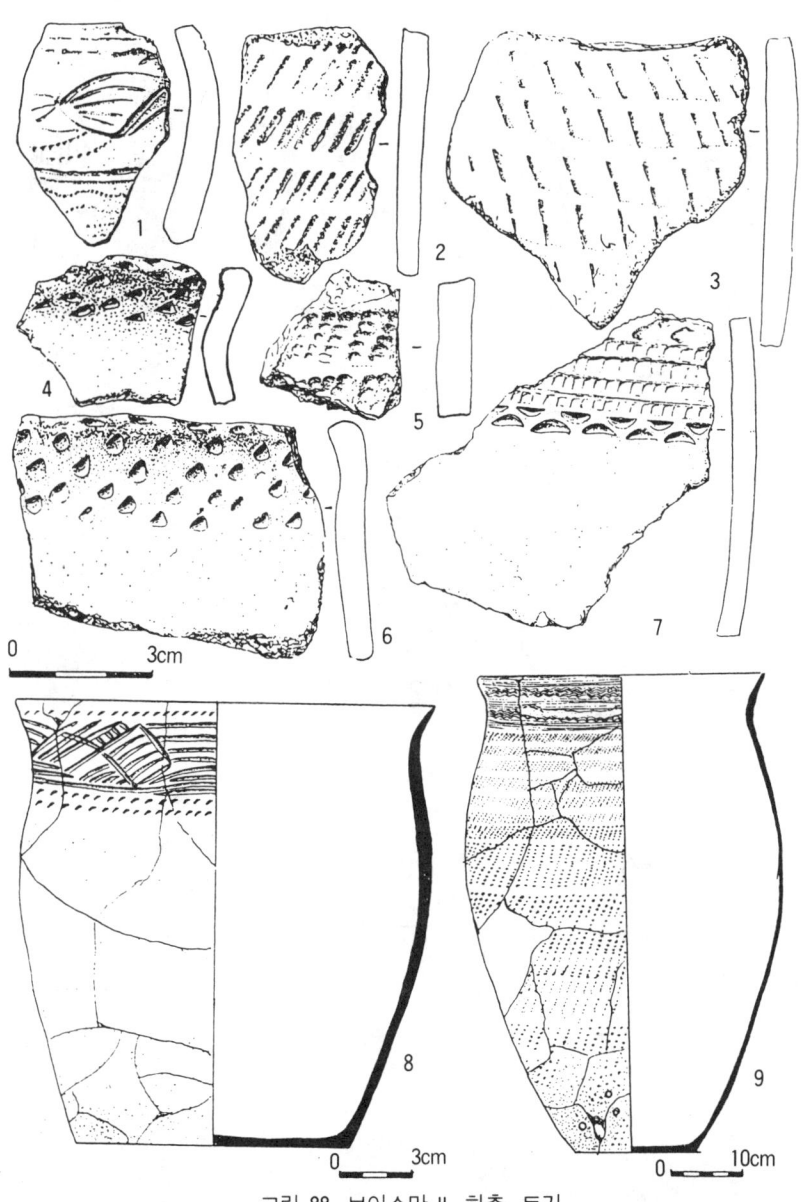

그림 88. 보이스만 II. 하층. 토기

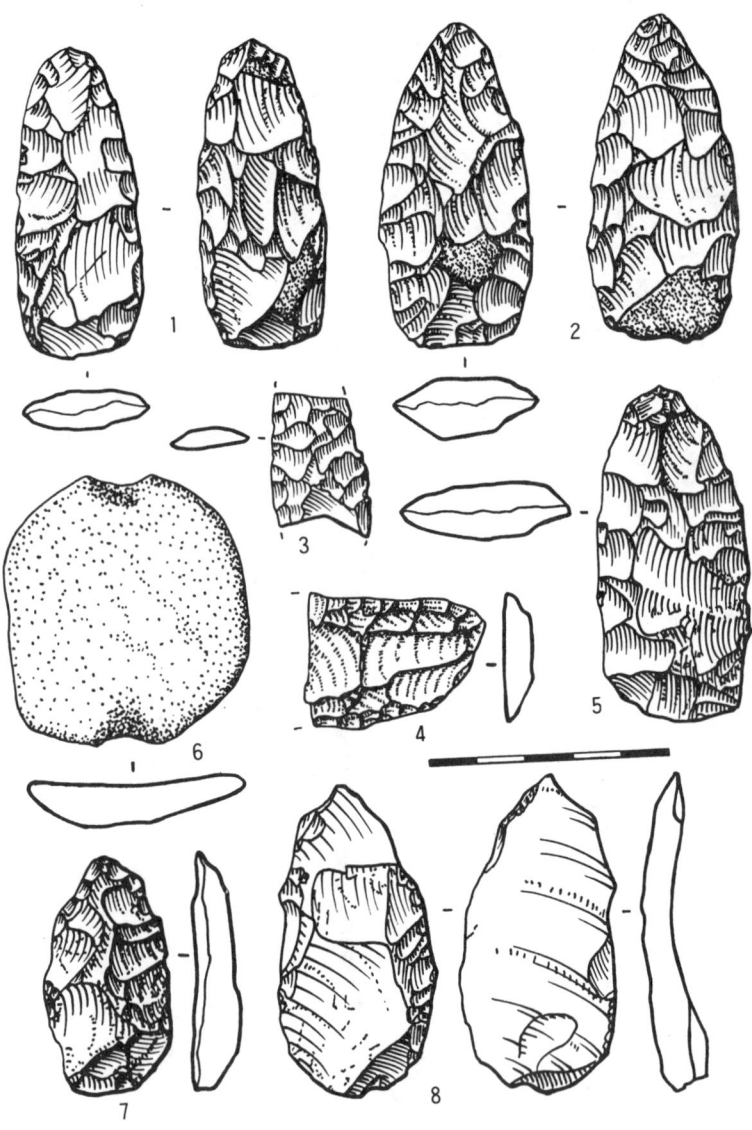

그림 89. 보이스만 II. 하층. 석제품들

新石器時代 207

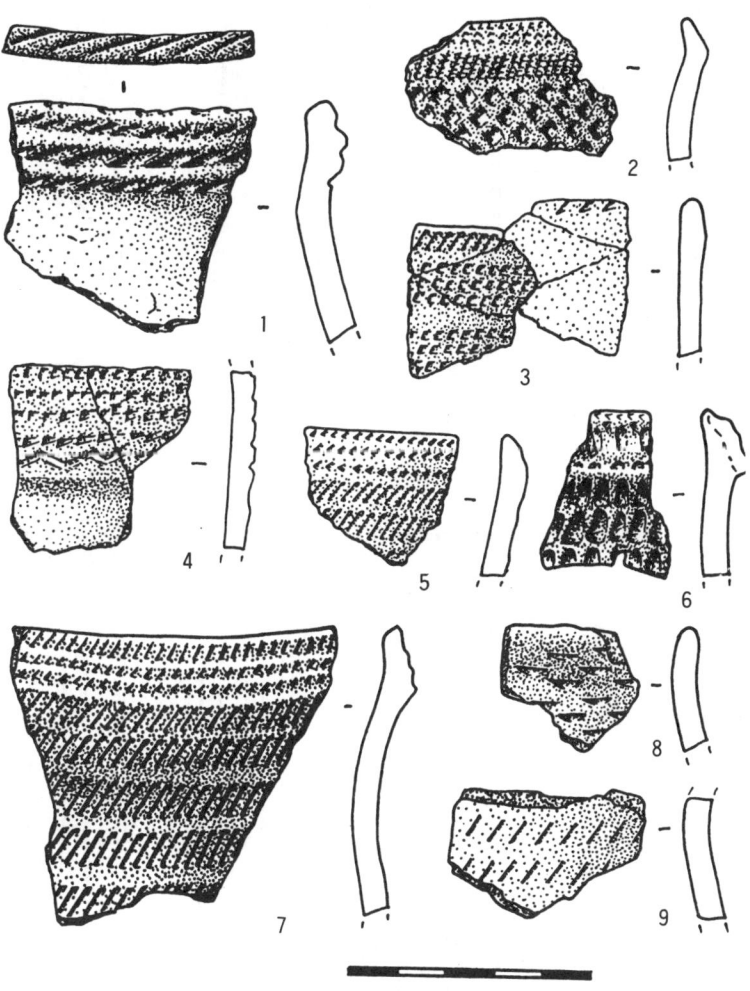

그림 90. 보이스만 II. 하층. 토기편들

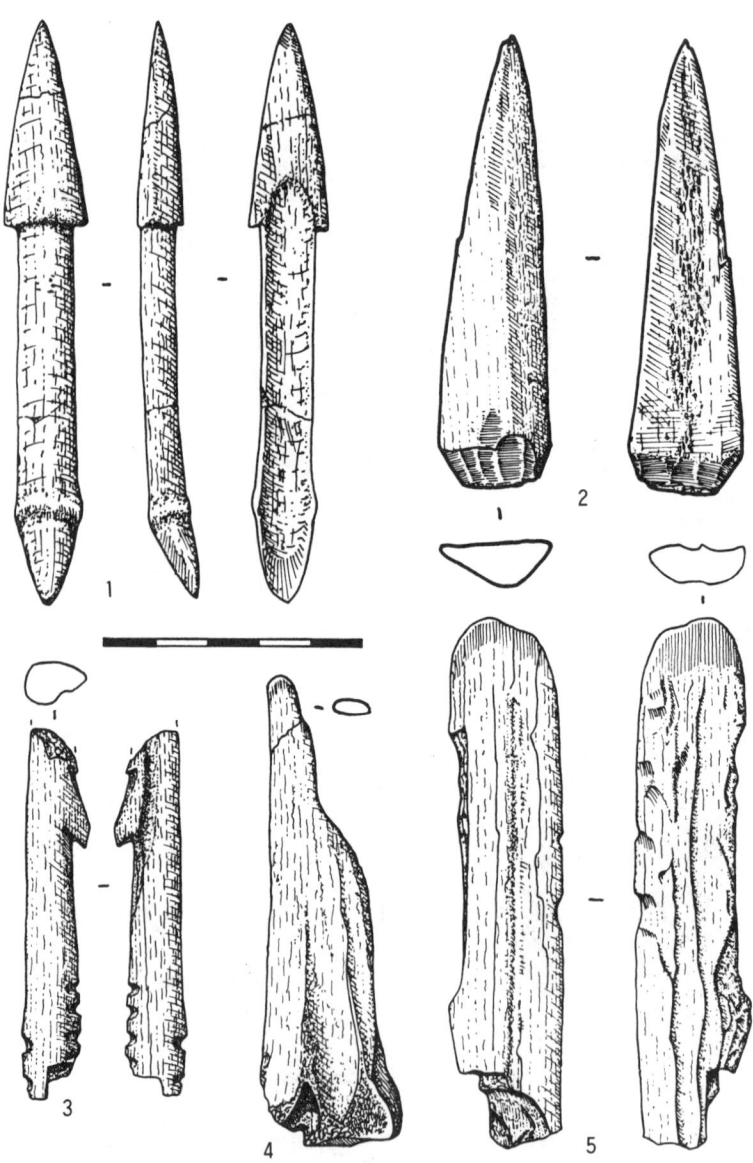

그림 91. 보이스만 II. 하층. 골제품들

新石器時代 209

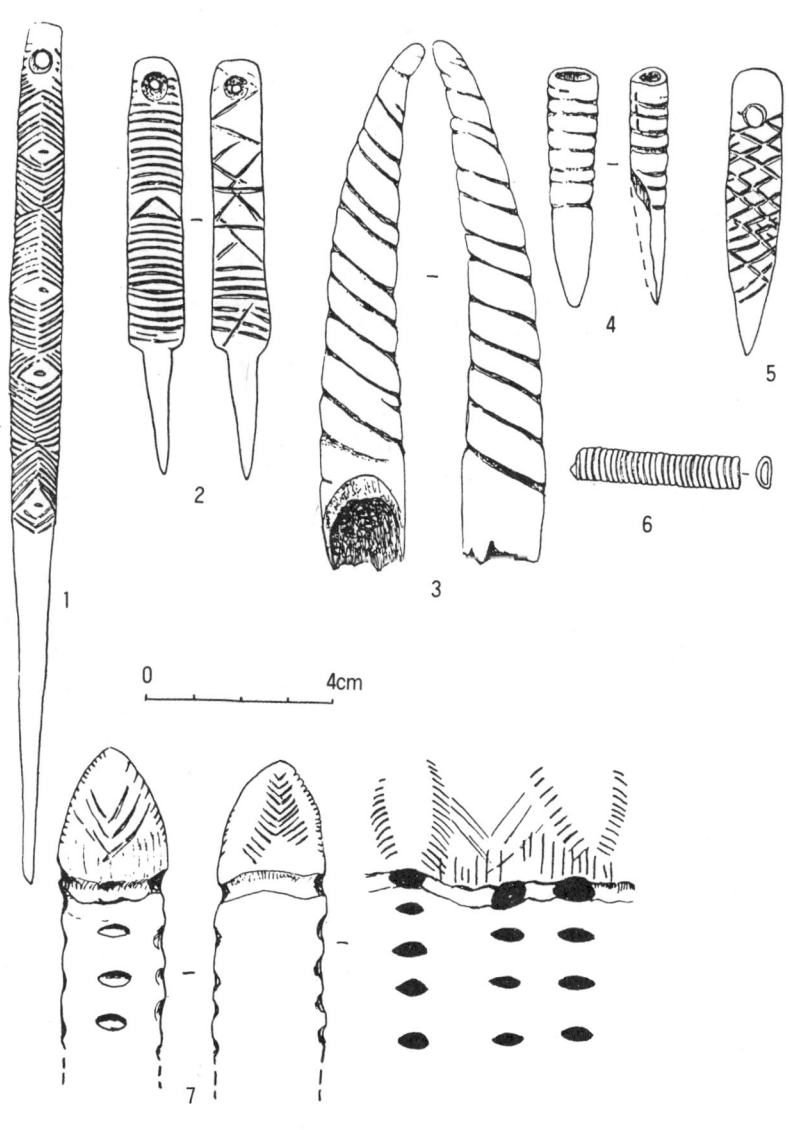

그림 92. 보이스만 II. 하층. 달력(1,2,4-7-뼈, 3-뿔)

예외적으로 다양하고 풍부한 藝術品이 보이스만 II 하층에서 발견되었다: 점토로 만든 큰사슴상과 멧돼지상, 골제 뱀·남근상(그림 92,7), 일련의 골제 물고기상(수직상태에서는 사람모양의 형상), 마가따마[14] 유형의 옥수제 펜던트(야누스형의 동물모양 표현물이다), 멧돼지 송곳니로 만든 칼-돌고래, 제2경골로 간단하게 만든 거북이상 3점. 11점의 가면이 묘사된 석제품과 120점 이상의 점혈과 홈과 탁마로 가공된 표현물이 있다(그림 93). 표현물들의 유형은 싸까치-알랸의 암각화와 유사하다. 보이스만 만의 출토유물은 多像形 表現物의 폭넓은 분포에 주목하게 하였다.

천연자료 중에서는 40종의 연체동물이 규정되었는데, 그 중의 12종은 수렵의 결과 남겨진 것들이었다[15]. 굴이 압도적으로 우세하다. 고래와 기각류의 뼈도 발견되었다. 전 발굴지역을 따라 潟湖에 전형적인 초식류 물고기인 숭어(пелингас, Liza so-iug)의 뼈층이[16] 두껍게(8cm 이하) 뻗어 있다. 만주 사슴, 멧돼지, 까쑬랴, 소, 오소리, 여우의 뼈가 있고, 새뼈도 있다[17].

5개의 실험실에서 14개의 방사성탄소연대(시료는 목탄, 조개껍질, 뼈)가 확보되었다. 9개의 연대는 6500-5030년 사이인데, 가장 가능한 연대이다. 1개는 아래층 연대로 7640년이 나왔다. 윗쪽 패각에서 4470년과 2820년이 나왔는데 아마도 잘못된 것일 것이다(古토양위에는 자이싸노브까 층위가 있다)(표.7).

---

14) 마가따마(магатама)- 옥 혹은 다른 석재로 만든 펜던트로 멧돼지의 송곳니를 연상시킨다.
15) 웨.아.라꼬프(В.А.Раков)가 규정하였다.
16) 엘.엔.베쎄드노프(Л.Н.Беседнов)가 규정하였다.
17) 에.웨.알렉쎄예바(Э.В.Алексеева)가 규정하였다.

新石器時代 211

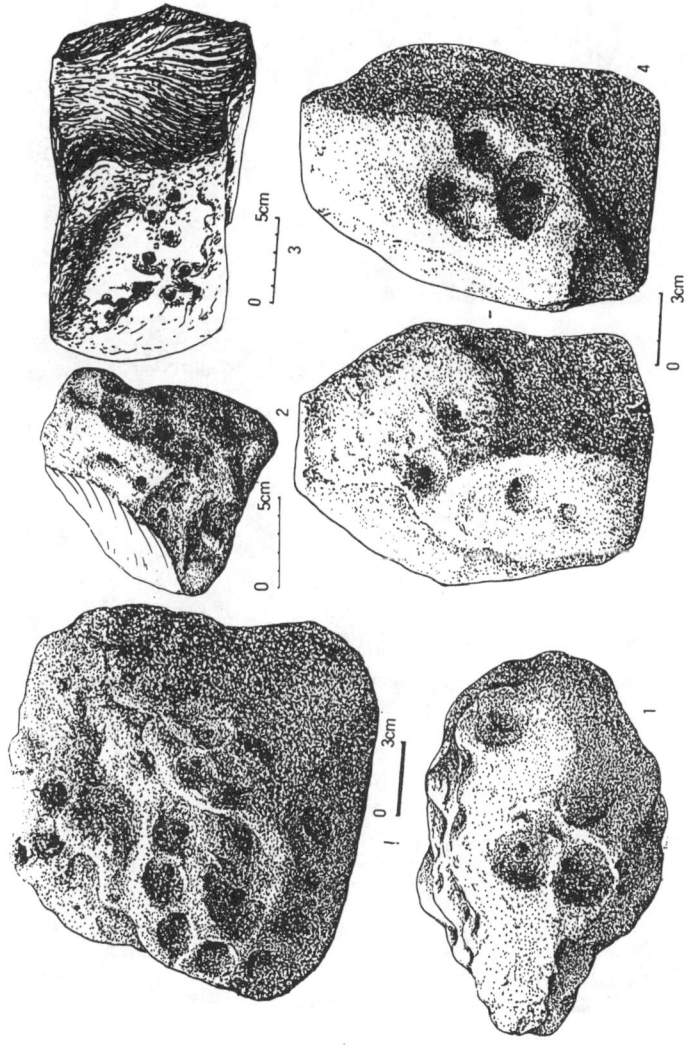

그림 93. 보이스만 II. 하층. 돌에 표현된 가면

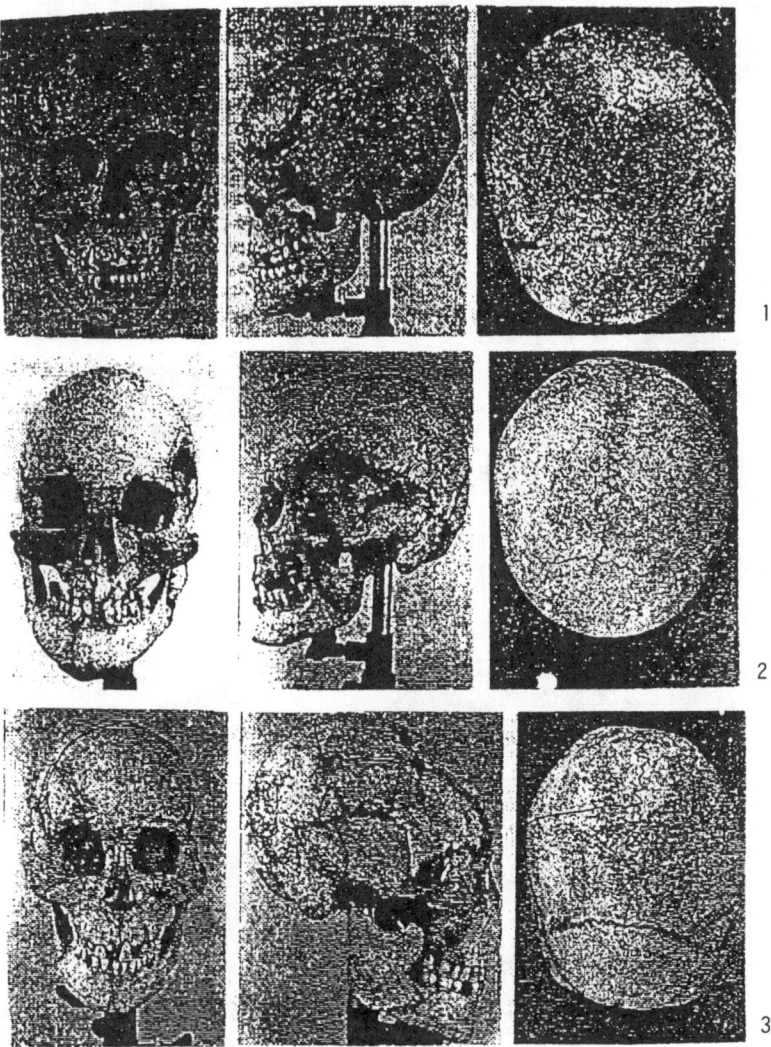

그림 94. 보이스만 II. 하층: 1-1호 고분 출토의 남성 두개골, 2-2호 고분 출토의 여성 두개골, 3-5호 구분 출토의 남성 두개골(떼.아.치끼쉐바 와 예.게.쉬빠꼬바에 의거)

표 7. 보이스만 II 하층의 방사성탄소연대

層位 對 象	試 料	實驗室과 固有番號	5730에 따른 年代	年代(紀元前)
제1패각층(아래에서)	굴껍질	ДВГУ-145	6500±740년	4550±740년
제2층	Spisula sachalinensis(Спизула)	ДВГУ-144	6200±830년	4250±830년
제3층	굴껍질	ДВГУ-143	5829±780년	3879±780년
제4층	굴껍질	ДВГУ-142	2820±340년	870±340년
1호 고분	인골	ГИН-6958	5030±140년	3080±140년
1호 고분	인골	ГИН-6958	6010±220년	4150±220년
하층	Анадара субкрената	АМС 방법	7640±35년	5690±35년
	목탄	AA-9460	5330±55년	3380±55년
	목탄	AA-9461	6355±60년	4405±60년
1호 고분	인골	COAH-3019	5160±140년	3210±140년
제2패각층	동물뼈	COAH-3020	5300±215년	3350±215년
패각상층	동물뼈	COAH-3021	4470±100년	2520±100년
깊이 0.45m의 패각층	목탄	AA-13400	6200±53년	
깊이 0.85m의 패각층	목탄	AA-13401	6845±54년	

 1993년의 발굴시즌동안에 웨.아.라꼬프는 패각층들을 세밀하게 검토하였다. 당시 아.아.빠뽀프의 지도하에 모두 $7m^2$의 유적, 즉 그 전에 남겨 두었던 둑만을 발굴조사하였다. 작은 면적을 조사한 덕분에 세개의 조개무더기 중의 중간에 위치하는 조개무더기의 단면에서 12개의 얇은 패각층이 조사되었다. 세번째 조개무더기는 두께가 1m 이상인데, 23개 이상의 층위가 분리되었으며, 현재 폭 1m이 둑이 보존되어 있다. 단면의 아래에는 온대성의 Meretrix lusoria(меретрикс) 껍질이 많이 있는데, 뽀뜨르 벨리끼 만에서 지금은 서식하지 않는 것들이다. Meretrix lusoria 윗쪽에는 온대성의 анадара субкрината도 사라진다. 성숙한 Yrassestrea gigas의 껍질이 압도적으로(전체의 99%) 우세한데, 리자노브까 강의 하상 아래에 있는, 현재는 폐기된 굴채취장에서 채취한 것이다. 어린 굴의 껍질은 없다. Traperium liratum 굴에 기생하는 것들

은 아주 잘 남아 있는데, 이는 어린 굴껍질들이 자연적으로 파괴되고 없어졌다는 가설이 잘못되었음을 증명한다. 웨.아.라꼬프에 따르면, 정상적인 상태에서는 1년 이하의 굴이 개체군에서 60%를 차지해야만 한다.

엔.베.베르홉스까야(Н.Б.Верховская)와 아.에쓰.꾼드이쉐프(А.С.Кундышев)는 화분포자 스펙트럼분석을 하였다[75, pp.18-26]. 그들은 패각층 위에 古토양을 분리하였다. 하층의 화분은, 그들의 결론에 따르면, 하층이 리자노브까 강 하구에 큰 석호가 존재하였던(동일한 화분이 석호퇴적물과 폐기된 굴채취장에서도 발견되었다) 홀로센 최적조건의 때 따뜻하고 다습한 기후 조건에서 형성되었음을 증명한다. 삼림식물 중에는 까치박달, 떡갈나무 그리고 다른 잎이 넓은 활엽수림이 우세하였다. 하층의 윗부분에는 풀의 화분이, 나무 중에서는 보리수나무의 화분이 증가한다. 기후의 건조화가 있었다. 그러나 건조화는 古토양 위, 자이싸노브까 층위에서 잘 드러났는데, 그 층위에는 풀과 자작나무의 화분이 우세하다. 한랭화, 건조화, 제3기의 층위에서 화분을 실고 온 강한 바람이 포착되었다. 위의 얀꼽스끼 층에서는 화분이 새로운 한랭화를 반영하는데, 이는 얀꼽스끼 문화 유적들에 있어 일반적인 현상이 아닌 것으로 이전에 추정하였던 후기 얀꼽스끼 주거유적들의 연대가 보다 늦은 시기 - 기원전후 - 로 내려옴을 증명하는 것이다.

보이스만 II 하층 출토자료의 전반적인 특성에 대해 論하면서 다음의 사실들은 언급할 필요가 있다. 보이스만 II는 아주 휘귀한 유적이다. 처음으로 진정한 신석기시대의 고분군이 발굴되었다. 연해주에서는 처음으로, 어린 굴의 의도적인 선별과 파종(養殖)에 대한 필자와 웨.아.라꼬프의 가설을 뒷받침하는, 신석기시대의 패총유적이 조사되었다. 구멍이 내어 만든 휴대용 암각화(그림 93)와 달력(그림 92) 및 일련의 훌륭한 예술품들이 발견되었다.

표 8. 보이스만 II 출토의 두개골 측정 자료[18]

	Признаки	男 性		女 性	
		χ	n	χ	n
1.	Продольный диаметр	179,5	2	174,3	3
8.	Поперечный диаметр	138,0	3	140,3	3
17.	Высотный диаметр от базиона	137,5	2	136,0	2
20.	Высотный диаметр от порионов	121,0	3	122,7	3
8:1.	Черепной указатель	77,4	2	80,6	3
17:1.	Высотно-продольный указатель	75,4	2	77,4	2
26:25.	Лобно-сагиттальный индекс	35,8	2	36,9	3
27:25.	Теменно-сагиттальный индекс	33,1	2	32,3	3
28:25.	Затылочно-сагиттальный индекс	31,1	2	30,8	3
28:27.	Затылочно-теменной индекс	94,0	2	95,5	3
9.	Наименьшая ширина лба	91,0	2	89,7	3
32.	Угол профиля лба от назиона	80,5	2	83,3	3
45.	Скуловой диаметр	141,5	2	146,0	3
48.	Верхняя высота лица	79,5	2	71,3	3
55.	Высота носа	56,5	2	51,3	3
54.	Ширина носа	25,5	2	22,3	3
51.	Ширина орбиты	40,5	2	38,7	3
52.	Высота орбиты	35,5	2	33,3	3
Zm'	Зигомаксиллярный угол	139,8	2	-	-
77.	Назомалярный угол	151,8	2	151,3	3
72.	Общий угол профиля лица	92,0	2	88,0	3
74.	Угол профиля альвеолярной части лица	85,0	2	81,5	2
75(1).	Угол выступания носа	20,0	1	12,0	1
SS	Симотическая высота	1,5	1	3,7	1
SS:SC	Симотический указатель	20,0	1	28,5	1

　이웃에 위치하는 보이스만 I은 3개의 층위로 구성된 유물이 빈약한 유적이다. 보이스만 I 유적은 아마도 강에 의해 석호로 퇴적물이 쏠려 들어 갔을 무렵 생겨났을 것이다. 패각층들은 약하게 표현된 렌즈형이다. 서포항을 포함한 세유적은 새로운 고고학문화의 분리를 위한 최소한의 토대를 이루고 있다. 필자의 제안에 따라 그 새로운 문화를 보이스만 문화(бойсманская культура)로 부르게 되었다.

---

18) 역주: 정확한 전문용어를 알 수 없어 원어를 그대로 남겨 두었다.

50년대에 얀꼽스끼 문화의 회전작살을 서술하면서 천재적인 직관력을 지녔던 아.빼.아끌라드니꼬프는 그 회전작살들을 에스키모인들의 유래와 관련시켰다. 그러나 얀꼽스키 인들이 살던 시기에 에스키모인들은 이미 북쪽에 살고 있었다. 신화학자들은 까마귀에 대한 신화의 뿌리가 남쪽에 있음을 지적하였다. 피(血)의 성분을 연구한 형질인류학자들은 에스키모 인들에게 남쪽 요소가 우세함을 발견하였다. 떼.아.치끼쉐바의 발견은 오랫동안 예상되었던 것이었다고 말할 수 있을 것이다. 그 예상이 적중한 것이다. 현재 우리는 6천여년 전에(방사성연대표 참조) 두만강 하구의 북쪽과 남쪽에서, 후에 북쪽으로 밀려난, 북극민족들의 조상들이 거주하였음을 알고 있다. 그들에게는 사냥과 어로와 더불어 養殖 - 굴재배 - 이 존재하였다. 보이스만 문화에 목축과 어쩌면 농경의 흔적도 발견될 수도 있을 것이라 예측할 수 있는데, 그것은 생산경제의 부문들은 공존하기 때문이다.

4. 極東 全體 新石器時代의 脈絡에서 본 沿海州 新石器時代

연해주 신석기시대의 세 고고학문화 - 자이싸노브까 문화, 꼰돈 문화, 보이스만 문화 - 는 인접지역의 신석기시대와 일정한 관련을 맺고 있다. 이미 꼰돈 문화를 서술하면서 아무르 하류와 신개류 고분군의 자료를 언급할 수 밖에 없었다. 때문에 아무르 하류지역에서부터 개관을 시작하는 것이 논리적일 것이다.

아무르 하류는 유적이 아주 풍부한 지역으로, 1935년부터 양적으로 많은 자료가 축적되기 시작하였고, 개론서[292], 암각화에 대한 책[266], 아무르 유역의 고대 및 민속학적 예술품을 실은 앨범[274] 등이 출간되었다. 아무르 하류의 신석기시대에 대한 체계적 연구는 이제 막 시작되고 있다. 바즈네쎼노브까의 층위, 세개의 서로 교체되는 고고학 문화 - 말르이쉐바 문화(малышевская культура), 꼰돈 문화(кондонская культура), 바즈네쎄노브까 문화(вознесенская культура) - 는 쑤추(Су чу), 따흐따(Тахта) 등의 유적들과 같이 다양한 토기를 포함한다. 또한 분리된 고고학 문화들의 자료에 대한 비판적 분석도 남아있다. 필자는 아무르의 고고학문화들을 검토하는데 있어 기본적으로 유물들을 토대로 하였다.

쁘이아무르에는 아무르 하류 고고학문화 중의 하나인 꼰돈 문화의 유적들이 있다. 말르이쉐브까 문화(쑤추 유형)의 유물들도 발견되었지만, 발굴된 유적은 아직 없는데, 아마도 연해주에서도 그 유적이 발견될 것이다. 시문기술은 말르이쉐브까 문화와 꼰돈 문화의 토기를 압인토기라는 단일한 전통을 가진 것으로 연결한다. 자이싸노브까 문화와 바즈네쎄노브까 문화의 즐문토기는 평저, 단순한 잘린 원추형의 기형과 같은 공통적인 특징도 있지만, 압인토기와는 분명히 구분된다. 석기 공작은 두 전통을 보다 가깝게 한다: 석인, 양면석기 기술과 편암제 도구의 합성, 치는 도구의 유형, 칼, 긁개. 압인 전통에는 프리즘 쪼개기의 전통이 더 개량되었고, 편암의 이용은 더 적고, 확고한 형태의 방추차, 어망추, 괭이, 곡물분쇄기가 없다. 꼰돈 문화와 자이싸노브까 문화 유형의 작은 조형미술품은, 기술적인 면에서는 차이가 있지만, 스타일이 서로 닮았다. 자이싸노브까 인들에게는 새기개가 드물고, 무거운 어망추와 미끼는 없고, 제4단계 이전까지는 끝장식, 둥근 큰긁개(скребло), 석제 링이 없다.

제4단계에는 큰긁개, 끝장식, 링 및 그 이전에는 드물었던 쐐기가 자이싸노브까 인들의 유물범주에 확고하게 자리를 잡았고, 아무르의 바즈네쎄노브까 문화에는 전형적인 자이싸노브까 문화의 토기가 나타나며, 심지어는 아무르에 독창적인 문양 모티브에 자이싸노브까 문화의 小齒文이 더해지는데, 꼰돈 유적의 3호 집자리 출토의 盆과 바즈네쎄노브까 유적 출토의 가면이 있는 盆에 장식된 문양들이 그 좋은 예들이다. 아무르 하류의 유물 중에는 편암제 도구의 비율이 크게 증가한다. 그와 같은 상호영향을 동시대성을 반영하는 것으로, 혹은 적어도 그 문화들이 자이싸노브까 제4단계의 수준에서 시간상 서로 가까왔음을 반영하는 것으로 파악하는 것은 타당한 해석일 것이다.

이와 같은 관찰은 씨니 가이와 바즈네쎄노브까 상층 신석기시대층의 지형학과 잘 일치한다. 뻬.엠.달루하노프(П.М.Долуханов)의 결론에 따르면, 바즈네쎄노브까 상층은 윗 층위군의 아래층(0,5-0,9m)과, 두개의 하층 신석기시대층은 아래 층위군과 각각 관련이 있다. 아래 층위군에는 지속적인 강의 작용으로 쌓인 모래와 자갈이 교체하고 있다[126, pp.36-37]. 두개의 아래층을 홀로쎈 최적조건기로, 바즈네쎄노브까 윗층위를, 씨니 가이 제I층과 마찬가지로, 亞보리얼期로 각각 간주함이 옳을 것이다.

아무르 중류(Средний Амур)는 아.뻬.아끌라드니꼬프와 아.뻬.데레뱐꼬에 의해 조사되었다. 그들은 아무르 중류지역에 3개의 순차적인 고고학문화를 분리하였다: 노보뻬뜨로브까 문화(новопетровская культура)[105], 그로마뚜하 문화(громатухинская культура)[293], 오씨나오제로 문화(осиноосероская культура)[285; 292, pp.88-109]. 노보뻬뜨로브까 문화는 지금까지 알려진 극동의 신석기문화 중에서 가장 오래된 고고학문화로, 그 유물에는 제1유형의 자그마한 어망추와 편암제 석인의 가장자리를 따라 타날하여 만든 작은 괭이도 있다. 그로마뚜하 문화에는 오씨뽀브까의 양면석기와 자귀·긁개형의 도구와 함께 석기공작에 있어 발전된 프리즘과 마이크로 프리즘 쪼개기 기술이 있고, 시베리아 밀림지대와 아무르 하류지역의 문화들과의 접촉을 반영하는 꽤 다양한 형태의 토기가 있다. 쎄르게예브까(Сергеевка) 砂丘에는 알레니 IV 유형의 토기편[293, 표 92, 위 왼쪽], 꼰돈 문화의 토기편[293, 표 94, 아래 왼쪽], 그리고 융기문으로 장식된 많은 수의 오씨나오제로 문화의 토기편이 있다. 쎄로젠까의 토기문양에의 융기문의 우세는 필자로 하여금 그것을 오쎄나오제로 문화로 파악하게 하였지만[39, p.182], 그것은 잘못된 생각이었다. 꾼돈과 오쎄나오제로 문화의 융기문 전통의 관련성에 대해 말하는 것이 가장 사실에 가까울 것이다. 오쎄나오제로 문화에는 치는 용도의 도구는 횡단면이 장방형이며, 곡물분쇄기가 나타나고, 석인기술이 사라진다. 쐐기, 긁개, 화살촉의 유형들은 쎄니 가이 I층의 것과 비교된다[292, pp.104-108]. 오쎄나오제로 문화는 쎄니 가이 I층의 시기에 해당될 것이다.

滿洲의 新石器時代. 연해주와 국경을 마주하는 흑룡강성, 그리고 길림성과 요녕성에서 중국고고학자들은 1970-80년대에 활발한 고고학조사를 하였다. 이들 지역에 대한 조사보고서 이외에도 분석적인 논문들도 발표되었다. 발표된 자료의 분석은 만주 신석기시대에서 5개의 전통을 분리 가능케 하였다. 그 중의 하나, 압인토기 전통에 대해서는 신개류 유적을 통해 이미 그 내용을 접하였다. 꾼돈 문화의 일련의 유적들이 우쑤리 강 좌안과 송화강 하류에서 발견되었다[414, p.87].

張太湘과 다른 중국 고고학자들은 新開流를 沈陽의 타문화 유적 - 新樂(Синьлэ) 주거유적 하층 - 과 동일한 시기로 파악한다[421, pp.449-466, 표 1-4; 389, pp.72-79]. 2기의 장방형 집자리가 발굴되었다: 기반은 40cm 깊이의 구덩이이고, 점토를 바른 둥근 화덕자리가 있다. 토기의 형태는 한까 유역의 것과는 다르며, 문양은 기벽을 모두 덮고 있거나 혹은 홈줄형태로 구연부를 두르고 있으며, 시문기술에는 롤러 압인(齒輪), 櫛刻印 혹은 櫛沈線이 있다. 문양의 모티브에는 지그재그, 전나무문, 횡선, 각인 사선, 망 등이 있다. 윗부분이 기울게 잘린 토기(역주:斜品器)가 구분된다. 몇몇 토기의 구연부에는 끈을 모방하는 덧띠문이 돌려져 있고, 한 토기의 저부에는 나뭇잎의 엽맥이 그려져 있다. 그러한 요소들은, 시문 기법이나 모티브와 마찬가지로, 연해주 자이싸노브까 문화와 전체적으로는 櫛齒文 傳統에 특징적인 것이지만, 자이싸노브까 문화에는 토기 표면 전체가 문양으로 덮힌 경우는 없다.

석기는 신개류와 다른 아무르 유역의 신석기시대 문화들의 것과 동일한 가공방법으로 만들었지만, 본질적인 차이점이 있다. 전체적으로 新樂에는 석인을 떼어내는 기술이 끈돈의 것보다는 더 얇고, 개량되었는데, 이런 면에 있어서는 林西(Линьси)의 것에 더 가깝다.

모든 도끼는 횡단면이 렌즈형으로, 장방형 단면은 없다. 타날한 괭이가 있다. 양면석기는 드물다. 점판암제 화살촉을 포함하는 마제품은 발굴된 도구의 1/3을 차지한다.

新樂 하층은 모든 속성들을 총괄화할때 櫛齒文 전통 내에서의 하나의 새로운 고고학문화로 분리된다. 유사한 유적들이 沈陽地區의 첸찌(Чэнци)와 반첸찌(Баньчэнци) 등에서 발견되었다. 신락 하층에 대한 목탄을 시료로 한 방사성탄소연대는 다음과 같다: 6145±120년, 6430±150년. 첫번째 연대는 교정연대가 6800±145년이다[19]. 다른 연대 - 5295±160년 - 도 있다[428,p.146-147]. 모든 연대를 고려해 볼 때, 신락하층은 기원전 5천년기로 편년됨이 분명하다. 신락하층의 위에는 청동기시대 층위 - 하가점하층문화층위 - 가 위치한다.

牧丹江, 우쑤리 강, 라즈돌나야 강, 그리고 두만강의 강안에서 30년대부터 즐문토기를 공반하는 유적들이 발견되기 시작하였다. 鏡泊湖 근처의 鶯歌嶺 住居遺跡에서 지표조사 수준의 발굴이 행해졌다[424, pp.481-491; 414, pp.89-90; 423, pp.75-80]. 2개의 문화층 중 下層에서 부분적으로 보존된 2기의 장방형 집자리(기반부가 구덩이 모양이고, 기둥구멍이 남아 있다)가 발견되었다. 화덕은 돌을 돌려 만들었다. 한 집자리의 중앙, 판석·곡물분쇄기 아래에서 개의 두개골 1점이, 같은 집자리의 벽 근처에서 또다른 개와 돼지의 두개골이 5점이 발견되었다.

---

19) 考古學報, 1979, No.4; 考古學報, 1980, No.4; 考古, 1979, No.1을 참고.

중국 고고학자들은 앵가령 출토토기를 연해주 자이싸노브까 문화의 것과 비교하였는데, 필자의 견해로는 그 유적은 씨니 가이 I 유형의 후기 자이싸노브까 복합체이다. 도구에는 石斧, 鹿角鋤, 石鋤, 紡輪이 있다.

上層은 연해주의 청동기시대 메드베쥐예 III 유형의 매끈한 기벽, 점혈 혹은 단사선으로 장식되고 약간 납작스럼한 구연부가 있는 토기를 포함한다. 상층의 연령은 방사성탄소연대가 3025±90년(나이테 교정연대는 기원전 1240±155년)과 2985±120년(나이테 교정연대는 기원전 1190±145년)이다. 따라서 하층의 연대는, 연해주 씨니 가이 I층의 것과 마찬가지로, 기원전 2천년기 전반기보다 이른 시기, 더 정확하게는 기원전 3천년기로 결정될 수 있을 것이다.

또 하나의 즐문토기문화 - 푸헤(фухэ) 문화 - 가 만주의 남서쪽과 서쪽 그리고 내몽고의 동쪽 아이막들에서 분리되었다[389, pp.74-78; 415, pp.403-422]. 빌인쮸푸(Балиньцзюцзу)의 푸헤 층은 러시아 고고학자들에게 赤峰 신석기시대로 알려진 紅山文化(культура хуншань)의 층 위보다 더 높게 위치한다. 푸헤에는 즐압인 수직 지그재그문으로 장식되고, 바깥면이 황갈색 혹은 회색, 안쪽면이 흑색인 조잡한 토기가 특징적이다. 부정형 프리즘 핵에서 떼어낸 길이 13cm의 석인, 격지로 만든 양면석기, 타날하고 탁마한 도끼와 자귀, 괭이 등이 있다. 압인기, 낚시바늘, 작살, 쐐기도구 틀 등의 뼈와 뿔로 만든 제품과 불에 탄 사슴의 견갑골 - 점복뼈 - 도 있다. 산악밀림지역의 동물상이 우세하고, 농경과 어로의 흔적도 있다. 방사성탄소연대는 4375±110년, 그 교정연대는 5300±145년, 즉 기원전 4천년기 말-기원전 3천년기 초이다.

新樂, 신룬바(Синлунва), 푸헤, 鶯歌嶺은 만주지역에 분리된 즐문토기문화들이다.

세번째의 유형학적 전통은 즐문토기와 채색토기가 다양한 비율로 혼합된 문화들인데, 紅山文化가 가장 잘 연구되었다. 홍산문화의 유적들은 요녕성과 내몽고의 경계지역에 집중적으로 분포하며, 길림성의 서쪽 아이막들과 하북성 북부에도 분포한다[391, pp.183-198; 390, p.209; 375, pp.215-243; 199; 198].

紅山에는, 즐문토기문화에 일반적인 유물들 이외에도, 붉은색과 검은색을 채색한 목이 좁은 암포라, 분, 사발, 편암과 조개껍질로 만든 천공한 수확용 칼, 석제 보습, 여성 소상 등이 있다. 층위에 의해 기원전 4천년기로 편년된다.

遼東半島와 그 주변의 島嶼에서 주거유적들과 두께 6m까지의 문화층을 가진 패총들이 다수 발견되었다. 쇼고뚠(Шоготунь) 동굴에서의 발굴과 더불어 많은 유물들이 출토되었지만, 층위, 편년 및 문화적 속성에 대한 연구가 이제 막 시작되고 있을 뿐이다[413, pp.43-46; 412, pp.63-84].

旅大市 근처의 郭家村 住居遺跡은 600m^{2}가 발굴되었다. 5개의 층위로 구성된 두께 3m의 암석층은 2개의 문화층(3-5층은 하층, 1,2층은 상층)으로 분리되었다. 상하층 모두에 방형(4×4m)의 반움집이 있다. 상층출토의 토기는 대부분 압인 사각형, 각선, 채색 등으로 장식되었다. 흑색의 얇은 기벽이 있는 용산 유형의 토기도 조금이지만 있다. 鼎과 豆와 같은 몇몇 형태의 토기도 만주의 신석기시대에 전형적인 것이 아니다. 도구는 대개 탁마하였고, 뼈와 조개껍질로 만든 제품이 많다. 점토, 편암 혹은 조개껍질로 만든 수확용 칼과 낫도 있다. 돼지뼈와 돼지像, 돌고래의 척추뼈, 토제 보트 등도 발견되었다. 문화층에서 3개의 C$_{14}$ 연대가 확보되었다: 기원전 2070년, 2160년, 2280년[20]. 하층에는 다벤코우(давэнькоу) 문화의 영향이 감지되며, 1개의 C$_{14}$ 연대가 있다: 기원전 3065년[21].

---

20) 考古. 1978 No.4, p.281. 1979 No.1, p.90.
21) 考古. 1979 No.1, pp.89-90.

于家村(Юйцзяцунь) 유적은 郭家村 유적과 나란히 위치한다. 우가촌 유적 하층은 곽가촌 유적 상층보다 약간 이른 시기로, 유물의 유형은 약간 다른 것으로 파악되지만, 전체적으로 두 유적은 동일한 전통과 연령을 가진다. 우가촌 하층의 C_{12} 연대는 기원전 2130년이다. 許玉林 (Сюй Юйлинь)과 蘇小幸(Су Сяосинь)은 요동 신석기시대의 독자성을 강조하며, 요동 신석기시대를 龍山文化 혹은 다벤꼬우(давэнькоу) 문화의 것으로 부르는 것에 반대하지만, 山東 신석기시대와의 상호연관성에 대해서는 부정하지 않는다. 전체적으로 요동의 신석기시대 유적들은 東北地方에서 분리되며 개별적인 유형학적 전통을 지닌 것으로 간주해야만 한다.

위에서 검토한 4그룹의 문화들은 만주 신석기시대 문화들의 다양성을 모두 대변하지는 못한다. 러시아와 중국 고고학자들에 의해 얻어진 결과들은 이미 오래전부터 알려져 있던 논니(Нонни) 강 - 嫩江 - 강안의 昻昻溪(Ананси) 지역[200, pp.80-126; 393, pp.58-90]과 내몽고 남동쪽의 林西 지역[198; 392, pp.9-23; 394, pp.107-114]의 유적들을 새로운 견지에서 검토가능하게 한다. 그 유적들은 이미 오래전부터 러시아를 포함하는 전세계의 여러 문헌에 알려졌지만, 당시의 발굴 조건으로 인해 출토유물들이 층위학적으로 조사되지 못했다. 현재 우리는 昻昻溪의 1, 3, 4호 고분을 신석기시대의 유적에서 제외할 수 있다: 1, 3호 고분은 씨니 가이 문화에 가까운 청동기시대 문화에, 4호 고분은 자이싸노브까 문화의 마무리 단계, 씨니 가이 II층에 각각 해당한다. 논니 강안에서 자이싸노브까 문화의 마무리 단계에 해당하는 토기가 출토되는 유적들이 발견되었다[396, pp.15-17, 표 9, 2, 3, 6-8, 15, 16]. 아.뻬.데레뱐꼬는 화살촉, 새기개, 긁개, 핵석기 및 석인으로 만든 여러 제품들을 노보뻬뜨로브까 문화에 속하는 것으로 파악하였는데[105, pp.200-201], 필자도 그와 의견을 같이한다. 아.뻬.데레뱐꼬는 또한 그 유물들에서 그로마뚜하 문화의 요소를[105, pp.200-201], 웨.예.라리체프는 자이싸노브까 문화의 요소를[200, p.120, 그림 15, 1-4] 각각 지적하였다. 梁思永(Лян Сыюн)의 글에는 오씨노오제로 문화의 것과 같은 토기편[393,그림.25]과 아무르 하류와 연해주에 특징적인 압인 격자문 편린들[393, 표 7, 9, 12, 13]이 있다. 그로마뚜하 문화와 오씨노오제로 문화 유형의 것들은 더 남쪽, 길림성에서 수습된 유물에도 있다[397, pp.398-403, 그림 2-4, 6, 7, 9. 11]. 전체적으로 新樂平原 북부의 신석기시대는 아무르 중류의 신석기시대 문화들에 속하며, 일부 요소는 아무르 하류와 연해주의 신석기시대 문화의 것들과 일치한다. 연령문제에 있어 노보뻬드로브까 문화는 극동에서 가장 이른 시기에 속하는 신석기문화 중의 하나이므로, 만주에서 발견된 그 문화 유형의 유적들은 만주에서는 가장 이른 시기의 신석기시대 유적으로 간주해야 할것이다.

　　林西에서 수집된 유물들은 이미 몽고[105, pp.201-202] 및 홍산[392, pp.20-22]의 유물들과 비교되었다. 천공한 石製 圓板, 끈을 모방한 隆起文, 刻印 斜線帶 등은 즐문토기문화의 것들과 유사한 요소들이다[392, 그림 4, 7, 1, 2; 393, 그림 21,2, 표 6, 7, 2]. 林西의 유물들은 홍산문화와 즐문토기문화 그리고 몽고의 신석기시대 문화 요소들이 서로 겹치는 경계지역의 상황을 반영한다.

　　전체적으로 만주 신석기시대의 연구상황은 표.9에 나타난 바와 같지만, 필자가 확보한 자료가 단편적인 것에 불과하기에 부족한 점이 많을 것이다(표 9).

표 9.

共同體 혹은 그룹	考古學文化	年 代
아무르 중류 押印土器	오씨노오제로 문화	기원전 3-2천년기
	그로마뚜하 문화	기원전 5-4천년기
	노보뻬뜨로브까 문화	기원전 8-6천년기
	꼰돈 문화	기원전 5-4천년기
櫛文土器	자이싸노브까 문화 (鶯歌嶺 下層)	기원전 3천년기
	푸혜(Фухэ)文化	기원전 4-3천년기
	新樂文化	기원전 6-5천년기
	쎈룬바(Синлунва)	기원전 6천년기
櫛文土器와 彩色土器 遼東	紅山文化	기원전 4천년기
	郭家村 上層	기원전 3천년기 말
	郭家村 下層	기원전 4-3천년기

70년대는 만주 신석기시대의 연구에 있어 질적으로 새로운 단계였다. 과거의 개념들에 대한, 예로서, 세석기문화의 단일성에 대한, 비판 혹은 재평가가 이루어졌다[371, pp.393-394; 415]. 직선적 이주를 부정하는 새로운 의견이 제시되었다.

韓半島의 新石器時代. 한반도에는 한·러 국경선인 두만강에서 남쪽까지 전 지역에 걸쳐, 비록 小齒格子文 土器가 발견되고 위에서 언급한 두 지점에서 꼰돈 문화 유형의 토기가 발견되었지만, 櫛齒文(빗살무늬문) 전통을 따르는 유적들이 널리 분포한다.

함경북도 西浦項[381, pp.31-145; 398; 206, pp.10-56]과 호곡동(범의구석)[418, pp.124-226; 60, pp.126-134]에서 흥미있는 층위학적 자료들이 북한의 고고학자들에 의해 확보되었다. 이들 유적들은 더 이전에 발굴된 智塔里, 弓山, 草島 등의 多層位 住居遺跡들과 마찬가지로 러시아 고고학자들에게 알려져 있다[296, p.232-236; 80, pp.11-25, 그림 1-8].

표 10. 新石器時代 文化들의 相關年代表

地域	考古學文化	연대(기원전 0천년기)				
		VI	V	IV	III	II
沿海州	꼰돈 文化					
	보이스만 文化					
	자이싸노브까 文化					
아무르	노보뻬뜨로브까 文化					
	그로마뚜하 文化					
	말르이쉐바 文化					
	꼰돈 文化					
	밧줄토기 文化					
	바즈네쎄노브까 문화					
滿洲	昻昻溪(노보뻬뜨로브까)文化					
	쎈룬바 文化					
	新樂文化					
	新開流(꼰돈)文化					
	紅山文化					
	푸혜 文化					
	鶯歌嶺(자이싸노브까)文化					
	郭家村文化					

7개의 층위로 구성된 서포항 유적은 아래의 5개 층위(1-5)가 신석기시대, 즐치문 전통에 해당한다. 비록 출토유물들이 선별적으로 발표되고 모든 속성들을 파악할 수 있는 것은 아니지만, 서포항 신석기시대는 연해주의 보이스만 문화와 자이싸노브까 문화의 층위들과 많은 상관관계를 지님을 알 수 있다. 서포항 I층에서 출토된 2점의 토기는,

Ⅱ와 Ⅲ층 출토의 토기들과 마찬가지로, 보이스만 Ⅱ 하층 스타일의 押印 橫櫛文과 櫛斜線文의 띠로 장식되었고, 자이싸노브까 Ⅰ유형의 토기와 공통점도 지니고 있다. 석제 도구는 제1유형과 2유형의 괭이와 짧은 화살촉(양면석기) 등으로 빈약하다. 뼈와 뿔로 만든 유물들은 보이스만 Ⅱ, 씨니 가이, 쵸르따브이 바로따, 新開流 등의 것들과 직접적인 유사함을 지니는데, 유사한 상황에서 유사한 유물들이 발생하였음과 작살, 송곳, 화살촉, 송곳니로 만든 칼 등의 형태가 아주 일정함을 증명하는 것이다. 그와 같은 유형의 유물들은 자이싸노브까 문화의 이른 시기 층위들에서도 있었을 가능성이 있다. 사슴뼈, 개뼈, 멧돼지뼈, 오소리뼈, 바다표범뼈, 돌고래뼈, 생선뼈 등이 발견되었다.

서포항 Ⅰ층에 부분적으로 보존된 2기의 집자리는 골조 반움집이다. 서포항과 그 이후 시기의 함경북도 신석기시대의 골조 반움집은 아래에는 조개껍질을 그 위에는 다지고 소성한 점토를 깐 마루와 돌로 테를 두른 화덕자리와 더불어 자이싸노브까의 것과는 구분되는 점이다. 연해주 신석기시대에는 그와 같은 요소들이 아직 발견되지 않았다.

서포항 Ⅱ층은 4기의 집자리에 의해 조사되었고, 비록 토기에 있어 차이는 나지만, 궁산 1-5층의 집자리와 지탑리 Ⅰ의 집자리 No.1과 동일한 시기의 것으로 파악되었다.

서포항 Ⅱ층의 집자리 No.3의 패각층은 두께가 0.7m에 달하며 소성된 점토층에 덮혀있다. 바닥에서 개의 두개골과 어망추 더미가 발견되었다. 집자리 No.23의 화덕은 안쪽을 점토로 발랐다. 토기는 10점이 복원가능하였는데, 2점은 무문이고, 나머지 것들은 일반적인 橫櫛齒文, 斜線文, 수직 지그재그文, 수평 전나무文, 橫線과 조합하는 三角形文 등으로 장식되었다. 제1유형- 잘린 원추형의 몸통에 짧고 좁은 목이 있는 盆이다. 《아무르 역음문》이 있는 토기편도 있다. 도끼, 칼, 괭이 등은 토기와 마찬가지로 보이스만 문화의 층위들과 알레니 Ⅲ층의 것들과 유사하다. 하지만, 집자리와 수직의 목이 있는 토기는 지역적인 차이를 반영한다. 서포항 I층은 알레니 III층과 비교할 수 있다. 필자는 서포항 하층들을 보이스만 문화에 속하는 것으로 파악한다. 독특한 형태의 골제 미끼·낚시바늘과 골제 단검도 발견되었다.

궁산 I과 지탑리 I에는 평저토기와 더불어 계란형 저부의 원추형토기[296, p.233, 그림 1; 379, 그림 6,1,2]와 약간 볼록한 저부가 있는 깊은 사발이 있다. 지탑리에는 경부가 저부보다 좁고 윗부분이 모자처럼 넓은 특이한 토기가 있다[206, 그림 9]. 문양의 모티브에 특이성이 있다: 윗 가장자리를 따라 난 점혈반원으로 구성된 동심원, 심선능형, 횡선대 아래의 파상선 혹은 점선. 계란형 저부의 토기는 수직 전나무문(변종에《가지》가 위로 난 것과 아래로 난 것이 있다)과 수직 지그재그문으로 장식되었는데, 문양이 저부에까지 이르고 있다. 궁산 I에는 토기 태토에 滑石과 石綿을, 서포항 II에는 모래와 잘게 부순 조개껍질을 각각 섞었고, 성형기법에도 차이가 있다.

위에 언급한 주거유적들에서 점박이 사슴뼈, 까쑬랴뼈, 산염소뼈, 멧돼지뼈, 오소리뼈, 새뼈, 개뼈 등이 발견되었고, 어쩌면 소뼈도 발견되었을 가능성이 있다. 서포항에서는 그 외에도 돌고래와 상어뼈도 발견되었다.

북한 신석기시대의 다음 시기 유적들 - 서포항 III층(9기의 집자리), 궁산 II, 지탑리 II(2기의 집자리), 흑구봉(검은개봉) - 은 대개 함경북도에 위치하며, 일련의 유적들 - 岩寺洞(서울), 東三洞(부산의 패총), 평양의 金灘理 I - 은 더 남쪽에 위치한다.

서포항 III은 약간의 새로운 요소와 더불어 이전 층위의 직접적인 연장 및 발전을 반영한다. 알레니 IV층과 서포항 III층을 동일한 시기로 파악할 수 있는 충분한 근거가 있다. 서포항 III층에는 서포항 층위들에 특징적인 집자리와 뼈와 뿔로 만든 풍부한 유물들이 보존되었고,

또한 일련의 小像(뱀상, 사슴상, 개상, 사라모양상)과 조개껍질로 만든 팔찌가 있다.

궁산 II와 지탑리 II에도 새로운 요소들로 풍부해진 지역적 전통이 유지된다. 새로운 요소에는 나선문과 구불구불한 선문, 길이 64cm 정도의 석제 보습, 석제 및 멧돼지 송곳니로 만든 괭이 등이 있다. 지탑리의 한 토기에서는 조(чумиза)와 피(курмаки) - 북한 신석기시대의 농경에 대한 첫번째의 직접적 증거물 - 이 발견되었다. 곡물은 배모양 혹은 원통형의 으깨개로 부수었는데, 서포항 II 층에 그와 같은 유물이 있다.

남한에는 동삼동에서 벼가 발견되었다. 동삼동 패총은 C_{14}에 의해 편년되었다: 기원전 3940년[429, p.14], 기원전 3630±125년, 기원전 4580±140년[430,p.5]. 계란형 저부에《전나무》문(역주:빗살문)이 있는 궁산 II 유형의 토기가 발견된 서울의 암사동 하층은 C_{14}에 의해 기원전 3000년으로 편년되었다[429, p.15]. 전체적으로, 남쪽의 궁산 유형 및 그에 가까운 유적들은 기원전 5-4천년기로 편년된다. 북한의 고고학자들은 궁산을, 나선문과 구불구불한 선문의 따라, 서포항 III층과 동일한 시기로 파악한다. 북한 고고학자들의 의견은 아주 이치에 맞으며, 그 근거는, 신석기시대 말기에 나타나는 한국과 중국의 고고학자들이《雷文》이라 부르는《meander》문과 마찬가지로, 편년을 위한 기준이 될 수 있을 것이다. 김중광은《번개무늬》으로 장식된 토기의 분포시기를 기원전 3천년기 중엽-기원전 2천년기 초로 편년하며[377, pp.31-58],《조선원시고고학》의 저자도 웨.예.라리체프도 동일한 시기로 편년한다[398, p.68; 206, p.56].《뇌문》토기 시기에는 서포항 IV층과 V층, 호곡동 I, 금탄리 II, 土城里 II, Чхондынмалле(청됭말레? -역자)가, 남쪽에는 동삼동 II와 영선동이 해당한다. 한반도의 고고학자들은 이 시기 유적들을 연해주 자이싸노브까 문화의 유적들과 비교한다

[398, pp.68-69].

서포항 IV층의 집자리들은 선행했던 층위들의 특성들을 잘 간직하고 있으며, 명확한 직사각형 형태의 윤곽이 특징적이다. 화덕자리 곁에는 돼지, 개, 사슴의 두개골이 있다. 집은 여성용과 남성용의 반반으로 나누어 진다[206, p.36]. 짧은 슴베가 있는 괭이가 나타나는데, 씨니 가이 II 출토의 것과 닮았다. 조개껍질로는 천공한 구멍이 있는 수확용 칼을 만들었다. 이전과 마찬가지로, 멧돼지 송곳니로 만든 낫이 있다. 석인 격지로 만든 흑요석제 칼들이 많이(한 집자리에서는 50점 정도가 발견) 발견되었는데, 이는 서포항 IV와 자이싸노브까에 서로 유사한 점이다. 하지만 끄로우노브까 I과 씨니 가이 II와는 차이가 나는데, 동일한 시기 유적의 지역적 차이임이 분명하다.

이전과 마찬가지로 동물의 뼈, 뿔, 송곳니, 이빨 등으로 만든 제품이 풍부하다. 골제 마스크와 동일한 형태의 마스크 편린 1점이 발견되었다[206, 그림 27,17,19]. 잘 마연한 표면에 시문한 즐문과 meander문의 토기들이 있다. 양원추형의 사발, 고리형의 굽, 귀모양 손잡이도 있다. 일부의 토기는 붉은색으로 채색되었다. 잎사귀 그림이 그려져 있는 저부도 있다. 의심의 여지없이 씨니 가이 II와 동일한 시기에 해당한다.

호곡동 I에도 흑요석제의 석인(약 1000점)과 칼이 풍부하다[60, p.130]. 도끼는 횡단면이 사각형이다. 사육한 돼지뼈가 발견되었다[398, p.52]. Чхондынмалле(청텅말레? -역자)에는 구멍이 뚫린 수확용 칼과 얇은 석제 원판의 끝장식 및 반월형 석도가 있다.

이 단계의 궁산문화에는 다양한 형태의 토기가 있다: 몸통 혹은 어깨에 귀·손잡이가 있고 뇌문으로 장식된 암포라형의 盆이 있고, 원추형 굽이 달린 토기도 나타나는데[379, 그림 18,20], 모두 얀꼽스끼 문화를 포함하는 고금속시대에 특징적인 유형들이다. 새로운 유형의 토기 이외에도 둥근 저부와 계란형 저부에 즐문으로 장식된 궁산문화에 전통적인 토기들도 보존된다. 덧융기문으로 장식된 토기도 있다.

서포항 V층에는 매끈한 토기가 우세하며, 뇌문과 즐문토기도 약간은 있다. 서포항 VI과 호곡동 II에는 연해주 청동기시대 리도브까 문화와 유사한 일련의 유물들(토기, 여성상)이 있다.

전체적으로 한반도 신석기시대의 즐문토기 문화는 자이싸노브까 문화와 같은 발전단계를 지나고 있다. meander문 토기 단계는 청동기시대로의 이행기로 파악되지만, 청동기시대의 이른 단계에 해당될 수도 있다. 적어도《뇌문》에서 殷 청동기와의 직접적인 평행성을 찾을 수 있는데[181,그림.19], 이는 김중광의《번개무늬》토기의 편년을 재검토할 수 있는 근거이기도 하다. 뇌문토기는 기원전 17-15세기 보다 이르지 않는 시기, 보다 정확하게는 기원전 2천년기 후반부로 편년되어야만 할것이다.

한반도의 유적들에는 보이스민 유형의 押印土器와 櫛文土器도 빌견된다. 궁산문화와 보이스만 문화가 한반도의 즐문토기 전통의 다양성을 모두 대변하지는 못하지만, 그 전통들이 기원전 5-2천년기에 크게 성행하였음은 분명한 사실이다. 궁산문화는 다른 극동의 문화들과는 토기의 형태 - 원저와 계란형의 저부 - 에 있어 차이가 난다. 궁산 문화의 그러한 요소들은 일본 신석기시대의 나쭈시마 유형 유적들과 가깝다[283, p.55, 그림 10,1,2].

연해주 신석기시대를 커다란 맥락에서 파악하기 위해 지금까지 인접지역의 신석기시대를 간략하게 묘사해 보았는데, 그 어떤 문화적 단일성에 대해 확신하게 한다. 무엇보다도 먼저, 그러한 단일성은 櫛齒文 전통의 토기에 잘 나타난다. 아무르 下流와 中流의 江岸, 大興嶺, 東海 그리고 黃海의 자연적 경계로 구분되는 거대한 영역에서 기원전 7-2천년기에 즐문토기와 프리즘 기법, 양면석기적 가공 및 片岩板이 조합된 석기공작이 널리 분포한다. 또한 모든 영역에 유형학적인 연결고리를 갖는 석제, 골제, 각제의 도끼, 자귀, 칼, 긁개, 화살촉 등이 보급되었다. 그 경계 밖에는 대부분의 연결고리가 끊긴다. 바로 이와 같은 사실들은 해당 지역을 考古學省(археологическая провинция)으로 파악가능하게 한다.

필자는 그 省을 쁘리아무르・만주(приамурско-маньчжурская) 고고학성으로 부를 것을 제안한 바 있다[39, pp.179-185]. 보다 완전한 명칭은 아무르・연해주・만주・한반도 고고학성이지만, 너무 길고 사용하기가 불편하다.

쁘리아무르・만주 고고학성의 문화들은 이웃 고고학성의 문화들과 격리되지 않았다. 예로서, 일본 신석기시대와의 평행성을 지적할 수 있다. 괭이, 저부에 난 잎사귀 그림, 토기의 형태, 시문 기술과 문양의 모티브 등은 일본 신석기시대의 것들과 흡사하다[42; 283]. 슴베가 있는 몇점 칼들과 손잡이가 있는 부채모양의 긁개는 일본의《누름단추》칼과 유사한데, 아.뻬.아끌라드니꼬프와 게.이.안드레예프도 그 일치점에 주목하였다. 북동중국의 신석기시대에도 사발, 즐문, 편암제 도구 등이 존재한다[190; 403].

자바이칼의 신석기시대에는[297; 27; 152], 이웃하는 몽고에서와 마찬가지로, 극동의 것을 연상시키는 화살촉, 쐐기, 둥근 긁개, 끝장식, 융기문 등이 있지만, 극동과는 완전히 다른 전통의 세계이다. 동시베리아 타이가의 앙가라에는[22], 비록 처음에는 꼰돈 문화로, 나중에는 자이싸노브까와 다른 문화들로 석제 링과 구멍이 뚫린 원판이 전해졌을 가능성이 있긴 하지만, 극동과는 일치점이 아직은 적은 편이다.

사할린의 신석기시대는 이제 조금 조사되었을 뿐이다. 싸도브니까(Садовника) II 주거유적이 대표적이다. C_{14} 연대는 기원전 3840±90년,

---

22) 필자는 앙가라 유역 출토의 유물들을 노보씨비르스크와 이르쿠츠크의 역사, 어문학, 철학 연구소 및 이르쿠츠크 국립대학에서 접하였다.

기원전 1520±50년이다[363]. 장방형 혹은 원형 평저와 귀·손잡이가 있고, 덧띠 혹은 像(상어·망치 모양의 덧무늬도 있다)으로 장식된 토기는 아무르의 것과도 연해주의 것과도 죠몽의 것과도 닮지 않았다. 석기공작에는 양면석기가 많고, 횡단면이 렌즈형인 도끼가 있다.

    연해주 신석기시대는 쁘리아무르·만주 고고학성의 문화체계에 있어 일정한 위치를 점하였고, 그 체계 내에서 2개의 발전 방향성과 전통을 반영하였다. 자이싸노브까 문화의 3단계부터 시작하여, 특히 그 마무리 단계에는 다음 시대 - 청동기시대 - 의 요소들이 나타난다.

◆ 블라지미르 끌라디예비치 아르쎄니예프에게 바치는 글

웨.까.아르쎼니예프(В.К.Арсеньев)(1872-1930년)는 작가이자 여행가 이다. 우리는 어릴적부터 그의 책을 읽는다. 아르쎼니예프가 학자라는 사실은 거의 알려져 있지 않다. 웨.까.아르쎼니예프는 30여년간 극동에서 활동하면서, 지리학, 민속학, 동물학, 식물학 등과 다른 여러 분야에 대한 많은 자료를 수집연구하였다. 그가 수집한 자료 중의 일부만이 발표되었을 뿐이고, 대부분의 것들은 박물관과 문서보관국에 흩어져 있고, 또 소실되기도 했다.

웨.까.아르쎼니예프의 조사작업에는 극동 고고학도 일정한 위치를 점하고 있었다.

1902년부터 웨.까.아르쎼니예프는 고고학 지표조사를 실시하였고, 우쑤리 주에서는 고고학적 측량을 행하였다. 당시 신석기시대에서 중세까지에 해당하는 200여 군데 이상의 유적이 발견되고, 서술되고, 도면에 표시되었다. 웨.까.아르쎼니예프가 발견한 유적 중에는, 마린스끼(Маринский) 근처의 쑤추(Сучу) 섬, 아무구(Амгу) 마을 근처의 광산, 아르쩨모브까(Артемовка) 강, 빠르떠잔스까(Партизанска) 강, 쑤하돌(Суходол) 강 등의 하류 지역, 제르깔나야(Зеркальная) 강안과 아바꾸모브까(Авакумовка) 강안, 따따르 해협변 등의 주거유적들과 같이, 지금도 조사의 대상으로 남아 있는 유적들이 있다. 웨.까.아르쎼니예프는 지금까지도 거의 연구가 안된 고대의 길, 들판, 광산에 대해 기술했으며, 또한 고분군, 주거유적, 패총, 중세 성지 등에 대해서도 서술하였다. 그가 수집한 유물들은 에르미따쉬, 레닌그라드 민족 민속박물관, 모스크바 대학과 까잔 대학 박물관, 하바롭스크와 연해주 지역 박물관에 보관되어 있다.

학자로서의 웨.까.아르쎼니예프는 극동의 고대 유적을 연구하고 보존하기 위해 많은 노력을 기울였다. 극동대학에서 여러 강의를 하였으며, 하바롭스크 박물관과 러시아 지리학협회 쁘리아무르 지부의 고고학, 역사학,민속학 분과를 지도하였다.

웨.까.아르쎄니예프의 야외조사와 강의 저서는 약간 알려져 있었지만, 최근 얼마전까지만 하여도, 고고학자로서의 웨.까.아르쎄니예프의 방법론은 전혀 알려지지 않았었다. 필자는 극동국립대학 역사학부의 학생 엠.뻬.마르께비치와 함께 웨.까.아르쎄니예프의 연구방법론에 대한 분석을 한 바 있다. 그의 연구방법론에 현재의 체계적 연구방법의 거의 모든 요소 - 층위학, 상황분석, 형식분류와 유형분류, 편년, 천연자료의 종분류 등 - 가 포함되어 있었음이 밝혀졌다. 당시로서는 어려운 학문적 조사조건에도 불구하고, 웨.까.아르쎄니예프는 많은 방법론을 동원하여 학문적으로 가치있는 결과들을 얻어내었다. 그는 인간의 역사를 사연, 시리적 상황 그리고 그러한 자연적 조긴들의 변화 등과 밀접한 관련이 있는 것으로 인식하였다.

분포도 작성, 전방위의 생태학적 및 고생태학적 특성묘사, 민속학과 같은 비고고학적 자료의 활용, 모델화의 적용, 확보된 정보에 대한 평가와 비판- 이 모든 것들이 웨.까.아르쎄니예프의 저작들에 포괄되어 있다. 또한 그의 저작에는 오늘날에도 드물게 볼 수 있는 것들도 있다. 웨.까.아르쎄니예프 박물관에는 서류철(ПКМ No. 603)이 보관되어 있다. 1927년의 야장 No. 2는 질서정연한 메모와 도면그림으로 채워져 있다. 그 야장에는 고고학에 대한 정보는 없는데, 고고학에 대한 사실은 다른 야장에 기록하였다. 그러나 그 No. 2 야장에서 하지 까쁘또프(Хади Копотов) 강의 침수지에서는 17년 동안 시비를 하지 않고 경작을 하면서도 좋은 수확을 거두고 있고, 데-까스뜨리(Де-Кастри) 지구에서는 부식토가 6 베르쇼크(역주: 1베르쇼크는 4,445cm)에 달하며, 농경을 쥐와 얼룩무늬 다람쥐가 방해한다는 등의 기록을 읽을 수 있다. 강안과 협곡들의 약도도 그렸다. 그가 얼마나 세세한 사실을 기록하였는지 알수 있다. 그와 같은 세밀한 기록없이는 지난 세기에 이 땅에 살았던 사람들의 삶과 생활을 복원한다는 것은 불가능하다. 서두름도 없었고, 대략성도 없었으며, 최대한 관찰하고, 절대적으로 솔직하게 기록하였다. 웨.까.아르쎄니예프는 겸손함과 자아성찰의 모범이었으며, 제자들을 가르치는데 있어서는 철저한 준비를 하였고, 자신과 얻어진 결과에 대해서는 엄격하였다. 웨.까.아르쎄니예프의 생애동안 모든 사람들이 그의 그러한 점들을 이해한 것은 아니었고, 또한 지금도 모든 사람들이 다 그의 그러한 점들을 자신을 모범으로 삼으려 하는 것은 아니지만, 그의 그러한 특성들 속에서 바로 학자로서의 웨.까.아르쎄니예프의 고귀한 가치를 찾을 수 있을 것이다.

제 5 장 靑銅器時代

우쑤리 州[1]의 고고학에서 청동기시대의 존재는 혹은 인정되거나, 혹은 부정되거나, 혹은 《청동기없는 청동기시대》라는 이름으로 인정되기도 했다. 아.뻬.데레뱐꼬는 그와 같은 논의에 대해 꽤 상세하게 검토한 바 있다[102, pp.94-99]. 청동기시대의 존재에 대한 상반된 견해는 불충분한 자료에 기인하는 것이었다: 몇몇 청동유물과 청동제품을 모방한 석제품들이 유적의 발굴에서 출토되지 않았고 또한 그 수량마저도 미비하였다.

그럼에도 불구하고, 1953년에 아.뻬.아끌라드니꼬프는 연해주에 이른 금속의 시기가 존재하였다는 결론에 도달하였고, 금속의 근원이 시베리아 카라수크 문화와 타가르 문화의 유적들에 있음을 지적하였다[252, p.10]. 게.이.안드레예프는 자이싸노브까를, meander문양과 殷 문양의 비교와 전체적 문화적 양상에 따라, 기원전 16-12세기의 청동기시대로 편년하였다[5, p.145]. 첫 연구자들의 결론은 틀리지 않았음이 입증되었다: 쁘리아무르와 연해주는 유라시아 대륙의 다른 지역들과 마찬가지로 청동기시대를 거쳤으며, 의심의 여지없이, 유라시아 스텝문화들의 영향을 받았다.

---

1) 역주: 연해주와 하바롭스크 주 남부를 포괄하여 우쑤리 주(Уссурийский край)라 부른다.

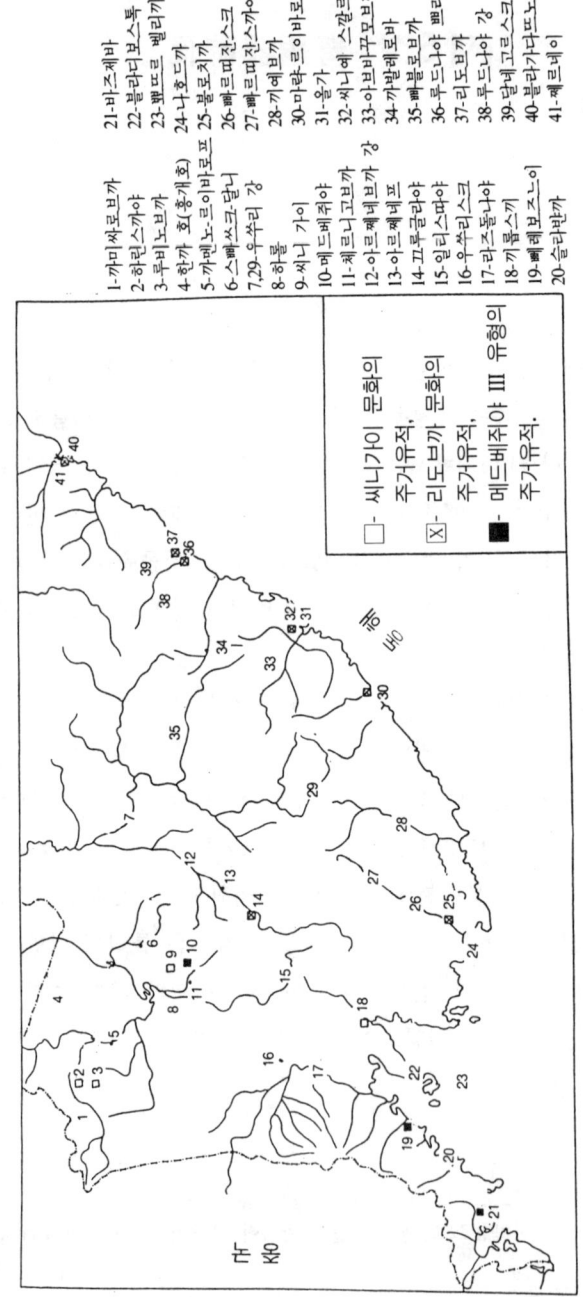

그림 95. 沿海州 靑銅器時代의 遺蹟分布圖

1-까미셰로브까
2-하린스까야
3-루비노브까
4-한까 호(흥개호)
5-까메노-르이바로프
6-스베뜨로이바르단이
7,29-우쑤리 강
8-하롤
9-씨니 가이
10-메드베쥐야
11-쎄드니고브까
12-아르쎄네브까
13-아르쎄네보
14-끄로운까
15-일리스따야
16-우쑤리스크
17-리즈두느야
18-가룔스키
19-뻬쩨레보즈느이
20-슬라반까
21-바즈께바
22-블라디보스똑
23-뾰뜨르 벨리끼 만
24-나호드까
25-블로치까
26-뻬르쎄잔스크
27-뻬레르젠스까야 강
28-꺄예브까
30-마따르이바르프
31-올가
32-씨냐예 스깔르이
33-아브바무르브까
34-까발레로보
35-블로브까
36-루드느이 쁘리스딴
37-리도브까
38-까블레고르스크
39-남블레고르스크
40-블라가다뜨노예
41-예델베이

1. 씨니가이 文化

극동의 청동기시대의 존재여부를 해결하는 데는 현재 씨니가이 문화(синегайская культура)라 부르는 고고학문화의 유적들의 조사가 중요한 역할을 하였다. 1957-1958년 아.뻬.아끌라드니꼬프는 새로운 고고학문화의 주거유적을 한까 호에서 멀지 않은 곳에 위치하는 하린스까야(Харинская) 계곡의 동산(сопка)에서 처음으로 발견 및 부분적인 발굴을 하였다[254; 291, pp.3-29; 294, pp.85-117]. 당시 그는 하린스까야 가까이의 루비노브까(Рубиновка) 마을 곁의 주거유적도 발견하였고, 다음해에는 끼롭스끼(Кировский)에서 집자리 1기를 발굴하였다[255, pp.43- 72; 292]. 1968년에는 씨니가이(Синий Гай) 마을 곁에서 주거유적이 발견되었고, 1969-1972년에는 그 주거유적(씨니가이 III)이 전면 발굴되었다[36, pp.270-271]. 지금까지 알려진 연해주 씨니가이 문화의 자료들은 모두 세지역의 주거유적 발굴에서 확보된 것이다. 하린스까야 주거유적에서 5기의 집자리가, 끼롭스끼 주거유적에서 1기의 집자리가, 씨니 가이에서 17기의 집자리 및 집자리 사이의 공간이 발굴조사되었다. 씨니 가이에서는, 집자리 외에도, 의례적인 동물무덤 4기가 발굴되었다.

주거유적, 집자리. 하린스까야 주거유적과 씨니가이 주거유적은 강안에서 120m 정도 높이의 험하고 가파른 경사면이 있는 높고 접근하기 힘든 장소에 위치한다. 다른 주거유적들은 테라스에 위치한다. 세 유적은 한까 호 가까이에, 끼롭스끼 주거유적은 블라디보스톡 근처의 동해안에 위치한다. 발굴된 모든 집자리들에는 오목한 기반부가 있었다.

끼롭스끼 주거유적. 집자리는 9×8m의 장방형이며, 모서리는 둥그스름하다(그림 96). 흙벽이 30cm 이하로 남아 있다. 기둥구멍은 직경

40cm까지 달하는 것도 있지만, 대개는 직경 20cm정도이며, 깊이는 10-75cm이다. 기둥구멍은 벽의 안쪽과 바깥쪽을 따라 나있는데, 안쪽에는 벽에서 1.5m 정도의 거리를 두고있다. 몇몇 기둥구멍은 중앙의 화덕자리 근처에 모여있다. 바닥은 모두 검은색의 탄층으로 덮혀있고, 큰 목탄조각들도 눈에 띈다. 특히 검은색의 띠가 벽을 따라 나있는데, 침상이 있었던 자리일 것이다. 그 띠에서 거의 모든 토기와 다른 유물들이 발견되었다. 유물들은 그룹을 형성하고 있는데, 각 그룹의 유물에는 몇점의 토기와 곡물분쇄기, 1-2점의 으깨개, 도끼, 자귀, 방추차가 포함되어 있다. 그와 같은 유물 그룹 중에서 2개는 북벽을 따라, 세번째의 그룹은 남벽 곁에, 네번째의 것은 동벽 곁에 있었다. 그 집자리에서는 모두 30점 이상의 토기, 12점의 도끼와 자귀, 5점의 곡물분쇄기, 8점의 으깨개, 오목한 구멍들이 있는 돌, 화살촉, 어망추, 숫돌, 방추차, 거칠게 만든 토제 동물상 등이 발견되었다. 2점의 토기 안에는 탄화된 조(Setaria italica)가 남아 있었다[218, p.148].

하린스까야 주거유적. 40기의 집자리로 구성되었고, 접근 가능한 한 면은 폭 2m 이상의 壕로 방어되었다. 발굴된 5기의 집자리는 1-1.5m 간격으로 열을 지어 위치한다. 기반부인 구덩이의 깊이는 40-80cm이며, 구덩이의 측면을 따라 1-2열의 판석과 큰 돌이 놓여 있는 경우도 있다. 구덩이의 벽과 바닥에는(벽을 따라) 직경 15-20cm의 구멍들이 있는데, 첫번째의 집자리에는 그와 같은 구멍이 14개 있다.

각각의 집자리의 중앙에는 화덕자리가 있고, 모퉁이를 따라서는 4개의 기둥구멍이 있다. 화덕자리는 사각형(한 경우는 삼각형)의 구덩이 모양인데, 벽에는 판석, 토기편 혹은 반죽한 점토를 붙이었다. 벽을 따라서 불에 탄 나무의 흔적인 폭 1m 이상의 띠가 있다. 집자리는 평면상 장방형도 있고, 타원형도 있다. 규모는 7.4-5.5m, 5x5m이며, 면적은 집자리 №1과 №5가 30m^2, №3이 25m^2, №2가 38m^2, №4가 40m^2이

며, 모두 163m²이다. 불에 탄 것이 분명한 모든 집자리에서 많은 수량

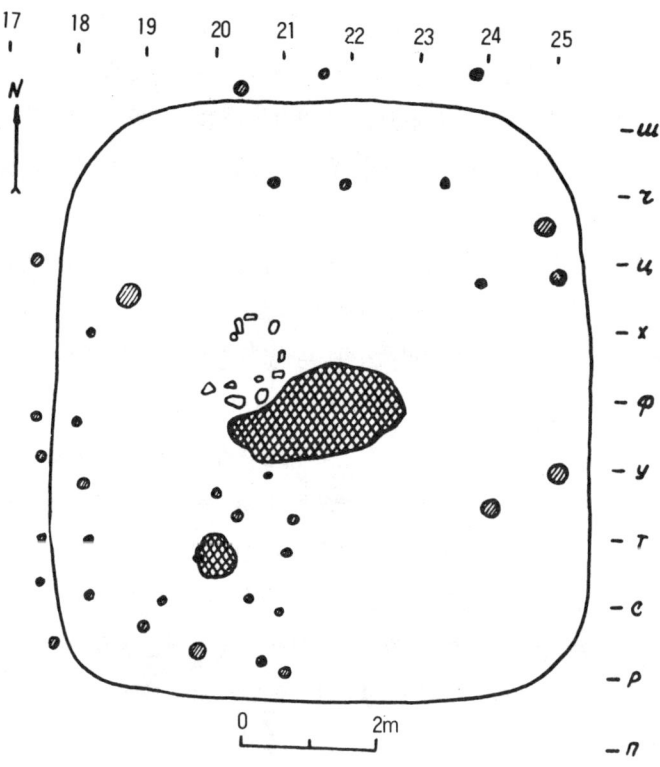

그림 96. 끼롭스끼, 상층. 집자리 No.3의 평면도

(약 70점)의 토기와 도구 및 장신구가 발견되었다. 예로서, No.2 집자리에서는 모두 23점의 토기가 발견되었다. 집자리 No.1에서는 청동제품을 모방한 석제품 -등대가 있는 창, 단추, 보습- 이 발견되었다. 집자리 No. 5에서는 6점의 동물형상 소상이 발견되었는데, 그 중에 1점에는 양식화된 멧돼지 표현물이 있다. 한 토기에는 탄화한 곡물이 남아 있었다. 아.뻬.아끌라드니꼬프는 하린스까야 주거유적은 갑작스런 습격의 결과

로 폐기되었다고 간주하였다[256, p.83].

루비노브까(Рубиновка). 하린스까야 주거유적에 가까이 위치한다. 1959년에 아.뻬.아끌라드니꼬프는 낭떠러지의 벽을 정리하였고, 그곳에서 집자리의 윤곽을 찾아내었다. 토기편들이 발견되었는데, 그 중에는 수직의 목이 있고 기반부 근처가 좁은 띠들로 장식된 토기편도 있다.

씨니가이 A(아). 상층(역주: 제III층)의 집자리들은 규모와 형태에 많은 변화가 있다. 규모는 8-165m²이다. 집의 형태는, 선행하였던 신석기시대의 것과 마찬가지로, 생토층에서 돌출하는 돌과 돌 사이의 정리된 공간의 윤곽에 의해 결정된다. 가장 큰 No2 집자리는 북서에서 남동방향으로 뻗어 있는데, 최대폭은 9m이다. 암벽의 돌출부는 차가운 북풍으로부터 집을 막아 주었다. 두 신석기시대 집자리 2a와 2b보다 위에 위치하는 집자리 No2의 평평한 공간의 규모는 165m²로 씨니가이 주거유적에서 가장 크다. 화덕자리는 2개이며, 기둥자리는 포착되지 않았다. 모두 5점의 청동유물, 40점 이상의 토기, 2점의 곡물분쇄기가 발견되었다. 거대한 No2 집자리는 주거유적의 서편에 위치한다. 동편에는 No2와 같은 높이에 서로 가까이 붙어 있는 3기의 집자리 -No.30,29,31- 가 있다.

그 중에서 가운데 위치하는 No.29 집자리는 면적이 120m²로 꽤 크다. 기본적인 공간의 규모는 10×10m이고, 동편의 단은 5×4m이다. 바닥은 계단식이며, 화덕자리와 곡물저장혈이 있다. 출토유물은 서벽, 북벽 그리고 동벽에서 4개의 그룹을 형성하고 있다. 집자리 No.30은 부정형 장방형이고, 규모는 6x3,5m, 약 18m²이다. 집자리 No.30은 길쭉한 삼각형으로, 규모가 11×4m, 22m²이다. 어쩌면, 세 공간이 모두 전체 면적 160m²인 하나의 집을 구성하였을 수도 있다. 집자리 No.3-4, 23-24, 5-26은 서로 밀접하게 같은 높이에 위치한다(그림.51의 평면도 참조). 완전히 독립적인 공간도 있는데, 집자리 No.17(20m²)과 No.25와 28(각각 60m²)이 그것이다. 개별적인 공간·집자리는 17개이고, 총면적은

780m²이다. 주거유적은 완전히 발굴되었고, 집자리들의 非共時性은 발견되지 않았다. No.23 집자리에서는 5천 여점의 뼈조각과 뿔 및 그것들로 만든 85점의 유물이 발견되었다. 두개의 화덕자리 중 하나는 뼈부스러기로 채워져 있었다. No.23은 뼈가공 제작소였음이 분명하다(표 10 참조). 집자리 No.4의 바닥에서는 골제 갑옷판의 편린이 수백점 발견되었다. 집자리 No.26에는 장방형 구덩이 모양의 화닥자리가 있는데, 하린스까야 유형이다. 기둥구멍은 많이 발견되지 않았다: 회색의 신석기시대 층위에서 기둥구멍이 잘 포착되지 않았다. 많은 기둥들이 암석 기반부를 받침돌로 하였다.

집자리 사이사이의 공간과 벽장에 토기와 도구가 놓여 있었는데, 암벽 틈 상이에 특별히 끼워 넣었던 것 같다.

모든 집자리의 바닥 아래에서 젊은(7-8개월) 돼지의 두개골과 뼈가 발견되었다. 집자리 No.6, 7, 17 곁에서는 돼지 무덤이, 가장 윗쪽에 위치하는 No.4 집자리의 근처, 언덕의 정사부위에서는 만주사슴의 무덤이 발견되었다. 머리와 앞다리뼈는 동쪽을 향하고 있고, 뒷다리는 굽혔고, 뿔은 잘라 내었다. 천골 곁에는 토제 사슴상이 놓여 있고, 그 곁에는 토기편들과 천공한 멧돼지 송곳니가, 뒷다리 곁에는 공이가, 늑골 사이에는 점판암제 화살촉이, 늑골 곁 오른편에는 쪼갠 까쑬랴의 뼈가 각각 놓여 있다(그림 97).

집자리 No.6 근처의 무덤 No.2에는 7-8개월 된 돼지뼈가 등을 아래로 하여 놓여 있다. 가슴부위에서는 골제 갑옷판이, 뒷다리뼈 곁에는 골제 바늘이 각각 발견되었다. 모든 무덤에서 점판암제의 부러진 화살촉이 1-2점 놓여 있었다. 몇몇 경우에는 젊은 돼지의 두개골 곁에 큰 멧돼지의 송곳니 혹은 송곳니를 모방한 토제품이 놓여 있기도 하다. 집자리 No.25의 바닥 아래에서는, 돼지 두개골 이외에도, 커다란 오소리의 두개골이 발견되었다. 극동의 이후의 역사에서 집을 지으면서 돼지의 두개

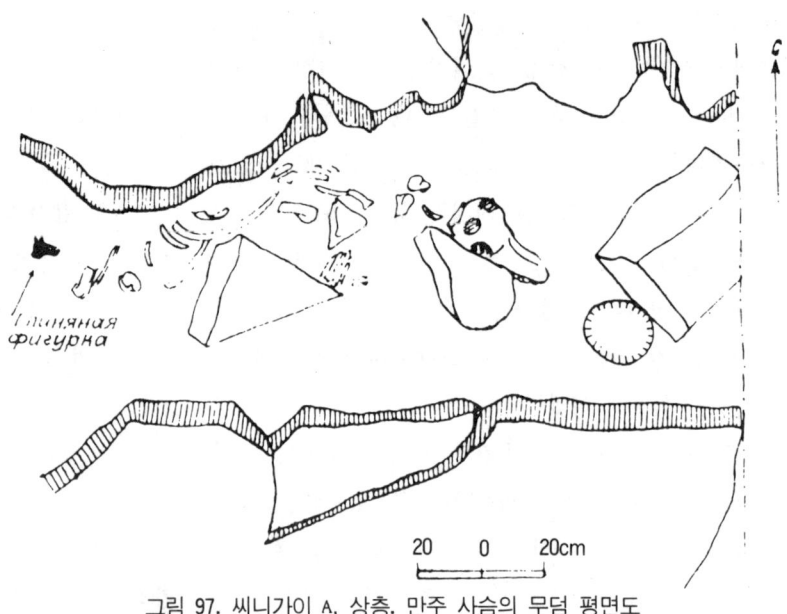

그림 97. 씨니가이 A, 상층. 만주 사슴의 무덤 평면도

골이나 턱뼈를 매장하는 풍습이 말갈시기[119, p.215]와 20세기까지의 나나이 인들에게서 포착되었다.

씨니가이 문화 유물의 형식분류와 유형분류. 다음과 같은 그룹들이 분리된다: 용기, 도구, 무구, 장신구와 의복의 부품, 놀이 혹은 의례용품, 예술품, 천연자료.

容器. 지금까지 발견된 모든 용기는 토제품이다. 토기는 손으로 만들었고, 붉은색, 회색, 황색이 있으며, 기벽은 밀도가 높고, 벽의 두께는 2-8mm이다. 태토는 정선하였고, 연체동물의 유기체(이.에쓰.쥬쉬홉스까야의 관찰에 따름- 씨니가이에만 해당)와 자잘한 모래를 첨가하였다. 큰 토기에는 자갈모래를 섞었다. 내화점토를 첨가한 경우도 있다. 소성은 모닥불에서 하였지만, 일부의 토기는 밀폐된 구멍에서 소성을 하였을 가능성이 있다. 소성온도는 600-750°이다. 성형은 3-5cm의 흙띠를 돌려서 했고, 큰 토기에는 타날도 병행하였다. 점토액에 세정한 경우가 많다. 약하게 마연한 경우도 있는데, 바깥쪽보다는 안쪽을 마연한 경우가 더 많다. 하린스까야에는 붉은색과 검은색으로 덮힌 토기편들이 있고, 끼롭스끼에는 붉은색과 검은색으로 덮힌 토기편들과 검은색 혹은 갈색의 물감으로 채색한 토기편들도 있다. 간혹 수직 지그재그를 구성하기도 하는 평행하는 띠들이 채색의 모티브이다.

저부는 편평하고 얇지만, 오목한 것도 있다. 커다란 토기에는 저부를 따로 만들어 안쪽에서 조심스럽게 붙였다. 고리모양의 굽도 있다. 바닥 안쪽에는 흙띠를 둥그스름하게 추가적으로 붙였다. 접합부의 바깥쪽은 뾰족한 경우도 있고 매끈하게 다듬은 경우도 있다.

구연부는 곧거나 오목하며(사발), 30-45° 외반하였다. 짧고 곧게 외반한 것도 있다. 순부는 대개 둥그스름하지만, 드물게는 뾰족한 것과 상방형인 것도 있다. 납작한 손잡이(씨니가이 출토의 타원형 사발들)와 귀·손잡이(아주 드물다)가 있는 경우도 있다.

형태와 크기 및 개연적인 기능에 따라 다음과 같은 유형, 亞유형, 변종의 토기가 있다:

1. 암포라형 토기. 반구형의 몸통과 짧은 수직의 구연부가 있으며, 높이는 40cm이하이고, 용량은 15-18리터이다. 윗쪽 절반과 아래쪽 절반을 따로 만들어 붙이었는데, 흔히 이 접합부를 따라 토기가 깨어졌다. 높이와 직경의 상호비율은 1:1,5 혹은 1:1이다. 암포라형 토기는 씨니가이에서 가장 많이 출토되었는데, 씨니가이 집자리 출토 토기의 20-30%를 차지한다. 물건을 담아두는 용도로 사용하였다(그림 98,3).

2. 항아리. 다양한 크기의 것이 포함되었다. 亞유형- 수직의 구연부가 있고, 몸통의 직경이 암포라형 토기의 것보다 적으며, 높이와 직경의 상호비율은 1:1,5, 드물게는 1:1이다. 亞유형- 잘록한 목과 갈때기 모양의 구연부가 있고, 높이와 직경의 상호비율은 1:1에서 1:2(높은

것)까지이다. 亞유형- 어깨가 없고, 높이와 직경의 비율은 1:2이다. 모든 亞유형의 항아리는 발굴된 모든 주거유적에서 발견되었다. 특히 세번째 亞유형 항아리는 끼롭스끼 주거유적에 우세하다. 항아리의 안쪽과 바깥쪽에 그을음이 있는 경우도 있다(그림 98,1,2,4,5).

3. 단지: 원통형 몸통이 있고, 저부는 잘린 원추형이다. 변종에는 갈때기 모양의 구연부가 있는 것과 없는 것이 있다. 직경과 높이의 비율은 1:1,5 혹은 1:2이다.

4. 사발(碗). 높이는 18cm이하이다. 亞유형에 완만한 기벽을 가진 小碗이 있다. 윗 1/3 부위에 양원추형의 굴곡이 있는 것(변종)과 곧은 벽(잘린 원추형)이 있는 것(변종)이 있다. 모든 주거유적에서 발견되었지만, 특히 하린스까야에 우세하다. 주둥이가 있는 亞유형은 하린스까야에서만 발견되었다. 亞유형에 타원형의 사발도 있다. 손잡이가 있는데, 구연부 곁에 달려 있다. 손잡이에는 여러 변종이 있다: 1)수평의 귀, 2)평평하고 곧은 것, 3)굽운 것- 모두 씨니가이에서만 발견되었다(그림 99,4).

토기 안쪽면에 대한 스펙트럼 분석의 결과 세번째 亞유형에 많은 양의 금속성분 - 금, 은, 동, 철- 이 함유되어 있음이 밝혀졌는데, 현지 점토로 만든 바탕흙에 포함된 것보다 10여 배가 많은 양이다. 어쩌면 사발에 광물성 물감을 만들었던 것일 수도 있다. 야금술적 측면으로 해석하기에는 금속성분의 양이 부족한 편이다.

씨니가이 문화의 절대 다수 토기는 매끈한 표면으로 문양이 없다. 토기에의 장식은 시문기술에 따라 다음과 같이 분류된다: 1)채색(끼롭스끼), 2)덧띠와 혹, 3)찌름, 4)沈線 덧띠는 언제나 매끈하고, 단면이 삼각형 혹은 반구형이다. 덧띠 아래에 홈선이 있는 경우도 있지만, 문양은 주로 매끈한 기벽에 나있다. 혹은 드물고, 반구형 혹은 원추형이다. 찌름은 뾰족한 꼬챙이, 새뼈, 三齒 押印器로 하였고, 심선은 꼬챙이로 그었다.

표 11. 씨니가이 A, 제III층. 집자리 №23 출토유물

遺物	材質	數量	遺物	材質	數量	遺物	材質	數量
1.갈고리	청동	1	20.정,끌	돌	1	39.톱질된 管	뼈	1
2.패식	청동	1	21.도끼, 자귀	돌	1	40.방추차(편린)	점토	1
3.반구형 패식	청동	1	22.타공기	뼈	1	41.토기(편린)	점토	7
4.단검	뼈	2	23.천공기	부싯돌	1	42.펜던트	멧돼지 송곳니	3
5.화살촉	뼈	5	24.숫돌	사암	2	43.펜던트 예비품	마노	1
6.화살촉	점판암	16	25.강판	사암		44.펜던트	이빨	1
7.활부품	뿔,뼈	2	26.곡물분쇄기	사암		45.링(편린)	옥수	1
8.활덮개	뿔	2	27.궁형 으깨개	사암	1	46.링	점토	1
9.갑옷판(편린)	뼈	6	28.낚시바늘	뼈	1	47.용도불명(편린)	뼈, 뿔	16
10.화살부품	뼈	2	29.그물 엮는 바늘	뼈	6	48.자갈돌	옥수	7
11.곡괭이	뿔	2	30.송곳	뼈	14	49.자갈돌	흑요석	1
12.칼	점판암	8	31.바늘	뼈	1	50.격지	옥수	3
13.칼	부싯돌	1	32.바늘통	뼈	1	51.격지	흑요석	10
14.낫	멧돼지 송곳니	1	33.빗(편린)	뼈	1	52.격지	점판암	16
15.긁개(측인,볼록날)	흑요석	12	34.핀	뼈	7	53.잘라낸 편린	뼈, 뿔	5000
16.새기개-긁개	흑요석	1	35.달력	뼈	1	54.편린	조개껍질	3
17.새기개	점판암	1	36.구멍뚫린 원	뼈	1	55.돼지 상악골		2
18.쐐기	점판암	1	37.구멍뚫린 원	점토	1			
19.정,끌	뼈	5	38.손잡이	뿔	3			

총계: 골제와 각제-85점, 청동제-3점, 석제-57점, 토제-10점, 기타.

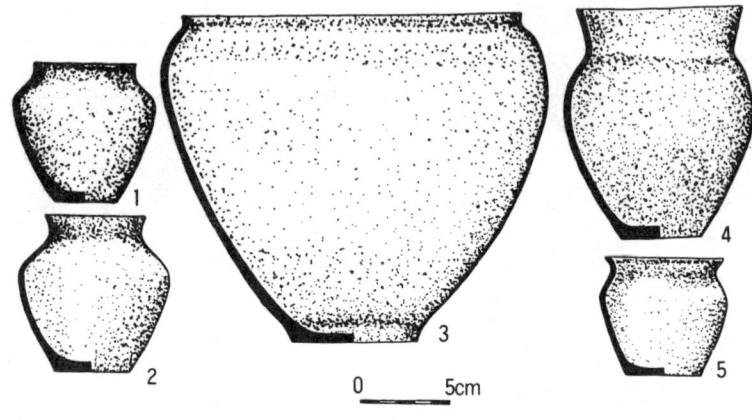

그림 98. 씨니가이 A, 상층. 토기

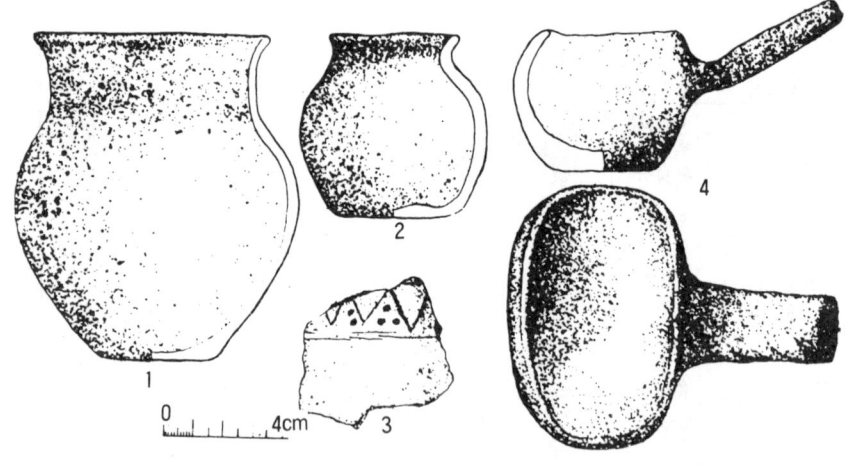

그림 99. 씨니가이 A, 상층. 토기

문양은 넓은 혹은 좁은 띠모양의 구도를 하고 있고, 구연부에서 1-4cm 떨어진 윗부분에 위치한다. 하린스까야 주거유적 출토의 제1亞유형과 제2亞유형 항아리 2점에는 넓은 문양대가 있다. 토기 ДВ-58/Х-118에는 그와 같은 문양대가 점혈로 이루어진 3열의 평행선으로 구성되었는데, 놀라울 정도의 비율과 리듬을 느낄 수 있다. 그 토기의 표면은 마연되지 않아 꺼칠꺼칠하다. 3열의 평행선 사이에 난 점선은 2열의 삼각형열을 구성하고 있는데, 씨니가이 문화 문양의 두번째 모티브이다. 토기편 ЛВ-58/X-344에는 약하게 마연된 표면을 따라 3열의 평행 점열이 나있다. 가장 아래열의 아래에는 삼각형이 매달려 있는 듯 표현되었는데, 표면이 점혈로 채워졌다. 하린스까야 출토의 또 하나의 항아리[294,그림.99,1]에는 둥치 있는 나무가 수평으로 장식되어 있는데, 삼치 압인기로 점을 내어 시문한 것이다. 그 나무의 위와 아래에는 마치 반으로 쪼갠 듯한 그와 같은 나무가 있다.

씨니가이에는 삼각형의 모티브로 장식된 토기편이 있는데, 선을 그어 삼각형을 만들었고, 그 내부는 3개씩의 점을 찍어 놓았다. 하린스까 출토토기에도 유사한 문양이 있다[294, 그림 99,2]. 2-3열의 큰 타원 혹은 삼각형 모양의 점혈이 있는 경우도 있다. 하린스까야에는 점혈로 구성된 문양대, 둥치가 없는 전나무문, 심선 등으로 장식된 토기편들이 있다[294, 그림 99,3]. 끼롭스끼에는 선을 그어 만든 능형의 망으로 장식된 문양으로, 루비노브까에는 斜線列文으로 장식된 토기편들이 각각 있다. 씨니가이 문화의 토기문양 모티브는 방금 언급한 것들이 대부분이다: 평행선, 삼각형, 능형, 둥치가 있는 혹은 없는 전나무문, 사선열문.

씨니가이 문화의 문양의 모티브와 구도 그리고 시문기법은, 대부분의 토기의 형태와 마찬가지로, 자이싸노브까 문화와 다른 즐문토기 문화의 늦은 단계에서도 찾아볼 수 있다. 그러나《폭탄형》·암포라형 토기와 항아리, 사발의 亞유형 II와 III, 문양 모티브에서의 삼각형과 곧은 선 등의 폭 넓은 보급은, 선행하였던 문화들과는 구분되는, 씨니가이 문화의 토기에 질적으로 새로운 특성이다.

도구. 청동, 돌, 뼈, 뿔, 멧돼지 송곳니, 점토 등으로 만들었다.

青銅製品(그림 100). 씨니가이에서만 발견되었다. 모두 21점이 출토되었는데, 6점 만이 도구에 해당한다(표 12 참조): 4점의 칼, 송곳, 갈고리. 그 외에도 3점이 더 도구에 해당될 가능성이 있다. 나머지는 단추, 패식, 펜던트 등이다. 금속은 엘.웨.꼰꼬바(Л.В.Конькова)가 조사하였다[173, pp.10-11].

엘.웨.꼰꼬바는 19점의 샘플에 대해 스펙트럼 분석과 금속조직분석을 행하였다. 주석 합금이 우세하였다. 구리+주석+비소의 세가지 성분의 금속 합금도 행해졌다. 비소합금 청동으로 만든 제품도 1점 있다. 합금에서 주석의 양은 10%에 달하며, 비소는 1%이하이다. 청동제품 제작기술이 약간 밝혀졌다: 1)주조, 2)주조와 약간의 단련(주조의 결함을 제거하기 위한 것이다), 3)주조와 그 다음의 굳힘(특별한 틀속에 넣고, 단련을 통해 굳혔다), 4)가열처리를 병행한 단련. 한면 거푸집에 뚜껑을 덮고 주조하였다(유물이 비대칭적이다). 고리가 달린 반구형의 패식·단추는 심봉을 끼운 복잡한 거푸집에서 주조하였다. 엘.예.꼰꼬바는 금속가공과 합금 기술이 꽤 높은 수준으로 발전하였음을 지적하였다. 그 같은 기술은 야금술에 대한 오랜 전통이 있는 지역에서만 가능한 것이지만, 아직 현지에서는 그와 같은 전통의 흔적을 찾아내지 못하였다[173, p.11]. 그러한 사실은 분명이 이미 완성된 제품이 수입되었거나 혹은 주조공들이 이주하였음을 말하는 것이다. 그러나 주조공의 이주에 대해서는 아직 아무 증거가 없다.

석기는 톱질, 타날과 점타, 탁마와 마연, 천공으로 가공하였다. 뼈와 뿔은 쪼개고, 자르고, 깍고, 톱질하고, 천공하고, 탁마하였다.

흑요석과 부식돌류로는 주로 긁개를 만들었다. 신석기시대 유물을 재활용한 명백한 증거도 있다.

도구는 다음과 같은 카테고리로 분류된다: 연마용구, 타격용구, 치는 용구, 톱, 칼, 긁개, 새기개, 천공기, 낫, 보습(?), 곡괭이, 바늘과 송

青銅器時代 251

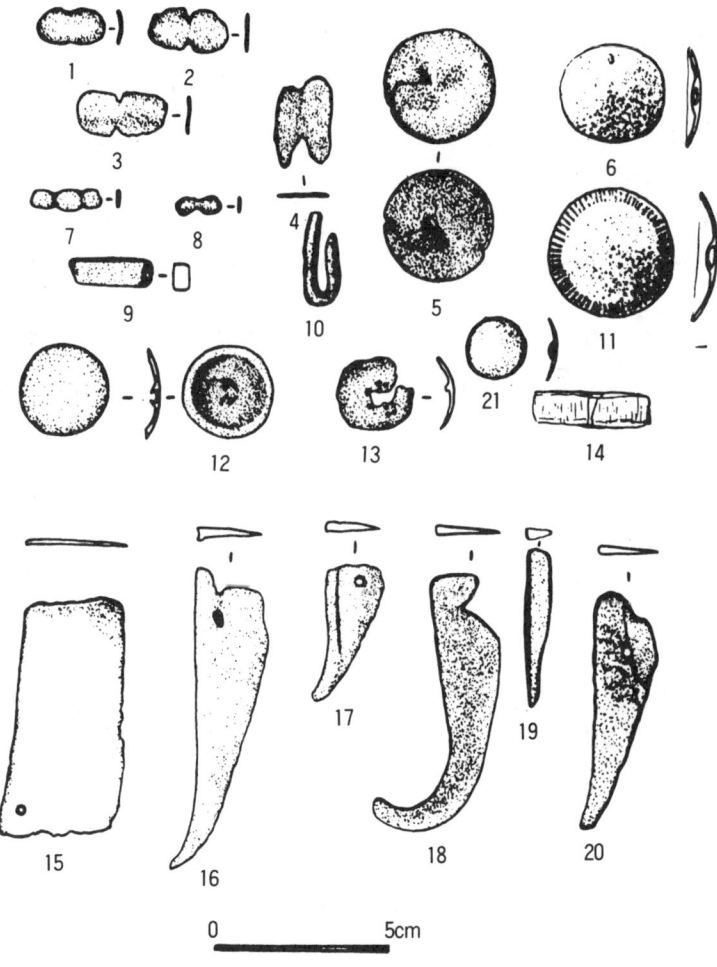

그림 100. 씨니가이 A, 상층. 청동제품들

곳, 뜨개질 바늘, 낚시용구- 낚시바늘, 작살, 어망추, 모형미끼, 고르는 용구, 방추차와 방적 펜던트, 손잡이와 무프따, 생활용구- 스키, 管(악기에서 떨어져 나온?), 스키 손잡이끝.

연마용구. 휴대용의 소형 숫돌(оселок), 숫돌(точильный брусок),

갈돌 등 순수한 씨니가이 유형 이외에도 곡물분쇄기, 으깨개, 갈판, 마연기 등이 있다. 신석기시대에 일반적이던 반구형의 홈이 패인 연마용 구는 없다.

표 12. 씨니가이 A, III층. 청동유물 출토상황

유 물	집 자 리 No.								
	2	3	4	17	21	23	24	25	29
1.《꼬리》칼								1*	
2.끝이 비교적 곧은 칼(편린)	1			1*					1
3.반구형 패식	2			1	1	1	1		
4.雙連패식	1		1			1	1		
5.三連패식				1					
6.물갈퀴 펜던트(?)									1
7.갈고리						1			
8.송곳									1
9.구멍이 있는 板					1				
10.테(?)	1	1							
총계-21:	5	1	1	3	2	3	2	1	3
註: 1*-해당 집자리 주변 출토									

휴대용 숫돌. 사암으로 만들었고, (허리에?) 매달기 위한 구멍이 뚫려있다. 능형, 입방체형, 피라미드형 등 정확한 기하형태를 지녔다. 날을 갈 수 있는 표면은 거친 것에서 아주 부드러운 것까지 있다. 씨니가이 주거유적에서는 숫돌이 모든 집자리에서 출토되었다(그림 101,4).

숫돌. 휴대용 숫돌과 같이 정확한 기하형태를 지녔다. 능형(미니 으깨개), 평행육면체 및 입방체가 있다.

갈돌. 납작한 원판형이나 원추형처럼 소형도 있도, 자갈돌로 된 긴 것도 있다. 식물용이다.

갈판. 장방형 혹은 삼각형의 사암판석이다(그림 102).

곡물분쇄기. 부정형 장방형의 판석이다.

으깨개. 세가지 유형이 있다: 1)짧고 좁은 사다리꼴, 2)능형- 높은 것과 낮은 것이 있다, 3)넓은 배형. 세번째의 것은 하린스까야에만 있다. 씨니가이 문화에는 두번째 유형의 으깨개가 절대적으로 우세하다.

타격용구에는 망치가 있는데, 자갈돌과 신석기시대의 도끼와 자귀로 만들었다. 씨니가이 주거유적의 집자리 №28에서 자갈돌로 만든 망치가 발견되었는데, 넓은 홈줄로 둘러져 있고, 노동부위는 양쪽의 좁은 끝면이다.

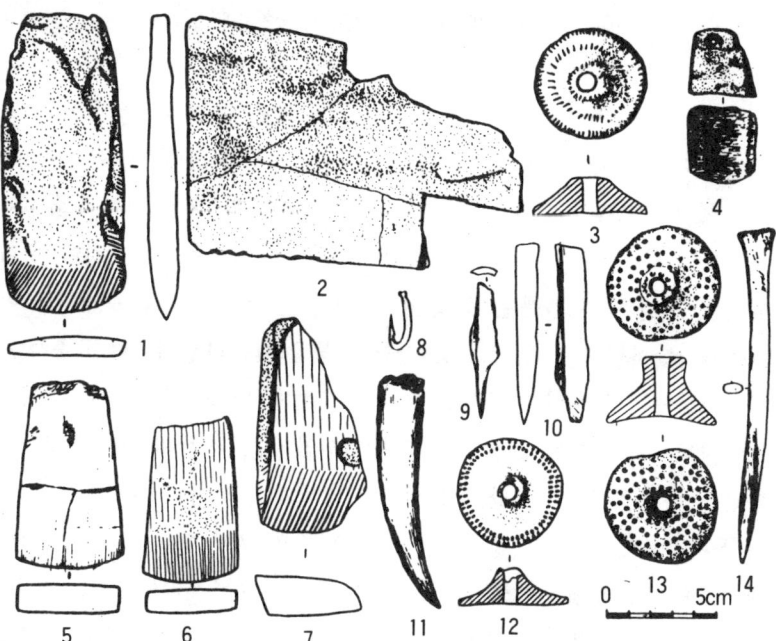

그림 101. 씨니가이 A, 상층. 1,6,7-자귀, 2-점판암제 톱, 3,12,13-토제 방추차, 4-사암제 휴대용 숫돌, 5-부드러운 돌로 만든 자귀-장난감, 8-낚시바늘, 9,14-송곳, 10-끌(8-10,14-골제), 11-까쑬랴의 뿔로 만든 스키 손잡이의 끝부분.

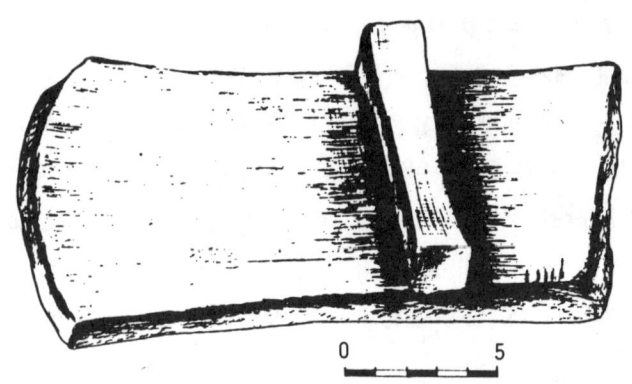

그림 102. 씨니가이 A, 상층. 집자리 No.2 출토의 갈판

치는 용구: 도끼, 자귀, 끌, 조각칼. 조각칼은 깎는 공구였음에는 틀림없지만, 자귀와 도끼를 구분하기 힘들듯이, 끌과 구분하기가 쉽지않다. 본 카테고리의 대부분 공구는 평면상 장방형 혹은 사다리꼴이고, 등은 곧거나 둥글며, 드물게는 약간 뾰족하다. 날에는 곧은 것이 우세하지만, 기운 것과 볼록한 것도 있다. 횡단면, 규모 그리고 무게에 있어서는 서로 차이가 난다. 도끼는 단면이 둥글거나 타원형이며 육중하다. 끼롭스끼에는 단면이 장방형인 커다란 도끼가 있다. 씨니가이 주거유적에서도 그와 같은 도끼가 2점 발견되었지만, 신석기시대 층위에서 나왔을 가능성이 있다. 단면이 납작한 장방형이고 각이 날카로운 제품이 우세하지만, 단면이 납작한 렌즈형, 타원형, 부정형 등도 있다. 길이에 따라 축소형(4cm이하), 짧은 것(4-5cm), 중간 것(6-9cm), 긴 것(10-14cm)이 있다. 긴 것은 드물지만, 씨니가이 주거유적에서 완형 5점이 발견되었다. 씨니가이 주거유적에서는 또한 중간 것 14점과 짧은 것 11점도 발견되었다. 두께가 5mm 이하인 것은 끌과 조각칼이다. 길이가 2-4cm의 축소형 조각칼도 있다. 씨니가이 주적유적에는 날이 2-3mm로 좁은 골제 끌이 있다. 중간 크기의 자귀도 2점 발견되었지만,

부드러운 사암으로 만들었기에 사용이 불가능하였을 것이다. 축소형과 짧은 공구는 대개 전면을 마연하였다.

얇은 점판암 판석으로 만든 톱(150×100×3mm)이 씨니가이 주거유적 집자리 №28에서 1점 발견되었다(그림 101,2). 톱으로 켠 점판암 판석이 다수있다.

점판암제 칼은 두가지 유형으로 분류된다: 1)날이 기울게 난 칼- 슴베가 있는 것과 없는 것이 있다. 2)날이 곧은 칼- 외형이 반달 혹은 그에 가깝다. 오목한 날이 있는 칼도 있다. 하린스까야 주거유적에서 발견된 두번째 유형 칼 1점에는 구멍이 뚫려 있다. 끼롭스끼 주거유적 출토의 칼에는 측면에 2개의 홈이 나있다. 두번째 유형의 칼은 전통적으로 수확용 칼이라고 간주되지만, 긁개용으로도 사용할 수도 있었을 것이다. 첫번째 유형의 칼이 우세하다. 씨니가이 주거유적에서는 19점의 첫번째 유형 칼과 3점의 반달형 칼이 발견되었다.

청동칼. 점판암제 칼 I유형과 비교된다. 곧은 등, 기울은 날, 짧은 슴베가 있다. 씨니가이 주거유적에서 4점의 청동칼이 발견되었는데, 등이 약간 두껍고, 등을 따라 홈줄이 아주 약간 나있다. 3점의 칼에는 슴베 곁에 구멍이 나있다. 날의 끝은 갈고리 모양으로 휘었는데,《꼬리》칼이라 부른다(그림 100,16-18,20). 칼의 길이는 49-83mm이다. 씨니가이 출토의《꼬리》칼과 흡사한 칼들이 만주의 고분과 내몽고, 오르도스, 그리고 고비에서 발견되었고[357, 표 24,1,2, 표 62,18,표 67, II-IV,VI: 243, pp.91-92, 그림 17,39; 378, 표 2, 그림 6; 219, fig.48과 50]. 유사한 형태의 칼이 小屯[383,표.XXI,17]과 二里崗[407, 표 5,8]에서도 발견되었다.

흑요석제와 옥수제 칼은 드물게 발견된다: 하린스까야 주거유적에서 1점이, 씨니가이 주적유적에서 2점이 각각 발견되었는데, 석인 격지로 만들었고, 날을 따라 잔손질을 하였다. 신석기시대 칼의 재활용품일 가능성이 있다.

써니가이 주거유적에서 멧돼지의 송곳니를 쪼개어 만든 칼이 2점 발견되었는데, 날이 볼록하다.

낫은 송곳니를 쪼개어 만들었다. 날이 오목하다. 구멍이 없다는 점이 신석기시대의 낫과 구분되는 점이다. 써니가이 주거유적에서 완형 2점이 발견되었다.

긁개: 1)볼록날 긁개, 2)복합긁개, 3)볼록날 긁개. 모두 흑요석 혹은 옥수의 격지로 만들었고, 날은 곧거나 멍에모양이다. 써니가이 주거유적의 1-13호의 모든 집자리에서 발견되었고, 신석기시대 층위의 것과 실제적으로 구분되지 않으며, 실제로 일부의 긁개는 신석기시대의 것을 사용하였을 수도 있다. 커다란 장방형의 점판암 석인으로 만든 긁개가 써니가이 주거유적 집자리 №26에서 1점 출토되었다. 뭉툭해진 점판암제 칼도 긁개로 사용하였을 것이다.

새기개. 모서리 새기개(угловый резец)와 대각 새기개(диагональный резец)가 있다. 격지와 석인으로 만들었고, 드물게 발견된다. 긁개와 복합용도의 것도 있다.

소형 새기새. 흑요석, 옥수, 점판암 등의 격지와 자갈돌로 만들었다. 길이 1-3mm의 날이 있다. 가죽과 자작나무껍질을 마르는데 사용하였을 것이다. 석제와 골제의 조각칼도 그와 같은 용도로 사용하였을 수 있었을 것이다.

타공기(пробойник). 원통형이지만, 끝부분은 원추형이다. 뼈와 뿔로 만든 둥그스럼한 등이 있는 원추형의 타공기도 있다.

쐐기. 점판암으로 만들었고, 날은 곧다. 형태는 능형과 사다리꼴이고, 길이는 2-4cm이며, 탁마하였고, 드물게 발견된다. 쐐기를 끼웠던 테는 발견되지 않았다.

천공기(сверло): 1)손잡이가 있는 가장자리를 기울게 자른 骨管,

2)잔손질을 한 삼각형 격지, 3)게.에프.까로브꼬바(Г.Ф.Коробкова)는 씨니가이 주거유적 출토의 점판암제 창촉 2점에서 천공기로 사용한 흔적을 발견하였다.

보습. 드물게 발견되는 수수께끼 같은 제품이다. 하린스까야 주거유적 집자리 No.1에서 2점이, 씨니가이 주거유적 집자리 No2에서 편린 1점이 각각 발견되었다. 2점은 점판암으로, 1점은 사암으로 각각 만들었다. 길이는 28-42cm이다. 형태가 지탑리 출토의 보습[294, 표.XIV,1,2]을 연상시키지만, 탁마되지 않았다. 큰 규모의 집자리들에서 많은 수의 청동유물과 그 모조품이 출토되었다는 사실은 특이할 만하다. 씨니가이 문화는 실품보다는 상징적인 의미를 지닌 상징품이 많다는 사실도 간과해서는 안된다.

곡괭이. 사슴뿔과 커다란 뼈를 쪼개어 만들었다. 집을 만드는데 있어 말뚝과 더불어 중요한 역할을 하였을 것이다.

골제 바늘. 단면이 둥글며, 마연하였다. 길이는 45-100mm이고, 귀의 직경은 1mm이다. 骨管을 잘라 만든 바늘통도 있다.

송곳, 찌르개. 씨니가이 주거유적 출토의 유물 중에서 가장 많은 수를 차지하는 카테고리의 골제품이다. 亞유형: 1)둥글고 탁마한 것, 2)쪼갠 뼈로 만들고, 날부위를 탁마한 것, 3)물고기뼈, 발바닥뼈, 이빨 등의 특이한 재료로 만든 찌르개. 씨니가이 주거유적 집자리 No29에서 청동송곳(그림 100,19)이 1점 발견되었는데, 길이 4,2cm의 편린이며, 횡단면이 삼각형이고, 날부위가 둥글고, 등은, 칼에서와 같이, 두껍다.

송곳의 단면은 출토불명 유물의 출토지역 규정과 편년설정에 중요한 역할을 할 수 있지만, 유감스럽게도, 송곳은 고고학자들에게 인기있는 대상이 못되어, 대개 그 단면이 알려져 있지 않다.

비대칭 찌르개(그림 101,14). 송곳의 亞유형 II와 III과 흡사하다. 일반적으로 뼈끝 손잡이가 있다. 뜨개용 바늘(그물을 엮는데?)로 사용하였을 가능성이 높다. 씨니가이 주거유적에서 다수 출토되었다.

갈고리: 집자리 №23에서 출토된 청동제품이 있다(그림 100,10). 고랑이 없고 매끈한 것으로 보아 낚시바늘이라 보기는 힘들 것 같다[407, 표 5,7 참조]. 화살통과 같은 물건을 고정시키는 부품이었을 것이다. 통뼈를 잘라 만든 2점의 갈고리에는 안쪽에 고랑이 나있다. 윗쪽은 두껍고, 그 아래에는 홈줄이 나있다(그림 101,8)[2, 그림 1,24, 그림 2,14]. 씨니가이 주거유적에서는 통뼈를 잘라 만든 갈고리 외에도 뼈 축에 (멧돼지와 곰의) 송곳니를 쪼개 미늘을 만들어 단 조립식 갈고리도 있다.

작살. 뼈 혹은 뿔로 만든 축인데, 끝이 원추 혹은 삼각형 모양이며, 한쪽 혹은 양쪽 끝이 두텁다. 원추체가 작살의 예봉 역할을 하였을 것이다. 마연하였고, 모두 짙은 갈색이다.

모형미끼. 新開流 출토의 꼰돈 문화 모형미끼와 유사하다. 양쪽 끝이 다 뾰족하고, 유협형이며, 중간에 허리가 있다. 짧은 것은 3-5cm인데, 회전작살의 예봉이라 보기는 힘들다.

어망추. 일반적인 유형의 것이다. 자갈돌로 만들었고, 2개의 홈이 있다. 끼롭스끼 주거유적에서 발견되었다.

고르는 용구. 뼈 중에서도 흔히 늑골로 만들었고, 노동부위에는 마연을 하였다. 토기 성형과 가죽이나 자작나무 껍질을 마르는데 사용할 수 있었을 것이다.

방추차는 점토로 만들었는데, 씨니가이 문화의 모든 집자리에서 출토되었다: 1)낮은 잘린 원추형, 2)원통형의 목이 있는 낮은 잘린 원추형, 3)목이 있거나 혹은 없는 방추차로, 기반부가 오목하여 종을 연상시킨다. 대부분의 방추차는 매끈한 무문이지만, 씨니가이 주거유적에서는 문양으로 장식된 방추차가 3점 발견되었다. 점혈 혹은 이음표로 구성된 동심원이 문양의 모티브이다(그림 101,3,12,13).

펜던트. 직경과 무게가 방추차에 가깝다. 가느다란 구멍이 뚫려있는 펜던트가 하린스까야 주거유적[294,표.X,14]과 끼롭스끼 주거유적에서 각각 1점씩 발견되었다. 전자에서 발견된 펜던트는 양원추형으로 수직의 축을 따라 구멍이 나있고, 후자의 것은 구형으로 구멍이 축과 일치하게 나있다. 방적기의 추 역할을 했을 가능성이 높다.

씨니가이 주거유적에서는 공구를 고정시키기 위한 손잡이와 무프따를 뼈와 뿔로 만들었다. 끝을 깍아낸 까쑬랴의 뿔로는 스키 손잡이 끝부분을 만들었는데, 유사한 것을 우데게이 인들이 만들어 썼다. 집자리 No2에서 뼈로 만든 작고 납작한 숟가락·소삽이 발견되었다. 길이 6-7cm에 직경 7-8mm인 골관도 2점 있는데, 그 어떤 악기의 부품이었을 것이다. 1점에는 톱질이 되어있다.

씨니가이 문화에는 武具가 분리되는데, 갑옷의 존재는 무기들이 사냥기능과는 구분되는 전투적 기능을 지녔음을 증명한다. 무구에는 다음과 같은 것이 있다: 화살촉, 창촉, 단검, 조립식 활의 부품, 화살대 깃 오늬(хвостовой упор), 방어용 갑옷의 甲板, (칼집 혹은 화살통의) 덮개, 머리퇴. 머리퇴는, 위에 언급한 청동제 갈고리와 마찬가지로, 기능이 명확하지 않다.

화살은 석제(점판암제) 혹은 골제의 화살촉과 뼈 혹은 뿔로 만든 오늬를 갖추고 있다. 집자리 No28의 바닥에서 골제 화살촉과 깃 오늬가 발견되었는데, 화살의 총길이는 65cm였다. 씨니가이 주거유적에서 많지 않은 수량의 오늬가 발견되었다(그림 103,18-21): 7점(5점은 골제, 2점은 각제)은 완형상태로, 3점은 편린상태로 발견되었다. 게.에프. 까로브꼬바(Г.Ф.Коробкова)는 그 유물들이 화살대의 깃 오늬임을 분명히 하였다: 길다란 삼각형의 마연된 骨板으로, 간혹 앞쪽 끝부분과 기저부가 약간 두텁기도 한《제비 꼬리》모양을 하고 있고, 길이는 40-60mm이다.

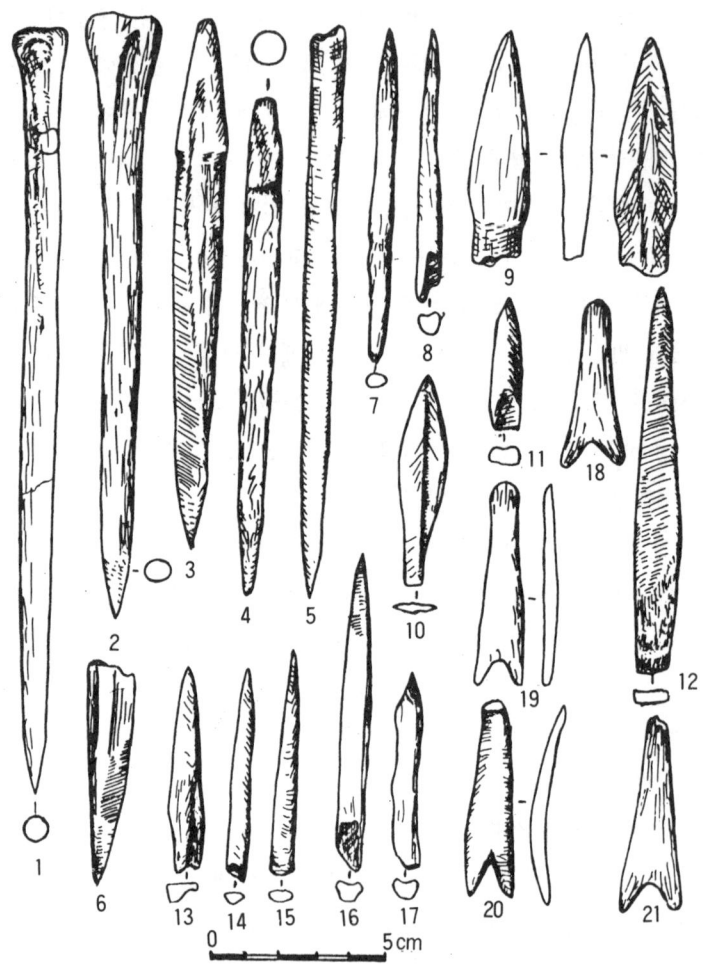

그림 103. 씨니가이 A, 상층. 뼈와 뿔로 만든 武器들

점판암제 화살촉(그림.76) : 1)얇고, 납작하고, 단면은 두터운 렌즈형이며, 길이는 1-5cm, 두께는 0.7mm이다. 변종에 잎사귀형이 있는데, 대개 기반부가 곧거나 볼록하지만, 오목한 기반부에 뾰족한 미늘이 있는 것도 있다. 단면이 능형이고 두께가 3mm 까지의 亞유형도 있다. 2)

송곳형이고, 단면은 렌즈형 혹은 능형인데, 완형은 출토된 바 없다. 씨니가이 주거유적에서만 발견되었다. 천공기로도 사용할 수 있었을 것이다.

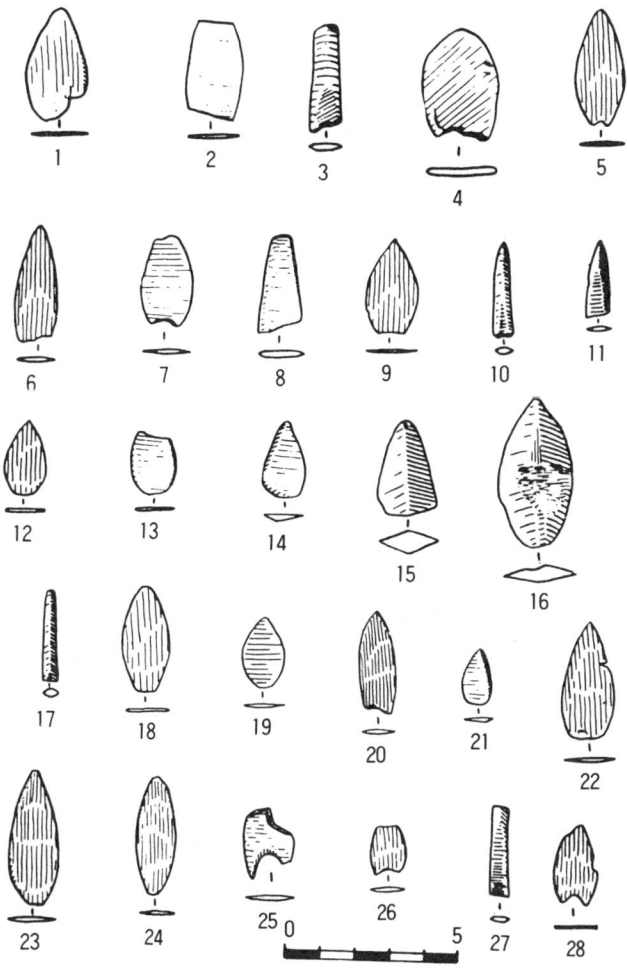

그림 104. 씨니가이 A, 상층. 점판암제 화살촉들

골제 화살촉은 길이가 5-14cm로 규모가 크다: 1)슴베형- 삼각형 혹은 잎사귀형의 몸통이 있다. 2)송곳형. 3)란셋형(그림 103).

골제단검은 길이가 14-24cm이며, 손잡이에 따라 형태가 구분된다: 1)검날멈추개를 뜻하는 돌출부가 있는 것, 2)검신과 손잡이를 분리하는 간격이 있는 것, 3)못대가리 모양의 뼈끝 손잡이가 있는 것. 검신의 단면은 원형 혹은 타원형이다. 예봉이 날카롭게 다듬어져 있는데, 찌르는 용도의 무기임이 틀림없다(그림 103,1-5). 씨니가이 주거유적에서 완형 5점이 발견되었다.

창촉. 1)점판암제 몸통(創身)이 있는 창촉- 둥그스름한 혹은 곧은 기반부가 있는 잎사귀형이며, 단면은 예봉부위는 렌즈형 혹은 능형이며, 중간부위는 렌즈형 혹은 납작한 육각형이다. 몸통의 아래쪽 1/2 혹은 1/3부위에서 몸통이 넓어진다. 규모는 9-16cm이다. 씨니가이 주거유적에서 9점(완형 아닌 것도 포함)이, 하린스까야 주거유적에서 1점이 각각 발견되었다(그림 105). 2)등대있는 청동유공촉의 점판암제 모조품. 하린스까야에서 1점이 발견되었는데, 몸통의 중간에 난 등대의 양쪽을 따라 홈줄이 나있다[294, 표 XI,8]. 씨니가이 주거유적의 집자리 №29에서 창촉의 몸통편린이 1점 발견되었는데, 등대가 끝나는 지점이 능형이다.

등대와 홈줄이 나있는 몸통들이 한반도에서 다수 발견되었다. 아리미쭈 쿄이치의 형식분류에 따르면 바로 Aa와 BIa 유형에 속하는 석검들이다[372, 표 14,1,2,4, 표 24,3]. 그러나 하린스까야 주거유적 출토유물의 정확한 原形을 필자는 보지 못했다. 씨니가이 주거유적 출토의 것은 리도브까 문화의 몸통에 가깝다[125, 그림 18,1,4-7]. 세번째 유형의 창촉은 骨管으로 만들었고, 커다란 예봉이 있으며, 길이는 13-16cm이고, 기반부는 곧고, 세밀하게 마연하였다.

青銅器時代 263

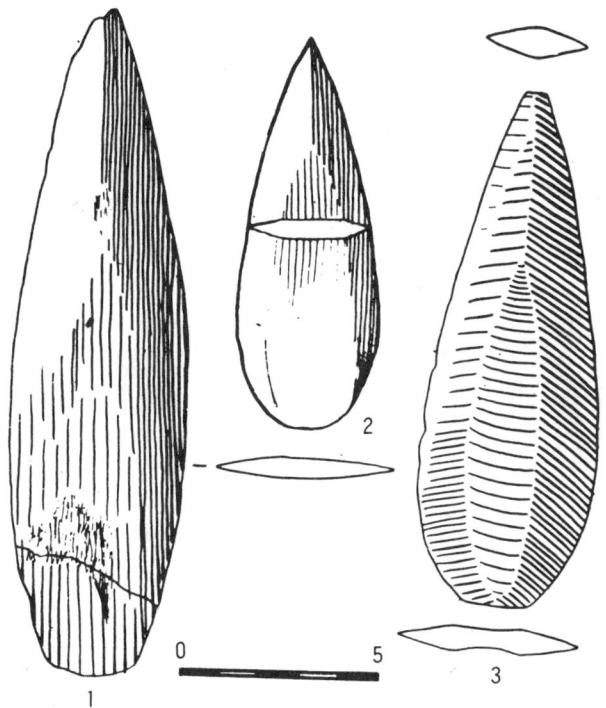

그림 105. 씨니가이 A, 상층. 점판암제 창촉들

활은 여러 부품을 조립하여 복잡하게 만들었다. 뿔을 깎고 약간 마연해서 덮개판을 만들었다. 활덮개는 길이 45-150mm, 폭 8-23mm, 두께 2-3mm이다. 덮개판의 양쪽 끝은 가늘게 깎아 내었는데, 한쪽 끝에는 횡으로 틈을 내었다(그림 106,1-4,6). 활 끝부분의 덮개판은 32-55mm로 짧다. 끝부분 덮개판의 한쪽 끝은 가늘게 되어 있어, 곁에 위치하는 덮개판 아래로 들어갈 수 있게 되어 있고, 다른 한쪽의 두터운 끝은 틈 혹은 단을 내어 시위줄을 매달 수 있게 해 놓았다(그림 106,5,7-9). 모두 뿔로 만든 것이다. 7점의 완품과 1점의 예비품이 발견되었는데, 게.에프.까로브꼬바가 4점을 검토한 바 있다. 씨니가이 주거유적에서 활의 부품들이 발견되었다는 사실은, 연해주도 청동기시대에 원거리 전투용의 활이 생겨난 넓은 지역의 일부에 포함됨을 의미한다. 지금까지는 활의 발생지를 일반적으로 동중앙아시아(Центральная Азия)로 간주해 왔다[250, pp.16-22; 215, p.64; 344, pp.273-276; 119, pp.128-129].

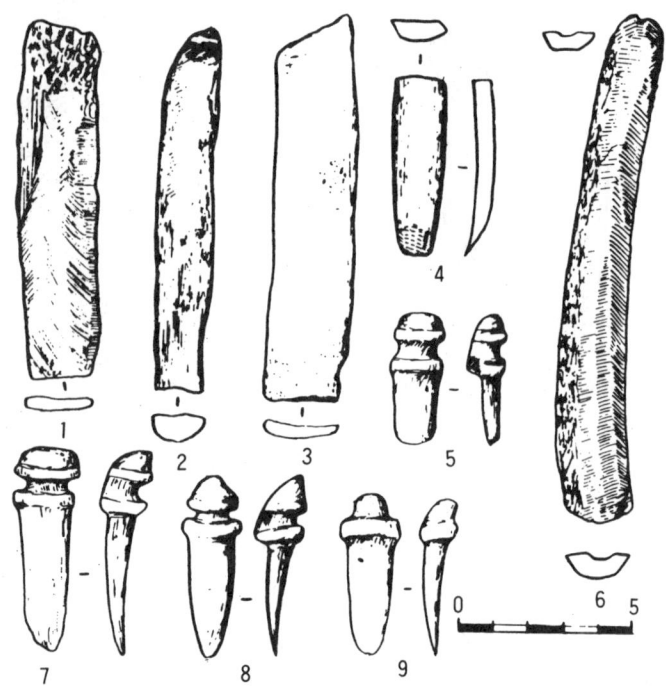

그림 106. 씨니가이 A, 상층(Ⅲ층). 활부품들(角製)

甲板 골제이다. 세가지 유형이 있는데, 모두 같은 장소에서 발견되었다. 집자리 №4에서 불에 타 일부만 남은 갑옷이 발견되었다. 집자리 №26에서도 수백점의 갑판편이 발견되었다. 수점씩의 갑판 편린은 다른 집자리들과 돼지의 무덤에서도 발견되었다. Ⅰ유형: 장방형이며, 가

장자리를 따라 1.5-2mm의 구멍이 나있고, 두께는 2-3mm이다(그림 107,6-11,13-14). 바깥면은 한가지 유형의 새김문 - 十字가 들어 있는 타원과 타원의 양쪽에 나있는 장방형의 meander문 띠 - 으로 장식되었다. 문양이 없는 갑판도 있는데, 동물무덤과 개별적인 집자리들에서 발견된 것이다. 4호 집자리 출토의 갑판에는 모두 문양이 있다. 갑판의 측면은 매끈하게 다듬었다. 갑판은 안감(가죽?) 위에 대어 기워 붙였다. II유형 갑판은 사다리꼴이다(그림 107,12). 구멍은 갑판의 기저부에만 뚫려있다. 문양은 없다. 사다리꼴 갑판은 갑옷의 아래쪽에 기워 붙였음이 분명하다. III유형-입체 갑판이다(그림 107,3). 입체 갑판에서 양식화된 여성의 면모를 찾아볼 수 있다. 문양이 있고, 구멍은 윗부분에만 나있다. 갑옷의 어느 부위에 붙였는지 분명하지 않다. 甲板은 극동에서는 중세까지 보존되지만, 골제는 점차 철제에 의해 밀려난다. 북동아시아에서는 그와 같은 방어용 무기가 17세기까지 사용되었다[119, pp.145-149].

덮개판. 청동제(그림 100,15)와 골제(그림 107,1,2,4,5) 두 유형이 있다. 청동제에는 구멍이 하나만 뚫려있다. 골제는 길이 19cm이고, 폭 3cm이며, 가장자리를 따라 구멍이 나있다. I과 III유형 갑판과는 다른 형태의 문양으로 장식되었다. 갑판으로 사용되었을 가능성도 배제해서는 안된다.

끝장식. 원판형과 장방형이 있다. 가장자리는 둥그스름하거나 날카롭다. 양원추형의 구멍이 뚫려있고, 신석기시대의 것보다 더 많이 탁마되었다.

장신구에는 패식, 펜던트, 구슬, 링, 원판, 핀, 테, 빗 등이 있는데, 대부분 쎄니가이 주거유적에서 발견되었다.

반구형 패식·단추. 뒷쪽에 고리가 달려 있다. 청동제 6점이 발견되었는데, 1점의 앞면은 가장자리를 따라 난 단선문으로 장식되었다(그

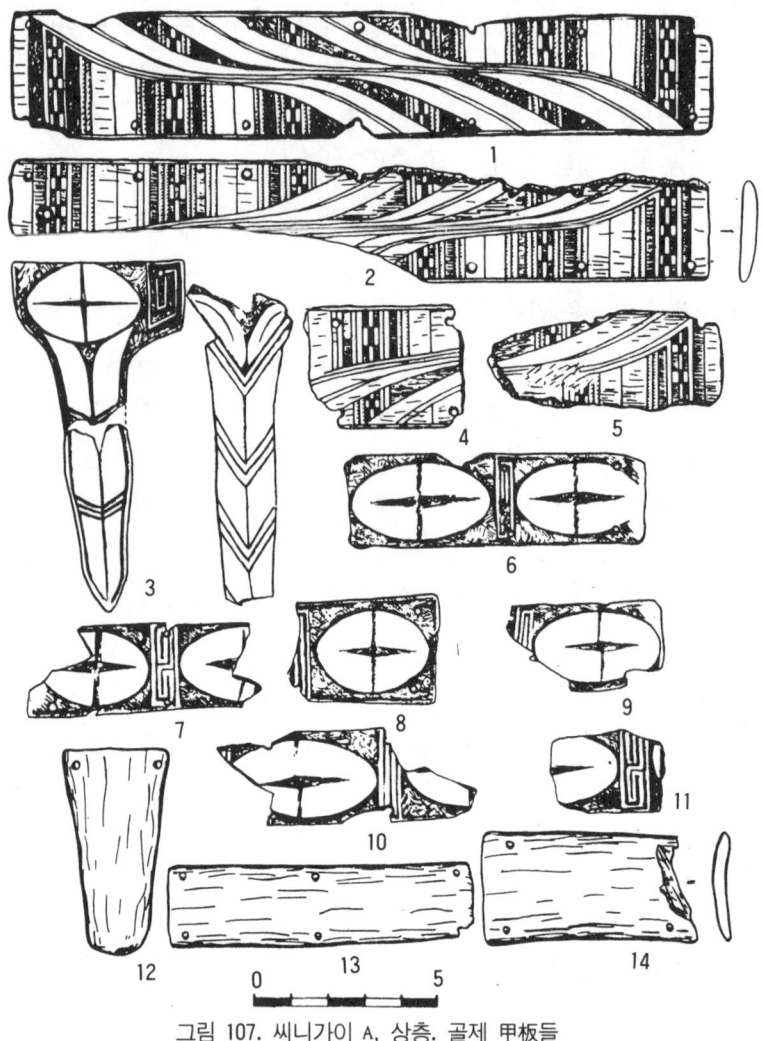

그림 107. 씨니가이 A, 상층. 골제 甲板들

림 100,5,6,11-13,21). 하린스가야 주거유적 출토의 석제 모조품에 그와 꼭 같은 문양이 있다. 석제 모조품을 만들때, 녹슨 청동색의 돌을 골랐다는 사실은 특기할만 하다. 즉, 패식에 난 녹을 닦지 않았고, 오래된 것을 값있게 여겼음을 말한다.

청동제 쌍연패식. 고정시키기 위한 특별한 장치가 없다. 4점이 발견되었는데, 모두 납작하다(그림 100,1-3,8).

삼연패식(그림 100,7)과 물갈퀴형 펜던트(그림 100,4)도 있다. 후자는 화살촉을 연상시킨다. 청동제의 모든 패식과 펜던트는 홍산후(Хуншаньхоу)와 하가점(상층) 출토의 것들과 유사하다[357, 표 25,15,17,25]. 반구형 단추는 만주에 널리 분포한다[419, pp.407-410, 그림 2,2,3,5].

집자리 №25에서 흑색의 골제 패식 1점이 발견되었는데, 목이 없는 방추차를 연상시킨다. 빛이 날 정도로 마연하였다.

석제(옥수제, 마노제, 점판암제) 펜던트에는 물방울형, 장방형(그림 108,2,5), 궁형(그림 108,4), 멧돼지 송곳니와 사슴 이빨을 모방한 것 등이 있다. (사슴과 고양이과 동물의) 이빨로 만든 펜던트도 있고(그림 108,6), 멧돼지 송곳니의 에나멜 층 껍질로 만든 펜던트(그림 108,3,7,11)도 있으며, 점토로 송곳니 모양으로 혹은 물방울 모양으로 만든 펜던트도 있다.

구슬은 세로로 구멍이 나있는 원통형이다: 1)백색과 청색의 오팔로 만든 것- 길이는 0,7-5cm이다. 2)토제- 하린스까야와 끼롭스끼 주거유적에서도 발견되었다. 3)골제管. 오팔과 옥수를 만든 구멍이 없는 예비품들도 발견되었다. 하린스까야 주거유적에서는 점토로 만든 구형 구슬이 발견되었다. 점토와 돌로 만든 양원추형과 작은 원판모양의 구슬도 있다.

링(고리)은 토제와 석제(옥수제)가 있고, 직경은 2-6,5cm이다. 모든 유적에서 발견되었다. 중앙에 천공한 구멍이 있는 옥수제 원판은 쓰니가이 주거유적과 하린스까야 주적유적에서 출토되었다.

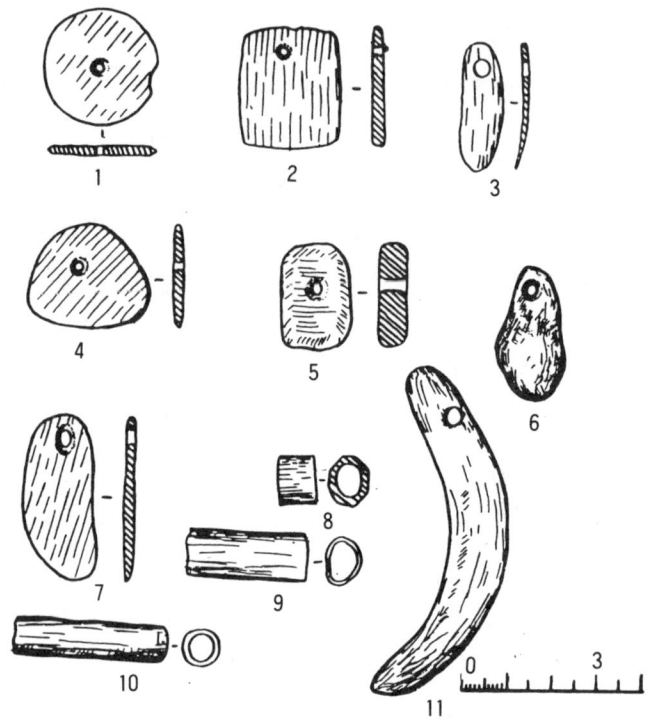

그림 108. 씨니가이 A, 상층. 장신구: 1,2,4,5,10-석제, 6-사슴
이빨, 3,7,11-멧돼지 송곳니의 에나멜층 껍질,
8,9- 골제.

골제 핀. 납작하고 입체적인 머리가 있다. 길이는 12cm 이하이고, 폭은 7-15mm이다. 핀린을 포함하여 모두 6점이 알려져 있는데, 중간 부위에 網狀의 문양이 있는 것도 2점 있다.

23호 집자리에서 골제 빗 편린이 발견되었다. 청동제 장방형 板·테(?)도 2점 있는데, 의복이나 허리띠의 부품일 것이다(그림 100,9,14).

아주 다양한 유물군이 있는데, 장난감, 놀이기구 혹은 의례용품으로 파악할 수 있을 것이다. 앞에서 언급한, 실제 사용이 불가능한, 도끼 이외에도 많은 수의 화려한 옥수 자갈돌이 있는데, 이 유물군에 포함시킬 수 있을 것이다. 그것들은 씨니가이 문화의 모든 집자리에서 발견되었다. 모든 유형의 축소형 용기, (신석기시대의) 토기편으로 만든 구멍이 있는 혹은 없는 원, 관통하는 구멍이 있는 토제 원추형 방추차 (하린스까야 출토의 제품에는 구멍이 끝까지 뚫려있지 않다), 부드러운 돌로 만든 직경 6.5cm의 원판·청동거울 혹은 패식의 모조품일 수도 있다, 동종의 돌을 뿔모양으로 굽게 만든 물체 등도 이 그룹의 유물군에 포함시킬 수 있을 것이다.

커다란 멧돼지의 송곳니와 그 토제 모방품(구멍은 없다)은 분명히 의례적 의미를 지니고 있었을 것이다. 집 기반부의 새끼돼지 두개골과 나란히 놓여 있었다.

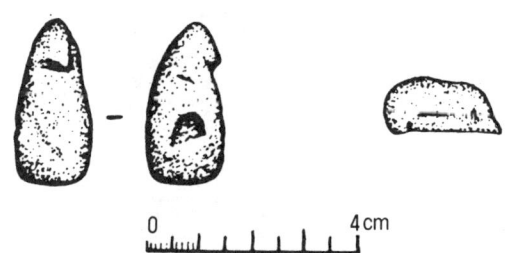

그림 109. 씨니가이 A, 상층. 토제상: 1-집자리 №6, 2-집자리 №24.

도식적인 멧돼지상들이 하린스까야 주거유적에서 발견되었다[294, 표 IX]. 씨니가이 주거유적에서도 토제와 골제의 상들이 발견되었다 [45, pp.98-104, 그림.1]. 집자리 №24에서는 길이 3cm의 토제 쥐상이 발견되었다(그림 109,2). 쥐상의 발견은 씨니가이 문화에서 극동의 동물 띠 달력을 찾게한다: 멧돼지, 쥐, 고양이과 동물(?), 원숭이(?)(그림 109,1). 작살, 갈돌, 토제구슬 등의 일련의 유물이 남근형태를 갖고 있다는 점을 부언할 필요가 있다. 새모양 골제판에 달력이 표시되어 있다: 7개씩의 선이 4그룹으로 분리 되어있다(그림 110).

그림 110. 씨니가이 A, 상층. 달력(골제). 집자리 No.23

天然資料는 세 유적에서 발견되었다. 조(чумиза. Setaria italica), 만주호도(маньчжурский орех. Juglans mandshurica), 잣(кедровый орех)은 끼롭스끼에서, 곡물(기장?)과 잣은 하린스까야에서 발견되었다. 씨니가이 III층에서는 자작나무 조각들이 아주 많이 발견되었는데, 가장 큰 조각의 크기는 10×3cm이다. 자작나무로 아마도 세간집기를 만들었

青銅器時代 271

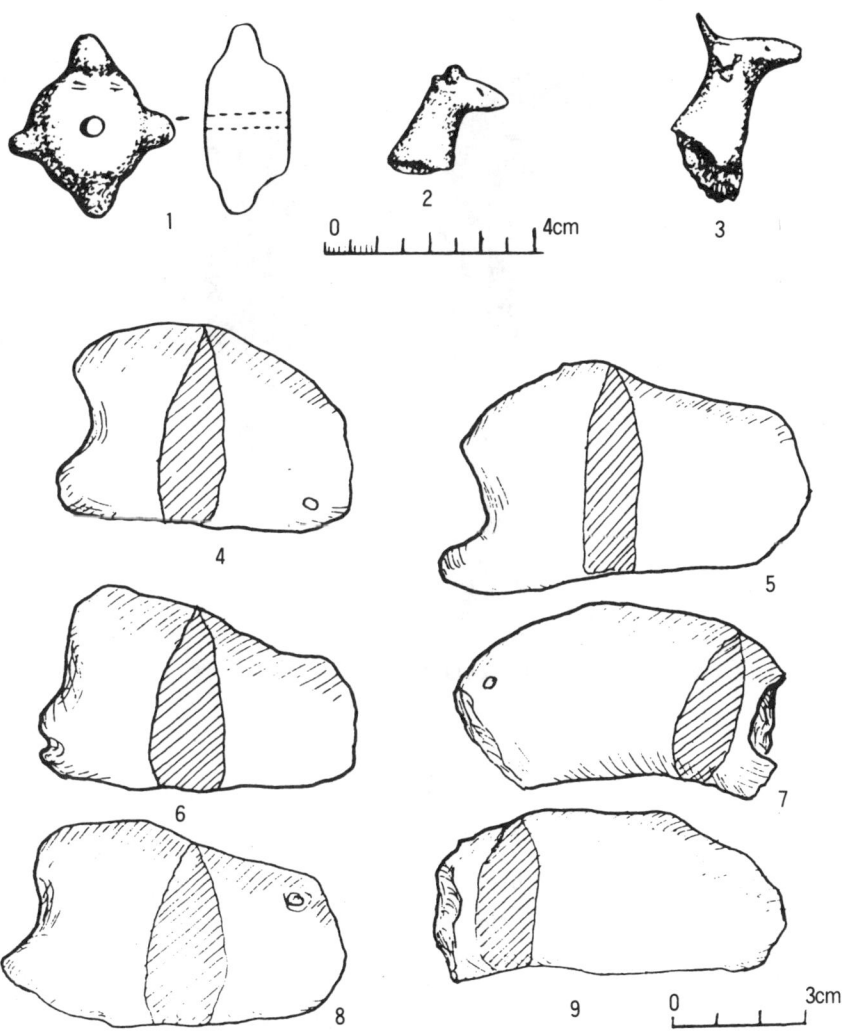

그림 111. 씨니가이 문화의 예술품: 1-3, 씨니가이 A, 상층, 4-9, 하린스까야 주거유적(1-9, 토제)

272

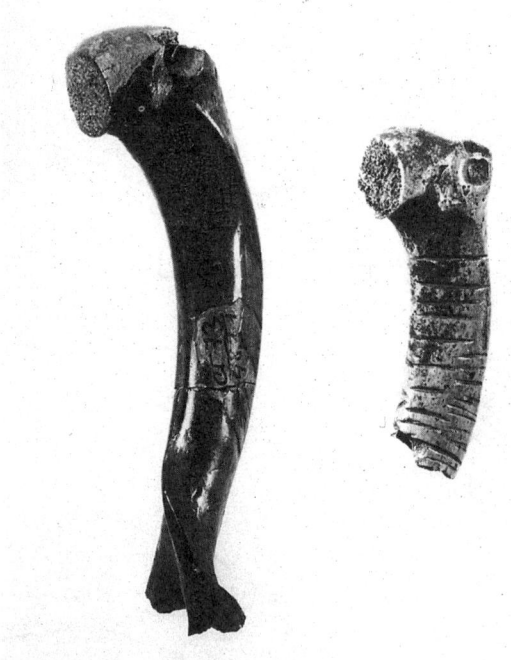

그림 112. 씨니가이 A, 상층. 상층. 골제像

을 것이며, 또한 집의 지붕도 만들었을 것이다.

　씨니가이 주거유적에서는 진주조개와 바다 연체동물 - Tizuhopecten yessoensis(гребешок), Spisula sachlinensis(спизула) - 등의 패각도 발견되었다. 포유류의 뼈에는 다음과 같은 것이 있다: 돼지뼈-98마리 분, 까쑬랴(косуля. Capreolus capreolus L.)뼈- 78마리 분, 너구리(енот. Procyon lotor)뼈- 17마리 분, 늑대뼈- 15마리 분, 만주사슴(изюбр. C. elaphus L.)뼈- 8마리 분, 곰뼈- 4마리 분, 여우뼈-3마리 분, 오소리(барсук. Meles meles)뼈, 족제비(колонок. M. sibiricus Pall.)뼈, 혹담비뼈, 하르자(харза. M. flavigula Bodd.)뼈, 오소리(росомаха. Gulo

gulo L.)뼈, 수달뼈, 삵괭이뼈, 표범뼈, 고양이뼈, 사향고양이뼈, 점박이 사슴뼈, 큰사슴(лось. Alces alces L.)뼈- 각각 2마리 분씩[2]. 동물학자들은 아직 돼지뼈가 야생의 것인지, 가축의 것인지 알아내지 못하였지만, 돼지숭배(культ свиньи)가 있었음은 분명하다. 이웃 지역에서는 이미 신석기시대에 돼지가 가축화되었기 때문에, 씨니가이 문화에 돼지 사육이 있었다고 볼 수 있다. 새뼈에는 다음과 종류가 있다: 분홍색 펠리칸(розовый пеликан. Pelecanus onocrotalus), 곱슬털 펠리칸(кудрявый пеликан. Pelecanus crispus), 빨간 주둥이 백조(лебедь шипун. Cyguss obor), 큰소리 백조(лебедь кликун. Cyguss cyguss), 툰드라 혹은 작은 백조(малый лебедь. Cyguss bewickii), 거위(гусь сухонос. Ancer cygnoid), 하얀이마 기러기(белолобая казарка. Branta leucopsis), 가는꼬리 오리(шилохвость. Anas acuta), 흰꼬리 독수리(орлан-белохвост. Haliautus albicilla), 꿩, 멧닭(тетерев. Lirurus tetrix), 백색 부엉이(белая сова. Nyctea scandiaca), 매 부엉이(ястребиная сова. Surnia ulula), 맨발 부엉이(голоногая сова. Gymnoglaux jcewrencii)[3]. 에.웨.알렉쎄예바의 말에 따르면, 출토유물 중에 바다표범의 뼈도 있다(현재 한까 호에는 바다표범이 알려져 있지 않다). 한까 호 물고기와 뱀의 이빨도 발견되었다.

    천연자료는 알곡농경, 사냥, 어로, 채집, 자연적 조건의 변화 - 현재 큰사슴과 펠리칸은 (연해주에서: 역주) 찾아볼 수 없다 - 등을 잘 반영한다.

    편년. 씨니가이 주거유적 출토의 청동유물은 몽고 동편, 만주 남서편, 중국북방 등에서 발견되는 카라수크식 청동기 유형에 속한다. 중국북방에 경우에는 그 유물들이 殷의 청동제품과 공반되어 발견되기도

---

2) 에.웨.알렉쎄예바(Э.В.Алексеева)가 규정.
3) 엔.이.부르착-아브라모비차(Н.И.Бурчак-Абрамовича)가 규정

한다. 카라수크 청동기의 편년범위[357, pp.131-135] 내에서 씨니가니 주거유적은 기원전 13-8세기로 편년할 수 있지만, 기원전 10-8세기가 보다 정확한 연대일 것이다. 두 자작나무 조각에서 두개의 방사성탄소 연대를 얻었다: 기원전 925±45(집자리 №29), 기원전 870±55년(집자리 №17).

유적의 수도 적고 조사정도도 차이가 나 각 유적간의 지역적 특성과 연대적 차이를 규명하기에는 아직은 시기상조인 것 같다.

씨니가이 문화의 속성과 유형의 체계를 서술하면서, 지역에 전통적인 유형들 - 집의 전체 구조, 치는용구, 으깨개 - 과 새로운 유형들 - 청동기, 활, 방어용 무기 - 이 혼합되어 있음을 알 수 있다. 일련의 새 요소들은 동중앙 아시아에 공통적인 친족성을 지니고 있음이 분명하다. 씨니가이 문화의 혹은 그에 가까운 고분이 있는 서쪽의 만주 유적들에도 주목할 필요가 있지만, 그에 앞서 먼저 연해주의 다른 시기 자료들을 검토하고자 한다.

2. 리도브까 문화, 마르가리또프 문화, 메드베쥐야 III

리도브까 문화(лидовская культура)는 웨.이.디야꼬프(В.И.Дьяков)가 분리하였다[127]. 이전에는 그 유적들을 얀꼽스끼 문화의 것으로[197, pp.141-146], 혹은 프후쑨(마르가리또프) 문화의 것으로[9, p.65: 10, pp.131-132] 파악하였다. 연해주의 발굴에서 리도브까 문화의 유물들은 다른 문화의 유물들과 공반출토된 경우가 있다: 마략-르이바로브(Моряк-Рыболов)[260, pp.73-83, 그림 5,2, 그림 8, 그림 10, 그림 11]와 쵸르따브이 바로따(Чертовы Ворота)[336, 그림 6,1,4,5,12-14,26,27,29, 그림 7,8, 그림 9.17.22]에서는 꼰돈 문화의 유물들과, 씨니예 스깔르이(Синие Скалы)에서는 끄로우노브까 문화의 유물들과 공반출토되었다[11, p.172

의 그림]. 웨.이.디야꼬프는 처음으로 비교적 순순한 복합체 - 리도브까 (Лидовка), 블라가다뜨나야(Благодатная) III - 를 발견 및 발굴하고, 새로운 문화를 분리하는데 성공하였다. 웨.이.디야꼬프가 리도브까 문화의 유적과 유물 및 그와 관련된 문제들에 대해 이미 언급하였기에[134, pp.26-64; 130, pp.145-157; 138, pp.50-56, 135], 본서에서 반복하여 서술할 필요는 없을 것이다. 때문에 본서에서는 리도브까 문화의 유물과 유적에 대한 필자 개인의 관찰내용만 언급한다.

웨.이.디야꼬프에 따르면, 리도브까 문화에는 세가지 유형의 주거유적이 존재한다: 장기 주거유적- 리도브까, 블라가다뜨나야 III, 단기 주거유적- 쑤호이 끌류치(Сухой Ключ), 싸마르가(Самарга) IV, 원료 채취와 가공장소[134, pp.30-39], 동굴유적- 쵸르따브이 바로따, 씨니예 스깔르이 곁의 동굴, 프리드마나(Фридмана). 유적은 다양한 지역에 분포한다: 강이나 바닷가의 4m 혹은 그 이상 높이의 테라스에, 개벌직인 곳에, 언덕에 각각 위치한다.

리도브까 문화의 유물과 유구를 포함하는 문화층은 일반적으로 현재의 부식토 바로 아래에, 드물게는 0,5m정도의 깊이에 위치한다. 생태층위학 자료는 없다. 리도브까 유적에 다수의 점토덩이가 발견되는 점은 몬순 비의 영향하에 사태가 자주 일어났음을 증명하는 것이다. 최근에 문화층 아래의 흙이 부풀어 올라 문화층을 파괴하였다. 때문에 상황관찰이 어렵다.

리도브까 문화에는 약 50여개의 유적이 있지만, 발굴조사된 것은 다음과 같다: 블라가다뜨나야, 리도브까, 마략-르이바로브, 불로치까(Булочка), 씨니예 스깔르이, 루드나야 쁘리스딴(Рудная Пристань), 쑤보로바(Суворово) VI, 마나스뜨이르까(Монастырка) 등등. 건축물은 많이 발견되지 않았지만, 휘귀한 유구들이 있다: 리도브까 유적의 계단, 성소, 커다란 지상집자리, 마략-르이바로브 유적의 돌담, 블라가다뜨나야 III

유적의 두 높이에 걸친 집자리[134, pp.31-39]. 반복되는 비교적 고정적인 유구에는 지상집자리와 바닥에 둥근 구덩이를 내어 만든 화덕자리가 있다. 화덕자리에는 간혹 자작나무 혹은 모래를 기반부를 간 경우가 있다.

리도브까 문화는 층위학적으로 후기 자이싸노브까 문화층 보다는 위(씨니가이 I유형, 루드나야 쁘리스딴)에, 끄로우노브까 문화층 보다는 아래(씨니예 스깔르이, 불로치까)에 위치한다. 리도브까 문화층과 얀꼽스끼 문화층의 상호관계와 리도브까 문화층과 다른 청동기시대의 문화층과의 상호관계는 아직 단 한번도 관찰되지 않았다. 따라서, 리도브까 문화의 고금속시대 범위내의 단계적 및 편년적 위치는 유형학과 방사성탄소연대에 의해 결정된다.

리도브까 문화의 토기는, 그 특성상, 연해주의 전기 고금속시대·청동기시대에 속한다. 그러한 점은 기술적인 면을 보아 알 수 있다: 잘 준비된 태토, 성형방법, 얇은 기벽과 바닥, 소성온도, 물감사용, 시문기법: 점혈, 심선, 벽에서 밀어낸 가는 융기문. 토기의 형태에 대해서도 언급할 필요가 있다: 사발과 단지가 드물고, 암포라형 토기와 항아리가 많다. 문양과 그 모티브의 지역성과 특성은 리도브까 문화의 토기에 독특한 면모를 부여해 주고 있다. 리도브까 문화의 토기에는 다양한 형태의 점혈이 있는 옷깃형 구연부가 특징적인데, 그러한 구연부는 리도브까 문화의 한 속성으로 간주된다.

탁마한 석제품에는 다음과 같은 것이 있다: 횡단면이 장방형인 납작스러운 도끼, 끌, 자귀, 기울은 날과 슴베가 있는 칼로서 씨니가이 문화의 것과 동일한 유형이다.

수확용 칼에는 사다리꼴과 반달형이 있는데, 구멍이 뚫려 있다. 씨니가이 문화에는 수확용 칼이 드물지만, 리도브까 문화에는, 연꼽스끼 문화에서와 마찬가지로, 수확용 칼이 풍부하다. 등대가 있는 창촉[134,

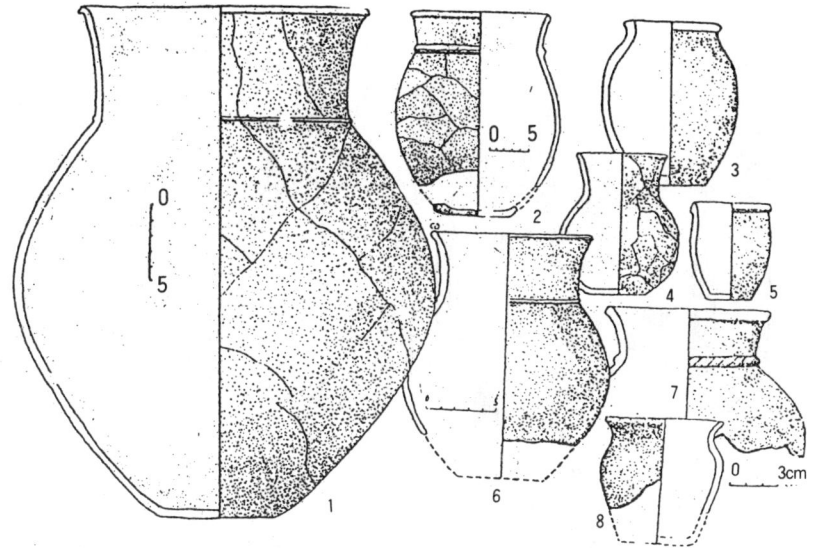

그림 113. 리도브까 문화의 토기(웨.이.디야꼬프에 의거)

그림 18,1,4-7]과 홈줄이 있는 화살촉[134, 그림 18,9,10,12]은 얀꼽스끼 문화의 점판암제 무구와 닮았다. 씨네가이 문화에는 홈줄이 있는 화살촉이 드물지만, 리도브까 문화에는 풍부하다. 홈줄이 있는 화살촉도 리도브까 문화의 한 속성으로 간주된다[137, pp.35-42].

창은 청동유물군에 속한다: 등대가 있는 좁은 단검과 창은 기원전 8세기보다 이르지 않는 시기로 편년된다[379: 61, pp.137-154]. 기하문이 있는 청동 다뉴경도 청동유물군에 속한다: 리도브까 유적에서는 그와 같은 거울을 모방한 토제거울이, 마나스뜨이르까(Монастырка) 강가에서는 리도브까 유형의 창과 함께 뾰족한 돌출부 혹은 이빨이 있는 《머리퇴》가 지표채집되었다.

따라서 무구와 수확용 칼은, 씨니가이 문화와 비교하여, 리도브까 문화가 보다 늦은 시기의 것임을 보여 준다.

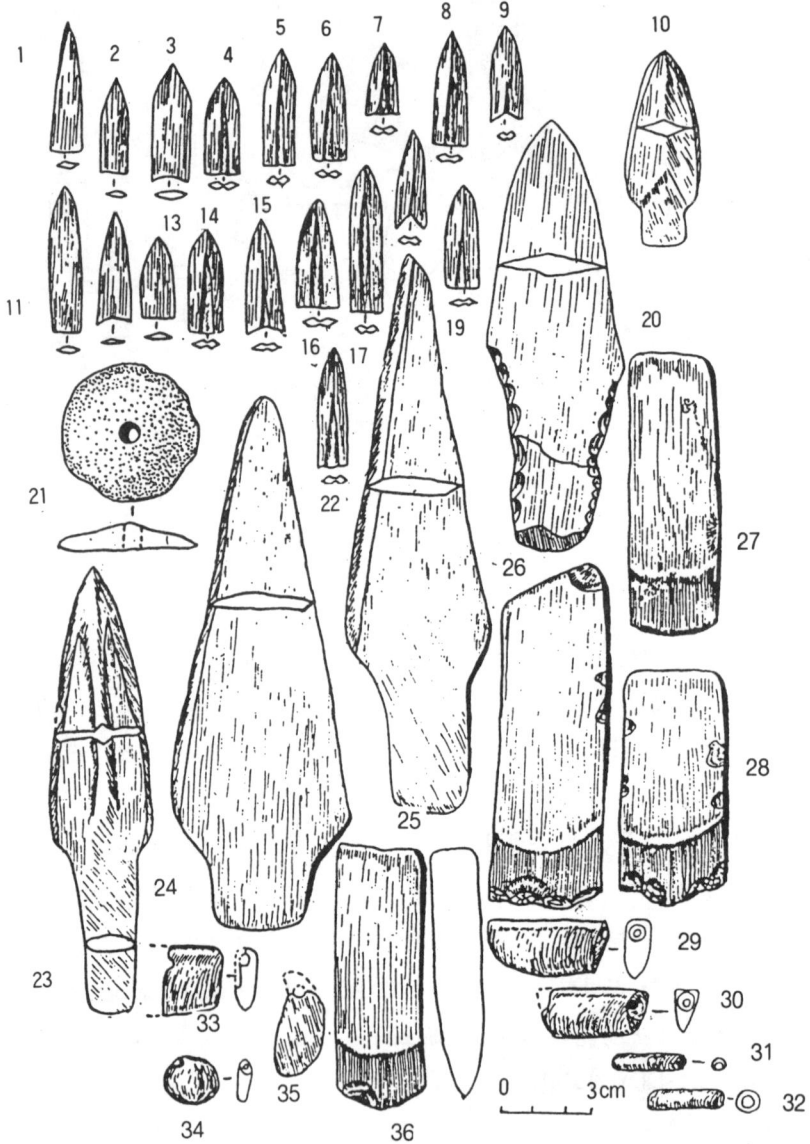

그림 114. 리도브까 문화. 마나스뜨이르까 II: 21은 토제품, 나머지는 석제품

青銅器時代 279

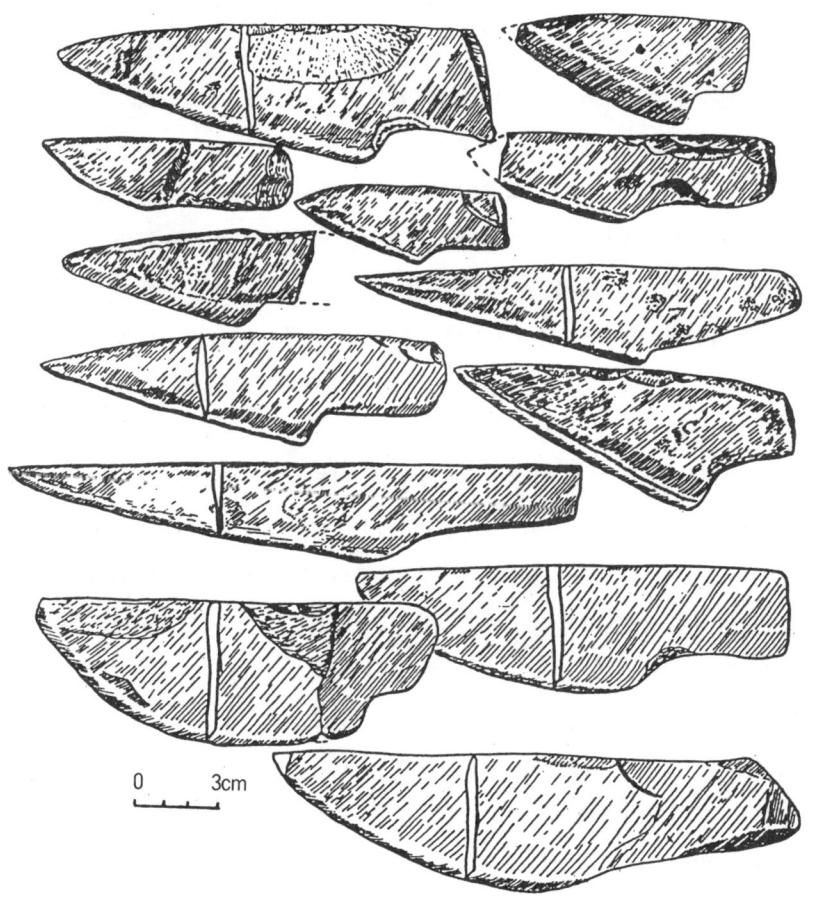

그림 115. 리도브까 문화. 마나스뜨이르까 II:
　　　　 탁마한 돌칼(웨.이.디야꼬프에 의거).

　장신구에는 청동제 쌍연패식의 모조품, 꼬인 청동 구슬[337,그림 6,29, 그림 7,10], 원통형 구슬, 멧돼지 송곳니 모양의 펜던트, 토제와 석제의 링, 토제 원판 등이 있다. 양식화된 멧돼지상도 있는데, 신석기시대와 고금속시대를 전후하여 나타나서 뽈쩨 문화기까지 존재하였다. 리도브까 문화에는 도끼형 구슬이 있는데[134, 그림 13,20,21], 현재로서는 연해주에서 가장 이른시기에 해당하며, 후에 끄로우노브까 문화와 그 이후의 시기에도 나타난다.

부드러운 돌로 만든 작은 원판형의《바둑돌》[134, 그림 13,14]과 몇개의 구성요소로 이루어진《특성없는》토제상[134, pp.51-52, 그림 14]도 리도브까 문화의 한 속성이다.

칼, 긁개, 새기개, 화살촉, 핵석기, 석인, 괭이 등의 부싯돌로 만든 석기는 리도브까 문화에 독특한 《新石器》의 면모의 주고있다[134, 그림 15,16].

그와 같은 석기가 다수 시리즈로 발견된다는 사실은 그 유물들이 층위의 파괴로 인한 것이 아님을 말하는 것이다. 리도브까 유적과 블라가다뜨나야 유적에 자이싸노브까 문화의 토기편들이 혼합되어 있는 것은 사실이지만, 타날하고 잔손질한 석기가 모두 신석기시대의 유물이라 볼 수는 없다. 따라서,《신석기》면모의 석기는 연해주 고금속시대 문화들 중에서 리도브까 문화에 한 특징이라 할 수 있다. 그러한 측면에서 서포항 Ⅵ, 호곡동 Ⅱ[418,p.124-226; 381, pp.108-145,그림 63-69] 그리고 리도브까 문화 북동쪽의 오호츠크 문화(охотская культура) 유형의 유적들과의 유사성을 지적하지 않을 수 없다.

웨.이.디야꼬프는 리도브까 문화를 기원전 10-5세기로 편년한다 [134, p.61]. 리도브까 유적의 방사성탄소연대와 위에 언급한 유물들의 유형에 따르면 리도브까 문화는 기원전 8-5세기로 보다 구체화된다.

青銅器時代 281

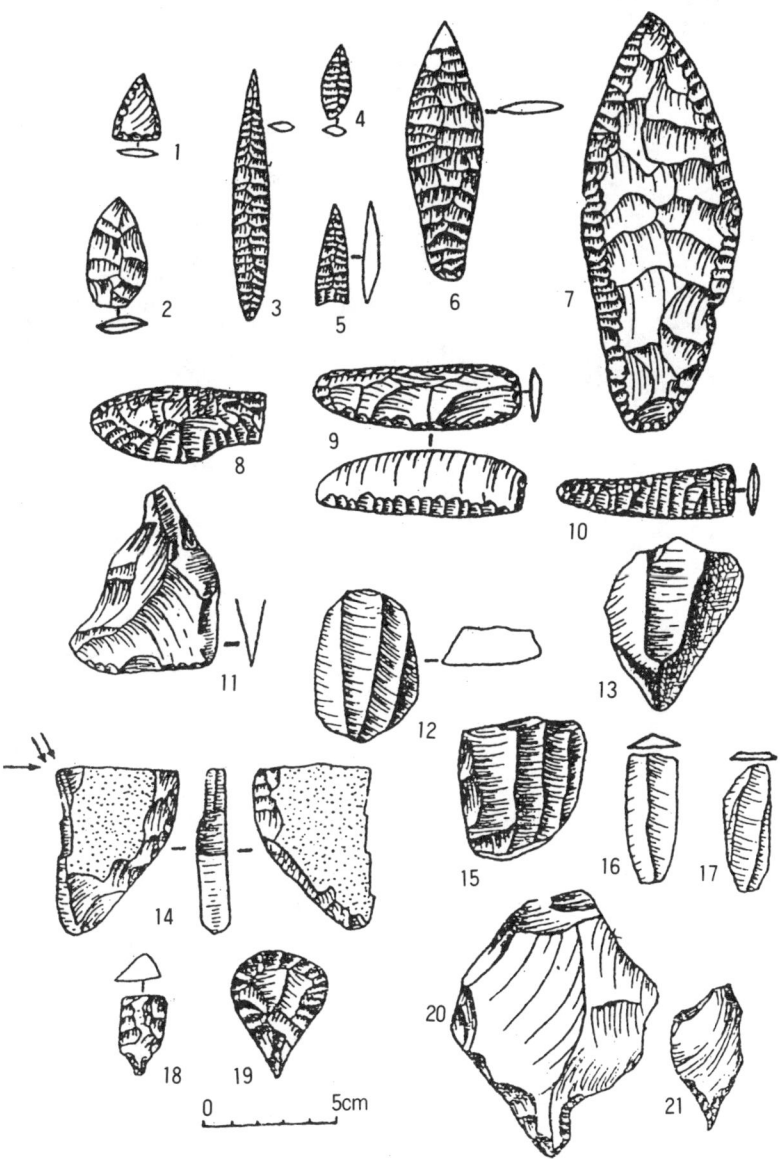

그림 116. 리도브까 문화: 핵석기, 부싯돌제 석기(웨.이.디야꼬프에 의거)

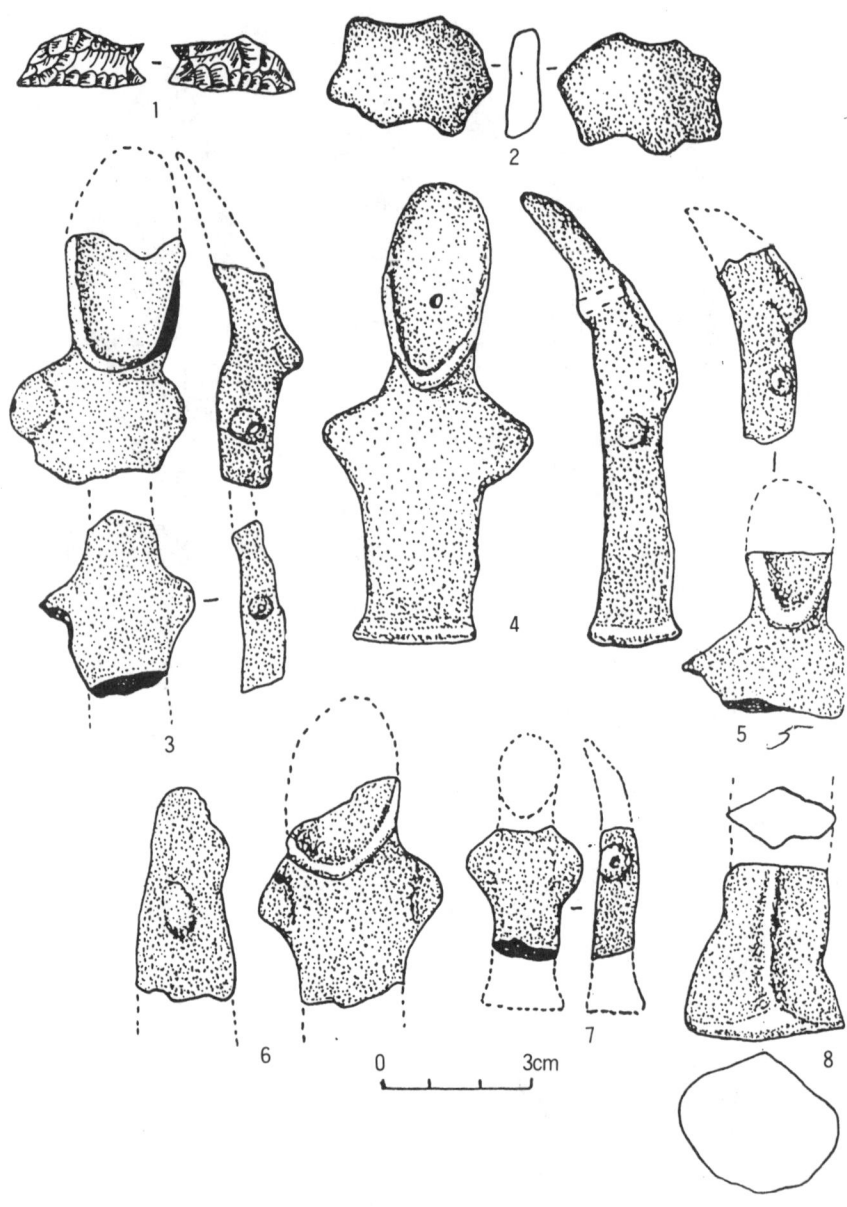

그림 117. 리도브까. 1-석제품, 2-8-토제품(웨.이.디야꼬프에 의거)

표 13. 리도브까 문화의 방사성탄소연대

遺跡	對象	試料	固有番號	年代	年代(紀元前)
리도브까	화덕자리	목탄	COAH-1388	2570±60	600±60
리도브까	화덕자리	목탄	COAH-1389	2450±50	480±50
리도브까	화덕자리	목탄	COAH-1390	2610±45	640±45
리도브까	시굴 피트	기장	COAH-1424	2535±40	560±40
쑤보로바 VI	상층	목탄	COAH-3022	2320±50	370±55
쑤보로바 VI	화덕자리	목탄	COAH-3023	2935±50	985±50
쑤보로바 VI	화덕자리	목탄	ГИН-7234	2960±90	1010±90

　방사성탄소연대에 리도브까 문화가 기원전 10-4세기에 존재하였음을 보여 주지만, 유물의 유형분석은 그 연대를 기원전 8-5세기로 파악하게 한다. 어쩌면, 리도브까 문화는 청동기시대와 철기시대의 교체기에 존재하였던 문화였을 가능성도 있다. 기원전 1천년기 중엽에는 철이 나타난다.
　기원전 10세기로 올려 잡는 것은 리도브까 문화의 발생문제와 관련이 있다. 웨.이.디야꼬프는 리도브까 문화가 씨호떼-알린의 남쪽지역에서《선행하였던 후기 신석기시대의 문화를 토대로 하여》발생하였다고 간주하며, 또한《보다 서쪽《우쑤리-아무르》의 原發生地》에 대한《무게있는 대비》에 대해서도 지적하였다[134, p.64]. 리도브까 문화인들의 발생에 대한 연구논문은 실제로 없다. 필자의 생각에는 리도브까 문화의 발생은 자이싸노브까 문화의 마지막 단계, 특히 바다라즈젤나야(Водораздельная) 문화와 많은 관계가 있다. 루드나야 쁘리스딴과 뻬레발의 두 유적에는 바다라즈젤나야 유형의 토기가 리도브까 문화와 그에 가까운 문화들의 토기 - 얇은 기벽, 三齒押印 문양, 몸통의 중간을 따라 난 융기문 - 에 선행한다. 분명한 사실은 신석기시대와 고금속시대의 교체기, 즉 기원전 2천년기와 1천년기의 교체기에 리도브까 문화인들의 거주지역에 존재하였던 문화들이 리도브까 문화에 선행하였다는 사실이다. 바다라즈젤나야에서 모든 《신석기》 복합체와 옷깃형 구연부가 계승된다. 《본원적인 청동기》 유형들은 씨니가이 문화가 아닌, 보다 오래된, 연구가 얼마 안된 유적들로 거슬러 올라 감이 분명한데, 그 중의 한 유적은 뻬레발이다.

마르가리또프 문화(маргаритовская культура). 원래의 명칭은 프후쑨 문화(пхусунская культура)였다. 씨니예 스칼르이 - 집자리 1기 -, 씨니예 스칼르이 동굴(이상 줴.웨.안드레예바 발굴) [366, pp.353-355, 그림.143-144], 그리고 프후쑨(마랴-르이바로브)(아.뻬.아글라드니꼬프 발굴) [260, pp.73-83]의 최소의 발굴유적을 토대로 하여 줴.웨.안드레예바(Ж.В.Андреева)가 분리하였다. 줴.웨.안드레예바는 앞의 두 유적을 층위학적으로 양호하게 발굴된 유적으로 간주하였다. 1981년 이.에쓰.쥬쉬홉스까야는 다층위의 끼예브까(Киевка) 유적의 구덩이 2기를 마르가리또프 문화로 귀속시켰다[53, pp.105-108]. 모든 유적이 연해주 남동쪽의 해안가에 위치한다. 웨.이.디야꼬프는 적은 숫자의 유적과 상호간의 유사성을 근거로 마리가리또프 문화의 유적을 리도브까 문화에 속하는 것으로 파악하였다. 필자도 본고의 제1판에서는 웨.이.디야꼬프의 의견을 지지하였다. 그러나 마리가리또프 문화의 유물을 주의깊게 관찰하면, 그와 같은 통합이 옳지 못함을 알 수 있다. 얀쉬나(Яншина)의 토기 연구는 두 문화에 차이가 있음을 밝히었다.

마르가리또프 문화 주거유적의 土器에는 옷깃 혹은 덧띠 모양의 뾰족한 순부가 있는 항아리(그림 118)가 우세하며, 대접(миска)도 있다. 토기는 갈색이며, 태토에 0.5-1.5mm 크기(이.에쓰.주쉬홉스까야에 의거)의 모래를 섞었다. 표면은 약간 매끈하지만, 검붉은 색의 마연토기와 검은색의 채색토기도 있다. 대부분의 토기에는 문양이 없지만, 구연부는 短刻線과 點穴로 장식되었다. 몸통에는 빗이나 뾰족한 꼬챙이로 선을 그어 낸 문양이 있는데, 모티브에는 다음과 같은 것이 있다: 수직 지그재그, 短刻線으로 구성된 橫帶(그림 118).

그림 118. 마르가리또프 문화. 씨니예 스깔르이 동굴. 토기(줴.웨.안드레예바에 의거)

石器에는 긁개, 칼, 쐐기, 화살촉이 있는데, 주로 부싯돌로 만들었다 (그림 119). 점판암제 검신과 해안가의 문화들에 일반적인 납작한 원통 - "바둑돌"도 있다.

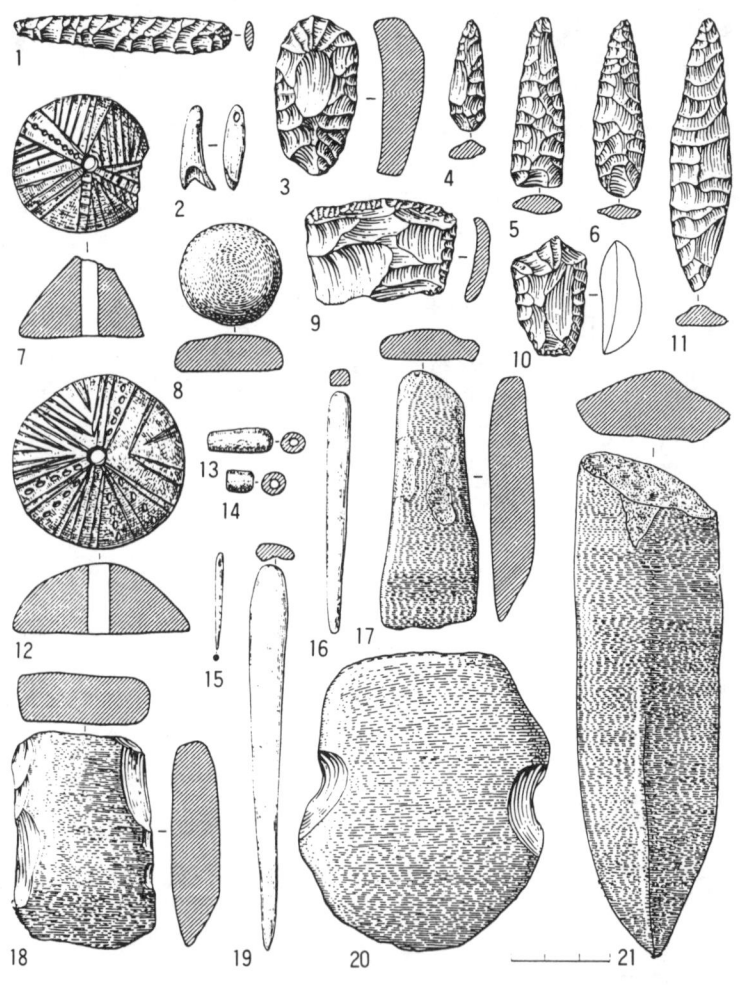

그림 119. 마르가리또프 문화. 씨니예 스깔르이 동굴: 2,15,16,19-골제, 7,12-토제, 나머지-석제(줴.웨.안드레예바에 의거).

끼예브까에서는 토제상이 발견되었는데(그림 120), 다양한 원근화법에서 여성, 사슴머리, 부엉이 모양의 새를 동시에 표현하고 있다.

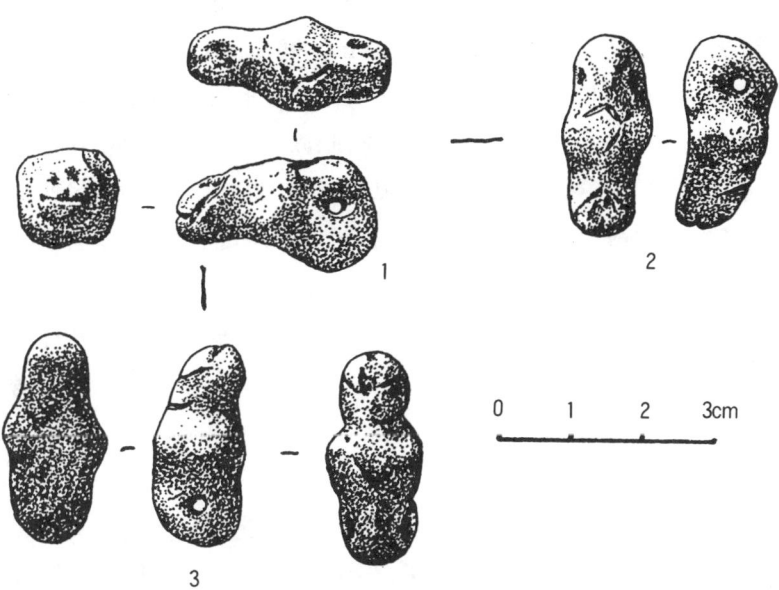

그림 120. 마르가리또프 문화. 끼예브까. 多像形 表現物(土製)

전체적으로, 마르가리또프 문화의 유적들은 고풍적인 토기에 있어 리도브까 문화의 것들과 차이가 난다. 두 문화는 기술적 측면과 문양에 있어 서로 차이가 난다. 또한 마르가리또프 문화에는 좁은 목이 있는 암포라형 토기가 아닌 목이 넓은 항아리가 우세하며, 리도브까 문화의 것보다 넓고 낮다.

줴.웨.안드레예바는 마르가리또프 문화를 기원전 2천년기 후반기로 편년한다. 씨니예 스깔르이 하층에서 2840±170년(МГУ-542)이라는 방사성탄소연대가 나왔고, 잘 알려지지는 않았지만, 예브샤피 알렉은 3개의 고르지 못한 방사성탄소연대를 제시하였다: 3150±80년, 2900±12년, 2390±250년(ГИН-6948, 6949, 6942). 4개 연대의 평균치는 마르가리또프 문화의 연대를 기원전 1천년기로 편년하게 한다.

메드베쥐야 III 유형의 유적들도 비교적 확고한 그룹을 형성한다. 메드베쥐야 주거유적의 명칭은 체르니곱스끼(Черниговский) 地區의 메드베쥐야 강의 이름에서 따온 것이다. 메드베쥐야 강은 체르니고브까(Черниговка) 마을을 지나 일리스따야(Илистая) 강에 합류하며, 씨호떼-알린 산맥의 서편에서 한까 평원으로 흐른다. 강에서 5-6m 높이의 강안 구릉지, 곶에 주거유적이 위치한다. 잔디층 아래에는 모래층이 위치한다. 곶의 강쪽 가장자리는 파괴되어 있다.

주거유적의 지표하 20-35cm 깊이에서 밀도가 높은 밝은 밤색의 토기편들이 다수 발견되었는데, 가느다란 융기문으로 장식되어 있다. 융기문은 순부를 구성하며, 때로는 이중 융기문이 있는 경우도 있다. 융기문의 표면은 매끈하며, 단면은 삼각형, 뾰족한 늑골형 혹은 둥근형이다. 융기문에는 간혹 신석기시대의 것과 같이 간격이 나있는 것도 있다. 융기분은 순부 이외에도 목과 몸통에도 나있는 경우도 있다(그림 121). 석기에는 흑요석제 舌形 긁개, 숫돌, 점판암제 격지가 있다. 아.엠.꾸즈네쪼프(А.М.Кузнецов)는 유사한 토기편들을 일리스따야 강변과 라즈돌나야(Раздольная) 강변에서도 발견한 바 있다. 고르바뜨까(Горбатка)-3, 일리스따야-1, 띠모페예브까(Тимофеевка)-1의 지표하 20-40cm의 황백색 사질점토에서, 우스찌노브까 전통의 석기공작들과 함께, 평저에 곧은 순부와 짧은 수직의 경부가 있고 뾰족한 늑골형 융기문으로 장식된 토기들이 발견되었다. 토기의 색은 황갈색, 밝은 오랜지색 혹은 흑색이다. 붉은색의 흔적이 있는 토기편도 있다. 태토에는 조개껍질편과 유기물질을 섞었다.

다른 유물에는 점판암제 잎사귀형 화살촉(씨니가이 문화 I유형)과 바늘형 화살촉(씨니가이 문화 II유형), 납작한 토제 링의 편린, 탁마한 小板石, 단면이 장방형인 자귀 편린, 탁마한 석제 원판, 물방울형 혹은 원형의 펜던트 등이 있다[186, pp.10-12]4). 긁개, 조각칼, 새기개, 뚫개, 칼 등 흑요석제와 부싯돌제 중의 일부는 메드베쥐야 III 복합체에 속함이 분명하다.

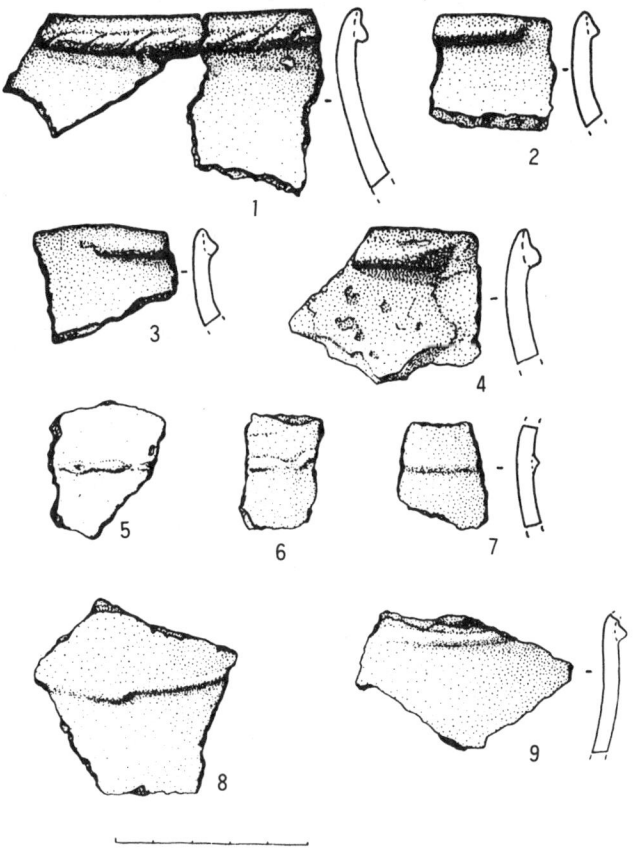

그림 121. 메드베쥐야 III. 토기편들

---

4) 아.엠.꾸즈네쪼프는 필자에서 출토유물을 상세하게 보여 주었다.

메드베쥐야 III 유형의 다섯번째 유적은 아.엠.꾸즈네쪼프가 하싼스끼(Хасанский) 地區의 그보즈데바(Гвоздево) 마을 곁에서 발견하였다 [187,p.206]. 그곳에서 특징적인 토기편들과 함께 불에 탄 집자리가 발견되었다. 따라서, 연해주 남쪽에는 포시예트(Посьет) 만에서 씨호테-알린 산맥의 서변까지 한가지 유형의 유적이 분포하는 셈이 된다. 토기는 기술적 속성과 수직의 경부에 있어서는 씨니가이 문화의 것에 가깝지만, 융기문의 특성과 위치는 독자적인 유형 - 메드베쥐야 III 유형 - 의 분리를 가능케 한다. 나머지 많지 않은 양의 유물도 그와 같은 분리에 모순되지 않는다. 즉, 메드베쥐야 III 유형은 청동기시대의 다른 단계 혹은 새로운 문화임에 틀림없다. 하지만, 메드베쥐야 III 유형 유적의 폭넓은 발굴이 있기 전가지는 그와 같은 결론을 내린다는 것은 시기상조이다.

지금까지 서술한 내용은 연해주 청동기시대에 대한 일부의 내용일 뿐이다. 아직은 조금밖에 연구되지 못한 연해주 청동기시대에 대한 새로운 정보의 물결을 기대할 필요가 있다.

3. 考古學省의 脈絡에서 본 沿海州의 靑銅器時代

아무르 하류와 중류의 북쪽으로 청동기시대에 속하는 유적들이 알려져 있다[291, pp.3-9; 276, pp.46-4; 107, pp.102-115]. 에바론(Эворон) 湖의 꼰돈(Кондон) 유적의 유물에 따라 언급되고 있는 에바론 문화[127, p.5]는 그 분리의 근거가 확고하지 못하다: 하나의 유적으로, 그것도 잘 연구되지도 못한 유적으로 고고학문화를 분리한다는 것은 있을 수 없는 일이다.

연해주와 이웃하는 서쪽과 남쪽 - 중국의 흑룡강성과 길림성, 한반도-의 상황은 다르다.

綏芬河(Суйфун)와 러시아 국경선에서 가까운 거리에 위치하는 목단강 변에서 鶯歌嶺 住居遺跡이 발굴되었다. 앵가령 주거유적은 1931년에 웨.웨.빠노쏘프(В.В.Поносов)가 발견하였었다. 하층의 후기 자이싸노브까 층위에 대해서는 앞에서 언급하였었다. 상층은, 발표물[424, pp.481-491; 414, pp.89-90; 423, pp.75-80]에 따라 판단하건데, 메드베쥐야 III 유형에 가깝다. 100m²의 발굴지구에서 2기의 집자리와 灰坑이 발견되었다.

집자리는 장방형에 깊이 0.7m이며, 둘 다 불에 탔다. 집벽에는 최고 14단까지 돌을 쌓았다. 석벽은 구덩이의 벽보다 20cm 높게 돌출해 있고, 돌사이의 틈은 점토로 메꾸었다. 벽을 따라 직경 12-14cm의 기둥구멍이 2열 나있다. 기둥구멍의 기저에는 돌을 깔아 놓았다. 목조 구조물은 불에 탔는데, 길이 0.5m 정도의 불에 그을린 기둥의 일부가 남아있다. 70×50cm 크기의 자작나무 주각들이 많이 발견되었다. 집자리 곁에는 백색 재가 있는 70x50cm의 타원형 화덕자리와 3.4×0.74m 크기에 깊이 1.8m의 구덩이가 있다. 그 구덩이 안에는 2층의 퇴적물이 있는데, 아래는 白灰層이고, 위는 黑灰土層이다. 바로 그곳에서 멧돼지像과 개像을 포함하는 많은 수의 유물이 출토되었다. 모두 17점의 토제상 - 실제적 표현의 멧돼지와 돼지상이 13점, 개상이 4점 - 이 발견되었다.

토기는 붉은색과 밤색[5]이 있는데, 일부는 마연되었다. 토기의 유형에는 잘린 원추형, 약간 벌어진 구연부가 있는 단지, 곧은 구연부가 있는 항아리(역주:小壺임)가 있다. 구연부는 곧거나 45° 외반하였다. 순부는 약간 두툼하며, 점혈이 있다. 기벽에는 문양이 없지만, 각선이 있는 경우도 있는데, 능형을 형성하기도 한다. 뾰족한 늑골형의 융기문도 있다. 납작한 도끼, 자귀, 잘린 잎사귀형의 화살촉 등의 마제석기도 있

---

5) 역주:주로 黑灰陶이다.

다. 화살촉에는 홈줄이 있는 것도 있다. 흑요석제의 잔손질한 칼과 화살촉도 있다. 뼈, 뿔, 송곳니로는 바늘, 송곳, 핀, 조각칼, 화살촉을 만들었다. 송곳니를 쪼개어 만든 칼과 조개껍질에 2개의 구멍을 낸 반달형의 칼도 있다. 지표수집 유물에는 토제곰상, 배모양의 으깨개(역주:盤狀器), 七光線 끝장식(역주:齒輪狀器) 등등이 있다. 목탄과 자작나무 조각에서 2개의 방사성탄소연대를 얻었다: 3025±90년(나이테교정연대: 기원전 1240±155년), 2985±120년(나이테교정연대: 기원전 1190±145년)[424, p.491]. 같은 유형의 토기편들이 다무단(Дамудань)과 뉴찬(Ньючан)에서도 발견되었다. 전체적으로, 鶯歌嶺 上層은 청동기시대에 속함이 틀림없다. 앵가령 상층에는 집을 지을때 돌을 사용한 점과 석기와 골기 등에 있어 씨니가이 문화의 특성도 있다. 하지만, 토기는 메드베쥐야 III 유형에 보다 가깝다. 또한 앵가령 상층에는 반달형 칼과 같이 상대적으로 늦은 시기의 유물도 있다.

본원적인 씨니가이 문화의 유물이 아.에쓰.루까쉬낀(A.C.Лукашикин)이 흑룡강성의 昻昻溪에서 발견한 1호와 3호 고분에도 있다. 1호 고분에서는 주둥이가 달린 사발(碗:чаша) - 하린스가야 주거유적 출토 사발의 亞유형 - 과 수직의 경부가 있는 항아리가 발견되었다[200, 그림 21,1,4, 그림 22,8,19]. 3호 고분에서는 두개의 덧혹과 그 아래에 점혈열이 있는 작은 사발(小碗:пиала)이 발견되었다[200, 그림 21,5]. 1호 고분 출토의 토기에는 織物痕과 假織物痕이 있다[200, p.113, 그림 22,8]. 1960년에는 논니 강 하류의 구안디(Гуанди)에서 씨니가이 문화의 것에 가까운 토기를 공반하는 합장묘가 발굴되었다. 자이싸노브까 문화 후기의 혹은 그에 가까운 토기가 있는 문화층에 토광을 내어 매장하였다. 머리는 북쪽을 향한다. 피장자의 머리맡에는 2점의 둥근 암포라형의 토기, 사발·뼈알라(小盌), 그리고 3개의 다리와 둥근 저부가 있는 사발(盌)이 발견되었는데, 후자는 독특한 삼족기의 하나이다. 그곳에서

꼬은 청동 링과 반구형의 청동패식도 각각 2점씩 발견되었다[425, pp.45-46]. 東山頭(Дуншаньтоу)의 고분 3기도 같은 유형에 속한다 [407,p.407-410]. 북·서·서향인 합장묘에서 슴베와 ┏-자형의 등 그리고 기운 날이 있는 청동제 칼 - 씨니 가이의 것과 같다 -, 꼬은 청동제 링과 청동제 반구형 식패 3점 - 씨니 가이 유형이다 -, 수직의 경부가 있는 암포라형 토기, 천공한 석제 원판, 원통형 구슬, 도끼형 구슬 1점 등이 발견되었다.

1974년의 송화강 유역의 白金寶(Байцзиньбао) 주거유적 발굴은 만주의 청동기시대 연구에 있어 하나의 사건이었다[408, pp.311-324, 표 5,6]. 주거유적은 두개의 층위로 구성되었다. 상층에는 복도·출입구가 있는 긴 장방형의 집자리가, 하층에는 방형의 집자리와 몇개의 구덩이가 있다. 양층의 토기는, 보고자가 확신하였듯이, 한 유형이다. 상층에서 동물형상의 청동 펜던트가 출토되었다. 상층의 방사성탄소연대는 기원전 950±100년(5730에 따름)이다. 석기와 골기, 뿔과 조개껍질로 만든 유물들은 전체적으로 흑룡강성의 일반적인 청동기시대 문화들의 유형의 범위를 벗어나지 않는다. 토기는 3그룹으로 분리된다. I 그룹의 토기는 흑색 표면이 백색과 적색의 빠스트로 채워진 깊은 凹形의 문양으로 장식되었는데, 낙타, 양, 거북이 등의 동물형상의 문양 모티브가 있다. 필자의 생각에는 점박이 사슴의 표현도 있다(그림 122,5). 잘린 원추형의 저부와 원통형의 상체가 있는 사발, 수직의 경부가 있는 낮은 폭탄형 항아리, 경부가 저부보다 약간 좁은 원통형 단지 등도 그와 같은 반복되는 그림들로 둘러져 있다. 그 유형 토기들은 또한 자이싸노브까 말기의 것과 유사한 메안드르文과 점혈로 구성된 좁은 문양대 등으로도 장식되었다(그림 122,3,10,22). II 그룹의 토기에는 사발·뼈알라, 구연부에 손잡이가 달린 속이 깊은 컵, 호박 모양의 항아리 등이 있는데, 기벽은 매끈하거나 혹은 점혈이나 심선으로 구성된 좁은 문양대가 구연부 아래로 나 있는 경우도 있다. III 그룹에는 회색 표면에 속이 빈 다리가 있는 삼족기·鬲이 포함되는데, 기원전 2-1천년기의 자바이칼에서 중국북방까지의 여러 고고학 문화들에서 발견되는 것이다. 세그룹의 토기가 정말로 한 문화에 속하는지는 말하기 곤란하지만, I 그룹의 단일성은 확실하다. 또한 I 그룹 토기의 발생은 즐문토기 전통의 마지막 단계와 확고한 관련을 지닌다. 게다가 白金寶에서는 그 전통이 보다 갱신되었고, 동중앙아시아의 모티브와 기법(낙타, 흑색 바탕의 백색 빠스트)이 더욱 풍부하게 되었다. 유사한 토기가 東山頭의 그 층위 - 씨니가이 유형의 유물이 있는 고분이 있다 - 에서도 발견되었다. 따라서, 씨니 가이의 수평층위가 옳다는 것을 밝힐 수 있는 직접적인 근거가 있는 셈이다. 송화강 중류변에서도 백금보 I 그룹 유형 토기들이 포함된 일련의 유적들이 발견되었다.

만주 남쪽에는 夏家店 上層과 下層의 두 유형 유적이 널리 분포한다[374]. 夏家店下層文化는 현재 만주에서 가장 이른 시기의 청동기시대 문화이다. 방사성탄소연대는 다음과 같다: 기원전 1890±130년, 기원전 1695±135년[384, pp.163-170]. 遼河 동쪽에 100여 곳 이상의 유적 - 赤峰(Чифэн), 朝陽(Чаоян), 承德(Чэндэ), 沈陽(Шэньян) 등등 - 이 발견되었고, 10여 곳 이상의 유적이 발굴되었다. 하가점하층문화의 토기에는 鬲(ли), 甗(янь-двойный), 심저 대접(миска) 등이 있는다. 토기는 마연과 새김문(각인 밧줄문과 채색)으로 장식하였다. 자그마한 청동유물과 주조의 흔적도 있다.

夏家店上層文化의 유적들에서는 카라수크 유형, 전기 스키타이 유형, 중국북방 유형, 지역의 남만주 유형 등의 유물들이 발견된다[388, pp.117-140, 표 1-8; 417, pp.141-156; 169, pp.34-38]. 하가점상층문화의 유적들은 類型學, 銘文, 그리고 방사성탄소연대에 의해 잘 편년된다. 일련의 방사성탄소연대가 있다: 2970±115년, 2720±90년, 2715±85년,

青銅器時代 295

그림 122. 白金寶 出土의 土器片들

2780±100년[420, p.391]. 모두 기원전 655년 이전이다. 씨니가이의 패식과 폭탄형 토기의 유형은 하가점 상층과, 부분적으로는, 하층과 비교된다. 씨니가이의 칼은 유형학적으로 하가점 상층의 것보다 오래된 것이다. 하가점 하층에는 아직 칼이 발견되지 않았다. 달리 표현한다면, 씨니가이 문화는 하가점 상층과 하층 사이의 가설적 층위에 가장 잘 들어 맞는다. 물론 아직 그 가설적 층위는 분리되지 않았다.

한반도에서는 70년 대까지만 하여도, 청동기시대에 초기 철기시대의 유적을 포함시키곤 했다. 예들 들어, 1971년 평양에서 출간된 고고학 책의 저자들은 뻬샨느이(Песчаный) 유적을 청동기시대 II기와 대조하였고[398, pp.135-136], 김정학은 청동기시대를 삼국시대 이전까지 내려 잡았다[379, pp.60-166]. 그러한 사실들은 유적의 부족과 특히 초기 철기시대에 한반도에 독자적인 청동주조품 생산이 활발하게 이루어졌기 때문이었다. 당시 수준높은 예술품들 - 무기, 거울, 수레 부품 - 이 많이 생산되었고, 청동유물로 인해 빈약한 철제도구는 진보의 상징으로 인식되지 않았었다. 철제품은 청동제품에 비해 그 보존성이 아주 나쁘다는 점도 지적해야 할 것이다.

최근 10여년 동안에 북한 고고학자들은 청동기시대의 연구에 특별한 노력을 기울였고, 새로운 결과들을 얻어 내었다. 호곡동 II층과 특히 서포항 VI층은 유형상 연해주의 리도브까 문화에 가까운데, 기원전 2천년기가 아닌[206, p.63], 기원전 1천년기 전반기로 편년되어야 할 것이다.

서포항 VI층에서는 5기의 집자리와 2기의 고분이 발굴되었고, 그 속에서 적색마연토기와 밤색토기가 발견되었는데, 리도브까 문화에 특징적인 두터운 순부가 있는 토기도 있다. 그와 같은 순부를 따라 점혈·찌름문이 나있다[206, 그림 30,7,12,13,15]. 동물상도 리도브까 문화의 것과 유사하다[206, 그림 36,9,10]. 씨니가이 문화와는 줄곧 반복되는 형태의 골제품과 각제품이 비교된다. 호곡동 II 층에는 형태와 색과 기술적 속성에 있어 리도브까 문화의 것에 가까운 토기들이 있지만, 리도브까 문화에 특징적인 순부와 문양이 없다. 청동기시대로 파악되는 호곡동 III-IV층의 밤색과 흑색마연토기는, 토기의 유형과 유적의 층위로 보아, 초기 철기시대로 편년되야만 한다. 그 층위들의 위에서 얀꼽스끼 문화 말기와 끄로우노브까 문화의 토기편들이 발견된다[60, pp.126-134].

따라서, 두만강 유역에는 청동기가 청동기시대의 마무리 단계에 나타났다. 흑요석의 채취와 사용이 활발했고, 금속은 나타나지 않았다. 간혹 청동기의 모조품이 발견되는데, 청동기에는 서포항 VI 출토의 쌍연패식이 있다[206, 그림 36,1].

표 14. 青銅器時代 文化들의 相關關係表

世紀(紀元前)	沿海州	韓半島	北滿洲	南滿洲
V VIII	리도브까 문화	서포항 VI 호곡동 II 공기리 고인돌		夏家店 上層
X	씨니가이 문화		씨니가이 문화 白金寶	
XIII	메드베쥐야 III	호곡동 I	鶯歌嶺 上層	
XV XVIII	雷- 씨니가이 II	櫛 文 서포항 IV	土 器	夏家店 下層

청동기시대의 것으로 간주되는 한반도의 다른 유적들에 대해 말한다면, 웨.예.라리체프(В.Е.Ларичев)가 정확한 지적을 했다:《편년설정과

연대비교의 문제는 만족할 만한 해결과는 거리가 멀다》[206, p.70].

청동유물에는 신암리 출토의 칼과 동포[398, 그림 68,1,5], 금탄리 출토의 끌[398, p.110, 그림 68,2], 황해도 사리원의 석상묘에서 출토된 양익유경촉[398,그림.68,3], 공기리 가까이의 평내리 석상묘에서 출토된 동포[380, pp.79-61] 등이 있다. 공기리에서는 청동양익촉을 모방한 점판암제 화살촉이 발견되었다[380, 표 XVIII,9]. 五洞(Одон)에서 동포의 석제 모방품이 발견되었는데[400, 표CXX,9], 유사품이 하린스까야 주거유적에서도 발견된 바 있다. 필자는 일전에 하린스까야 주거유적과 오동 그리고 공기리 출토의 많은 수의 토기, 도구, 상들이 서로 유사함을 지적한 바 있다[35, pp.142-149].

위에 언급한 유물들의 편년 가능성은 그 폭이 제한적이다: 동포는 안드로노프 문화에서 스키타이 시기까지 존재하였고, 고리형의 끝장식과 등에 ㄱ字形의 돌출부가 있는 곧은 칼은 타가르 문화[356, 표 37,2-7]와 하가점 상층[388, 표 7,2]의 것과 비교되며, 평내리 출토의 청동 양익유경촉과 공기리 출토의 석제 모조품은 張家坡(Чжанцзяпо) M204, 劉家疃(Люйцядань) 석상묘, 辛村(Синьцунь) M18 출토의 것들과 유사하다. 장가파, 유가탄, 신촌 유적은 모두 만주에 위치하며, 기원전 8세기보다 이르지 않는 시기의 청동단검을 공반한다[386, 그림 3,1-4]. 그 출토유물들은 청동기시대가 아닌, 초기 철기시대에 속함이 분명하다. 한반도의 구체적인 고고학문화들에서 그 유물들이, 이른 시기의 것이 아닌, 잔존한 청동기들과 관련이 있을 수도 있다. 공기리문화와 신흥동문화 그리고 호곡동문화는 유형학적으로 초기 철기시대와 밀접하게 관련이 있다. 그 문화들은 초기 철기시대에 선행하였거나, 아니면, 철기시대의 시작과 같은 시기일 것이다. 한반도의 청동기시대에는 이른 시기의 것이 실제적으로 분리되지 않았다. 雷·櫛文土器 2期를 혹은 1期와 2期 모두 청동기시대의 이른 시기로 파악할 수 있는 가능성은 있다. 씨니가이 문화와 메드베쥐야 III 유형 그리고 鶯歌嶺 上層과의 유사성 문제는 아직 해결되지 않았다. 그 문화들이 한반도에서도 분리될 것이라고 필자는 기대한다.

표 15. 古金屬時代 文化들의 相關關係表

地域	考古學文化	年代(世紀) 紀元前---紀元後													
		XVIII-XV	XIV	XII	XII	XI	X	IX	VIII	VII	VI	V	IV	III	II	I	I	II	III	IV
沿海州	씨니가이 文化														
	마르가리또프 文化														
	메드베쥐야 III														
	아누치노 文化														
	얀꼽스끼 文化														
	리도브까 文化														
	끄로우노브까 文化														
	뽈쩨 文化														
	자이싸노브까 V단계														
아무르	우릴 文化														
	뽈쩨 文化														
滿洲	夏家店下層文化														
	자이싸노브까 V단계														
	씨니가이 文化														
	白金寶文化														
	夏家店上層文化														
	團結(끄로우노브까)														
	반얀혜(뽈쩨)文化														
	鶯歌嶺上層文化														

한반도의 고인돌과 석상묘의 연대를 높이려는 시도는 아직 긍정적인 결과를 얻지 못하고 있다. 한반도(만주)에서의 청동기시대의 시작을 기원전 2천년기 후반부 초로 편년할 수 있다고 생각하는 유.엠.부찐(Ю.М.Бутин)의 생각이 옳은 것은 사실이지만[62, p.160], 그 실 연대는 기원전 8세기 이전으로 올라가지 않는다[411, pp.63-78; 62, pp.145-

160].

　　靑銅器時代에는 쁘리아무르·만주 考古學省에, 비록 질적 내용물은 변화하지만, 上位文化 共同體의 屬性은 최대한 보존된다. 아무르 강안의 청동기시대는 실제로 거의 조사되지 않았다. 때문에 다른 지역의 청동기시대 문화에 대한 상호관계는 알 수가 없다. 南만주는 여러 문화들이 혼재되어 있는 지역이다. 만약 夏家店下層의 이른 연대가 옳은 것으로 확인되면, 극동에의 청동의 보급시기는 유라시아 스텝의 아시아 지역(역주:시베리아)에서의 청동의 보급시기와 일치하거나 혹은 아주 가깝게 된다. 카라수크 시기부터 시작하여, 극동에서의 사건들은 유라시아의 것들과 동시대적이었다.

　　쁘리아무르·만주 考古學省의 서쪽부분에는 멀리 북쪽에까지 三足土器가 분포한다. 삼족토기의 존재는 스텝 유목민들의 침투를 반영함이 분명하다. 고고학성의 남쪽에는 기원전 8세기보다 늦지 않은 시기에 石箱과 고인돌에의 매장이 보급된다.

　　연해주, 한반도, 흑룡강성 그리고 길림성에는 기원전 2천년기 중엽에 殷世界와의 그 어떤 접촉을 반영하는 雷·櫛文土器가 보급된다. 그 전통을 가진 문화들 혹은, 적어도, 그 일부의 문화들은 아직은 포착되지 않은 청동 수입품이 유입된 첫번째의 문화들이었을 것이다. 그러한 문화들 중의 한 문화를 토대로 白金寶 유형의 토기가 발전한다. 동해안에는 늦은 단계의 櫛文土器에서 늦은 시기의 청동기 문화 - 리도브까 문화, 서포항 VI - 가 형성된다. 그 중의 일부는 夏家店上層文化나 얀꼽스끼 문화와 같은 초기 철기시대 문화와 공존하여 계속 발전하였다.

　　씨니가이 문화와 메드베쥐야 III·鶯歌嶺上層의 상호관계는 가설적으로만 복원이 가능한데, 동시대적이 아니라 순차적으로 존재하였을 가능성이 높다(표.14참조). 그 문화들의 발생 이전에 대해 말한다면, 청동유물, 무기 그리고 폭탄형 토기는 남만주의 영향을 반영하였고, 석가와 골기, 집자리, 항아리 그리고 사발은 계속해서 발전하였다.

씨니가이 문화의 발견과 연구는 극동 청동기시대의 공통적 발전방향과 연대를 이해하는 열쇠가 되었다. 아.빼.아끌라드니꼬프는 하린스까야 주거유적의 발굴 이후에 즉시 그 점을 지적한 바 있다[256, pp.83-84].

◆ 유리 뻬뜨로비치 메드베제프에게 바치는 글

1940년 9월에 레닌그라드 엔.까.끄루쁘스까야 文化硏究所 博物館分科 졸업생인 유리 뻬뜨로비치 메드베제프(Юрий Петрович Медведев)가 블라디보스톡으로 왔다. 유.뻬.메드베제프는 학창시절에 저명한 고고학자 오또 니꼴라예비치 바데르(Отто Николаевич Бадер)에게서 공부하였고, 1937-1940년에는 오까(Ока) 강 유역의 청동기시대 유적의 지표조사와 발굴에 참여하였다. 후에 오.엔.바데르는 전쟁터에서 전사한 유.뻬.메드베제프와 그의 동료들에게《발라높스끼 고분군》이라는 책을 헌사하였다.

블라디보스톡에서는 유.뻬.메드베제프를 기다렸다. 그는 웨.까.아르쎼니예프 지역박물관의 학예직 직원이 된 후, 곧장 10여년 동안 수집된 고고학 유물의 정리작업과 전시관설립에 노력하였으며, 초등학생들로 구성된 고고학 동아리를 만들고 그들과 고고학 조사를 하였다. 전쟁 전야에 그는 체레빠하(Черепаха) 곳에서 지표조사를 행하였다. 후에 필자는 아.뻬.아끌라드니꼬프와 함께 그곳에서 3개 층위 - 자이싸노브까 신석기시대, 얀꼽스끼 문화, 끄로우노브까 문화 - 로 구성된 거대한 주거유적을 조사하였다. 유.뻬.메드베제프의 예비적 보고서가 보존되었다. 신석기시대의 유적조사는 1941년에 계획되었다.

유.뻬.메드베제프는 근시였기에 군징집에서 면제되었다. 그러나 이미 7월에 그는 박물관을 뒤로 하고 군에 자원입대하였다. 현재 보존되어 있는 7-8월 월급장부와 수당장부에는 그의 서명이 없다.

1942년 3월 26일 독일 저격병의 총알은 블라디보스톡에서는 최초의 프로 고고학자였던 유.뻬.메드베제프의 삶을 앗아갔다. 물론, 유.뻬.메드베제프가 극동의 고고학을 위해서는 중요한 일을 전혀 하지 못하고, 단지 어려운 시기의 조국을 위해 전사만 했다고 말할 수도 있다. 그는 능력있고, 자신의 일을 알고 사랑하며 열심히 일하고자 한, 훌륭하게 고고학을 공부한 전문적인 고고학자였다. 그가 발표된 저서를 남기지 못했다는 것은 자신의 잘못이 아니다. 그가 생존하였다면, 그러한 저서는 당연히 출간되었을 것이다. 우리에게는 그에 대한 추억만이 남아 있다. 그 추억은 극동의 고고학에서도 남아 있어야만 한다.

제 6장 初期 鐵期時代

1880-1884년에 엠.이.얀꼽스끼(М.И.Янковский), 이.에쓰.빨랴꼬프(И.С.Поляков), 웨.뻬.마리가리또프(В.П.Маргаритов)는 최초의 초기 철기시대 유적을 발견하였다. 하지만, 당시에는 그 유적을 신석기시대 유적으로 간주하였었다. 50-60년 대에 필자의 스승인 아.뻬.아끌라드니꼬프는 그 유적이 철기시대에 속함을 규명하고 그 유적의 층위를 설정하였다. 현대의 연구조사는 편년, 경제구조, 기술적 수준 등을 보다 정확하게 밝히었지만, 아직도 많은 문제점들이 해결을 기다리고 있다. 본서에서는, 우리가 알고 있는 사실들을 총괄화하고, 국제적인 것을 포함하여 새로운 노력을 기울일 필요가 있는 문제점들을 지적하고자 한다.

1. 얀꼽스끼 文化

얀꼽스끼 문화에는, 1880-1881년의 첫 유적 발견이후, 모두 120여 곳의 유적이 발견되었고, 17개의 유적이 발굴되었다(그림 123). 얀꼽스끼 문화의 유적은 동해안을 따라 웅기灣(한반도)에서 쁘레아브라줴이예(Преображение) 港灣까지 분포한다. 일부의 주거유적은 기본적으로 Yrassostrea gigas로 구성된 조재무지를 공반한다. 뻬샨느이(Песчаный), 셸레하(Шелеха) 곶, 브리네라(Бринера) 곶, 비노그라드느이(Виноградный) 곶, 쎄쓰뜨라 山 근처(나호드까市), 수이펜(Суйфэн) 江 하구 그리고 한반도의 초도에는 주거유적이 고분과 조개무지와 결합되어 있다. 그러나 그 삼요소는, 유감스럽게도, 단 한번도 발굴되지 않았다. 자그마한 주거유적 알레니(Олений) A가 완전히, 뻬샨느이, 알레니 Б, 말라야 빠두쉐치까(Малая Подушечка)는 많은 면적이 발굴되었다. 말라야 빠두쉐치까에서는 고분군도 발견되었다[14, pp.39-49].

얀꼽스끼 인들의 패총은 충분히 조사되지 않았다. 뻬샨느이에서의 약간의 조사작업의 결과 웨.아.라꼬프(В.А.Раков)는 연체동물의 목록을 30種에서 90種으로 늘렸지만, 다른 동물상에 대한 목록은 아직도 60년대의 수준을 그대로 유지하고 있다[259; 6]. 얀꼽스끼 문화의 패총에는 연체동물 중에는, 현재는 뾰뜨르 벨리끼(Петр Великий) 灣에 서식하지 않는 온난성의 Anadara Subcrenata가 있다. 웨.아.라꼬프는 쉘레하 곶과 나예즈드니끄(Наездник) 潟湖에서 굴채취장을 조사하였다. 패각의 형태를 통해 판단하건데, 얀꼽스끼 인들은 그곳에서 굴을 채취하였다. 그 작업과 패총에서 수집된 조개껍질의 개체군 분석은 웨.아.라꼬프와 필자로 하여금 얀꼽스끼 인들이, 채취된 어린 굴들을 다시 되돌려 놓으면서, 굴의 재생산을 통제하였다는, 즉 養殖에 종사하였다는 결론을 내리게 한다[55, pp.145-162; 56, pp.27-31].

얀꼽스끼 인들은 민물고기와 바다고기 그리고 이동성의 물고기를 잡았고, 신석기시대의 보이스만 문화(6500-5000년)에서 발견된 바 있는, 이찌오지(итиодзи) 유형의 골제 회전작살을 남겼다. 사슴, 큰사슴, 까쑬랴 등의 굽동물과 물새와 숲에 사는 새를 사냥하였다. 개와 돼지를 사육하였고, 소와 말도 있었다. 보리와 조를 파종하였다.

얀꼽스끼인들의 주거유적은 낮은 지대(바다에 의해 파괴된다)와 높이 50m 이하의 곳에 위치한다. 바다에서 2-3km 거리에 위치하는 패총을 공반하는 주거유적(두만강 하구 가까이에 위치)도 있다. 대부분의 유적이 파괴되었고, 일부 보존된 유적은 현대적 수준의 종합적인 발굴조사를 필요로 한다. 정어리 접근의 변동과정과 다른 세기내적인 자연적 변동상황을 고찰하기 위해 커다란 패총의 퇴적과정을 微細編年하는 것도 흥미로울 것이다. 그러기 위해서는 수백번의 방사성탄소 분석과 다수의 연구실과 전문가들의 협력이 필요하다.

주거유적, 집자리. 얀꼽스끼 인들은 두가지 유형 - 반움집과 지상가옥 - 의 집들이 그룹으로 배열된 장기간의 주거지에서 생활하였다. 알레니 A(아)에는 그와 같은 집자리가 쌍으로 있고, 알레니 Б(베)에는 3개의 구획으로된 집이 있는데, 한 구획에는 벽을 따라 14개의 구멍이 나있고, 그 구멍에는 토기를 묻어 놓았다. 3 구획의 총 면적은 83m^{2}이다. 알레니 A 주거유적에서는 18기의 집자리가 완전히 발굴되었는데, 규모가 10-70m^{2}이지만, 대다수의 집자리는 규모가 17-34m^2 정도이며, 모든 집자리의 총 면적은 475m^{2}이고, 그 곳에서 살았던 주민의 수는 대략 100-120명 정도로 추산된다. 몇몇 집자리의 출입구 근처에는 다듬지 않은 판석이 놓여있다. 민속학자 치.엠.딱싸미(Ч.М.Таксами)는 그 판석을 니브흐(нивх) 인들의 집에 있는 판석과 비교한다:"그(판석:역주) 아래에 문지방의 여주인이 살았다"[125, pp.65-113; 49, pp.169-179]. 줴.웨.안드레예바(Ж.В.Андреева)는 계절적 주거유적을 분리하려고 시도하였으나[11], 아직은 확실한 자료가 없다. 장기간의 주거지·반움집은 해안에도 그리고 해안에서 멀리 떨어진 곳에도 분포한다. 쉘레하(Шелеха) 곶, 비노그라드느이 그리고 글라드까야(Гладкая) 강 하구의 커다란 주거유적들은 발굴전에 이미 파괴되었다. 쉘레하 곶과 알레니 A의 가장 큰 집자리(나란히 돌 무더기가 있었다)에서 발견된 아주 많은 수의 세밀하게 만든 토기와 치로끄(Чирок) 곶에서 발견된 편암제 검신세트 및 화려한 토기세트는 그 대상들이 숭배유적, 성소 혹은 공공건물일지도 모른다는 생각을 갖게 한다. 얀꼽스끼 문화의 유물이 발견된 동굴유적도 그와 같은 기능을 수행하였을 것이다.

308

27-브란껠
28-불라지미로-알렉산드로브까
29-스까예리도브까
30-뻬르마찬스크
31-끼예브까 강
32-끼예브까
33-뻬레야브라쩨니예
34-뻬뜨로브
35-발렌찐
36-마뚜르으이바로보
37-아누치노
38-루드나야스포이
39-스따로고르체예브까
40-이르베께포
41-이르쩨베끄라 강
42,52-우쑤리 강
43-뻬룔로브끄 강
44-까랴찌로뜨
45-달녜고르스크
46-다도즈나야
47-예르네이
48-암구
49,54-발샤야 우쑤르까
50-딸리노브까
51-떼사사보드스크
53-달녜떼쳰스크

1-까미셔로브까
2-노보까첼린스크
3-하싸 호(흥개호)
4-일리스따야
5-스빼쓰크-달니
6-체드니고브까
7-미하일로브까
8-우쑤리스크
9-끄로우노브까
10-리즈돌나야
11-이르꼼
12-알례니
13-쉬꼬또바
14-뻬드체치까
15-발쇼으 까몌
16-따브리찬까
17-뻬산노이 반도
18-블라디보스똑
19-루스끼 섬
20-슬라뱐까
21-자루비노
22-뽀시예트
23-뿌루벨마
24-뽈또르 벨리까 만
25-뿌막찐
26-나호드까

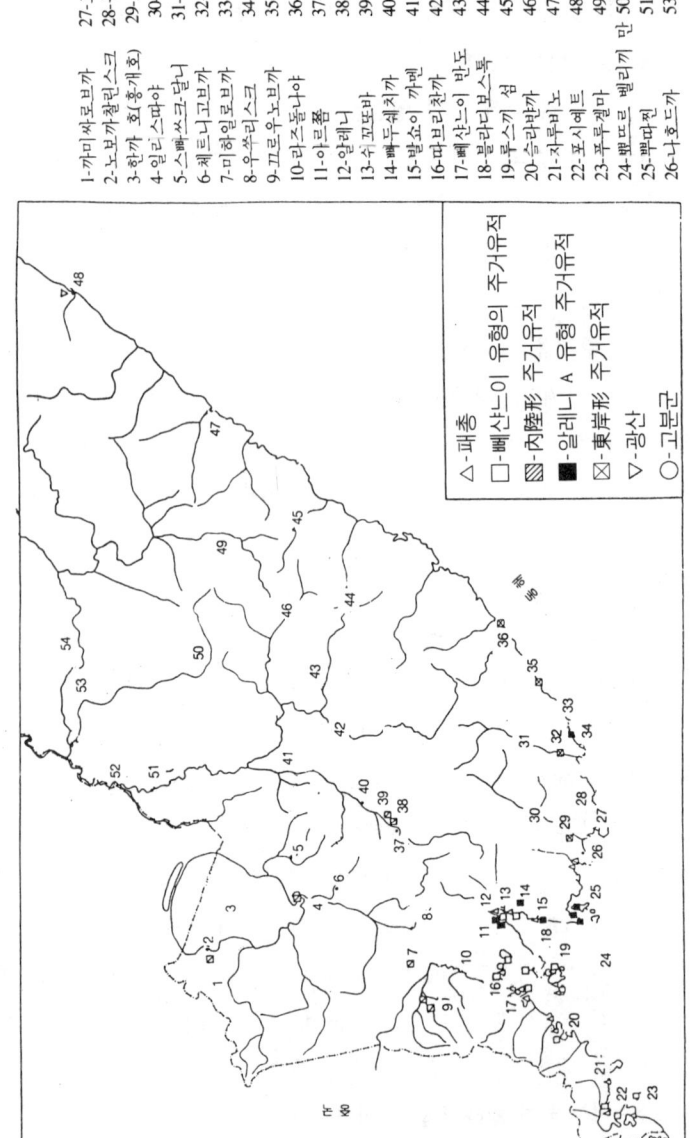

△-패총
□-뻬산노이 유형의 주거유적
▨-內陸形 주거유적
◼-얄레니 A 유형 주거유적
⊠-東岸形 주거유적
▽-광산
○-고분군

그림 123. 연해주 안쑴스끼 문화의 유적 분포도

初期 鐵器時代 309

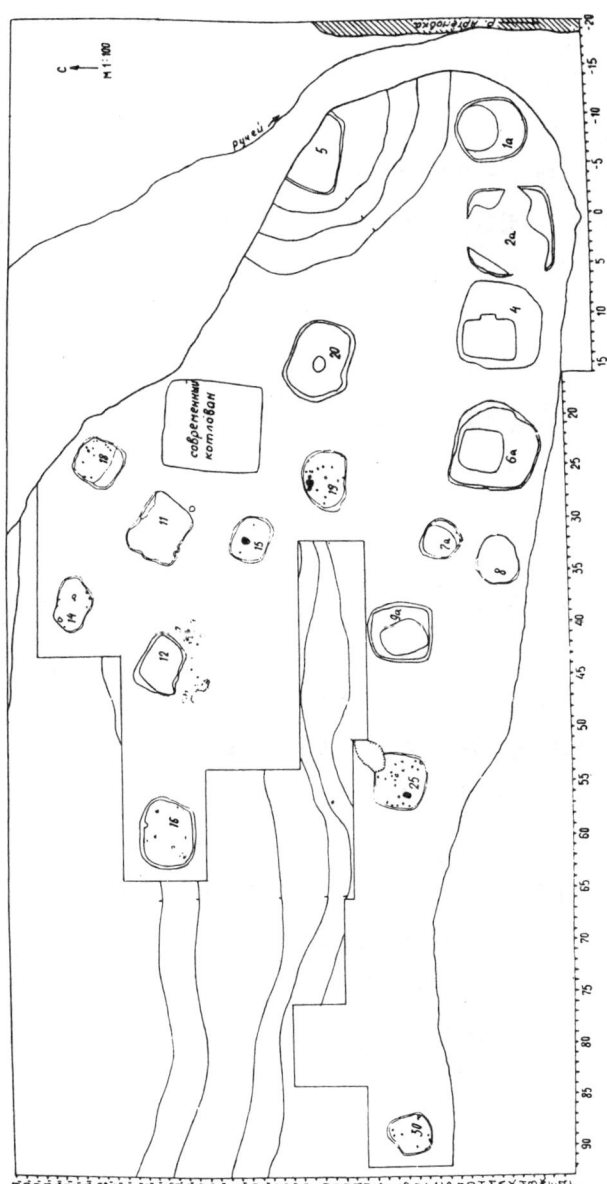

그림 124. 알레니 A, V층. 얀꼽스끼 문화 주거유적의 평면도

얀꼽스끼 인들에게는, 고금속시대의 다른 문화인들에서와 마찬가지로, 토기가 가장 많은 수를 차지하는 대표적인 유물이다. 이.에쓰.쥬쉬홉스까야(И.С.Жущиховская)가 얀꼽스끼 문화의 토기를 연구하였다. 말라야 빠두쉐치까에서 단순한 유형의 가마터가 3기 발견되었다. 각각의 가마는 수평으로 배열된 2개씩의 室로 구성되었다. 가마에는 10점 이하의 토기를 넣을 수 있었다[14, pp.40-45, 131,159]. 태토는 현지의 점토에 50% 이하의 모래, 내화점토(토기편을 잘게 부숨), 자갈모래 등을 섞어 만들었다. 첨가물은 정선하였다. 원료가공의 특성이 지역적 변종마다 차이가 있다. 폭 3-4cm의 흙띠를 손으로 감아올려 토기를 성형하였다. 기벽은 다듬거나, 얇은 점토막을 입히거나, 또는 표면을 마연하였다. 붉은색과 검은색을 채색한 경우도 있다. 토기의 형태는 다양하다: 암포라형 토기, 항아리, 분, 대접, 사발 등이 있다(그림 125-129). 연해주에서는 처음으로 豆유형의 높은 굽이 있는 사발과 낮은 원추형의 굽이 있는 사발 혹은 접시가 나타나는데, 분명히 禮器일 것이다. 쉘레하 곶에서는 宇宙그림이 있는 접시가 발견되었다(그림 132): 9개의 圓, 十字: 하늘의 9개 圓, 4개의 기둥, 8개의 모서리. 알레니 Б에서 기벽에 양식화된 山字가 있는 청동거울 그림이 그려진 토기편이 발견되었다. 그 거울은 기원전 5-3세기의 추스끼 거울의 모방품이다(그림 127,2). 알레니 Б에서는 방추차·물레가락도 많이 발견되었다(그림 130,1-4). 토기와 방추차는 부호화한 정보를 담고 있는 문양으로 장식되었다. 체레빠하(Черепаха) 곶 출토의 방추차들 중 1점의 문양을 웨.예.라리체프(В.Е.Ларичев)는 달력으로 해석하였다.

初期 鐵器時代 311

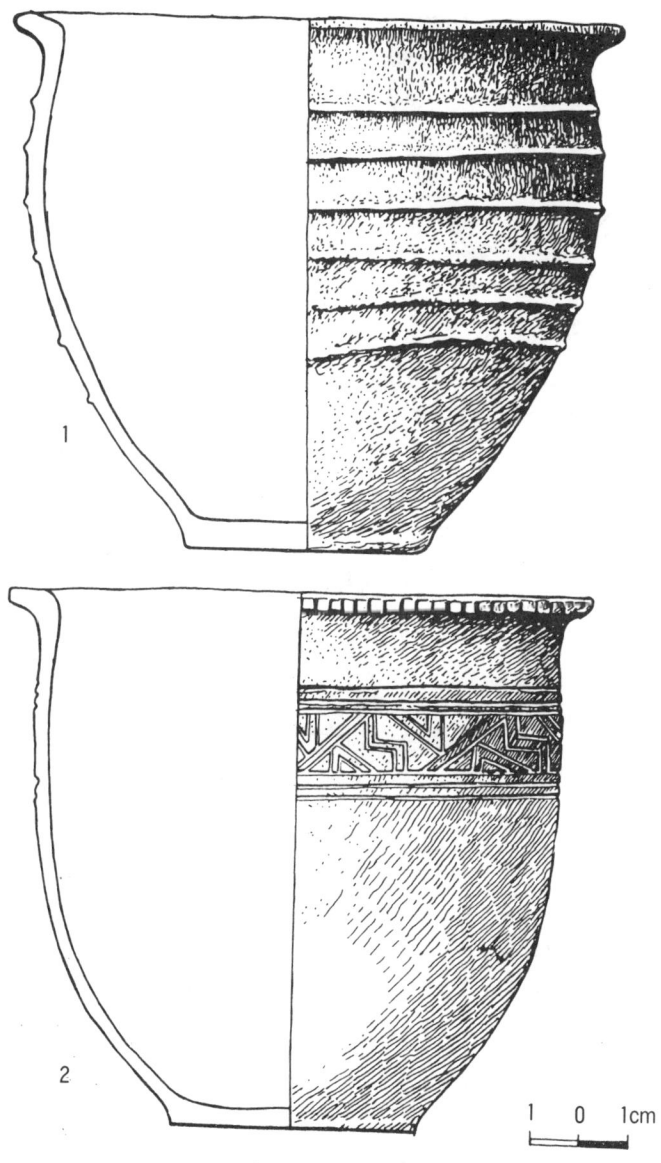

그림 125. 알레니 Б(베), V층. 얀꼽스끼 문화의 토기들

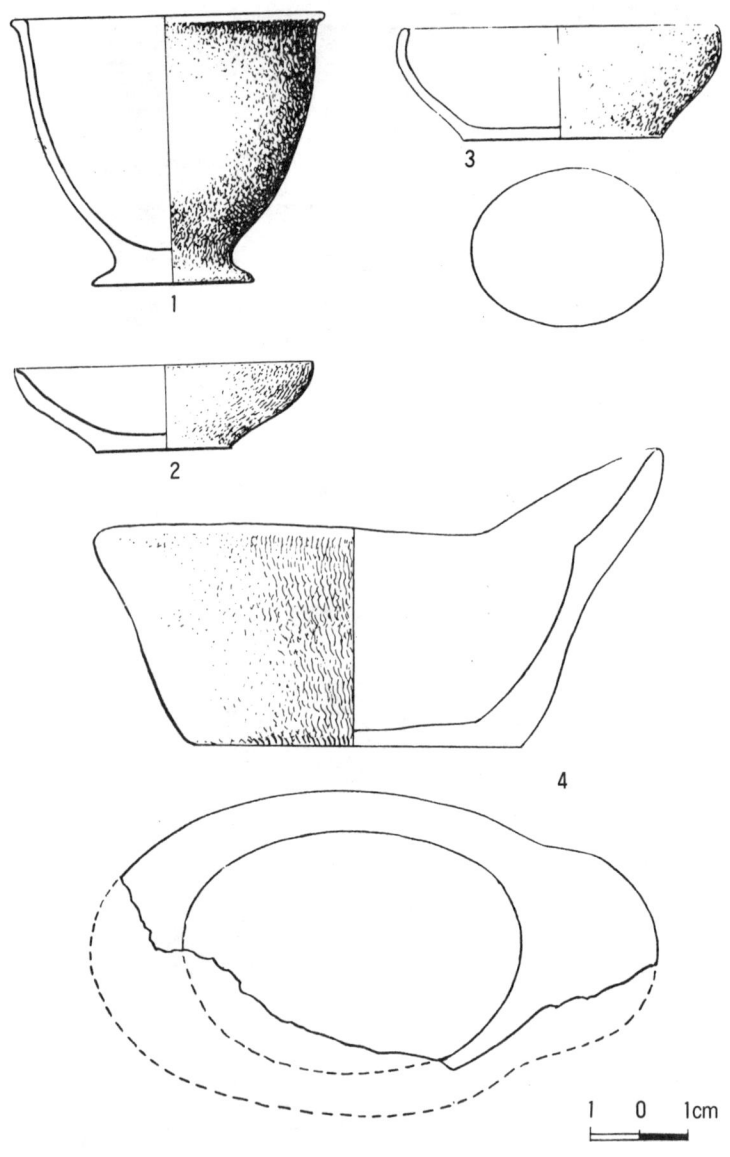

그림 126. 알레니 Б(베), V층. 얀꼽스끼 문화의 토기들

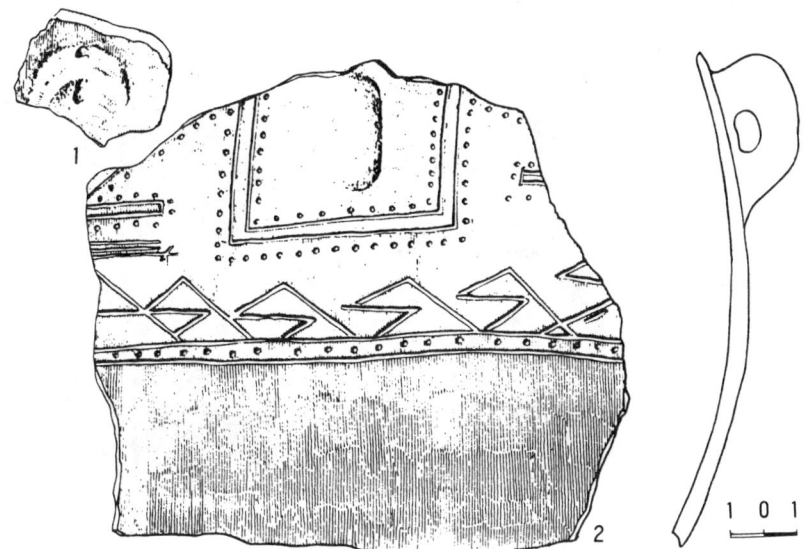

그림 127. 알레니 Б(베), V층. 얀꼽스끼 문화의 토기들. 2-山자가 있는 청동거울 모방품

    청동제의 모방품은 돌뿐만 아니라 점토로도 만들었다. 필자가 석사 학위논문을 쓸 당시인 1962년에 엠.웨.끄류꼬프(М.В.Крюков)는 龍山文化의 삼족기가 청동제의 鼎과 흡사함을 지적한 바 있다. 그 후 30여년이 지나 하르빈 박물관에서 그의 동료들이 白金寶 출토의 사발을 필자에게 보여 주었는데, 그 손잡이가 금속제 용기의 것을 연상시켰다. 앞으로 청동제를 모방한 토제품이 더 많이 발견되리라 기대한다.

    도구는 아주 다양한 종류의 재료로 만들었다. 마제석기에는 자귀, 끌, 도끼 등의 목제가공용 공구가 많이 있다. 그와 같은 공구를 만들 때는 먼저 돌을 탁마하고, 그 다음에 톱질하여 돌을 부분으로 나누었다. 그와 같은 방법을 이용하여 편암으로 만든 일부의 화살촉에는 홈줄이 나있는 경우도 있는데, 독을 바르기 위한 것이다. 편암으로는 생선을 가르는 칼, 수확용 칼, 긁개, 가죽과 자작나무 껍질을 다듬는 칼 등

314

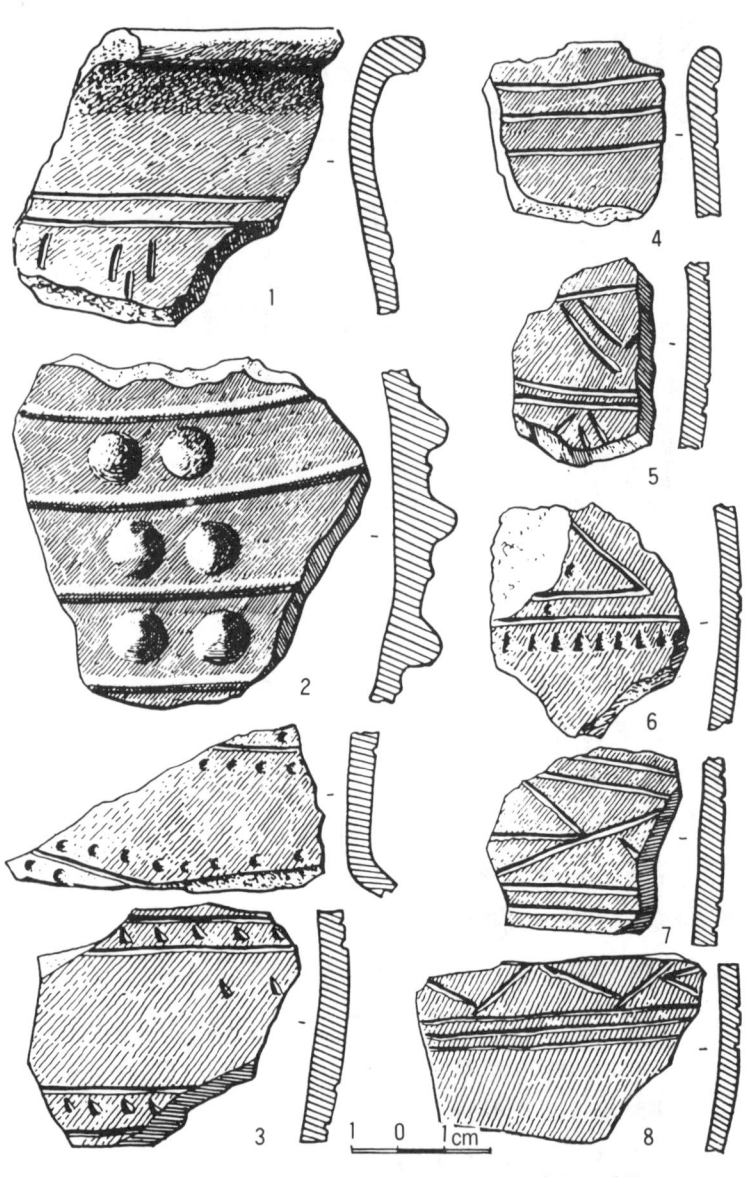

그림 128. 알레니 Б(베), V층. 얀꼽스끼 문화의 토기들

初期 鐵期時代 315

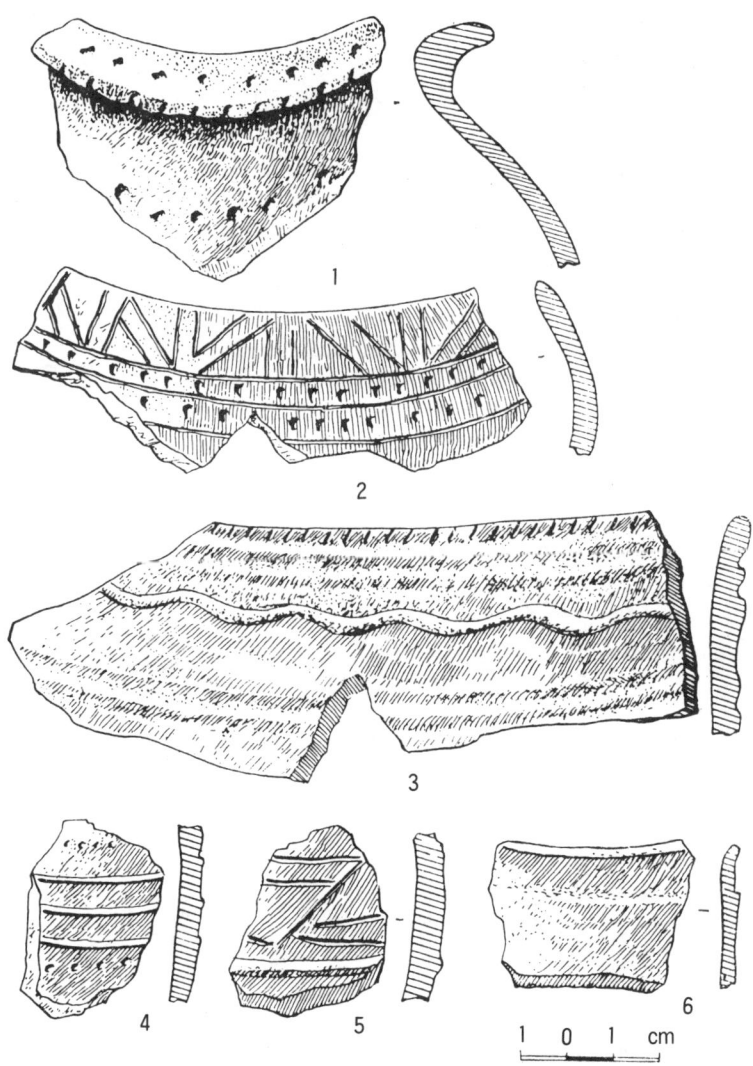

그림 129. 알레니 Б(베), V층. 얀꼽스끼 문화의 토기들

316

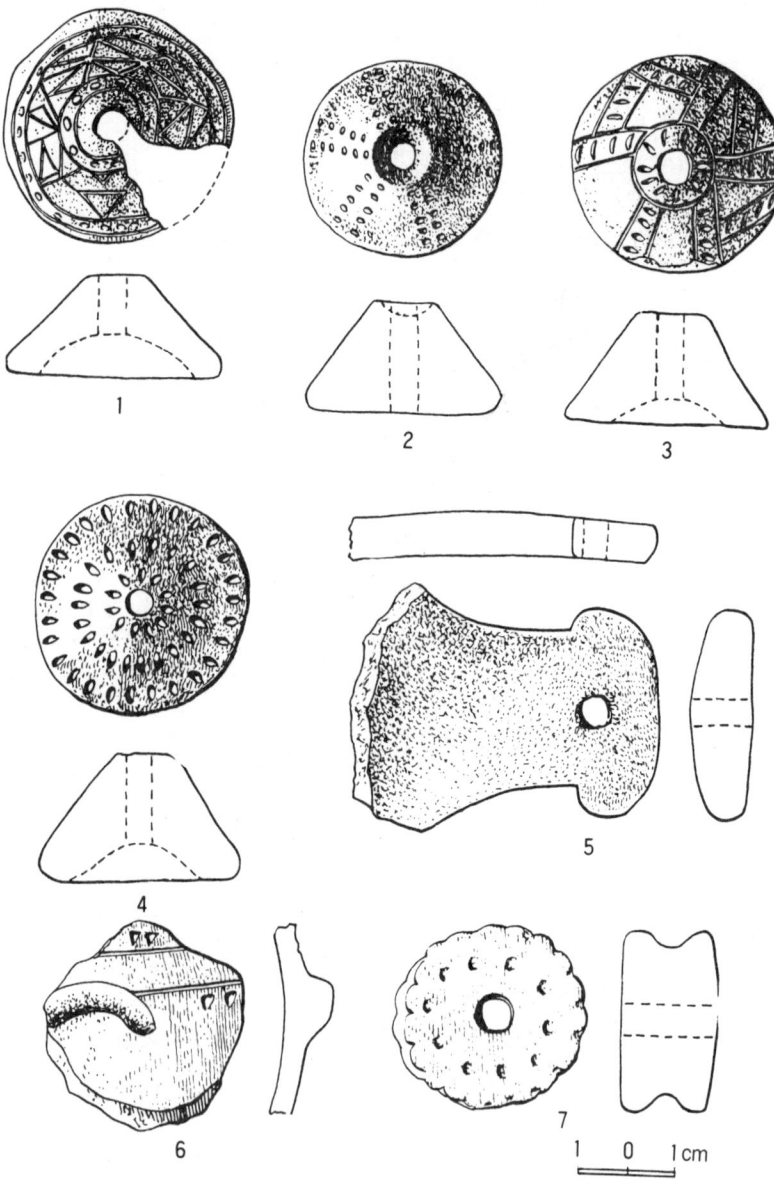

그림 130. 알레니 Б(베), V층. 얀꼽스끼 문화의 토제품들

을 만들었다. 단검과 창촉을 만드는데도 편암이 이용되었다(그림 133,1). T字形의 끝장식, 등대, 푸른색의 석재, 단 혹은 검날 멈추개가 있는 좁고 평행한 검신 등은 청동제를 모방하여 만든 것임을 분명히 하지만, 어떤 유형의 것을 모형으로 하였는지는 분명하지 않다. 잎사귀 모양의 창촉도 있다.

새의 윤곽을 지닌 석제 곡괭이형 투부도 2점이 우연히 발견되었다. 중앙에 구멍이 뚫려 있는 둥근 모양의 끝장식도 있는데, 가장자리는 날카롭다. 그 중의 1점 끝장식에는 20개의 돌출한 齒가 있다.

돌로는 어망추, 홈줄이 둘려져 있는 망치·원통(그림 133,6), 모루판, 갈판과 으깨개, 숫돌, 홈선이 있는 금속 마연기(그림 133,5) 등도 만들었다. 또한 작은 홈을 몇개 낸 석제유물도 있다. 신석기시대와 고금속시대의 여러 문화유적에서 발견되고 있는 그런 유물의 기능이 언제나 명확한 것은 아니지만, 필자는 그것을 의례용품이라 간주하며, 2-3개의 홈·상징을 사람의 얼굴을 묘사한 것이라 파악한다. 홈을 내어 만든 그와 꼭같은 표현이 싸까치-알랸(Сакачи-Алян)의 현무암 바위 덩어리와 쉐레미찌옙스끼(Шеремитьевский)의 암벽에도 있다. 싸까치-알랸과 쉐레미찌옙스끼의 암각화는 대부분 신석기시대의 꼰돈 문화인들이 남겼다.

웨.까.아르쎄니예프(В.К.Арсеньев)는 얀꼽스끼 문화 영역에서 훨씬 북쪽에 위치하는 따따르스끼(Татарский) 해협 바닷가의 암구(Амгу) 마을에서 광산을 발견하였는데, 그곳에서, 웨.아.따따르니꼬프(В.А.Татарников)가 밝혔듯이, 하늘색과 푸른색의 오팔을 채취하였다. 얀꼽스끼 인들은 그 오팔로 원통형 구슬과 펜던트를 만들었다. 뼈와 뿔로는, 위에 언급한 작살이외에도, 바늘, 낚시바늘, 장신구, 甲板등을 만들었다.

1960년에 아.뻬.아끌라드니꼬프가 뻬샨느이에서 軸과 鑄鐵製 有銎斧 등 10점의 첫번째 철제유물을 발견한 이후 지금까지 모두 30점 이상의 철제유물이 얀꼽스끼 문화의 집자리들에서 출토되었다: 알레니 Б에서

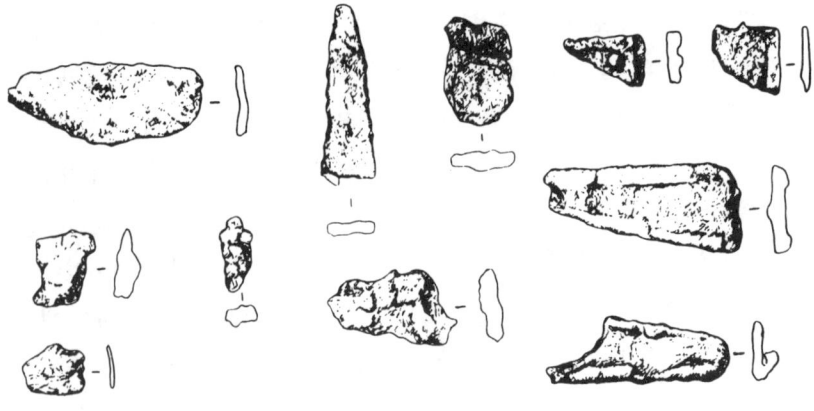

그림 131. 알레니 A(아), V층. 목제 삽의 주철제 자루끼우개

는 유공부와 슴베가 있는 칼이, 말라야 빠두쉐치까(Малая Подушечка)와 알레니 A에서는 2-3개의 이빨이 나있는 목제 삽의 주철제 자루끼우개 (насад)가(그림 131) 각각 발견되었다. 아무르 중류의 우릴스끄 섬의 우릴 문화유적에서도 꼭같은 형태의 자루끼우개가 발견된 바 있다.

銅과 靑銅으로 만든 제품은 꽤 드물게 발견된다. 알레니 A와 말라야 빠두쉐치까에서는 형태가 없는 조각들이, 예까쩨리노브까(Екатериновка)에서는 쌍연패식(парная бляшка)이, 따브리찬까(Тавричанка)에서는 뒷면에 귀(鈕)가 달린 거울 반쪽이, 포시예트(Посьет)에서는 구리덩이가 각각 발견되었다. 알레니 A의 구리조각과 뽀씨예트의 구리덩이는 純銅이다[174, p.42].

현지 야금술의 흔적은 연꿉스끼 문화에서도, 그 이전과 동시대의 다른 문화들에서도 발견되지 않았다. 몇몇 야금술 흔적에 관한 언급이 있기는 하였지만 인정되지 않았다. 때문에 연해주의 금속제품들은 수입되었다고 간주해야만 하며, 그 출처가 어디인지 알아낼 필요가 있다.

初期 鐵期時代 319

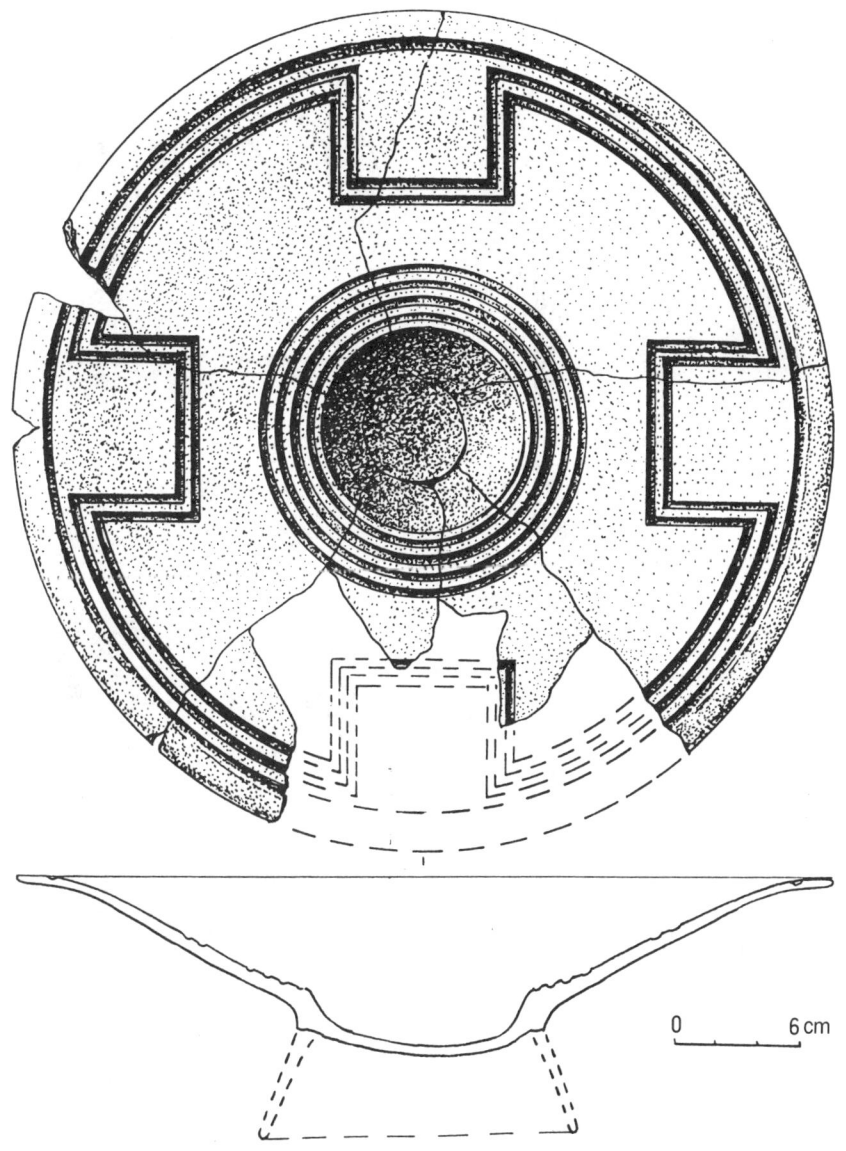

그림 132. 쉘레하 곶. 宇宙그림이 있는 얀꼽스끼 문화의 접시

320

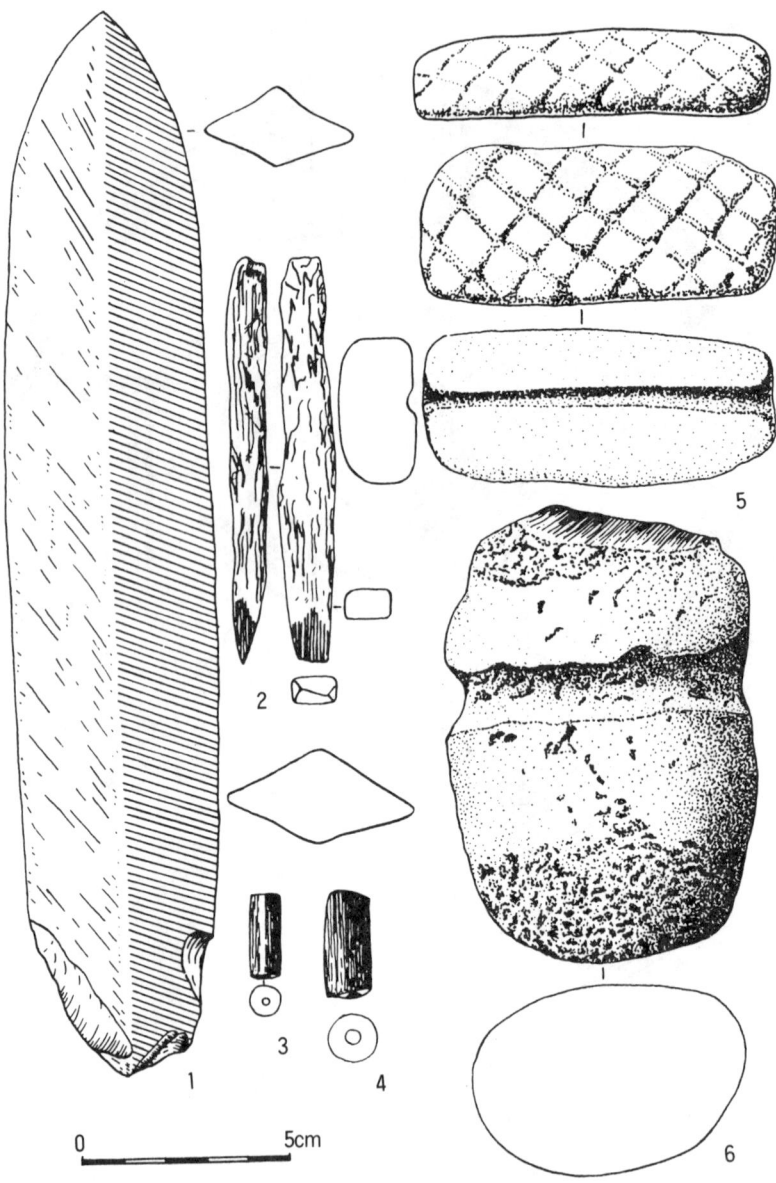

그림 133. 얀꼽스끼 문화의 석제품들: 1-검신, 2-끌, 3,4-구슬, 5-마연기, 6-망치

한국과 러시아 그리고 중국 고고학자들의 공동의 노력과 금속성분 분석을 통해서 만이 그 출처를 밝힐 수 있을 것이다. 20-30년대 러시아 고고학 서적에는 자신의 야금술없이 금속제품을 수입하여 사용한 시기를 금속시대로 간주할 수 있는가하는 문제에 대해 논쟁이 진행된 바 있는데, 지금도 꾸준히 야기되고 있는 문제이다. 필자는 수입품과 금속제품의 석제 모방품 그리고 그로 인한 물질문화의 전반적 변화는 야금술이 없더라도 고금속문화로 파악해야 한다고 간주한다.

얀꼽스끼 문화에는 몇몇 지역적 변종이 분리된다.

1) 뻬샨느이 유형: 토기의 기벽은 중간 두께이며, 태토에는 굵은 모래알이 섞여있다. 凹凸의 문양 이외에도 선과 점등 채색한 문양도 있다. 주거유적은 두만강에서 우쑤리 만까지 분포한다.

2) 알레니 유형: 태토의 첨가물 크기는 작고, 기벽은 얇으며, 채색문이 없다. 문양의 형태에 약간의 차이가 있으며, 석기에 약간의 특이성이 있다. 알레니 地區에는 아르쩸 게에르에에쓰(Артем ГРЭС)와 알레니 Г(게) 등의 뻬샨느이 유형의 주거유적도 있다. 알레니 유형의 주거유적 - 알레니 А(아), Б(베), Д(데), Е(예), М(엠), 말라야 빠두쉐치까, 뿌따쩐(Путятин) 섬 - 은 대체로 우쑤리 만의 해안을 따라 분포하지만, 뻬뜨로바(Петрова) 섬과 같이 멀리 동쪽에 위치하는 것도 있다.

3) 발렌쩐 유형: 타날된 도구가 우세하며, 어깨형 도끼(плечиковый топор)도 있다. 토기는 조잡하며, 굽이 있는 토기가 없다. 문양은 홈줄, 덧무늬, 혹 등 빈약하며, 채색토기가 없다. 유적은 발렌쩐(Валентин), 끼예브까(Киевка), 예까쩨리노브까(Екатериновка) 등으로 동해안에 분포한다.

최근에 네번째 유형 - 내륙형(континентальный) - 의 유적이 분리되었다. 내륙형 유적들은 바다에서 멀리 떨어져 분포하며, 패총이 없다. 그러나 필자는 아누치노(Анучино) 주거유적, 루다놉스꼬예(Рудановско

e) 주거유적, 끄루글라야 쏘쁘까(Круглая Сопка) 주거유적 등을 발굴한 이후에 내륙형 그룹의 주거유적을 얀꼽스끼 문화와 끄로우노브까 문화의 속성들이 공통적으로 혼합되어 있는 것으로 파악 분리하였었다. 얀꼽스끼 문화에는 구멍이 나있는 편암제의 칼, 납작한 도끼와 자귀, 궁형 으깨개, 토기에 나있는 홈줄, 심혈, 혹등이 해당된다. 끄로우노브까 문화의 것에는 어깨형 도끼, 납작한 방추차, 토기의 손잡이가 있다. 토기의 기벽으로 만든 어망추와 토기의 구연부 및 덧붙여 만든 삼각형의 손잡이는 독특하다. 이 그룹 유적들과 연해주 서쪽의 한까 호 유역 유적들 -끄로우노브까와 쎄미빠뜨나야(Семипятная)의 중간층들, 무스딴그(Мустанг) 상층- 과의 상호관계는 흥미롭다. 한까 유역의 주거유적에는 끄로우노브까 문화 유형의 것이 없고, 일부는 아누치노 문화의 것에 가깝다. 두 그룹의 주거유적을 독자적인 아누치노 문화(анучинская культура)의 것으로 분리하는 것이 불가피하다(그림 134-135). 아누치노 I의 방사성탄소연대는 2430±50년(Ки-3166)이다.

고분군과 매장. 졔.웨.안드레예바와 그녀의 동료들은 연해주에서 얀꼽스끼 문화의 고분군을 2군데 발굴조사하였다. 말라야 빠두쉐치까 주거유적 내에서 21기의 고분이, 차빠예바(Чапаева)에서 17-18기의 고분이 각각 발견되었고, 그 외에도 쉘레하 곶의 5기 고분과 한반도의 초도유적의 고분도 알려져 있다. 하지만, 쉘레하 곶과 초도의 경우는 고분이 얀꼽스끼 문화에 속하는지 언제나 명확한 것은 아니다[14, pp.33-38, 45-50; 26, pp.101-116; 399]. 말라야 빠두쉐치까에서는 死者를 집의 마루아래, 토기를 굽는 가마 아래, 집자리 사이의 공간, 주거유적의 가장자리에 각각 피장하였다. 차빠예보에서는 그 어떤 死者의 집과 같은 구조물에 16-17명이 피장되었고, 貝塚에도 1명이 피장되었다. 말라야 빠두쉐치까에는 두향이 주로 북향이고 차빠예보에는 남동향이다. 그러나 두 고분군 모두 피장자의 다리는 물쪽을 향하고 있다. 2구의 나란히 피

初期 鐵器時代 323

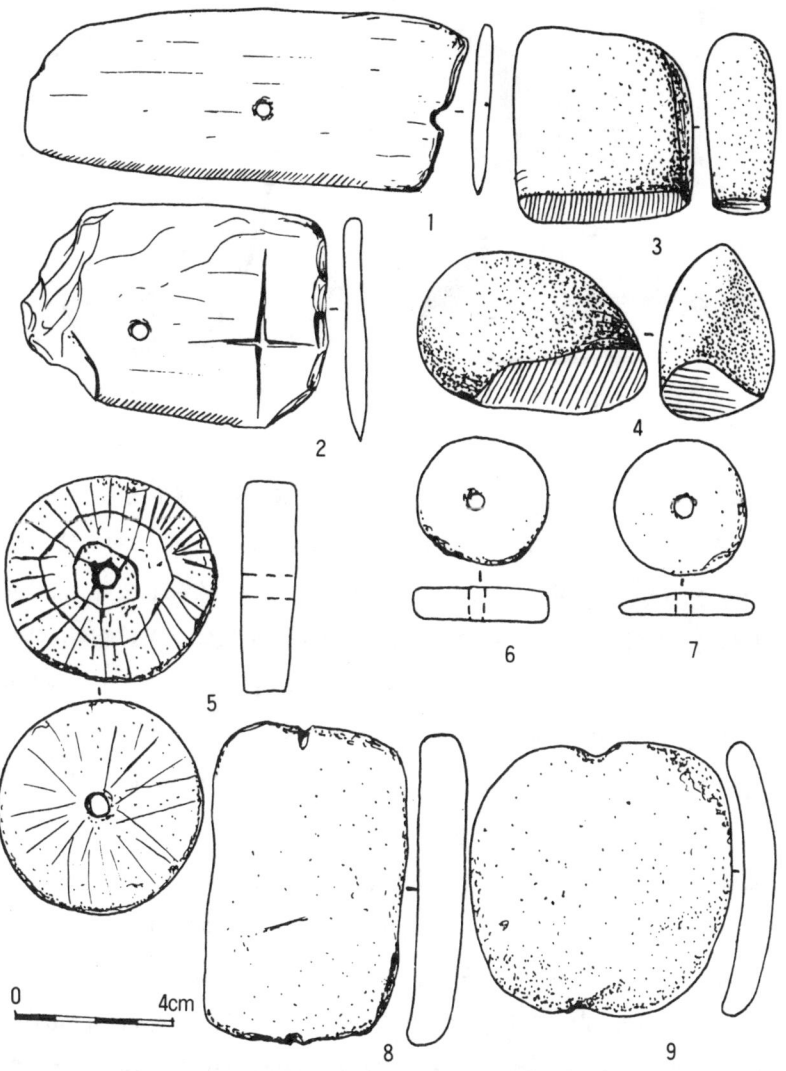

그림 134. 아누치노 문화. 루다놉스꼬예, 하층; 1-4-석제품, 5-9-토제품

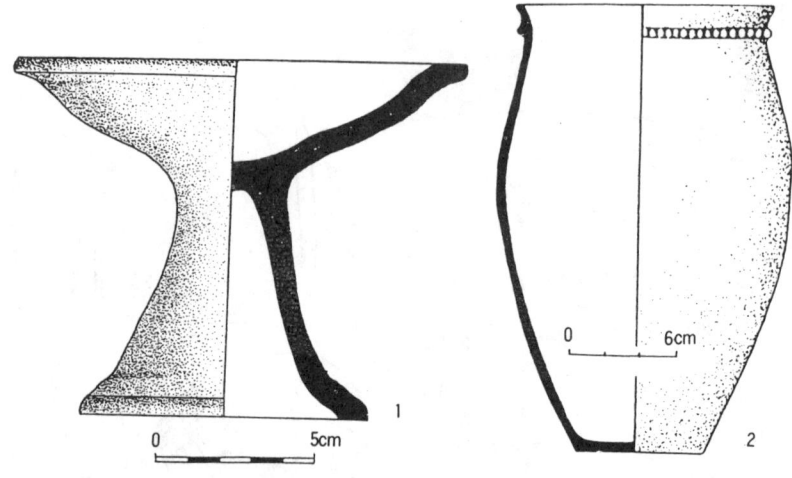

그림 135. 아누치노 문화의 토기:1-노보가르제옙스꼬예, 2-끄로우노브까, 중간층

장된 사람이 서로 반대 방향으로 머리를 두고 있는 경우도 있다. 합장묘 집단묘 덧무덤도 있지만, 등을 아래로 한 단일묘가 우세하다. 무덤구덩이는 그렇게 깊지가 않다. 간혹 판석으로 두른 경우도 있다. 차빠예보에는 2열의 기둥위에 단 혹은 집을 만들어 피장한 경우도 있다. 부장품에는 2-3개의 장신구(구슬,펜던트)과 (음식이 든 토기와 자귀,방추차 등과 골제품들이 있다. 한 고분에는 20점의 어망추가 발견된 경우도 있다. 차빠예보의 한 고분에는 5점의 화살촉이, 쉘레하 곳에는 사발, 대접, 어망추, 석제 끌과 칼, 편암제 단검이 발견되었다. 몇몇 고분에서는 모닥불의 흔적이 발견되었다. 형질 인류학자 이.이.고흐만(И.И.Гохман)은 차빠예보 출토의 인골 1기를 바이칼 유형으로 파악하였다. 그러나 얀꼽스키인들의 형질인류학적 측면은 아직 연구되지 않았다.

편년. 이미 첫번째의 발굴에서 웨.뻬.마르가리또프(В.П.Маргаритов)는 얀꼽스키 문화의 연대를 기원전 8-7세기 경으로 제대로 편년하였다. 60년대에 얀꼽스끼 문화의 연령을 기원전 2000년기까지 올리려는 시도가

初期 鐵期時代 325

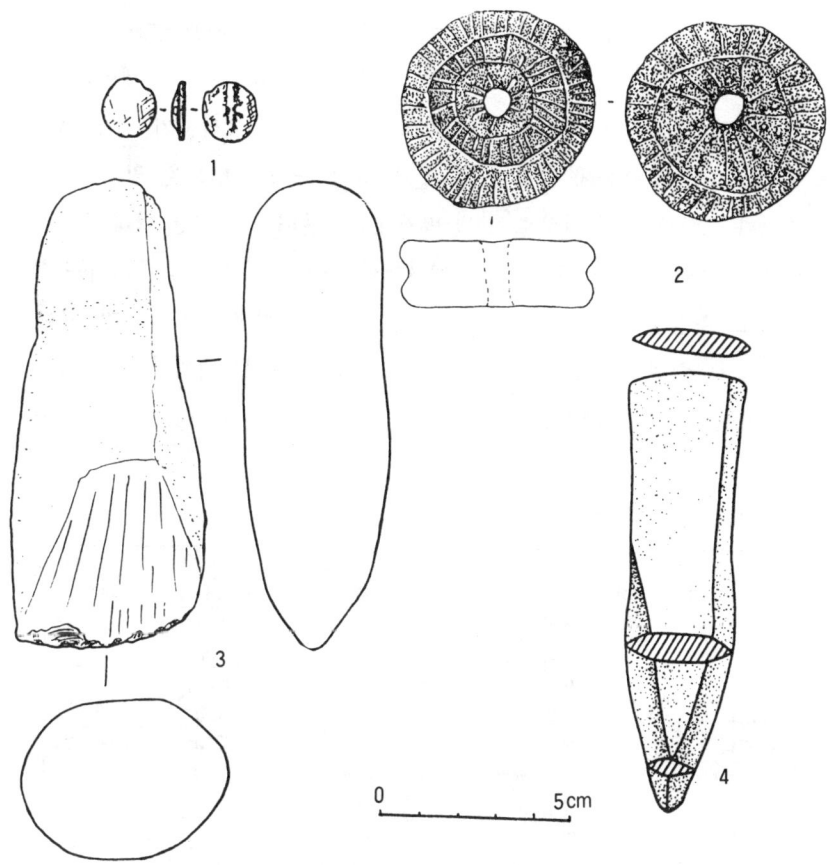

그림 136. 아누치노 문화: 1,3-루다놉스꼬예, 하층; 2-아누치노 I;
4-끄로우노브까, 중간층(1-청동제, 2-토제, 3,4-석제)

있었다. 그러나 청동 단검의 모방품들은 그 연대가 기원전 8-3세기임을 보여주고 있으며, 필자도 이 연대에 동의한다. 오랫동안 얀꼽스끼 문화의 유적을 방사성탄소연대로 측정하지 못했지만, 지금은 나름대로의 진전이 있어 3개의 주거유적에서 채취된 목탄으로 7개의 방사성탄소연대가 확보되었고 또 브리네라(Бринера) 곶과 글라드까야 강 근처의 패총

단면에서 채취한 굴 껍질을 試料로 한 방사성연대도 확보되었다.

웨.이.라조프(В.И.Разов)와 게.게.라조프(Г.Г.Разов)는 극동대학의 연구실에서 패총에서 채취한 굴껍질이 열가공(굴을 요리하기 위해 뜨거운 물 혹은 모닥불에 넣었다)의 결과 결정 구조에 변화를 일으켰음을 밝혔다. 결정구조의 변화로 인해 방사성탄소연대가 1000년 이내의 범위에서 낮아졌다[55, pp.160-161]. 뻬샨느이 유형의 주거유적 중에서는 목탄으로 측정한 유일한 유적으로 알레니 Г - 기원전 8세기 - 가 있다. 목탄으로 측정한 다른 연대는 알레니 유형의 주거유적에서 얻은 것인데, 기원전 5-1세기이다.

표 16. 얀꼽스끼 문화 유적의 C14연대

遺跡	對象	試料	硏究室番號	(5730)年代	年代
말라야 빠두쉐치까		목탄	МГУ-49	2430±50	480±50
알레니 A	집자리 No.19	목탄	ДВГУ-ТИГ-84	2048±278	98±278
알레니 A	집자리 No.14	목탄	СОАН-1535	2155±25	205±25
알레니 A	집자리 No.16	목탄	СОАН-1536	2050±20	105±20
알레니 A	집자리 No.20	목탄	СОАН-1537	2195±25	245±25
알레니 Г	트렌치.깊이90cm	목탄	СОАН-1538	2710±25	760±25
뻬뜨로바 섬	집자리 No.2a	목탄	СОАН-1542	2050±20	105±20
브리네라 곶	패각층.깊이25cm	굴껍질	ДВГУ-80	1490±120	
브리네라 곶	깊이 40cm	굴껍질	ДВГУ-81	1887±160	
브리네라 곶	깊이 70cm	굴껍질	ДВГУ-82	2197±180	
글라드까야 강	깊이 50-60cm	굴껍질	Ки-3172	1450±45	
글라드까야 강	깊이 80-90cm	굴껍질	Ки-3172	1900±40	
글라드까야 강	깊이 120-150cm	굴껍질	Ки3168	2180±60	

보이스만 II의 상층 집자리(뻬샨느이 유형)에 대해 胞子花粉 스펙트럼분석을 행하였다: 잡초의 화분이 91.2%로 압도적인데, 그 속에는 쑥류의 화분 66.4-85.8%와 곡초류 화분이 포함되어 있다. 나무와 관목의 화분은 6.5-10.9%이다. 그 중에는 개암나무 화분이 가장 많고, 그 다음이 떡갈나무와 자작나무 화분이다. 엔.베.베르홉스까야(Н.Б.Верховская)

와 아.에쓰.꾼드이쉐프(A.C.Кундышев)는 또 다른 얀꼽스끼 문화의 패총 단면을 연구하였고, 패총단면의 下部(글라드까야 강)이 떡갈나무와 다른 잎이 넓은 활엽수림이 폭넓게 발전한 溫暖期를 반영한다는 결론에 도달하였다. 보이스만 II의 집자리를 포함하는 上部는 화분분석에 따르면 끄로우노브까 문화의 층위와 비교되며, 동시에 乾燥化 단계와 한랭한 기후를 반영함이 분명하다[76, pp.19-26].

얀꼽스끼 문화의 연령에 대한 자료는 얼마 안되지만, 전체적으로 그 문화를 기원전 8-1세기로 편년가능케 한다. 뻬샨느이 유형은 이 기간 전체에 걸쳐 발견된다(알레니 Г-보이스만 II 상층). 알레니 유형은 기원전 5-1세기에 해당된다.

2. 끄로우노브까 文化

1956년에 아.뻬.아끌라드니꼬프가, 현재 아끌라드니꼬프라는 명칭을 지닌, 마을 근처에서 발견하였다. 1972년 이전, 政權이 일련의 지명을 변경하기 전에는 차피고우(Чапигоу) 강의 이름을 따서 차피고우 문화라고 불렀었는데, 차피고우 강변에 첫번째로 발견된 주거유적이 분포한다(이와 관련하여 1972년부터 러시아 고고학자들은 일련의 명칭을 바꾸어 불러야만 했다. 예를 들어, 알레니는 마이헤(Майхэ)로 불렀었다. 마이헤 강은 현재 아르쩨모브까(Артемовка) 강이라 부른다. 쑤이펜(Суйфэн) 강은 라즈돌나야(Раздольная) 강이 되었다. 1972년 이전의 아.뻬.아끌라드니꼬프의 저작에는 얀꼽스끼 문화가 씨제민 문화(сидеминская культура) 혹은 패총문화(культура раковинных куч)로, 게.이.안드레예바의 저작에는 남연해주 文化(южноприморская культура)로 각각 불리었다).

연해주 끄로우노브까 문화의 유적은 라즈돌나야(쑤이펜) 강 유역,

한까 평원지역, 아르쩨모브까 강안, 쉬꼬또브까(Шкотовка) 강안, 우쑤리 강 상류, 일리스따야 강 상류 등에 분포하며, 또한 우쑤리 만에서 제르깔나야 강안까지는 드문드문 분포한다(그림 137). 알레니 A 주거유적의 상층에서 9기의 집자리가 완전히 발굴되었고, 끄로우노브까에서는 8기의 집자리가, 뻬뜨로바 섬, 쏘꼴치(Сокольчи), 꼬르싸꼬브까(Корсаковка) 2, 꼰스딴찌노브까(Константиновка), 끄루글라야 쏘쁘까(Круглая Сопка), 끼예브까, 쎄미빠뜨나야(Семипятная) 등의 유적에서는 몇기씩의 집자리가, 므노고우도브느이(Многоудобный)에서는 1기의 집자리가 각각 발굴되었다. 씨니예 스깔르이에서는 문화층 일부를 노출시키었고, 불로치까에서는 12개의 지구를 발굴조사하였다. 뻬뜨로바 섬과 씨니예 스깔르이에서는 鑄造所가 발견되었다. 또 다른 일련의 주거유적 - 야꼬노브까(Яконовка), 체레빠하 곶, 꾸첼리노프 끌류치(Кучелинов Ключ), 루드네바(Руднева)(쩐깐 Тинкан) 항만, 꼬르싸꼬브까 Ⅰ 등등 - 에서는 지표조사 수준의 조사가 행해졌다[257, pp.13-36; 282, pp.100-114; 47, pp.5-48, 72-74; 49, pp.174-180; 11, pp.100-113; 145, p.11; 24, p.175-176; 87, pp.23-30]. 북한에서는 끄로우노브까 문화의 집자리들 - 초도, 호곡동 - 이 두만강 유역에서 발굴되었고[399; 418, pp.124-226; 398], 중국에서는 길림성의 두만강 유역에서 이순쩐(Исунтин), 바이짜오고우(Байцаогоу) 그리고 싸오구안찌(Сяогуаньцзи) 주거유적이, 흑룡강성에서 團結(Туаньцзе) 주거유적 - 중국 고고학자들은 그 명칭에 따라 그 유형 문화를 團結文化라 부른다 - 과 다첸쯔이(Дачэнцзы), 야오디(Яоди), 다오헤(Даохэ) 등의 다른 일련의 유적들이 발견되었고, 또한 수이펀 강안에서도 해당 유적이 발견되었다[422, pp.15-19; 404, pp.181-184; 190, pp.79-82, 그림40-41]. 흥미로운 것은 연해주의 최남단, 러시아와 중국 그리고 북한의 경계가 만나는 지역에서는 아직 단 한군데의 끄로우노브까 문화 유적이 발견되지 않았다는 사실이다.

初期 鐵期時代 329

1-쎄미뻬뜨나야
2-까미쇼바야
3-한까 호
4-하롤
5-일리스따야
6-스빼쓰크-달니
7-쎈까나 샤뻰까
8-우쑤리스크
9-꼬로우노브카
10-라즈돌나야
11-이르꿈
12-양례니
13-블라디보스톡
14-뻬드로베리치
15-뽀뜨로 벨리키 만

18-뻬르미짠스크
19-뻬르미짠스까야 강
20-끼예브카
21-끼예브카
22-쁘로바 섬
23,34,35-우쑤리 강
24-루다놉스꼬예
25-끄로쎄브
26-이브라모브카
27-이브라모브카
28-씨니예 스깔르이
29-까랑례로바
30-쁠롭로브카
31-루드나야
32-달녜고르스크
33-다로즈나야

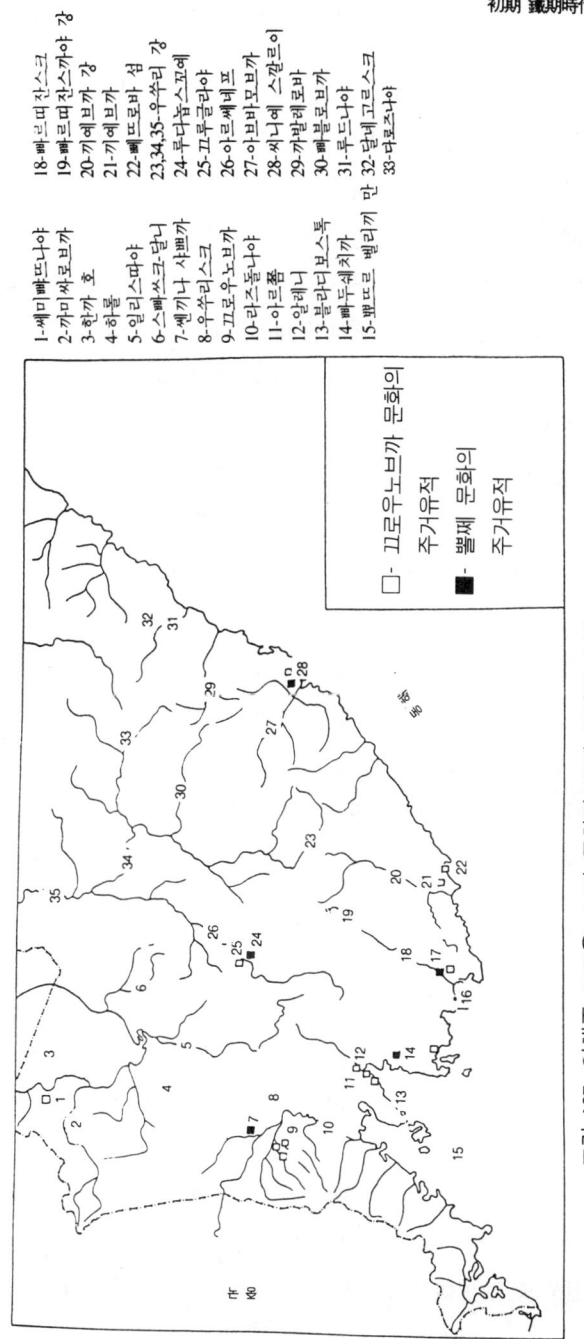

그림 137. 연해주 꼬로우노브카 문화와 뽈째 문화의 유적 분포도

알레니 A, 므노고우도브느이, 뻬뜨로바 섬, 끼예브까 등의 끄로우노브까 문화 집자리들은, 당시 흙으로 메꾸어져 있던, 얀꼽스끼 문화의 집구덩이를 파고 들어 갔다. 끄로우노브까, 쎄미빠뜨나야, 끄루글라야 쏘쁘까에서는 끄로우노브까 인들이 아누치노 문화 이후에 나타났다. 불로치까와 씨니예 스깔르이에서는 끄로우노브까 인들 다음에 뽈쩨 문화 인들이 거주하였다. 60-70년대의 바로 그와 같은 관찰은 연해주에서 뿐만 아니라 아무르 유역에서도 층위학적인 좌표를 미리 설정하게 하였다. 지금은 이전에는 순차적으로 존재하였다고 간주했던 각 문화들이 동시대적으로 존재하였다는 사실을 입증하는 자료들이 축적되고 있다. 신석기시대에는 보이스만 문화, 꼰돈 문화, 초기 자이싸노브까 문화가, 청동기시대에는 씨니가이 문화와 마르가리또프 문화가, 중세에는 말갈문화(мохэская культура)와 발해문화(бохайская культура), 발해문화와 여진문화(чжурчжэньская культура)가 각각 일정기간 서로 공존하였었다. 얀꼽스끼 인들의 늦은 시기 연대는 연해주 끄로우노브까 문화의 주거유적 연대와 서로 겹친다.

　주거유적과 주거지는 현재 끄로우노브까 문화에 대한 기본 자료이다. 끄로우노브까 주거유적, 꼬르싸꼬브까 2 주거유적 그리고 쑤이펜강의 지류인 보리쏘브까(Борисовка) 강으로 흘러드는 그(끄로우노브까 강:역주) 강안을 따라 분포하는 또 다른 4곳의 주거유적은 경작에 의해 지표면이 파괴되었다. 그 지역은 비옥한 토양으로 인하여 농경이 활발하게 이루어지고 있다. 알레니 A, 끼예브까, 불로치까는 곶 혹은 크지 않은 언덕에 위치한다. 씨니예 스깔르이는 아브바꾸모브까(Аввакумовка) 강안에 위치하며, 높이 30-70m의 가파른 암벽으로 방어된 커다란 자연적 은신처이다. 각 주거유적의 규모와 면적 그리고 집자리의 수는 각기 많은 차이가 있다. 끄로우노브까 주거유적은 15,000m^2 이상의 면적을 점하고 있는데, 2-3개의 주거유적이 서로 연결되어 있을 가능성도 있다. 뻬뜨로바 섬에는 20기 씩의 집자리가 2개의 群을 형성하고 있다. 유.예.바스뜨레쬬프(Ю.Е.Вострецов)는 쎄미뺘뜨나야에서 50여기 이상의 집자리·구덩이를 산정하였다[86, pp.99-104].

알레니 A는 현재 완전 발굴된 유일한 주거유적으로 9기의 집자리(동시대적이 아닐 가능성이 있다)로 구성되었다(그림 138). 알레니 A는 아르쩨모브까(마이헤 Майхэ) 강안에 위치하는 자그마한 주거유적이다. 체레빠하 곶의 커다란 주거유적은 우쑤리 만으로 흘러드는 그 강의 아래쪽 가까이에 위치한다. 그 강의 윗쪽에는 꾸첼리노브 끌류치 주거유적이 높은 침수지에 위치하는데, 지금은 경작지로 이용된다.

알레니 A에는 집자리들이 곶의 능선과 북쪽 경사면에 자유스럽게 분포한다. 집자리들 사이에는 일을 할 수 있는 공간, 저장혈 그리고 크지않은 깨트린 돌들이 있다. 화덕을 만드는데 판석을 썼다. 한 집자리는 $32m^2$로 가장 큰데, 주조의 흔적이 있고, 화덕자리가 3개이다. 나머지 집자리들은 규모가 8-16m^2이다. 2기의 집자리에는 기둥자리가 복도·출입구를 형성하고 있다. 집자리들은 기본적으로 평면상 장방형이지만, 타원형도 있다. 커다란 집자리들에는 산의 윗쪽 구덩이의 깊이가 1m정도이다. 벽을 따라서는 침상의 흔적이 있고, 흙벽에 단·선반의 흔적도 있다. 커다란 집자리의 중앙에는 지붕을 받친 기둥자리가 장방형으로 둘려져 있고, 간혹 화덕자리가 있는 경우도 있지만, 화덕자리는 대개 침상쪽에 위치한다. 흙벽에는 나무를 댄 흔적이 있다.

알레니 A의 끄로우노브까 문화의 각 집자리들에는 간혹 1m 정도로 늘어지기도 한 돌로 만든 화덕자리·상자가 있었다. 불에 달구어진 돌맹이와 나무가 서로 인접하게 위치하여 자주 화재가 발생하였다. 집자리 №6에는 화재 후에 다시 집을 지은 것이 관찰된다. 지붕은 피라미드형이었던 것 같고, 나무 막대기 혹은 통나무에 흙을 발라 만들었다. 자작나무껍질을 활용한 흔적도 있다.

끄로우노브까 주거유적에는 장방형의 집자리들이 강을 따라 장기판 모양으로 배열되어 있는데, 장축이 강을 향하고 있다. 지상식과 수혈식이 있다. 면적은 60-100m²이다.

집들에는 토제 침상과 2가지 유형 - 달구어진 렌즈형과 돌상자형 - 의 화덕자리가 3-4개 있다. 경우에 따라서는 화덕자리가 3m 정도로 길게 늘어진 것도 있다. 집자리 No.9는 鑄造所였다. 집 밖에는 저장구덩이, 돌상자·화덕자리, 6개의 돌로 구성된 창고·여름집의 기반부 등이 있다.

꼬르싸꼬브까 2에서는 П(삐)字形의 도랑이 하나인 깐1)이 있는 집자리가 발굴되었다. 깐의 전체 길이는 13m이다. 깐의 북쪽 도랑에서 끄로우노브까 문화에서는 처음으로 철제 창촉이 1점 발견되었다. 창촉은 葉形이고, 길이는 10cm이다. 가사활동은 집의 앞쪽 남쪽부분에서 주로 행하였다. 마루바닥에서는 2개의 곡물저장혈과 용량 7-13리터의 저장용기 19점이 발견되었다. 체로 쳐서 밀(карликовая пщеница. Triticum compactum Host), 보리(голозёрный ячмень. Hordeum var. asiaticum Vav.), 기장(метельчатое просо. Panicum milliasceum), 조, 잡초 등의 씨앗을 분리해 내었다[87, pp.23-30,그림 11].

므노고우도브느이에서 깐이 있는 집자리가 1기 발굴되었고, 끼예브까에는 발굴한 집자리 6기 중에서 3기에 깐이 있었고, 1기에는 돌상자·화덕자리가 있었다[88, pp.74-79]. 뻬뜨로바 섬에서는 발굴된 4기의 집자리 모두에 깐이 있었다. 규모 33m²의 집자리 No.1(그림 139)에는 지상에 도랑이 2개인 Г(게)字形의 깐이 있다. 화덕자리는 2개이고, 북동쪽 모퉁이는 허물어졌다. 깐의 도랑 사이 마루바닥에서 내화성의 황색점토, 목탄 부스러기, 쇠똥 부스러기 등으로 덮힌 주조 공간이 발견되었다. 그곳에서 식은 청동 방울이 묻은 2점의 도가니, 청동덩어리, 홀리

---

1) 역주: 일반적으로 온돌이라 간주하지만, 도랑이 벽을 따라서 만이 나있다는 점이 전형적인 온돌과는 다른 점이다.

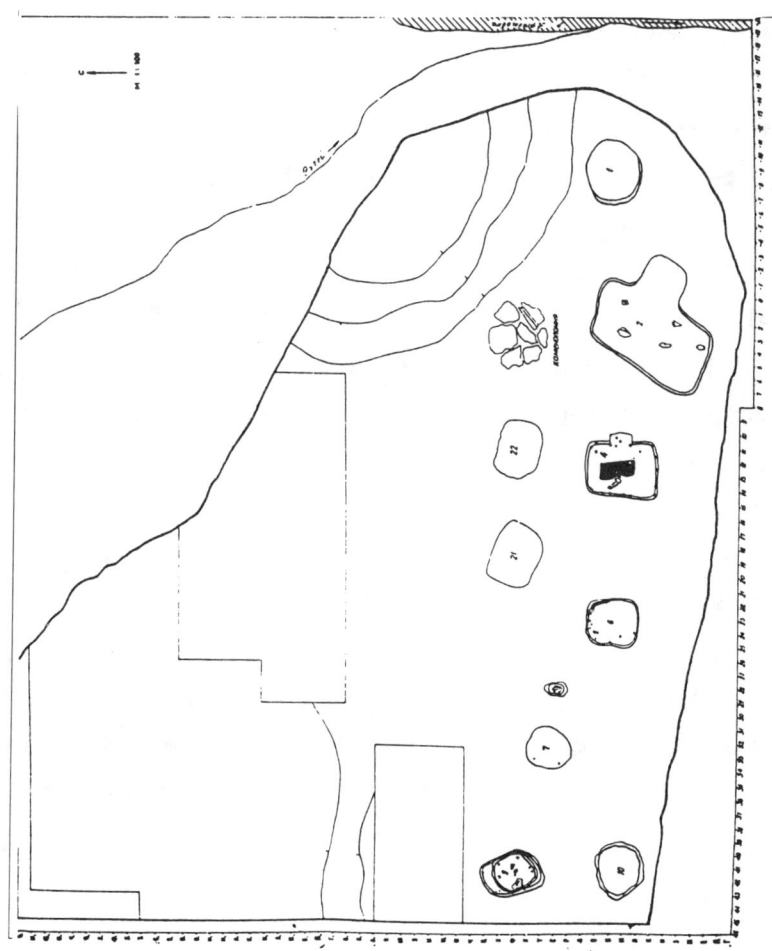

그림 138. 알레니 A, VII층. 끄로우노브까 문화 주거유적의 평면도

금속방울, 청동용기의 편린, 쇠똥 조각 등이 발견되었다. 깐의 도랑에서는 쇠조각이 발견되었다.

집자리의 북서쪽 부분에는 검은색의 흙이 있는 2개의 구멍(주형용?)과 용광로가 위치한다. 용광로에서는 풀무에 바람을 넣기 위한 토제 풀무대롱이 발견되었다. 용광로는 내화성의 점토로 덮힌 구덩이 모양을 하고 있고, 흙반죽의 흔적이 있는 6개의 판석으로 둘려져 있다. 풀무화덕의 높이는 38cm이고, 그 바닥에는 쇠똥이 있다. 뻬뜨로브까 섬의 鑄造所는 현재 연해주에서 가장 오래된 조조관련 유적이다.

집자리 No.4의 깐에는 3개의 도랑, 돌 파이프, 그리고 아궁이를 차단하기 위한 판석이 있다. 그 깐은, 에.웨.샤브꾸노프(Э.В.Шавкунов)의 말에 따르면, 서기 11세기의 깐보다 더 복잡한 구조를 지닌다[281, pp.3-13]. 그 주조소가 끄로우노브까 문화의 것인가 하는데 의문을 제기하는 글도 있지만, 그 의문은 확고하지 못하다. 그 집자리·주조소에서는 전체 해당 주거유적에서와 마찬가지로 늦은 시기의 유물은 발견되지 않았고, 끄로우노브까 문화의 토제품들이 발견되었다.

뻬뜨로바 섬과 끄로우노브까 이외에도 씨니예 스깔르이에서도 주조의 흔적이 발견되었다. 씨니예 스깔르이에서는 회색의 돌로 만든 30개 이상의 거푸집 편린들이 발견되었는데, 편린의 바깥쪽 표면에 눈금을 낸 것도 있고 또 이전 모형 위에 새 모형을 만든 것도 있다. 즉 거푸집을 수회에 걸쳐 사용하였던 것이다. 가장 복잡한 형태의 거푸집은 창촉을 만들기 위한 것인데, 몸통의 폭이 4cm, 翌의 폭이 2,6cm, 길이는 14-24,2cm이다. 단검, 원추형의 패식, 양익 화살촉, 낚시바늘 등도 주조하였다.

엘.웨.꼰꼬바(Л.В.Конькова)는 주조의 높은 기술적 수준과 빈번성 그리고 현지 광석의 이용 가능성에 대해 지적하였다: 씨니예 스깔르이 지역은 구리광석이 풍부하다, 하지만 많은 양의 광석을 공급하기에는 어려움이 있었을 것이다[174, pp.48-52]. 씨니예 스깔르이에서 끄로우노브까 유형의 돌도끼와 토제품이 발견되었다. 방법론이 완전하기 못했을 시기에 발굴조사하였기에, 그 복잡한 층위의 유적에서 출토된 거푸집들이 어느 문화에 속하는지 분명하게 파악하는 것을 어렵게 하지만, 적어

初期 鐵期時代 335

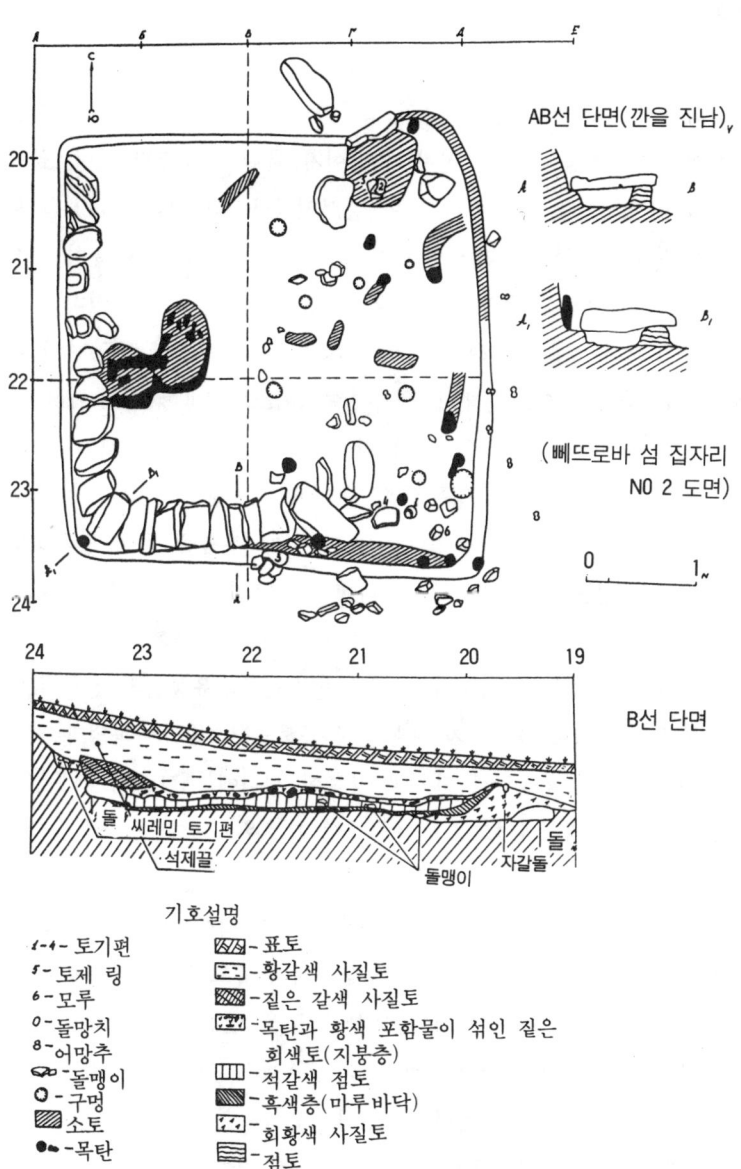

그림 139. 뻬뜨로바 섬, 상층. 집자리 No.1과 鑄造所

도 공반된 유물들의 유형은 그 복합체를 끄로우노브까 문화 혹은 후행하는 뽈째 문화에 속함을 보여주고 있다.

또 하나의 주조소가 알레니 A의 집자리 No2(1960년 발굴)에 위치한다. 그곳에서는 청동 도신의 편린, 손잡이가 달린 청동솥의 편린, 표면에 직물흔이 있는 주석 덩어리 등이 발견되었다(그림 141,1-3,7). 끄로우노브까 문화 유적의 금속을 연구한 엘.웨.꼰꼬바는 그 제품들이 주석 6%와 납 3%가 혼합된 특징적인 합금제품들에 속함을 지적하였다.

끄로우노브까 문화의 고분은 발굴되지 않았다. 하지만 1959년에 아르쩨모브까 강의 우안, 알레니 윗쪽, 이즈베스뜨꼬바야(Известковая) 동산 기슭에서 파괴된 石箱墓 1기가 발견된 바 있다. 그 석상묘에서 인골, 2점의 청동단검, 1점의 청동창촉, 뒷면에 기하문이 있는 청동거울, 청동 검신·홀, 청동검 끝장식(검파두식)의 석제 부속품 등이 발견되었다(그림 140). 청동창촉의 형태는 씨니예 스깔르이 출토의 거푸집의 그것과 동일하다. 처음에는 그 출토유물들이 얀꼽스끼 문화에 속하는 것으로 발표되었다[300, pp.282-288]. 후에 필자는 그 유물들의 연령이 기원전 3세기 이전으로 올라가지 못함을 논증하였고, 돌상자·화덕과 석상묘의 건축기술이 공통적임과 단검과 창촉이 씨니예 스깔르이 거푸집의 그것과 유사함을 지적하였고, 그 유물들이 끄로우노브까 문화에 속함을 밝히었다.

1994년에 우쑤리스크에서 온 초등학생 아.까넵스끼(А.Каневский)가 끄로우노브까 마을에서 150m 거리의 숲속에서 규모 70x60x40cm, 개석의 크기 94x65cm인 보존상태가 양호한 石箱을 발견하였다. 그 주변에는 몇몇 파괴된 石箱이 있었다. 바로 그 숲속에는 두 그룹의 巨石物板石("남방식" 고인돌일 가능성이 있다. 개석은 수 톤짜리의 현무암 덩어리이며, 깎아서 만든 완성되지 못한 거북상을 연상시킨다)이 있다. 끄로우노브까 주거유적 근처의 들판에서 아.엘.메젠쩨프(А.Л.Мезенцев)가

初期 鐵期時代 337

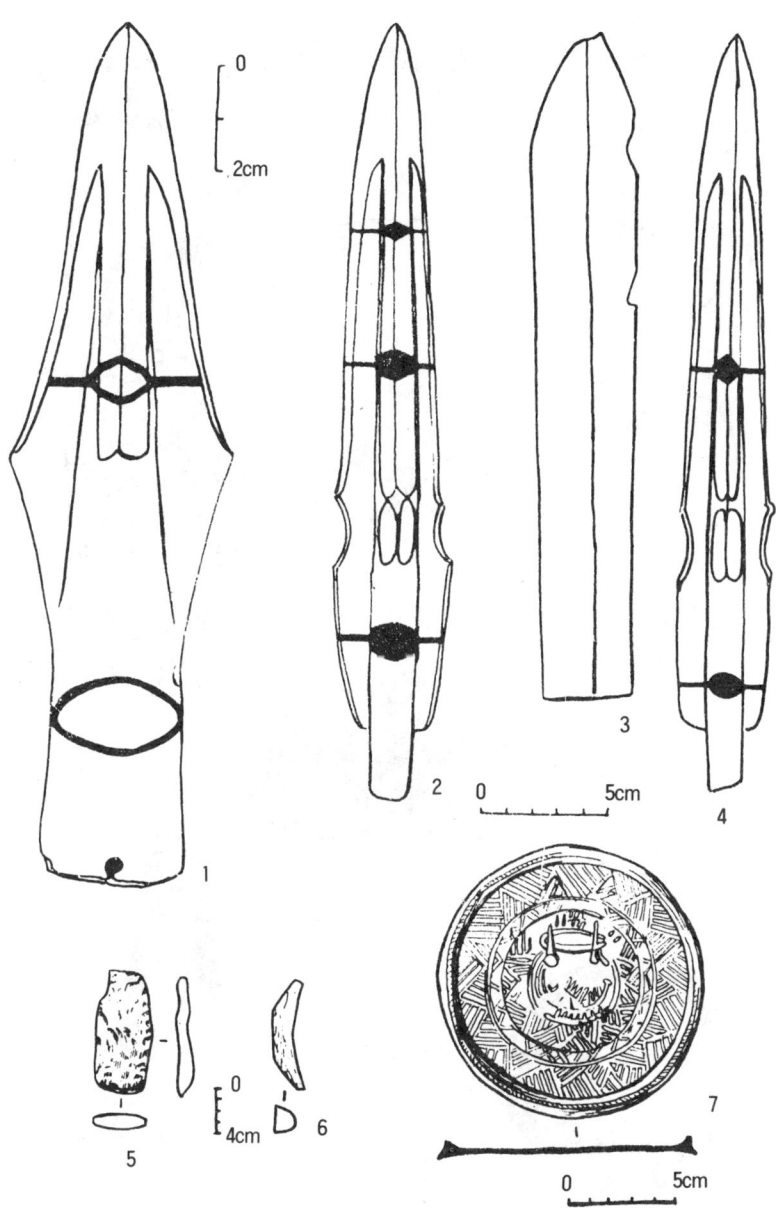

그림 140. 아르쩨모브까 강안 석상묘 출토의 유물들: 1-4,7-청동제, 5,6-석제

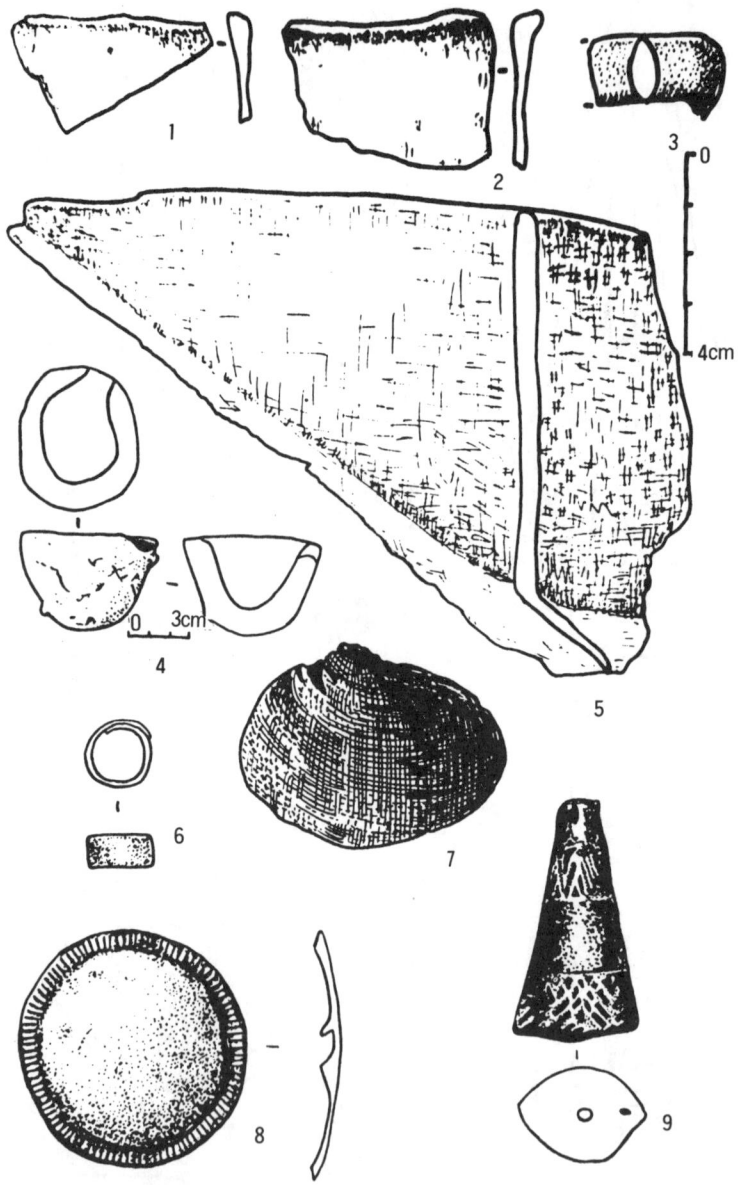

그림 141. 끄로우노브까 문화: 1-3-청동용기의 편린; 7-직물흔이 있는 주석덩어리(이상 알레니 A, Ⅶ층 집자리 №2 출토); 4-토제 도가니(뻬뜨로바 섬, 집자리 №1); 5-청동용기의 편린(뻬뜨로바 섬, 집자리 №4); 6,8,9-초도, 장신구

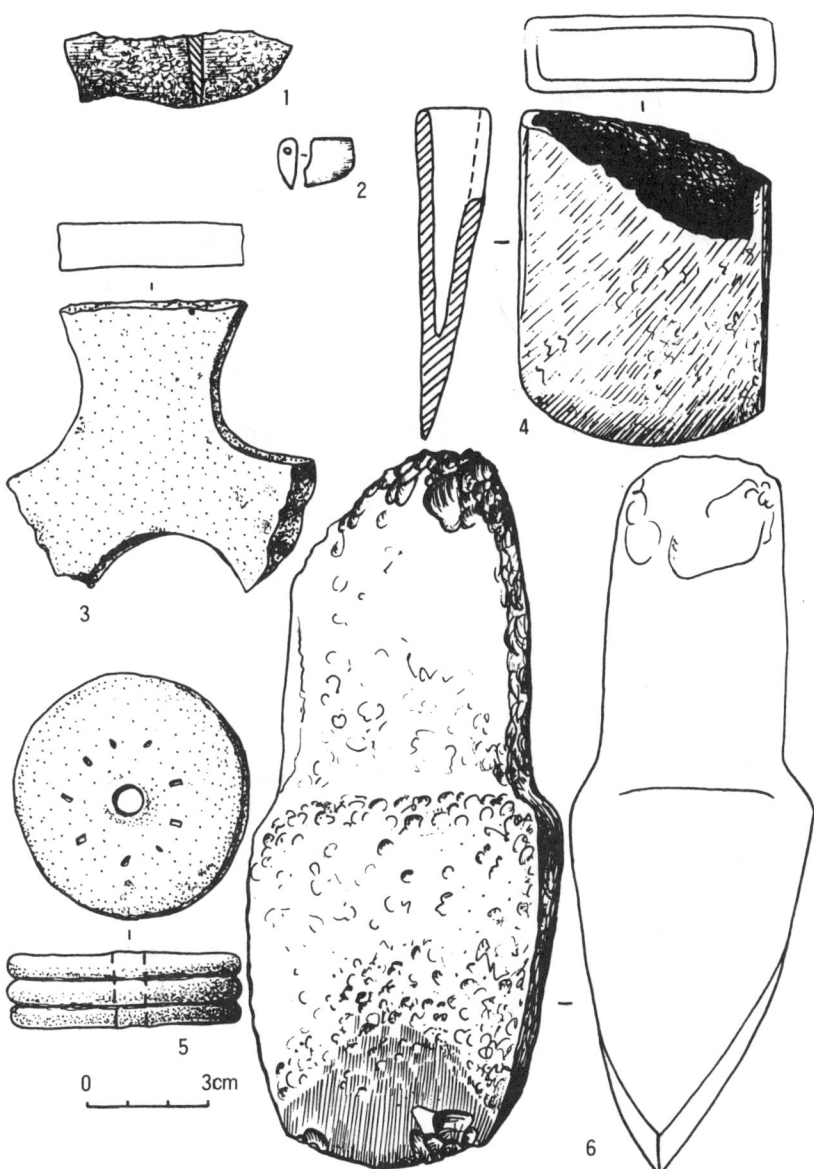

그림 142. 끄로우노브까 문화: 1,4-철제, 3,5-토제, 2,6-석제; 1,5,6-알레니 A, VII층; 2,4-끄로우노브까; 3-야꼬노브까

이끄는 바로 그 초등학생들이 연해주에서는 처음으로 후기 스키타이 유형의 靑銅有銎三翼鏃을 발견하였다.

끄로우노브까의 石箱들과 주거유적이 서로 관련이 있음이 틀림없지만, 끄로우노브까 혹은 아누치노(얀꼽스끼 문화의 내륙유형)의 어느 층위에 속하는지 분명하지 않다. 그 발견은 石箱의 분포범위가 두만강에서 더 북쪽으로 200km 확장되었음을 의미한다. 미카미(Т.Микамн)는 두만강 유역의 石箱을 장백산 동쪽의 고립지역에 분포하는 것으로 파악하였고, 기원전 1천년기 중엽-기원후 1세기로 편년한 바 있다[395].

필자는 한국과 중국의 石箱墓에서 출토된 유물 중에서 끄로우노브까 문화 혹은 얀꼽스끼 문화에 확고하게 해당되는 것을 본 적이 없다. 끄로우노브까에서 그 같은 石箱을 발굴해보기 전에는 그것들이 어느 문화에 속하는지에 대한 문제가 해결될 수가 없지만, 필자는 석상묘와 돌상자-화덕자리(얀꼽스끼 문화와 아누치노 문화의 집자리에는 유사한 구조물이 없다)의 건축기술이 일치하기 때문에 그 석상묘를 끄로우노브까 문화의 것으로 확신한다. 청동 단검과 거울의 편년은 그와 같은 결론에 모순되지 않는다. 비록 얀꼽스끼 문화의 연대가 그 유물들을 끄로우노브까 문화의 것으로만 파악하도록 하는 것은 아니지만 말이다.

끄로우노브까 문화 유물의 형식분류에는 연해주에 있어서는 새로운 야금술과 금속가공과 관련된 유물군 - 거푸집, 도가니, 풀무대롱, 금속광석, 쇠똥, 청동(물)방울, 주석덩어리 등 - 의 분리를 要한다. 토제 이외에도 청동제 용기의 편린도 있다.

토기는 손으로 만들었고, 붉은색과 갈색이 주를 이루며, 드물게는 회색도 있다. 이.에쓰.쥬쉬홉스까야의 연구자료에 따르면, 태토는 정선은 하였지만 잘게 부수지는 않았고, 입자의 크기는 1,5-2,5mm에서 4-5mm까지이다. 결과적으로 토기는 조잡하고 저부는 유중하며, 기벽은 두껍다. 흙띠를 감아 성형하였는데, 바깥쪽에서 흙띠를 연결하였다(얀꼽스끼 인들은 안쪽에서 연결). 기벽은 다듬거나 혹은 약하게 마연하였다. 사발의 경우에는 안쪽과 바깥쪽 모두를 마연하였다. 끄로우노브까 주거유적에는 20% 이하의 토기가 붉은 막으로 덮혀있고, 5점의 편린에는 나선과 횡선의 단순한 채색문이 있다. 650-700°C 온도의 산화성 매체에서 소성하였다. 일부의 토기는 연기에 그을렸다. 토기의 형태는 얀꼽스끼 인들이 것에 비해 보다 긴 편이다. 이.에쓰.쥬쉬홉스까야는 끄로우노브까 문화의 토기를 얀꼽스끼 문화 토기의 전통과는 차이가 나는 다른 것으로 평가한다[146, pp.7-11]. 그러나 토기의 형태와 유형(그림.143)은 얀꼽스끼의 것들과 흡사한 점이 많다- 양 문화가 시기적으로 지역적으로 서로 가깝다. 새로운 것에는 굽이 있는 사발(굽과 사발의 규모가 비슷하다), 바닥에 구멍이 뚫려 있는 용기(역주:시루)(그림.144), 좁은 구연부의 球形 용기 등이 있다. 바닥을 깬 토기가 자주 발견된다(피장을 할때 토기를 "죽이는" 시베리아의 전통과 비교된다). 땀가(역주:상징적인 기호) 모양의 표식과 독특한 원통형 손잡이도 있다. 구멍을 낸 기벽에 원통형 손잡이를 끼워서 양쪽을 눌로 고정시켰다. 문양은 드물게 발견되며 또한 단순하다: 1-2열의 심선 혹은 덧띠가 있다.

도구의 재료는 철, 청동, 돌, 뼈, 뿔, 점토 등 다양하다.

끄로우노브까 문화층에서의 금속제품 출토 빈도수는 얀꼽스끼 문화층에 비해 2-4배가 높다: 1000m^{2}의 발굴지역에 40점 이하의 철과 청동으로 만든 다양한 제품이 발견된다. 이전과 마찬가지로, 장방형의 銎이 있는 장방형의 주철제 유공부가 있다. 유공부의 날은 볼록하고, 날카로우며, 비대칭적으로 갈았다. 벽의 두께가 얀꼽스끼 문화의 것보다 얇은데, 아마도 그로 인해 대부분의 유공부가 깨어졌는지도 모르겠다. 최대 길이는 120mm, 최대 폭은 98mm(한반도의 호곡동의 경우)이다. 철제 자귀도 있는데, 좁고 납작하며, 길이 37-70mm, 폭 27-32mm, 두께

342

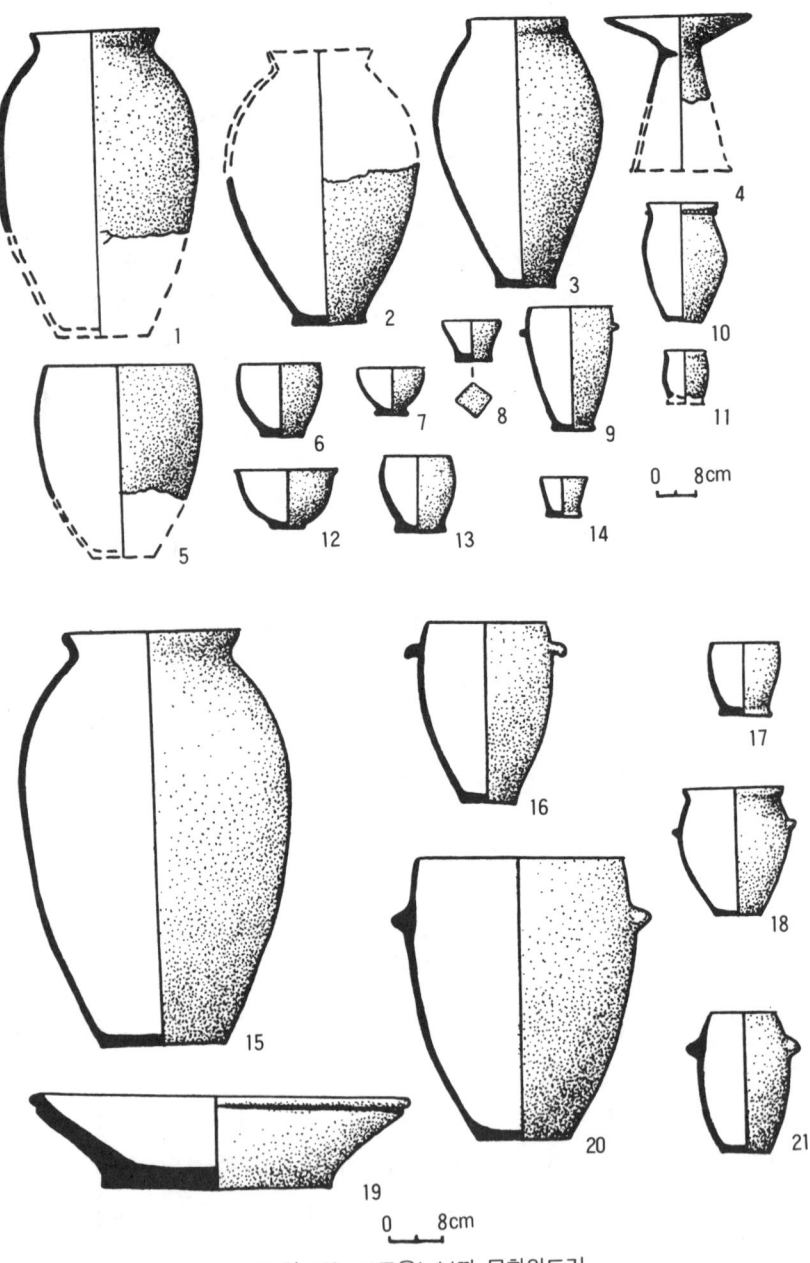

그림 143. 끄로우노브까 문화의 토기

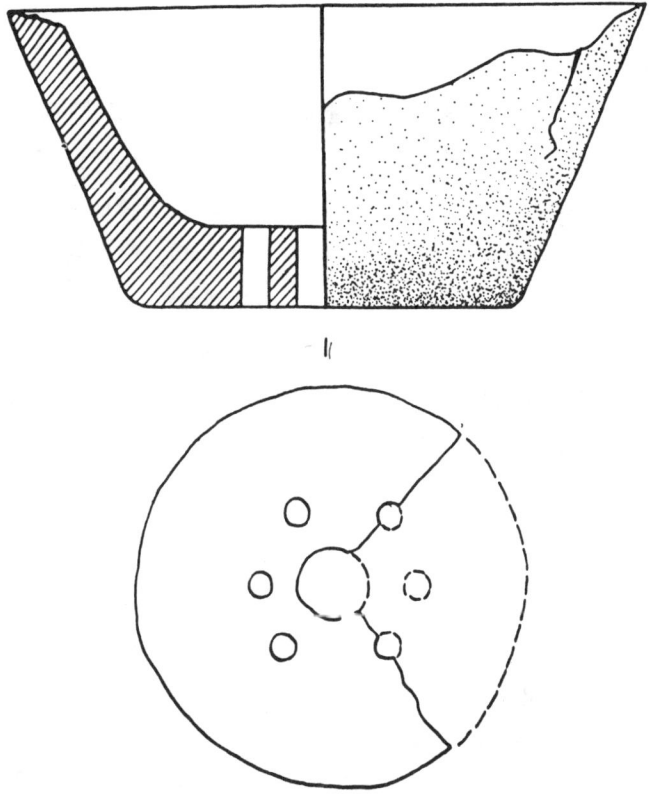

그림 144. 끄로우노브까, 상층. 토기

4-5mm이다(그림 142,4).

호곡동 Ⅵ층에서 볼록한 날이 있는 쐐기형의 鐵斧가 발견되었다. 철제 칼에는 두가지 유형이 있다: 1)슴베형- 이.에쓰.주쉬홉스까야가 끼예브까에서 길이 20cm의 슴베형 칼을 발견한 적이 있다; 2)반달형- 구멍이 뚫려 있다(그림.142,1). 창촉에 대해서는 앞에서 이미 언급하였다. 쎄미빠뜨나야에서는 월계수잎 모양의 철제 화살촉이 발견된 바 있다[86,p.104]. 이 유물들은 모두 연해주에서 가장 오래된 철제 무구들이다. 심하게 녹이 슬어 형체를 알아보 수 없는 쇠조각들도 많이 있다.

알레니 A와 뻬뜨로바 섬에서는 靑銅容器의 편린들이 발견되었다. 거푸집을 통해 판단하건데, 낚시바늘도 청동으로 만들었다. 청동제 장신구에는 팔찌, 패식, 링 등이 있다. 호곡동에서는 漢의 五銖錢(монет "учжу")이, 끄로우노브까에서는 십자형의 사람모양 像[85,p.170-171] 각각 발견되었다. 씨니예 스깔르이 출토의 거푸집에는 양익촉, 유공창촉, 등대가 있는 단검 등의 모형이 있고, 동일한 형태의 실제 유물이 마이헤 강의 이즈베스뜨꼬바야 동산의 석상묘에서 발견되었다.

석기 중에는 어깨형 도끼가 가장 전형적이고(그림 142,6), 어망추가 가장 많은 수를 차지한다. 어깨형 도끼의 표면은 점타로 다듬었고, 날부위는 세밀하게 탁마하였다. 중간쯤에 나있는 어깨에 의해 노동부위와 자루부위가 분리된다. 어망추는 두가지 유형이 있는데, 알레니 A, 끼예브까, 뻬뜨로바 섬 등의 강변과 해변 유적에서 발견된다. 석제품에는 또한 구멍이 뚫린 수확용 칼, 납작한 도끼와 자귀, 탁마한 판석, 숫돌, 망치, 찍개, 오목한 홈들이 있는 돌 등이 있다. 석제 구슬은 드물게 발견되고, 석제 무기는 전혀 없다.

토제품에는 방추차, 방적기 추, 실패, 장방형의 방적판, 줄을 꼬기 위한 기구 등이 있다(그림 142,3,5). 토기편으로 만든 원판과 토제 링과 구슬도 있다. 원판에는 구멍이 뚫린 것과 그렇지 않은 것이 있다.

뼈로는 바늘, 甲板, 단검, 낚시바늘, 작은 삽, 송곳, 화살촉, 장신구 등을 만들었다. 장신구에는 管形 구슬, 쪼갠 멧돼지 송곳니, 천공한 이빨, 뿔을 멧돼지 송곳니 모양으로 만든 펜던트 등이 있다.

끄로우노브까 문화의 연령은 많은 요인들 - 층위, 漢의 동전, 자바이칼의 이볼긴 흉노 성지의 유물 비교 등등 - 에 의해 결정된다. 이볼긴 성지(иволгинское городище)에는 칸이 있는 집자리가 있고, 주철제 유공부와 주석 6%와 납 3%를 섞은 청동제품이 발견되었으며, 유목 문화에 특징적이 아닌 구성비율의 가축뼈 - 돼지뼈와 개뼈가 40%를 차지 - 가 발견되었다. 만주에서 흉노족은 끄로우노브까 인들의 가까운 이웃이었다(Сичагоу, Байцаогоу)[101; 48,p.46-50]. 연해주의 끄로우노브까 문화와 중국의 團結文化에 대한 C_{14} 연대가 축적되었다.

표에 기술한 연대 이외에도 정확한 자료가 부족한 만주의 연대가 몇 더 있다: 2370±105년, 1885±85년[414, p.91], 2150±80년[404, p.183]. 알레니 A의 연대 중에는 얀꼽스끼 문화의 연대로 올라가는 모순적인 것이 하나 있다.

쑤이펜 강안의 중국쪽에는 끄로우노브까 문화의 연령이 기원전 5세기 말에서 기원후 1세기까지 임을 쉽게 알아 볼 수 있다. 끄로우노브까 주거유적의 두 연대는 기원전 4-3세기이다. 동해안의 주거유적 중에서 가장 늦은 연대는, 알레니 A의 기원전 3세기를 제외하며, 기원전 1-기원후 2세기에 해당된다. 끄로우노브까 문화의 전체 연대 폭은 기원전 420년-기원후 180년이다.

〈표 17〉 끄로우노브까 문화 주거유적의 C14 연대

遺跡	對象	試料	實驗室番號	年代(5730)	年代
알레니 A	집자리 №4	목탄	ДВГУ-ТИГ-81	1799±116	서기 151년
알레니 A	집자리 №6	목탄	ДВГУ-ТИГ-82	2178±262	기원전 228±262년
뻬뜨로바 섬	집자리 №2	목탄	СОАН-1543	1770±25	서기 180±25년
끼예브까	집자리 №1	목탄	МАГ-367	1980±50	서기 30±50년
불로치까	깊이 50-60cm	목탄	СОАН-312	2005±40	기원전 65±40년
끄로우노브까		목탄	ЛЕ-2635	2280±40	기원전 330±40년
끄로우노브까		목탄	ЛЕ-2634	2190±40	기원전 240±40년
꼬르싸꼬브까 2	집자리 №1	목탄	КИ-3136	2420±60	기원전 470±60년
團結	상층	목탄	ZK-554	1870±80	서기 80±80년
團結	집자리 №1	목탄	ZK-555	2285±100	기원전 335±100년
團結	집자리 №5	목탄	ZK-556	2060±85	기원전 110±85년
團結	집자리 №6	목탄	ZK-557	2025±95	기원전 75±95년
다첸쯔이(Дачэнцзы)	집자리 №2	목탄	ZK-215	2100±85	기원전 150±85년

비록 방사성탄소연대의 자료가 불완전하다 할지라도, 뜻밖의 결론을 내리는 것을 가능케 한다: 얀꼽스끼 문화와 끄로우노브까 문화는 전체 존속기간이 거의 유사하며, 대부분의 기간동안 서로 동시대적으로 존재하였다. 얀꼽스끼 문화인들의 이른 시기 연대는 기원전 8세기이고, 끄로우노브까 문화인들의 늦은 시기 연대는 기원후 2세기경이다. 해안가의 일부 지역에서는 얀꼽스끼 인들이 끄로우노브까 인들에 의해 대체되었지만, 모든 지역이 다 그런 것은 아니었다: 연해주의 남쪽에는 기원전 2-1세기까지, 어쩌면 더 늦게까지도, 보이스만 II 상층 유형의 후기 얀꼽스끼 문화의 유적들이 보존되었다.

끄로우노브까 인들은 다양한 분야의 생업에 종사하였다. 농경과 목축이 특히 우세하였고, 강가나 바닷가에서는 어로도 일정한 역할을 하였다. 게.아.안드레예바는 쎼들로비드니이(Седловидный) 곶의 패총을 끄로우노브까 인들과 연계시키고자 시도한 바 있으나, 지지를 받지 못했다. 유.예.바스뜨레쪼프(Ю.Е.Вострецов)는 농작물에 대한 연구를 하였다. 끼예브까에서는 기장과 보리가, 쎼미빠뜨나야에서는 밀이, 끄로우노브까에서는 밀(Triticum compactum Host), 보리(Hordeum var. asiaticum Vav.), 기장(Panicum milliasceum), 조 등이 발견되었는데, 모든 곡물들은 잡초씨앗을 공반한다. 엔.데.아보도프(Н.Д.Оводов)는 끄로우노브까 출트의 동물뼈를 규정하였다: 돼지뼈와 개뼈가 많고, 드물게는 말뼈와 소뼈가 있고, 야생동물 중에는 까쏠랴뼈, 만주사슴뼈, 점박이사슴뼈, 멧돼지뼈, 새뼈 등이 있다.

역사적 복원의 요소들. 끄로우노브까 문화에서는 독특한 난방시설·깐이 출현하였다. 같은 시기의 깐이 북한의 태성리문화와 자바이칼의 이볼긴 성지에서도 발견되었다. 유감스럽게도, 지금은 故人이 된 카자흐스탄의 고고학자 엠.까.까드이르바예프(М.К.Кадырбаев)는 필자에게 편지로 중앙 카자흐스탄의 기원전 8세기 후기 청동기시대의 문화에 깐

유형의 구조물이 있음을 알려준 바 있다. 중앙카자흐스탄과 극동의 깐 사이에 아직은 관련성이 있는 것으로 보이지 않지만, 흉노족과 끄로우노브까 인들 사이에는 접촉이 있었다. 아무르 유역의 민족들에게는 깐이 7-8개의 부분으로 나뉘어져 있었고, 각 부분은 나름대로의 명칭을 지니고 있었다. 필자가 알기로는 퉁구스·만주語에 대한 최고의 전문가인 웨.이.쩐찌우스(В.И.Цинциус)는 대화 도중에 그 명칭들이 퉁구스 이전이 고대어라고 지적한 바 있다.

끄로우노브까 인들의 집자리는 방적과 청동주조와 같은 수공업과도 관련된다. 깐의 도랑에서 출토된 철제품과 골제 장난감은 연해주 여진인들의 깐 도랑에서 출토된 것과 비견된다. 집의 마루바닥 아래에 돼지의 턱뼈를 묻는 전통은 나나이 인들의 민속학 자료를 통해 추적된다. 연해주에서 가장 오래된 토기표면의 표식·기호들은 러시아 고고학에서 사회적 계층의 징표일 가능성이 있다고 간주된다. 유사한 표식들이 여진의 토기에 자주 발견된다. 몇몇 경우에는 "문지방의 여주인" 돌이 발견되었다.

청동무기 세트가 부장된 석상묘의 피장자는 공동체의 일반적인 구성원일 리가 없다. 만약 그 석상묘가 끄로우노브까 인들의 것이라면, 끄로우노브까 인들에게 사회적 분화가 일어났음이 거의 확실하다.

3. 뽈쩨 文化

뽈쩨 문화(польцевская культура)는 러시아 극동의 고금석 시대 문화 중에서 그 분포범위가 가장 넓다. 아무르 강을 따라서 뽈쩨 문화의 유적이 비라(Бира)에서 니꼴라옙스카(Николаевска)까지 분포한다. 중국 고고학자들은 우수리 강과 송화강의 강안에서 蜿蜒河(Ваньяньхэ) 유형의 유적들을 발견하였고, 그리고 그 유적들을 뽈쩨 문화의 유적과 비교한 바 있다[414, pp.87-88]. 연해주에서는 뽈쩨 문화의 유적들이 올가(Ольга) 항만에서 블라디보스톡까지 발견되었고, 최근에는 우수리 중류와 레싸자보드스까(Лесозаводска) 地區에서 그 유적들에 대한 보고가 있다(그림 137).

뽈쩨 문화는 1935년 아.뻬.아끌라드니꼬프가 아무르에서 발견하였다. 그 후 아.뻬.데레뱐꼬가 아무르 중류와 하류에서 약 백여군데의 주거유적을 조사하였다[108]. 연해주에서는 뽈쩨 문화의 첫 유물은 20세기 초에 발견되었다. 1955-1956년에 아.뻬.아끌라드니꼬프와 엔.엔.자벨린(Н.Н.Забелин)이 우쑤리스크 근처의 쎈끼나 샤프까(Сенькина Шапка) 동산에서 첫번째 발굴을 행하였다[256, pp.158-178]. 1970년에 아.뻬.아끌라드니꼬프와 웨.예.메드베제프는 불로치까 다층위 주거유적을 발굴하였고, 처음으로 연해주 유적에 대해 "뽈쩨"라는 명칭을 사용하였다[287, pp.66-72]. 줴.웨.안드레예바는, 연해주의 유적들을, 아무르 뽈쩨 문화에 가깝다는 것을 부정하지 않으면서, 특별한 문화로 분리하였고, 그리고 그 문화를 올가 문화(Ольгинская культура)로 명명하였지만, 자료의 분석에 있어 지지를 받지 못하였다. 연해주에는 모두 20여개의 뽈쩨 문화 유적이 발견되었고, 6개의 유적 - 쎈끼나 샤쁘까, 불로치까, 씨니예 스깔르이, 끼예브까 항만, 말라야 빠두쉐치까(상층), 루다놉스꼬예(중간층) - 이 발굴되었다.

주거유적, 주거지. 뽈쩨 인들은 주거지역을 선정할때 흔히 아래가 늪 지대로 둘러쌓이고 가파른 경사면이 있는 언덕과 곶을 골랐다. 끼예브까에는 두개의 주거유적 중에서 한 주거유적은 강변에서 100m 떨어진 섬에 위치한다. 그것들은 자연적인 은신처임이 분명하다. 일련의 주거유적들은 접근이 용이한 부분이 토루로 방어되어 있지만, 그 토루가 늦은 시기가 아닌 뽈쩨 문화의 것이라고 증명된 적은 없다. 씨니예 스깔르이, 루다놉스꼬예, 말라야 빠두쉐치까 등에는 경사면을 따라 오를 수 있는 나선형으로 된 고대의 길이 나있다. 후자의 경우 그 길을 뽈쩨 문화의 것이라고 확고하게 말할 수 있다.

　모든 발굴지에서 구덩이 모양의 기반부를 가진 집자리들이 발견되었다. 집자리들은 평면상 장방형이고, 화덕을 만들때 돌(판석, 강돌)과 흙반죽을 사용하였으며, 간의 흔적도 있다. 쎈끼나 샤쁘까와 불로치까에서는 집자리의 일부가 발견되었다. 씨니예 스깔르이에서는 다수의 집자리들이 발굴되었지만, 뽈쩨 문화의 것을 분리할 수가 없다. 말라야 빠두쉐치까에서는 7기, 루다놉스꼬예에서는 13기의 뽈쩨 문화의 집자리가 각각 조사되었다. 말라야 빠두쉐치까에는 두 그룹의 집자리가 있다: No.1-4 집자리의 북동그룹과 No.5-7 집자리의 남서그룹. 첫번째 그룹의 집들은 불에 탔고, 토기는 무너져내린 지붕에 의해 눌려 깨어졌다. 바닥의 규모는 9-16m^2이다. No.4 를 제외한 모든 집자리에 깐이 있다. 깐은 도랑이 하나이고, 아궁이가 하나이며, ㄇ자형이거나 一자형이다. 집지리 바깥쪽에 저장 구덩이가 있다.

　루다놉스꼬예(그림 145)에는 정상의 평평한 부분이 모두 빽빽하게 건물로 들어섰다(그림 146). 370m^2의 발굴지역에서 13기의 뽈쩨 문화 집자리가 발견되었다. 그 중에서 No.4, 6, 9, 12a, 14의 다섯 집자리는 완전하게 보존되었다. No.1a와 7a 집자리에서는 10-11세기의 집자리 기반부가 뽈쩨 문화의 집자리를 뚫고 들어왔지만, 가장자리는 보존되었다. No.2, 3, 5a, 10 그리고 중세의 집자리 기반부와 겹친 No.8a 집자리는 가파른 경사면에 의해 부분적으로 파괴되었다. 집자리 No.13에는 모퉁이 하나만 발견되었다. 주거유적은 모두 16채의 집으로 구성되었던 것 같다.

　루다놉스꼬예의 집자리들은 모두 장방형 혹은 사다리꼴이며, 깊이 20-60cm이고, 바닥은 평평하며, 윗쪽으로 선반·단이 있는 경우도 있다. 모든 집자리에 판석을 깔아 만든 고랑이 하나인 깐이 있다. 판석에는

350

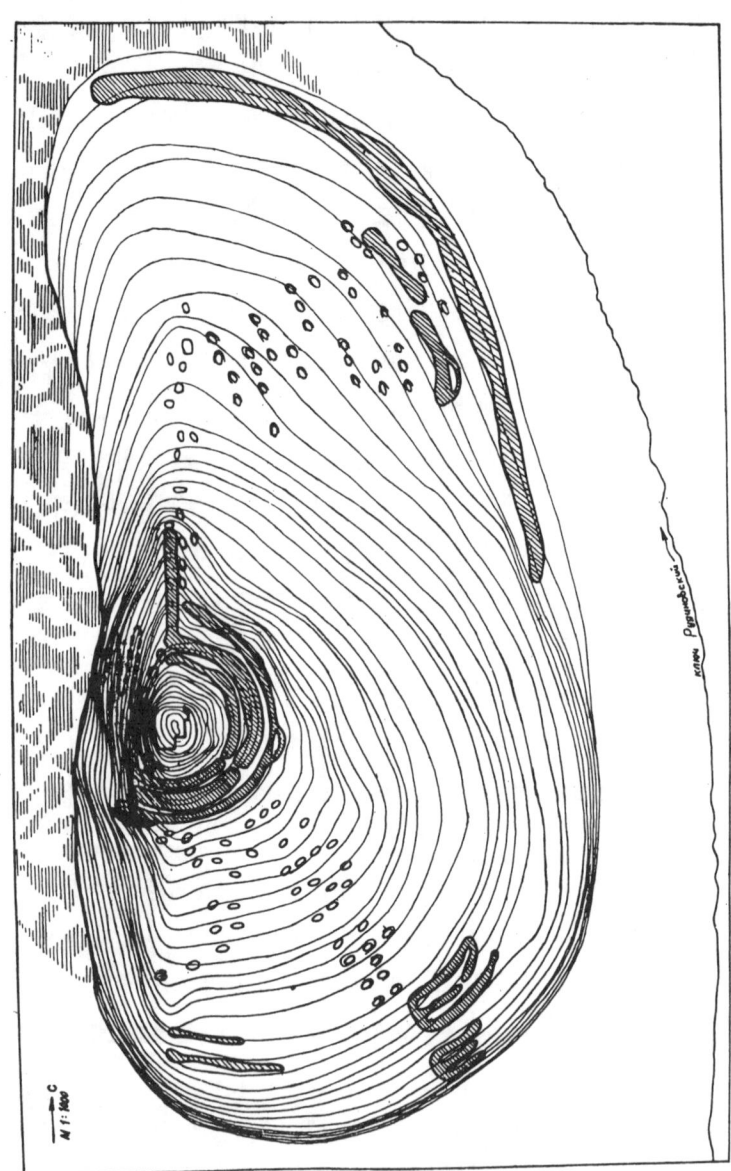

그림 145. 루다볼스꼬예. 성지 도면

흙반죽을 붙이었다. ㄇ字形이 하나 있고, 나머지는 一字形 혹은 ㄓ字形이다. 모두 심하게 파괴되었다. 기둥구멍은 벽을 따라서, 중앙에, 그리고 구덩이의 가장자리에 나있다. 한 집자리에는 불에 탄 나무 - 벽에 댄 나무 - 의 흔적이 남아 있다. 집자리 안쪽에는 저장구덩이와 깐과는 무관한 화덕자리가 있다.

집들은 서로 밀집하여 위치한다. 각 집자리의 면적은 10-35m²이고, 발굴된 집자리의 총 면적은 240m²이며, 모든 집자리의 총 면적은 316m²로 추산된다.

연해주와 아무르 유역의 뽈쩨 문화 집자리들은 서로 약간의 차이가 있다: 1)연해주의 것은 규모가 적다- 아무르에는 집자리의 규모가 흔히 100m²에 달한다; 2)아무르에는 깐이 없다; 3)씨니예 스깔르이를 제외한 연해주의 다른 주거유적들은 아무르의 것에 비해 규모가 작고, 은신처라는 제한된 공간으로 인하여 빼빼하게 건축되었다.

토기는 문화적 단일성을 입증하는 결정적인 요인이다. 떼.아.아가로드니끄(Т.А.Огородник), 베.아.잘리샤끄(Б.А.Залищак), 이.에쓰.쥬쉬홉스까야가 루다놉스까야 출토의 토기를 연구하였다. 태토에 50-70%의 정선하고 잘게 부순 모래를 섞었다. 간혹 내화점토를 혼합한 경우도 있다. 소성은 800-900°C에서 행하였는데, 얀꼽스끼 인들과 끄로우노브까 인들에 비하면 훨씬 더 높은 온도이다.

아.뻬.데레뱐꼬는 아무르에서 8가지 유형의 토기를 분리하였다[106, 표 73]. 유형 7의 球形 胴部와 좁은 頸部 그리고 접시 모양의 구연부가 있는 토기는 뽈쩨 문화의 상징이 되었다. 그와 같은 독특한 형태의 토기가 야요이 문화의 이른 시기에도 있다. 루다놉스꼬예에서는 구연부와 경부를 회전 녹로에서 추가로 돌렸다. 구연부의 표면과 가장자리는 덧무늬로 장식하였다(그림 147,1,5). 구연부의 직경은 50cm에 달한다. 그 유형의 토기는 모든 주거유적에서 발견되는데, 루다놉스꼬예에서는 전

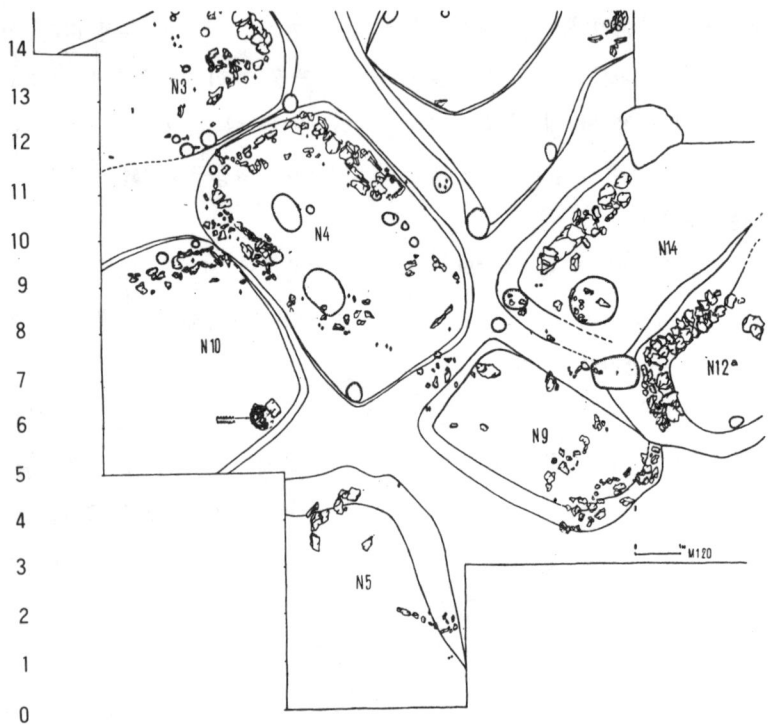

그림 146. 루다놉스꼬예. 뽈쩨 문화의 집자리들

체 토기의 22%를 점한다.

가장 많은 수를 차지하는 토기는 계란형의 동부가 있는 항아리로서 69%를 차지한다(그림 147,2,6,8). 모두 손으로 만들었고, 벽에 그을음의 흔적이 있다. 곧은 벽이 있는 사발과 대접도 있다(그림 147,3). 원추형의 굽이 있는 사발(그림 147,4)은 유일한 유형으로 아무르에서는 발견되지 않는다.

문양은 언제나 凹凸式이다. 덧붙이거나 혹은 기벽에서 밀어낸 융기문과 덧붙이거나 혹은 밀어 올린 혹이 있다. 손가락, 압인기, 빗, 손톱, 날카로운 꼬챙이, 대롱 등으로 눌러서 낸 문양도 있다. 가장 일반적인

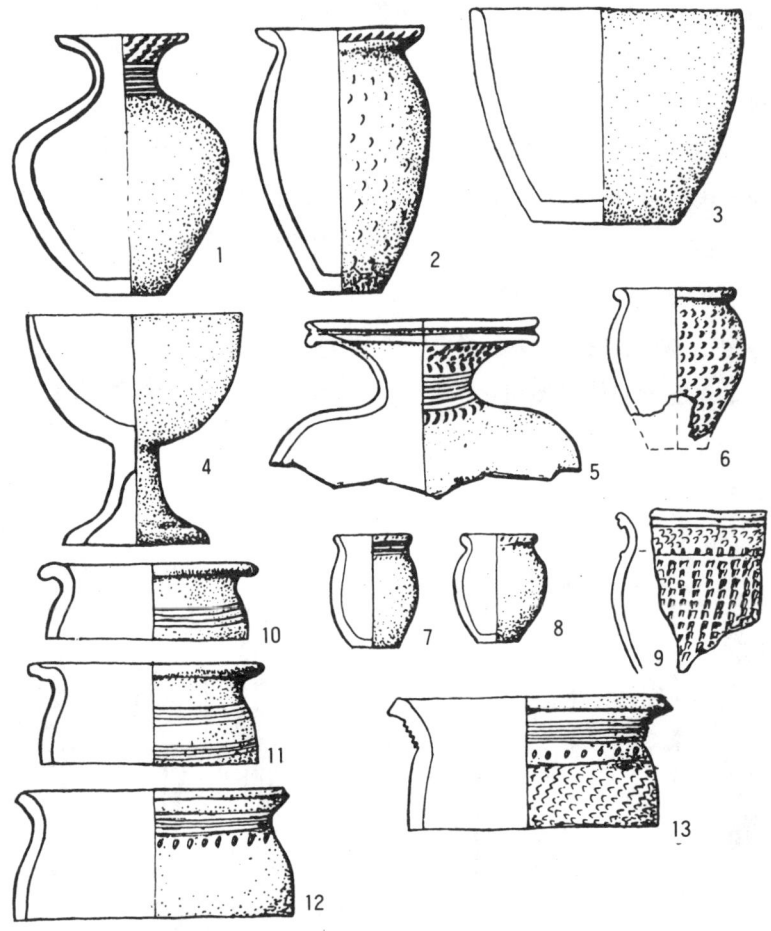

그림 147. 루다놉스꼬예. 뽈쩨 문화의 토기

압인문은 작거나 혹은 큰 능형의 세포가 있는 類似織物文(格子文)이다. 격자문 항아리는 뽈쩨 문화를 거쳐 8-9세기의 발해층위에서도 발견된다. 연해주의 시문기술과 구성 모티브는, 기벽에서 밀어낸 융기문을 제외하면, 아무르의 주거유적들에서도 모두 발견된다.

연해주의 토기들은 모두 논쟁의 여지없이 뽈쩨 문화의 것이다. 단

354

지 한 유형의 사발과 융기문이, 집자리에서의 깐과 마찬가지로, 아무르의 것과 차이가 나는데, 그것들은 모두 끄로우노브까 인들에게서 차용한 것이 틀림없다.

녹로에서의 추가 작업, 높은 소성 온도 그리고 화려한 접시 모양의 구연부는 연해주에서는 질적으로 새로운 현상들이다.

도구, 무기, 장신구. 철제도구에는 주철제의 자루끼우개(그림 148,7), 유공부, 짧은 슴베가 있는 긴(12cm 이하) 칼(그림 148,1-3), 단면이 장방형인 송곳(그림 148,5), 원추형의 대롱(그림 148,14) 등이 있다. 철제 화살촉은 벼리한 철판띠를 잘라서 만들었는데, 곧거나 혹은 오목한 기반부가 있는 삼각형(그림 148,4,11), 잎사귀형(그림 148,8), 슴베형(그림 148,10) 등이 있다. 동일한 형태의 화살촉이 아무르에도 있다. 루다놉스

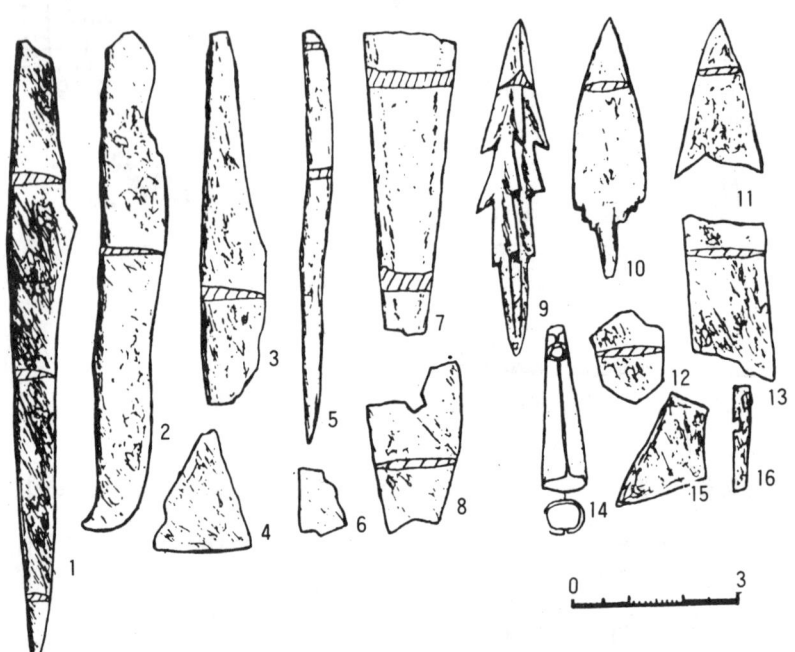

그림 148. 루다놉스꼬예. 뽈쩨 문화의 철제품

꼬예 집자리 №4에서 출토된 작살모양의 다단의 미늘이 있는 삼익촉은 아주 드문 것이다(그림 148,9).

청동으로는 링과 양 끝이 트인 팔찌를 만들었다(그림 149,1-5). 쩨.웨.안드레예바는 말라야 빠두쉐치까에서 이즈베스뜨꼬바야(Изестковая) 동산 기슭의 석상묘에서 발견된 것과 같은 유형의 단검 편린을 발견하였다. 하지만 그 단검은 스팩트럼 분석을 통하여 많은 주석(20%)과 납(9%)을 섞었음이 확인되었다. 그와 같은 성분의 금속은 쉽게 부러지기 때문에 그 단검은 순수한 장식용이었을 수도 있다[174, p.45].

쎈끼나 샤쁘까에서 甲板과 미늘이 달린 유경촉의 골제품들이 발견되었다. 석제품에는 철제품과 유사한 화살촉, 어망추, 숫돌, 2열의 평행하는 구멍이 나있는 구슬(그림 150,11-13,20)을 포함하는 다양한 형태의 장신구(그림 150,1-23) 등이 있다. 토제품에는 구멍이 뚫려 있는 원판이 있다. 동물의 이빨과 멧돼지의 송곳니도 장신구로 이용하였다.

연대. 아.뻬.데레뱐꼬는 아무르의 뽈쩨 문화를 3기로 나누었다: 1) 쫄따야로 期(желтояровский период)- 기원전 7-6세기; 2)뽈쩨 期- 기원전 6-1세기; 3)꾸껠레 期(кукелевский период)- 기원후 1-4세기. 아무르의 주거유적에 대한 C_{14} 연대가 몇 알려져 있다: 뽈쩨(Польце) I-2930±80, 2350±40, 2470±60(첫번째 연대는 너무 올라갔음이 분명하다), 따흐따(Тахта)(아무르 하류)-2385±75, 2280±100. 아.뻬.데레뱐꼬는 싸까치-알럔(뽈쩨 층위)의 연대도 기원전 7세기로 언급하였다[106, p.160].

연해주 뽈쩨 문화에는 4개의 방사성탄소연대가 알려져 있다.

356

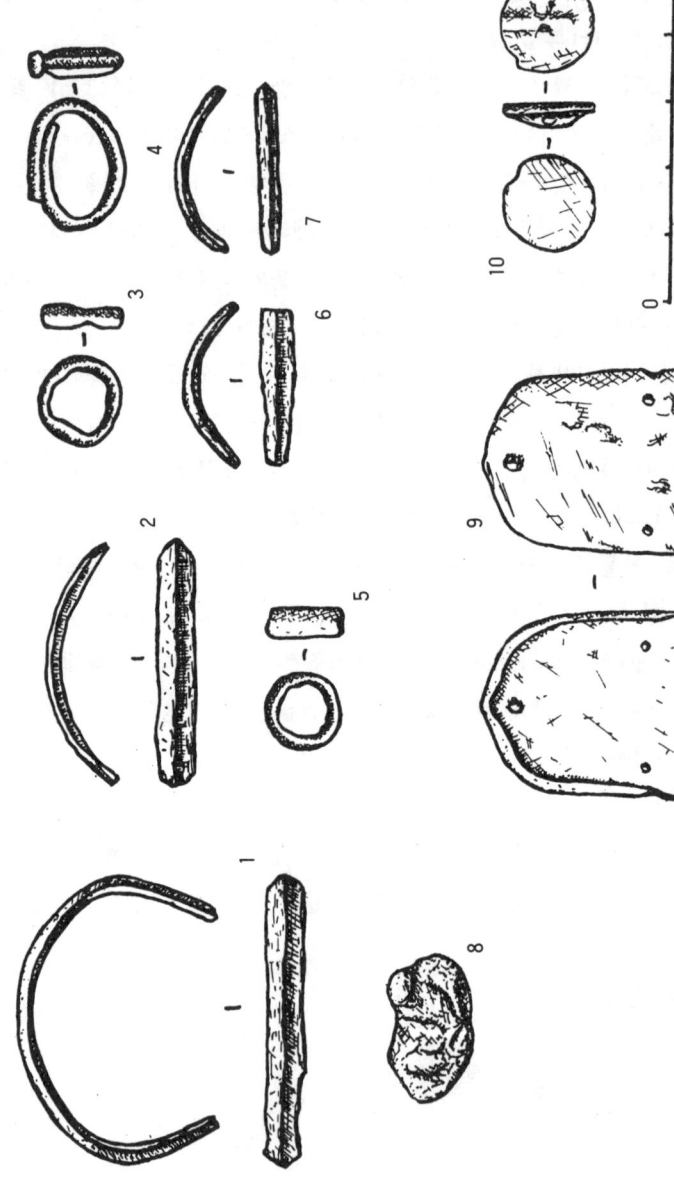

그림 149. 루디놉스꼬예. 청동제품들: 1-8 뽈째 문화, 9-뽈째 문화(?), 10-아누치노 문화

初期 鐵期時代 357

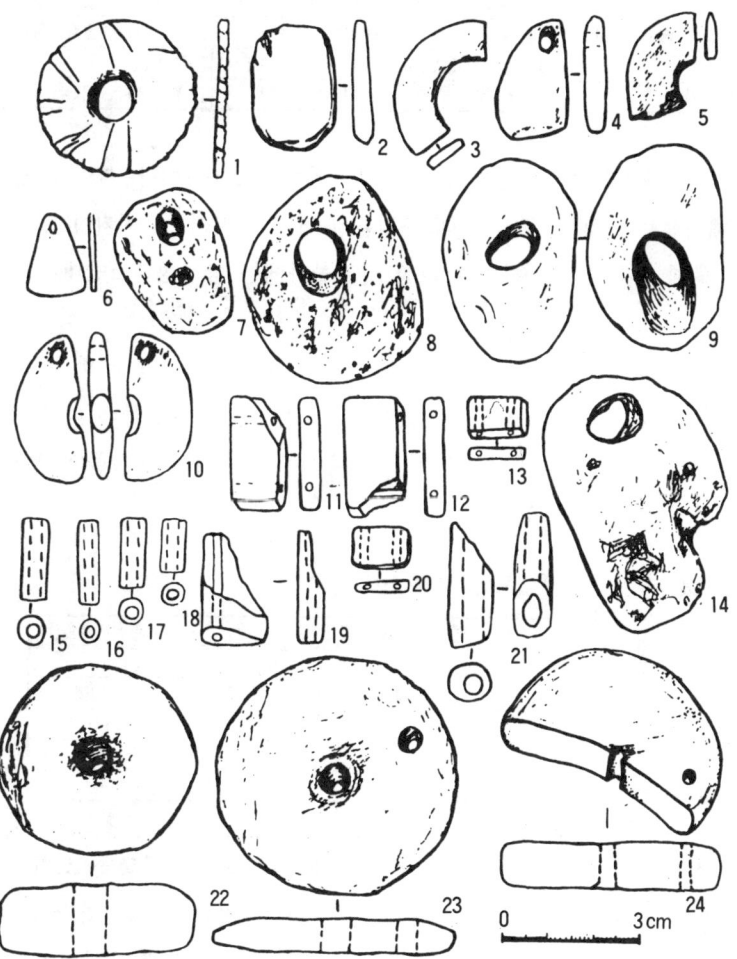

그림 150. 루다높스꼬예. 뽈쩨 문화의 장신구들: 1-21-석제, 22-24-토제

〈표 18〉 연해주 뽈쩨 문화 주거유적의 C14 연대

遺跡	對象	試料	硏究室番號	年代(5730)	年代(西紀)
씨니예 스깔르이	집자리	목탄	Ле-657	1460±50	490±50
말라야 빠두쉐치까	상층	목탄	МГУ-498	1750±50	200±50
불로치까	깊이 20-30cm	목탄	СОАН-310	1570±55	380±55
불로치까	깊이 20-30cm	목탄	СОАН-311	1820±30	130±30

불로치까의 한 레벨에서 얻은 두 연대는 250년이나 차이가 난다. 전체적으로 연해주 뽈쩨 문화 유적들의 연대는 서기 2-5세기이다.

뽈쩨 문화를 대체하여 나타난 말갈문화에는 방사성탄소연대가 많지 않다:

뻬.엘.쑈민(П.Л.Сёмин)은 연해주의 북쪽에서 말갈 고분군 마나스뜨이르까(Монастырка) III을 발견하였다. 그 고분군은 철제유물에 따라 서기 9-10세기로 편년된다[323,p.113]. 우리는 여기서 여러 문화들의 부분적인 공시성을 볼 수 있다.

〈표 19〉 연해주 말갈문화의 C14 연대

遺跡	試料	硏究室番號	年代(5730)	年代(西紀)
노보쎌리쉐-2	목탄	Ки-3167	1680±70	270±70
바다라즈델나야	목탄	МГУ-756	1660±140	290±140
꾸르꾸니하	목탄	РУЛ-287	1560±60	390±60
그보즈데보-2	목탄	МГУ-942	1360±240	590±240
루드나야 쁘리스딴	목탄	ГИН-5629	1500±40	450±40

뽈쩨 인들의 경제는 아무르와 연해주에서 농경과 목축을 토대로 하였다. 기장과 보리 알곡은 곳곳의 유적에서 발견된다. 씨니예 스깔르이에서는 다른 종류의 곡물도 발견되었지만, 뽈쩨 문화에 속하는지의 여부가 확실하지 않다. 가축에는 돼지, 크고 작은 뿔동물, 말 등이 있었다. 철과 청동의 이용 수준은 끄로우노브까 문화에 비하여 훨씬 증가하였다. 금속제품의 다양성과 양은 새로운 단계를 표시한다. 그러한 사실

은 특히 아무르 유역의 유적들에 잘 나타난다: 뽈쩨에서는 철제검, 철제 버클, 다양한 청동제 장신구 등이 발견되었다.

4. 歷史的 脈絡에서 본 沿海州의 考古學文化

뽈쩨 문화는, 앞의 두 문화와 마찬가지로, 移住文化임이 분명하다. 끄로우노브까 인들은 쑤이펜 강안을 따라 연해주로 이동하였고, 뽈쩨 인들은 아마도 우쑤리 강을 따라 이동하였을 것이며, 얀꼽스끼 인들은 남쪽에서 해안을 따라 이동하였지만, 그 근원지는 분명하지 않다. 얀꼽스끼 인들은 먀치 다른 문화들과 접촉을 하지 않은 것처럼 보인다. 끄로우노브까 인들은 자신의 문화요소들을 아누치노 문화와 뽈쩨 문화에 옮기었다. 뽈쩨 인들은, 토기로 파악하건데, 중세 초기의 (말갈과 발해) 주민의 구성원으로 남아 있었다.

서기 3세기 후반부에 "三國志"의 저자 陳壽는 大海의 해안에 살았던 주민들에 대한 가장 오래된 기록을 남겼다. 그 기록은 약간의 보완과 함께 서기 5세기에 "後漢書"에 재기록되었다. 19세기부터 역사학자들은 挹婁(илоу)와 沃沮(воцзюй)를 연해주의 고고학 문화들과 연계시키고자 노력하였다. 陳壽의 기록(에.웨.샤브꾸노프 번역)에서는 읍루 인들이 해안 바로 옆에서 살았는지의 여부가 분명하지 않다. 읍루 인들과 옥저 인들은 동시대인들이었음이 분명하다. 옥저 인들은 동해안에 거주하였고, 그들에게는 세개의 빈 다리가 있는 鬲이 있었다. 그러나 해안가와 위에서 검토한 모든 고고학 문화들에서 삼족기는 전혀 발견되지 않았다. 석제 화살촉은 얀꼽스끼 인들과 뽈쩨 인들에게서 발견된다. 豆는 세 문화 모두에서 발견되지만, 진수의 기록에서와 같이 고기를 삶는데 사용했다고 보기는 힘들 것 같다.

상기한 문화들이 순차적으로 존재하였다고 확신하였을 당시에는 필자는 읍루와 옥저가 뽈쩨 인들임을 의심하지 않았다. 그러나 지금은 각 문화들이 일정기간 공존하였음이 분명해졌다. 연해주의 위에서 언급한 세 문화는 漢시기에 일정기간 동시적으로 존재하였을 수도 있다. 때문에 엄밀하게 말한다면, 진수의 기록은 세 문화 중의 어느 문화에도 적용될 수가 있고 혹은, 적어도, 두 문화에 동시에 해당될 수도 있다. 역사가들에게 있어 서기 3세기의 수수께끼는 해결되지 않았다. 이제 우리에게는 이전과 마찬가지로 고고학적 자료를 토대로 한 역사적 복원의 방법이 남아 있다. 필자는 挹婁를 얀꼽스끼 인들과, 沃沮를 끄로우노브까 인들과 비교하는 것이 가장 사실에 가까울 것이라 생각한다.

남쪽에서 뽀뜨르 벨리끼 灣으로 이동한 얀꼽스끼 인들은 꽤 발전한 농경, 양식, 철제와 청동제의 수입품, 화려한 토기, 예술에 있어서의 기하학적 스타일 등을 유입하였다. 그들의 이웃이었음이 분명하고 끄로우노브까 인들의 영향을 받은 아누치노 인들은 쑤이펜 강의 강안을 따라 기원전 5-4세기를 전후하여 서쪽에서 이동해 왔다.

따따르스끼 해협의 북쪽에는 기원전 10-4세기에, 웨.이.디야꼬프가 청동기시대의 것으로 간주하는, 리도브까 문화인들이 거주하였다. 리도브까 인들에게는 청동제품을 모방한 석제품과 토제품이 특히 많으며, 심지어는 청동제를 모방한 기하문으로 장식된 토제거울도 있다. 필자는 후기 리도브까 인들은 철을 알고 있었다고 간주한다. 추꼬뜨까(Чукотка)와 알랴스까(Аляска)에는 기원전 3세기에 철이 도달하였다[21,p.92]. 호카이도에서 깜차뜨까의 라빠뜨까(Лопатка) 곶까지 분포하는 오호츠크 문화(охотская культура)를 거쳐 鐵이 북쪽으로 전해졌을 가능성이 있다. 사할린의 오호츠크 인들은 초기 철기시대의 연해주와 아무르 유역의 주민들과 가까운 이웃이었다. 아무르 하류의 뽈쩨 문화 토기는 오호츠크 문화의 것을 연상시킨다. 끄로우노브까 인들은 해안으로 진출하였지만, 두만강 하구와 그 북쪽에서 기원전후까지 남아 있었다. 얀꼽스끼 인들도 어쩌면 기원전후 이후까지 남아 있었을 가능성이 있다. 두 문화 모두 고구려와 그 이전 고조선의 북쪽 이웃이었고 동시에 고대 문명의 주변지역에 위치하였다.

　서기 2세기에 뽈쩨 인들이 북쪽에서 연해주로 이동하였다. 주위의 주민들이 그들에게 우호적이지 않았을 것이며, 때문에 주거지를 선정하는데 은신처를 골랐고, 전투용 무기가 발전하였다(축성술도 포함될 가능성이 있다). 그럼에도 불구하고 뽈쩨 인들은 끄로우노브까 인들에게서 깐과 굽이 있는 사발을 차용하였다.

◆ 알렉쎄이 빠블로비치 아끌라드니꼬프에게 바치는 글

필자는 알렉쎄이 빠블로비치 아끌라드니꼬프(Алексей Павлович Окл адников)를 1957년 가을 레닌그라드의 어느 흐므르한 날 드보르쪼바야 강변로 18번지의 과거 大公의 궁전이었던 건물에 있는 실내 연구실에서 처음으로 만났다. 당시 아끌라드니꼬프는 조수와 함께 갈색 점토로 만든 볼품없는 항아리를 記述하고 있었다. 그 항아리는 살아났고, 개체로서의 특성을 얻고 있었다. 레닌그라드 국립대학 동방학부 1년생이었던 필자에게 있어서 그 단순한 물체에 대한 그의 세밀하고 자세한 서술은 기적과도 같았다. 40여년이 지난 지금에도 필자는 우쑤리스크 地區의 맑고 세찬 끄로우노브까 강변에서 발견된 2천년의 연령을 지닌 그 항아리를 그렇게 사실적으로 기술할 수가 없다.

1960년 여름에 모스크바-블라디보스톡행 기차를 내리고 지역 박물관의 뜰에서 아.뻬.아끌라드니꼬프를 만났다. 알렉쎄이 빠블로비치는《마침내 극동에 도착했구나!》라고 말하면서 곧장 나를 뻬샨느이 반도에서 조사작업을 하는 자신의 발굴단으로 보내었다. 바로 그 발굴시즌에서 뾰뜨르 벨레끼 灣에 흩어져 있는 패총의 자연적 환경과 연령에 대한 오랜 논쟁이 결정적으로 해결되었다. 게다가 아.뻬.아끌라드니꼬프의 야외조사는 매번 훌륭한 결과를 가져왔다. 그 후 20년동안 필자에게는 알렉쎄이 빠블로비치와 함께 일할 수 있는 기회가 단 한번도 오지 않았다.

햇살이 따스하게 비치는 연해주의 10월에 아.뻬.아끌라드니꼬프는 빠뽀바 섬의 학술대회 회의에서《채마밭에서 돌도끼를 수집할 수 있다》라고 말하였다. 과연 우리는 스따르까 해협의 해변을 따라 이 채마밭에서 저 채마밭으로 걸어 가면서 돌도끼를 줏어 모았다. 어른들이 하는 일에 놀란 채마밭의 한 여주인이 도대체 우리가 무엇을 찾고 있는지

물어 보았다. 아.뻬.아끌라드니꼬프는, 손바닥에 유물을 잡고, 이것은 자귀이고, 이것은 도끼이고, 2천5백년 전에 이곳에 살던 사람들이 그것들로 일을 하였고 하면서 설명을 하였다. 불신, 놀람, 환희, 새로운 놀람- 몇 분 동안의 즉흥적인 강의에서 그 여인의 얼굴에 나타난 표정들이었다.

그와 같은 강의가 운전사, 목동, 길고치는 인부, 시골 기사, 산림지기, 군인, 장군… 등등 임의의 장소에서 임의의 사람을 상대로 행해졌다. 장화를 신고 수수하게 옷을 입은 그 이야기꾼의 말에 놀라움과 감탄과 감사함을 표하지 않을 사람이 어디에 있겠는가!?. 그의 옷은《아카데믹》하지가 않았다. 간혹 차양이 있는 모자가 그가 지성인임을 말해 주었지만, 지금 그런 모자를 쓰지 않는 사람이 어디에 있는가?.《옷을 보고 만나서, 지식을 보고 보낸다》라는 말은 결코 헛된 말이 아니다. 검게 그을린 얼굴의 아.뻬.아끌라드니꼬프가 첫 말을 내뱉으면, 그가 위대한 인물임을 금방 알 수 있다.

알렉쎄이 빠블로비치와《들판》에서 같이 일을 해본 사람들은 모두 그의 관찰력과 예리함 그리고 지칠줄 모르는 건강에 탄복하였다. 숙영지에서 발굴현장으로 수십명의 발굴단원들이 2달째 다니고 있는 그 좁은 길 옆에서 아.뻬.아끌라드니꼬프는 멋있는 玉髓製 화살촉을 집어 들었다. 어떻게 우리는 그것을 볼 수가 없었단 말인가?. 그는《이곳의 영령들이 도와주지》라고 말하면서 웃는다. 세계 고고학의 메카 카이로에서 1956년 베.베.뻬오뜨롭스끼와 야외 까페에 앉아 있다가 바닥의 모래에서 격지를 발견하였다. 모래가 어디에서 나타났는가?. 저기 멀지 않은 곳의 피라미드가 있는 지역에서 온 것이었다. 그곳에서 현지 꼬마들의 도움을 받아 무스테리안 석기를 지표채집하였던 것이다. 길에서 차가 멈추어 쉴때 그는 뒷짐을 지고 발아래를 쳐다 보면서 천천히 걸으면서 무언가를 자주 발견하곤 했다. 알타이에서 노보씨비르스크로 가는 도중에 그런식으로 도굴되지 않은 카라수크의 고분을 발견하였다: 고고학자들은 기원전 13-8세기에 축조된 그 석상묘가 이미 고대부터 도굴되었음을 잘 알고 있다. 때문에 알렉쎄이 빠블로비치의 그 발견은 실로 드물기 그지없는 것이다.

몽고에서는 수십군데의 노정을 따라 가면서 여러 시기에 속하는 많은 수의 유적을 발견하였다. 당시 잘 조직된 유럽의 학술조사단은 운이 없어 아무것도 발견하지 못했다. 왜?-《그들 유럽인들은 미리 모든 것을 검토하여 노정을 정하였고, 그 노정에 따라 움직였고, 또 유럽식으로 사물을 보는데 익숙해 있었다. 하지만 나는 운전사가 200km 떨어진 친척집에 들리고 싶어하면 그곳에 같이 들렸다. 사방에서 무언가가 발견되었다. 보는 능력을 가질 필요가 있다》. 쿠바에서는 아.뻬.아끌라드니꼬프가 방문하기 전까지는 5-6천년 전의 유적이 알려져 있지 않았었다. 알렉쎄이 빠블로비치는 쿠바에 간 즉시 보다 오래된 중석기시대 유적을 발견하였다.《그들은 동굴 안에서만 유물을 찾았지만, 나는 동굴 윗쪽에도 갔고, 그곳에서 유물을 발견하였다》.

이집트, 몽고, 쿠바, 알류션 열도- 알렉쎄이 빠블로비치 아끌라드니꼬프는 가는 곳마다 그 전에는 알려지지 않았던 고고학 유적지를 발견하였다. 소련에서는 우랄에서 깔르이마까지, 파미르에서 따이므이르까지 그에 의해 수천군데의 유적이 발견되었다.

하루 종일 연해주에 비가 내리고 있다. 아침에 우리는 보트를 타고 아르쩨모브까 강 하구로 향하였고, 발걸음으로 경작지를 측량하였고, 해안의 노출부위를 조사하였다. 축축한 흙에서 격지, 석기, 토기편 등이 잘 보인다. 그곳에 거대한 주거유적이 있고, 서로 다른 3시기는 각자의 유물을 그곳에 남기었다. 비웃과 모든 옷이 이미 오래전에 축축하게 젖었고, 장화에는 흙덩이가 달라 붙었고, 점심시간은 이미 지나갔고, 돌아갈 시간이 이미 오래전에 지났지만, 알렉쎄이 빠블로비치는 지칠줄 모르고 발걸음으로 테라스를 측량하고, 곶의 미끄러운 바위위로 기어 올라가고, 하나 더 하나 더 하면서 세척을 부탁한다. 오로지 어둠만이 그같은 노정의 장애물이 되었다. 좋지 못한 길을 따라 하루에 300-500km 차를 타고 다니는 것은 그의 일상사였다.

그는 한 장소에 오랫동안 체류하는 것을 좋아하지 않았다. 언제가 완전히 새로운 유물이 발견되었을때, 아.뻬.아끌라드니꼬프는 칼로 6일동안이나 그 유구를 직접 조사하였고, 조사가 끝나자 곧장 떠나 갔다. 《차가 없다고! -전동차를 타고 가지. -여관을 예약하지 않았다고? -부엌에 간이침대를 펴지, 아냐, 아냐, 부엌이면 돼》.

전동차의 창밖으로 라즈돌나야 강안의 곶을 손으로 가리키면서 주거유적이 있는지 없는지 꼭 확인할 것을 부탁하였다. 확인을 하자 정말 그 곳에 신석기시대 층위가 있음이 밝혀졌다.

발굴현장에서 그는 아침부터 낯이 어두워질 때까지 일을 하였다. 빠르게 일을 하였지만, 세심하게 정리하는 것을 높이 평가하였고, 무언가 일을 하는 사람은 부르지 않았다. 작업도중에 계속해서 소리내어 토론하였고, 주위 사람들의 의견을 물어 보았다: 층위를 어떻게 생각하는지, 유물의 상태가 어떤지. (1965년 오씨노브까의 복잡한) 단면을 기술하면서 줄곧 자신이 층위를 똑바로 파악하는지 점검하였다:《당신 눈에는 어떻게 보입니까? 그렇게요? 제대로 기술되었읍니까?》. 반대의견과 지적사항을 주의깊게 들었고, 근거가 있을 때는 그 말을 따랐다. 그는 남의 말을 들을 줄 알았다.

《퉁그스-만주 문제와 고고학》이라는 긴 논문을 하루만에 쓴 적도 있다. 빠르고 깨끗하게 썼다. 언제가 발굴장 숙소에 앉아서 원고를 교정하고 있는 것을 본적도 있다. 심지어는 차안에서도 작업을 하였다. 아무데서나 작업을 하였다(그가 앉은 곳이 곧 그의 연구실이었다). 여관에서 《예술의 아침》이라는 책의 원고를 교정하였다. 발굴장 가까이의 널판지로 만든 임시 숙소에서 《학문과 인류》라는 논문집에 낼 논문을 쓰기도 하였다. 병원에 입원해서는 타자기를 부탁해서 쉬지않고 논문, 비평, 서평... 등을 썼다. 작업을 하면서 바하와 모짜르트의 음악을 듣는 것을 좋아하였지만, 자신이 녹음테이프를 가지고 다니지는 않았다.

불친절과 무례함을 참지 못했다. 그런 경우 얼굴이 붉게 변해서 조용히 자리를 떴지만, 간혹 폭발하여 대항하기도 하였다. 자신의 주위에 삽으로 오랫동안 흙을 파낼 수 있는 키가 크고 튼튼한 학생들이 둘러싸는 것을 좋아하였다.

회의를 좋아하지 않았지만, 그 필요성을 이해하기는 하였다. 홀에서 작업을 하기도 했다. 빠르고 주의깊게 원고를 읽었고, 질문은 정확하게 했는데, 새로운 이데아를 담고 있는 경우가 많았다. 자질구레한데 신경을 쓰지 않았고, 제자들에게는 독립심을 길러 주었다.

체질적으로 건강했고, 인내심이 강했다. 65세의 나이로 가파른 산을 오르면서 젊은이들을 앞질렀고, 늦가을에 살얼음이 언 냇가에서 허리까지 들어가서 목욕을 하였다. 70년대 초에는 아카데믹 회원인 이.이.민쯔와 둘이서 몇 일 동안이나 국경수비대의 헬리콥터를 타고 초소를 돌면서 연설을 한적이 있었다. 만족해하며 즐겁게 돌아왔다.《-들었니? 내가 어떻게 시민전쟁의 지휘관이었던 민쯔와 경쟁이 될 수가 있었겠어!》. 시민전쟁은 그에게도 타격을 입혔다. 백군들이 시골 선생이었던 그의 아버지를 살해하였다.

생애의 마지막 순간까지 그 어떤 어린이적인 지적호기심을 간직하였고, 사물과 현상의 본질을 보고자 하였다. 재미있는 사람들을 곧 알아 보았고, 무미건조한 사람들은 멀리하였다. 무미건조한 사람들에게 있어 그는 이해하기 힘든 이상한 사람이었다:《돌맹이를 모은다구》. 치따에서 어떻게 석기를 찾았는지에 대해 유머스럽게 이야기하곤 하였

다: 그를 오랫동안 관찰하였던 한 사람이 다가와 그의 팔꿈치를 잡고는 공손하게 그러나 집요하게 어디론가 데리고 가려 했는데, 가서 보니 정신병자들이 살고 있는 집이었다.

자신의 일을 잘 모르는 사람들에게 있어서, 사람을 끄는 힘이 있고, 대화를 잘 하였고, 일을 잘 처리하였으며, 또한 이야기꾼이기도 한 아.뻬.아끌라드니꼬프는 이해하기 힘들고 대하기 힘든 사람으로 남아 있었다.

애들과 개들이 항상 알렉쎄이 빠블로비치의 주위를 맴돌았는데, 바로 인간적인 善의 지표를 보여주는 것이었다.

몇몇 경우는 발견한 유적을 빨리 발표하기도 했지만, 대개는 오랫동안 확보한 정보에 대해 숙고하였고, 되풀이하여 유물이 수습된 지역을 돌아보았으며, 새로운 발굴장에서 얻어진 유물과 비교검토하곤 하였다.

1924년에 16세의 아끌라드니꼬프가 고향마을 근처에서 발견한 석기시대의 유물을 담은 자루를 메고 이르쿠츠크에 왔다. 바로 그 해에 아.뻬.아끌라드니꼬프는 베.에.뻬뜨리 교수가 이끄는《민족학》동아리에서 미래의 위대한 인류학자 웨.에프.데베쯔와 엠.엠.게라씨모프와 함께 학문에의 길에 들어섰다.

베.에.뻬뜨리 학파와 후에 박사과정의 지도교수가 된 뻬.뻬.예피멘꼬는 아끌라드니꼬프의 학문적 운명에 많은 영향을 끼쳤다. 하지만 그의 학문에서 보다 중요한 역할을 한 것은 다재다능한 자신의 능력과 지칠 줄 모르는 노력이었다.

자신의 모든 저작에서 아.뻬.아끌라드니꼬프는 유물론적 사관으로 역사를 전세계적, 보편적 과정으로 파악하였고, 유럽중심적 및 범아시아적 개념과 투쟁하였다. 바로 그러한 견지에서 그는 선사시대와 문자가 없는 민족들, 특히 시베리아, 북극, 극동의 역사에 관심을 가졌다.

개척자들과 시베리아와 아메리카의 정복에 있어 러시아 민족의 역할에 대해서도 적지않은 관심을 가지고 있었다. 알렉쎄이 빠블로비치를 개척자라고 부르는 것은 결코 잘못된 말이 아니다.

아.뻬.아끌라드니꼬프는 원시예술과 관련된 유적을 찾고 연구하는 것도 좋아하였다. 그에 관련된 책만 하여도 25권이나 남겼다. 아끌라드니꼬프는 앙가라 강, 레나 강, 아무르 강, 몽고, 알타이 등에서 수백 군데의 암석표현물을 발견하였고, 연구하였고, 발표하였다. 구석기시대의 예술에 대한 이론적인 저작에서 그는 암각화들과 신화의 관계에 대한, 석기시대의 역사로 수만년이나 거슬러 올라가는, 지금까지 살아남은, 신화들의 기원에 대한 이데아를 발전시켰다.

역사적 지식의 보급에 관해서도 아.뻬.아끌라드니꼬프는 적지않은 일을 하였다. 자신의 전 생애동안 그는 지식의 보급자였으며, 강사였으며, 또한 새로운 사실을 알리는 기자이기도 하였다.

아.뻬.아끌라드니꼬프는 유형과 층위에 대한 고전적인 고고학 방법론을 습득하고 있었다. 후에 소련 고고학의 창시자 중의 한명이 된 그는 언제나 고고학의 역사주의 원칙을 옹호하였고, 층위와 유물과 개별적인 유적들의 분석에서 과거를 가시적으로 볼 수 있는 수준으로 역사를 복원하고 총괄화하고자 노력하였다. 박식함, 뛰어난 기억력(십년이 지난 후에도 언젠가 한번 본 적이 있는 유물을, 심지어는 고비에서 가져온 평범한 돌맹이조차도 알아 보았다), 다양한 분야 -사료, 민속학, 구전문학(야외조사에서《고고학적이 아닌 것》에 대한 질문도 하였다) - 의 자료에 대한 종합적 고찰 등을 통하여 고고학 자료를 해독하였다.

인식의 중요한 수단은 그의 직관력이었다. 물리학에서의 엘.데.란다우와 같이, 아.뻬.아끌라드니꼬프에게는 간혹 엄정한 논증과 증명의 과정을 거치지 않은 이데아가 생겨나곤 하였다. 그리고 거의 언제나 그의 이데아는 옳은 것으로 드러나곤 하였다. 세월은 가설을 검정하고, 도태

시키지만, 아.뻬.아끌라드니꼬프의 이데아는 세계 고고학에 깊숙히 스며 들거나 확인되고 있다. 서중앙아시아에의 네안데르탈 인과 그들 고분의 존재, 시베리아와 극동의 전기와 중기 구석기시대의 존재, 시베리아와 극동에서의 考古學省의 존재, 극동의 농경의 존재, 원시 고고학과 중세 고고학 분야에서의 다수의 구체적인 업적들 등을 그 예로서 들 수 있다.

아.뻬.아끌라드니꼬프의 개념의 기저에는 인류의 단일성에 대한 휴머니즘적인 이데아와 지구상의 크고 작은 모든 민족들의 기여에 의한 세계사의 보편성이 놓여 있었다. 그리고 고향땅과 거대한 영토의 조국 그리고 그 백성들에 대한 사랑이 그 기저에 놓여 있었다. 그 사랑이야말로 그의 학문적 업적과 생애를 더욱 아름답게 한다.

제 7 장 歷史的 復元

1. 沿海州 古代人들의 經濟(生態·經濟學的 回顧)

고고학 기념비에는 고대의 경제를 복원할 수 있는 유물·유적 및 천연자료가 있다. 인간들이 활용하였던 도구, 토기, 건축물, 동물상과 식물상의 잔존물 등은 어느 정도의 선에서 모든 경제활동의 기본적인 형태를 반영한다. 패총과 같이 잘 보존된 유기물질도 고대인들의 경제 생활 복원에 일정한 역할을 한다. 고대 경제체계의 양적평가와 모델화에는 단계적으로 그리고 지리적으로 조건지워진 민속학, 역사학, 다양한 경제적 및 생태학적 정보를 검토함이 필요하다.

뾰뜨르 벨리끼 灣의 해변가에 대해서는 20년대에 아.이.라진이 고생물학적 조사를 한 적이 있다. 당시 그는 바다 식품의 생산성을 알아보기 위해 고고학 자료를 활용하였다[314; 315]. 그 이후 연해주 고고학에서는 그와 같은 조사실험이 수회에 걸쳐 행해졌지만, 매번 양적인 자료와 평가는 거의 없었고, 경제분야의 규정이 대개 연구자들의 기본적인 관심이었다.

연해주의 고경제에 대한 정보는 고고학에서 뿐만 아니라 민속학에서도 부족하다. 연해주의 아주 풍부한 물고기 자원과 지역 주민들의 전통적인 경제에 있어서의 그 풍부한 물고기 자원의 역할에 대한 표상이 양 학문의 공통적인 연구테마로 떠올랐다. 때문에 극동 경제사를 개관하는데 漁撈부터 시작하는 것이 합리적일 것이다.

신석기시대와 고금속시대의 연해주 주거유적에서 발견된 물고기뼈의 규정은 민물고기와 바다고기에 대한 어로가 행해졌음을 입증한다 [29, p.192,205; 30, pp.38-42].

연어(кета. Oncorhynchus), 곱추연어(горбуша. Oncorhynchus grbuscha), 송어(сима. Oncorhynchus masu) 등의 연어과 물고기들은 인간에게는 단백질과 지방, 가죽제품을 위한 껍질을, 동시에 개에게는 사료를 제공한 고대 어로의 기본적인 축이었음이 분명하다. 유럽에서는 연어과 물고기를 이미 40만년 전부터 잡기 시작하였다. 연어들이 무리지어 이동할 때는 모래톱에서 특별한 도구나 방법없이 손으로도 잡을 수가 있다. 이.아.라빠쩐은 나나이 인들의 연어 漁期에 대한 기록을 남기었다:《아무르 강에서는 연어가 1년에 한번(8월 20일-9월 20일) 이동하며, 그 이동 기간은 그렇게 길지 않은데, 때로는 6-8일만에 그치기도 한다. 그 기간에 골리드 인들[1]은 1년동안 먹을 것을 잡기 위해 아주 열심히 물고기를 잡아야만 한다. 때문에 물고기를 잡는 도구도 빨리 만들고, 물고기도 빨리 잡고, 저장용으로 물고기를 처리하는 과정도 서둘러 진행된다. 연어가 지나갈 때는 골리드 인들에게 있어서는 수확기라 말할 수 있다. 그 기간 동안에는 그 누구도 쉰다는 것에 대해서는 전혀 생각하지 않으며, 애도 어른도 낮과 밤을 가리지 않고 일을 한다. 연어는 그들의 주식이기 때문에, 연어잡이가 성공적인가 아닌가하는 문제는 바로 그들의 생사가 걸린 문제이다. 연어없이는 골리드 인들은 절대로 살아 남을 수가 없다》.[217, p.128].

연어과 물고기로 乾魚를 만들었다. 알은 말리어 죽에 넣어 끓여 먹었다. 사냥을 갈 때는 말린 연어와 말린 알을 가져 갔다. 연어는 또한 까랴 인들(коряки)과 이텔멘 인들(ительмены)과 같이 발효시키거나 햇

---

[1] 역주: 골리드 인들(гольды)은 나나이 인들(нанайцы)의 옛 명칭.

볕에 말리기도 하였다. 생선뼈가 들어 있는 구덩이가 新開流와 꼰돈 유적에서 발견되었다. 연어과 물고기의 흔적은 다른 물고기들의 뼈에 비해 드물게 발견되는데, 엘.엔.베쎄드노프(Л.Н.Беседнов)는 연어과 물고기의 뼈가 보존이 잘 되지 않고 또 또 개들이 뼈도 같이 먹어치웠기 때문이라고 설명한다[29,p.204].

漁業·大洋學 太平洋 硏究所의 자료에 따르면, 1910년의 아무르 연안의 연어과 물고기에 대한 최대 어획량은 10만1천6백톤이었는데, 과히 어업이라 말할 수 있는 것이다. 당시 지역주민들이 아무르 강 하구에서 잡은 양은 4181명 분에 해당하는 7천톤이었지만[310, pp.4-5], 그럼에도 불구하고 극동 남쪽의 원시인들이 포획할 수 있는 가능 어획양이 10만톤에 달함을 알 수 가 있다. 민속학 서적에는 19세기에 아무르 유역의 현지 주민들이 년간 얼마만큼의 식량을 필요로 했고 또 얼마만큼을 저장용으로 준비했는지에 대한 기록이 없다. 단 북동아시아에 관한 한은 약간의 정보를 얻어낼 수가 있다.

1890년에 캄차트까의 이텔멘 인들 마을에서 1명의 주민당 64-361마리의 물고기, 평균 178마리 혹은 약 712kg이 예비품이 준비되었다. 1879년에는 어획고가 2,4배가 더 많았기 때문에 평균 예비품의 양이 1708kg으로 더 많았을 것이다. 그 예비품의 소모자는 사람뿐 아니라 썰매 끄는 개도 포함되었는데, 개의 숫자는 주민들의 숫자와 거의 일치하였다[327, pp.119-120]. 해안의 까략 인들은 1909-1911년에 한명당 43-81마리의 물고기를, 1926년(어획고가 최대로 된 해)에는 한 가족당 2300마리의 물고기를 예비품으로 준비하였다[15, pp.25-31].

물고기 잡이의 성공여부는 날씨(비는 예비품을 만드는데 방해가 된다)와 물고기들이 얼마나 많이 지나가느냐에 달렸다. 1910-1920년에는 아무르 강을 따라 곱추연어가 한해 걸러서 무리지어 이동하였다[236, p.147].

지역주민들은 강과 호수의 민물고기를 계절에 관계없이 잡았고, 특히 봄에는 집중적으로 민물고기를 잡았다. 어업·대양학 태평양 연구소의 자료에 따르면, 40년대 초에 아무르 강에서 잡은 어획고는 1만5천톤에 달한다. 20세기에는 철갑상어의 어획고가 대단하지 못하지만, 고대에는 그 비중이 적지 않았을 것이다. 엘.엔.베쎄드노프의 규정에 따르면, 씨니가이 유적의 신석기시대 층위에는 전체 생선뼈 중의 70%가 무게 32kg에 달하는 蛇頭魚(змееголов. Channa argus)의 것이다. 그 외에도 잉어(сазан. Cyprinus carpio), 아무르 메기(амурский сом. Parasilurus asotus), 곱추연어, Pseudobagrus fulvidrao(касатка-скрипун), 잉어(верхогляд. Erythroaelter erythropterus) 등을 잡았다. 그 물고기들은 지금도 한까 호와 아무르 연안의 여러 강에서 잡고 있다. 담수어의 뼈는 패총, 해안유적, 강의 하구 유적 등에서도 발견된다[29].

아무르 유역은 러시아에서 가장 물고기가 풍부하고 그 종류가 다양한 지역이다. 연어과 물고기 이외에도, 게.우.린드베르그(Г.У.Линдберг)의 자료에 따르면, 용철갑상어(калуга. Huso daurias), 철갑상어(осётр. Acipenser schrenski), 씨그(сиг. Coregonus sp), 타이멘(таймень. Hucho, taimen), 아무르(амур. Mylopharyngodon), 잉어(сазан. Cyprinus carpio), 젤따속(желтощёк. Elopichthys bambusa), 큰이마 잉어(толстолобик. Hipophthaimichys molitrix), 梭魚(щука. Esox reichertri) 등을 포함하는 40종 이상이 어업에 중요한 의미를 지니고 있었다[213, p.41].

아무르 유역의 민족들은 담수어를 싱싱한 상태로만 먹은 것이 아니라 봄에 말리기도 하였고 또 기름을 빼어 겨울용으로 남겨 놓기도 했다[324,p.94]. 생선을 다듬을 때 모든 찌꺼기를 물이 펄펄끓는 솥단지 안으로 집어 넣었고, 나중에 물위에 뜬 기름을 건져내어 용기에 보관하였다. 세계에서 가장 오래된 토기가 플레이스토센 말에 극동에 나타나는데[298, p.93-97], 물고기의 기름을 빼내는데 사용하였을 수도 있는 것이다.

 바닷 물고기 잡이는 기원전 8-3세기 얀꼽스끼 문화의 패총에서 발견되는 물고기뼈와 어로 관련 도구들에 의해 확인된다. 얀꼽스끼 문화의 것보다는 크기와 무게가 적지만 해안의 신석기시대 유적들에서 자갈돌로 만든 어망추가 발견되기도 하였다. 얀꼽스끼 문화층에서는 세 유형의 어망추 이외에도 조립식과 비조립식의 낚시바늘과 작살 등이 발견되었다. 엘.엔.베쎄드노프는 기원전 1천년기에 뾰뜨르 벨리끼 灣에서 잡았던 바닷 물고기를 30종 이상 규정하였다[29, pp.336-337]. 산란기에 해안가로 다가오는 무리지어 다니는 심해의 물고기뼈가 우세하고, 바닥에 사는 물고기뼈도 있다. 동해의 참치도 있다. 규정된 물고기뼈 중의 절반 이상이 온난성에 속한다. 뻬샨느이에서 발견된 종이 알려진 물고기뼈 중에는 일본 정어리(японская скумбрия, иваси)가 우세하고, 犬魚(собака-рыба. Spheeoides borealis), 대구(навага. Eleginus gracilis), Scorpaena porcus(морский ёрш), 구리빛 황어(красноперка. Leuciscus brandti) 등도 있다. 브리네르(Бринер) 곶의 가장 큰 패총에서 채취한 시료에서 다음과 같은 결과가 나왔다: 태평양 동갈치(тихоокеанский сарган. Tylosurus anastomella)- 38%, 일본 정어리- 15,1%, 견어- 6,5%, 가자미(камбалы. Limanda aspera)(8종)- 17,2%, 청어(сельди. Clupea harengus pallasi)- 7,4%, 대구(треска. Cadus macrocephalus)- 7,1%, 그 외 구리빛 황어, 대구(навага. Eleginus gracilis), 명태(минтай. Theragra chalcogramma), 바다 농어(морский судак), 싸블랴(сабля-рыба. Trichiurus japonicus), 바다 도미(морская окунь), 망둥이(бычки. Cottidae).

 현재 동갈치는 드물게 잡히고, 견어는 독이 있는 것으로 간주되어 잡지 않는다. 정어리는 20년대에 나타나서 30년대에 어로의 주를 이루었지만, 그 후 사라졌다가 70년대에 다시 주를 이루었다. 그와 같은 물고기 수의 변동사항이 얀꼽스끼 문화층에도 반영되어 있다.

지금의 취미삼아 하는 청어, 황어, 가자미, 대구, 그리빛 황어 등의 물고기잡이는 기술적 특성과 생산성에 있어 고대의 어로와 비교된다. 신석기시대 중기부터 극동의 어부들은 그물을 사영하였다. 웨.아.따따르니꼬프는 쵸르따브이 바로따의 기원전 5천년기 충위에서 그물의 편린들과 작살을 발견하였다[337, p.123, 그림 7,1,2]. 낚시바늘과 돌을 마연하여 만든 모형미끼도 사용하였고[276, p.76, 표 16,26; 337,그림 6,25], 큰 물고기의 머리를 치는 천공한 석제 원판과 물고기를 다듬기 위한 경사진 날이 있는 칼도 사용하였다. 극동의 암각화에는 배의 표현물도 있다[266, 표 15,1, 표 23,3,4, 표 100, 표 101,2, 표 102, 표 127,3, 표 134,4, 표 137; 128, p.126의 그림]. 도려낸 배가 약 1만년 전의 일본의 신석기시대에 있다[283, pp.74-75]. 아무르 하류에는 양쪽 끝에 수지가 묻어 있는 길쭉한 자갈돌이 있는데, 그와 같은 돌을 이용하여 자작나무 보트의 봉합선에 수지를 발랐을 것이다[276, p.76]. 목재가공 도구는 많이 발견되었다.

자이싸노브까 문화의 가장 이른 시기 집자리에서 물고기 표현물이 발견되었다. 물고기 모양의 모형미끼는 한까 유역의 꼰돈 문화 고분군과 신개류에서 발견되었다. 신개류에서는 또한 물고기를 잡아먹고 사는 가마우지 像도 발견되었다[427].

전체적으로 기원전 5천년기 신석기시대 중기부터 시작하여 극동의 여러 고고학 문화들에는 어로에 대한 여러 증거물들이 포착된다. 신석기시대 전기, 중석기시대, 구석기시대 등 더 이전시기의 어로에 대해서는 아직 연구가 덜 된 관계로 확고하게 입증하기가 곤란하지만, 몇몇 사실들은 연해주에서 이미 구석기시대부터 어로가 시작되었음을 말하고 있다: 구석기시대에 속하는 우쉬까(ушка) I 유적 VI층의 집자리 바닥에서 탁마한 날이 있는 자르는 용도의 도구, 물고기 표현물 및 연어과 물고기의 뼈가 발견되었다[350, p.264]. 또한 당시의 모든 유적들이 강가나 호수가에 위치한다는 사실도 어로의 존재를 반영하는 것이다.

극동에서는 어로활동이 지금까지 개관한 모든 시기에 걸쳐 포착되며 또한 현재에도 중요한 경제의 한 부문으로 남아있다.

軟體動物, 甲殼類, 鰭脚類 등의 채취와 고래잡이는, 물고기 잡이와 마찬가지로, 그 기원이 구석기시대로 거슬러 올라간다[44, pp.29-30]. 쵸르따브이 바로따에서 연체동물의 껍질과 일각고래(кит-нарвал, Monodon monoceros)의 표현물이 발견되었다[337, p.124]. 씨니 가이의 청동기시대 층위에서는 한까 호에서 잡은 바다표범(тюлень, Phocidae)의 뼈가 발견되었다[2].

아.이.라진의 평가에 따르면, 얀꼽스끼 문화의 패총의 용량은 1만-1만5천m³이며, 미나노쪽 항만의 한 패총(150×15×2m)은 2000m³ 이상이다[316,p.90]. 우리가 조사한 바에 따르면, 현재 파악한 모든 패총의 용량은 1십5만m³를 넘는다. 패총의 90% 이상이 굴껍질로 구성되었는데, 굴은 주된 채취대상이었다. 아.이.라진은 굴채취장과 패총의 상관관계에 대하여 주목하였고, 灣의 깊이 0.5-6m까지의 132-145hr를 굴채취장으로 규정하였고, 그 곳에서 커다란(길이 6cm이상) 굴이 5백만 마리 서식하는 것으로 계산하였다[316, p.43,90].

현대의 굴체취장 연구가 웨.아.라꼬프는 나예즈드니끄(Наездник) 항만의 깊이 0.6-3.5m에, 주로 0.8-2.8m에 위치하는 굴 암초를 조사한 바 있다[317, pp.133-143]. 항만의 해변에서도 굴 암초에 대한 채취가 활발하였다. 그 해변가에는 11,000m³ 규모의 패총이 있다.

가장 생산성이 많은 것은 1m²에 50마리 정도의 성숙한 굴이 붙어 있는 중앙의 굴 암초이다. 굴 암초의 두께는 6m에 달하며, 웨.이.라꼬프

---

2) 에.웨.알렉쎄예바(Э.В.Алексеева)가 규정.

의 평가에 따르면, 그 연령이 4천년이다.

南연해주의 굴채취장들은 강 하구 근처의 담수가 섞인 灣·河口들에 위치한다. 바로 그와 같은 편리한 지역에 사람들이 오래전부터 거주하였다. 1931-1932년의 자료에 따르면 굴채취가 1년 내내 행해졌다. 해녀들이 망에 연체동물을 줏어 모았고, 겨울에는 얼음을 깨고 나무집게나 갈퀴로 조개를 집어 올렸다[316, p.47]. 1927-1933년에는 뽀뜨르 벨리끼 灣에서 1년 채취량이 4,7톤을 넘지 않았지만, Mizuhopecten yessoensis(гребешка), 홍합, Spisula sachalinensis(мактры)의 채취량은 1250톤에 달하였다[316, p.90].

위에 언급한 모든 연체동물들과 Rapana venosa(рапана)가 패총에서 많은 수량으로 발견되며, Spisula sachalinensis나 홍합이 우세한 패각더미도 간혹 있다. 패총유적에서 모두 30종 이상의 무척추동물이 규정되었다. 극동국립대학의 방사성탄소 연구실에서 편년설정을 위해 채취한 대부분의 굴껍질들이 열가공되었음을 밝혔는데, 아마도 굴을 끓는 물에 넣었을 것이다.

패총유적들에서 게와 바다표범의 잔존물은 발견되지만, 기각류의 흔적은 없다. 바다표범, 흰고래(белуха. Delphinapterus leucus), 돌고래(дельфин. Delphinidae) 등의 사냥은 니브흐 인들에게 있어 경제의 한 부문을 이루고 있었다. 고대의 바다동물 사냥지역은 사할린, 호카이도, 쿠릴 열도 등 더 남쪽에 위치한다. 고대인들의 식량에 오징어, 낙지, 새우, 해삼, 미역 등도 포함되었음에 틀림없다. 신석기시대부터 수차에 걸쳐 사람들이 거주하였던 뻬뜨로바 섬에서 30년대 초에 낙지(항아리로 하루에 200마리 정도 잡았다)와 오징어를 성공적으로 잡았다[316, p.72].

사냥. 우쑤리의 타이가에는 야생동물이 풍부하다: 멧돼지(кабан. Sus scrofa L.), 만주 사슴(изюбр. C. elaphus L.), 까쑬랴(косуля.

Capreolus capreolus L.), 오소리(барсук. Meles meles L.), 토끼(заяц. Lepus sp) 등은 오늘날에도 정기적인 사냥의 대상으로 남아있다. 점박이 사슴(олень пятнистый. Cervus nippon Temm), 고랄(горал. Nemorhaedus), 사향고양이(кабарга. Moschus moschiferus L.) 등이 남아있고, 흰가슴 곰(медведь белогрудный. U. tibetanus G. Cuv)과 갈색곰(медведь бурый. Ursus arctos L.), 호랑이(тигр. Panthera tigris L.), 표범(леопард), 삵괭이(рысь. Felis lynx L.), 숲고양이(лесный кот. Felis bengalensis) 등도 있다. 엔.데.아바도프(Н.Д.Оводов)는 쑤찬 유적의 자료를 토대로 위에 열거한 동물들이 플레이스토센 말기부터 현재까지 줄곧 존재함을 밝혔다[244, pp.157-176]. 구석기시대에 사람들은 연해주에서 맴머스, 들소, 야생말, 털코뿔소, 야크, 큰사슴(лось. Alces alces L.), 북쪽 사슴(северный олень. Rangifer tarandus L.) 그리고 현존하는 종의 동물에 대한 사냥을 하였다. 씨니 가이에서는 신석기시대 후기에 만주 사슴, 점박이 사슴(олень пятнистый. Cervus nippon Temm.), 북쪽 사슴, 큰사슴, 까쑬랴, 멧돼지, 소 혹은 들소(?), 오소리, 너구리, 토끼, 여우, 호랑이, 갈색곰 등을 사냥하였다3). 큰사슴은 얀꼽스끼 인들도 사냥하였다. 큰사슴과 북쪽 사슴은 현재 남연해주에 보이지 않는다. 큰사슴과 북쪽 사슴은, 중세에 사냥되었던 海狸(бобр. Castor fiber)4)와 마찬가지로, 이 지역에서는 사람들에 의해 절멸되었다. 멧돼지, 까쑬랴, 점박이 사슴은 구석기시대부터 현재까지 기본적인 사냥의 대상으로 남아있다.

아무르 유역의 모든 민족들은 활, 창, 덫, 개 등을 이용하여 굽동물들을 사냥하였다. 여름에는 강을 건너가는 큰사슴을 보트에서 사냥하였는데, 한꺼번에 30-40마리의 큰사슴을 잡은 경우도 있다[217, p.137].

---

3) 엔.데.아바도프(Н.Д.Оводов)가 규정.
4) 에.웨.알렉쎼예바가 알림.

물새와 숲새에 대한 사냥은 60년대 초까지만 하여도 생산성이 꽤 높았다. 한까 유역의 토지개량과 농약의 사용은 새의 수를 아주 크게 감소시켰다.

필자는 1975년에 일리스따야 강안에서 공중에서 감자밭에 살포하는 농약이 무당벌레가 아닌 꿩을 어떻게 절멸하는지 목격하였다. 꿩은 농약보다도 더 효율적으로 무당벌레를 잡아 먹는다. 30년대의 소설책을 보면, 농부들이 점심용으로 2마리의 꿩을 사냥하려 나오는 장면이 드물지 않게 나온다. 1911-1913년에 아무르 縣에서는 1년에 5만마리 이상의 물새와 8만3천마리의 들새를 사냥하였다[309, p.307].

우쑤리 州는 새 사냥의 가능성을 적지않게 지니고 있었다. 씨니 가이의 신석기시대에는 회색거위(серый гусь. Asser asser), 기러기(гусь гуменник. Asser fahalis), 거위(гусь сухонос. Ancer cygnoid), 하얀이마 기러기(белолобая казарка. Branta leucopsis), 오리(свиязь. Anas penelope), 회색오리(серая утка. Anas strepera), 작은 백조(малый лебедь. Cygus bewickii) 등을 사냥하였다5). 얀꼽스끼 문화층에서는 기러기(гусь гуменник. Asser fahalis), 오리(свиязь. Anas penelope), 청둥오리(кряква. Anas platyrhynchos), 회색오리, 물오리(гоголь. Bucephala clangula), Yavia immer(гагара), 바다 오리(морская чернеть. Anas marila), 검은목 빠간까(черношейная поганка. Podiceps caspicus)와 큰 빠간까(большая поганка. Podiceps cristatus), 큰 가마우지(большой баклан. Phalacrocorax carbo)와 홍안 가마우지(краснолицый баклан. Phalacrocorax ?), 디뀨샤(дикуша. Falcipennis falcipennis), 꿩 등을 포함하는 20종의 새가 규정되었다[6,p.19].

문헌자료의 기록에 따르면, 이미 서기 1세기에 상업용의 털가죽과 약재(녹용과 사향) 채취를 위한 사냥이 등장하였다[81,p.80-91]. 중세와

---

5) 에.웨.알렉쎄예바와 엔.이.부르착-아브라모비치가 같이 규정함.

19세기의 그와 같은 사냥은 몇몇 동물상이 절멸의 위기에 처할 정도로 심각한 타격을 주었다.

채집은 사냥과 마찬가지로 전 인류역사 동안 존재한 경제의 한 부문이었다. 우쑤리 주에는 모두 2000종이 넘는 식물이 서식하는 러시아에서 가장 풍부한 식물상이 존재하는 지역중의 하나이다[167, p.193] 현 상태에서의 고고학 자료는 채집활동에 대해 극히 빈약한 정보 - 잣씨 껍질, 호도 껍질, 개암 껍질 - 를 제공하는데, 공인된 사실에 덧붙여지는 것이 전혀 없다: 개암, 호도, 잣은 다람쥐만 좋아하는 것이 아니다. 일본의 신석기시대에는 호도와 도토리를 저장하였던 커다란 구덩이가 발견되었지만, 연해주에서는 아직 그러한 사실이 알려져 있지 않다.

극동의 야생 유용식물, 버섯, 약용식물 등에 관한 전문적인 식물학 서적[166; 77, pp.287-371]과 다른 전문적인 논문들에는 우쑤리 타이가에 얼마만큼의 그와 같은 식물이 서식하는지 혹은 어느정도의 생산성을 지니고 있는지에 대한 양적인 기술이 없다. 게다가 최근의 경험에 비추면, 자연자원의 모델화는 삼림의 생산성의 예를 벌목이라는 관점에서만 찾아볼 수 있다[31, p.128-141]. 비록 알타이의 잣나무숲의 자료에서는 벌목보다 잣씨를 따는 것이 경제적으로 더욱 유리하다는 것이 증명되었지만 말이다.

아카데믹 웨.엘.까마로프(В.Л.Комаров)는 우쑤리 주를 통채로 채벌금지구역으로 할 것을 제안한 적이 있다. 위대한 식물학자의 꿈은 실현되지 못했고, 타이가는 벌목과 화재로 인하게 크게 손상을 당하고 있지만, 지금도 지역 주민들은 타이가에서 많은 양의 과실, 개암, 버섯, 약용식물 등을 채집하고 있다. 어린 고사리는 수출과 내수용으로 많이 채집되며, 아무르 민족들의 일상음식이 되었다. 바르쉐브니끄(борщевник. Leguminosal), 엉겅퀴(татарник), 쑥(чернобыльник), 쐐기풀(крапива. Urtica), 파(черемша. Allium ochotensc), 수영(щавель. Rumex), 들파(д икий лук. Allium L.), 들마늘(дикий чеснок), 백합의 球根 등 모두 50여 종의 식물들은 다량으로 저장하였고, 풀은 저장용으로 말렸거나 양념으로 사용하였고, 경우에 따라서는 죽을 끓여 먹기도 하였다[217, pp.102-104]. 중세에는 잣씨와 몇몇 약용식물 그리고 야생벌의 밀랍이 중요 수출품목이었다[81, pp.80-91].

전체적으로 어로, 바다식량 채취, 사냥과 채집은 소비유형 경제의 고전적인 모델을 형성하고 있다. 우쑤리 주에 있어 그 모델의 최대 생산성은 도대체 어느정도였는가? 그러한 경제를 토대로 도대체 얼마만큼의 주민들이 생활을 영위할 수 있었는가? 에쓰.엔.비비꼬프(С.Н.Бибиков)의 산출에 따르면, 우크라이나 땅에서는 2만년전에 맴머스를 사냥하여 약 2만명의 사람이 먹고 살 수가 있었다. 그 산출은 1인이 1일에 600-700g의 고기를 소모한다고 상정하고 도출한 결과이다[225,p.31]. 漁期에 잡은 연어과 물고기는 1년동안 소모하는 동물성 지방질의 기본을 이루고 있었다. 1890년의 이텔멘 인들의 최소 소비량 - 712kg - 을 토대로 하여 보자. 하루 한명당 4kg 이하의 싱싱한 물고기 혹은 1마리의 물고기에 개가 먹을 것을 더해야 한다. 아무르 유역의 전체 물고기 양으로 최대 어획고의 절반 - 5만kg - 을 계산에 넣어 보자. 그 같은 토대에서 계산을 한다면, 아무르 유역과 연해주에서는 7만명의 사람이 먹고 살 수 있었다. 연어과 물고기의 이동정도의 변동을 감안한다면 그 숫자는 5만명까지 줄어든다.

1911년의 조사자료에 따르면, 그 지역의 토착 주민들 1만5천-1만8천명이 반쯤 굶는 상태에서 바로 그 소비유형 경제(동물사육과 농경의 요소를 약간 포함함)에서 삶을 영위하였다[18, pp.8-11]. 아무르 하류에는 신석기시대에 수백에서 수천명이 거주한 것으로 간주되는 주거유적들이 있다. 연해주에는 주거유적의 규모가 적지만, 알레니 A에는 최소한 120명이, 신석기시대의 씨니 가이에서는 700-800명이 각각 살았던 것으로 계산된다.

  우리의 대략적인 계산에 따르면, 우쑤리 주에서는 홀로쎈에 수렵활동을 통하여 수만명의 사람들이 살아갈 수 있었지만, 풍부한 식량자원에는 한계가 있었고 또 변동이 있었다. 주민의 증가는 생산유형의 경제의 창조를 필연적으로 要하였다. 적어도 신석기시대 말기에는 생산경제가 나타났고[280, pp.3-14], 17세기까지 지속되었다[247].

  아.뻬.아끌라드니꼬프는 50년대에 극동 남쪽의 원시농경에 대해 연구하였다[256]. 차후의 고고학자들의 연구는 연해주와 아무르 유역에 농경이 이미 오래전부터 시작되었음을 입증하였다: 씨니가이 문화, 리도브까 문화, 얀꼽스끼 문화, 뽈체 문화 등에서 기장의 씨앗이 발견되었다. 얀꼽스끼 인들은 또한 보리도 심었다. 말갈시대부터는 문헌자료에 농경에 대한 기록이 보이며 또한 기장, 보리, 밀, 쌀, 수수, 콩 등의 출토유물도 많이 있다[81, pp.80-91; 119, pp.34-44; 360, p.122].

  여러 종류의 농기구가 많이 발견되었다. 농기구는 토양을 일구는 방법, 곡물의 수확과 저장방법에 대해 알 수 있게 한다. 신석기시대 자이싸노브까 문화에서는 가장 이른 단계, 즉 기원전 5천년기 보다 늦지 않은 시기에 돌괭이와 곡물분쇄기가 보급되었다. 그 多용도의 도구들이 농경에 사용되었음은 군산에서 출토된 기장의 알곡이 뒷받침한다. 그와 같은 괭이는 리도브까 문화에서도 기장과 이웃하여 발견되었다. 얀꼽스끼 문화에서는 나무삽을 끼우기 위한 주철제 자루끼우개가 나타난다. 주철제 유공부도 그와 같은 기능을 지녔을 수도 있다.

  얀꼽스끼 문화에 등장하는 사역동물은 牛耕(пахотное земледелие)의 시작을 말하는 지도 모른다. 연구자들은 경작과 쟁기와 관련된 만주 용어들의 독특함과 고대성에 대해 지적한다[119, p.42].

  청동기시대부터는 석제 수확용 칼과 낫이 보급되며, 끄로우노브까 문화부터는 철제로 대체된다. 수확한 곡물은 목이 좁은 토기에 보관하였다.

　신석기시대부터 현대까지 조(чумиза. Setaria italica)는 극동의 주요 농작물이다. 유목민들은 조를 전 유라시아에 퍼트렸다. 조의 種名은 비록 유럽에서 명명되었지만, 그 본산지는 동쪽이다. 만주에서 조는 높은 생산성을 지니는 것으로 1hr당 110쩬뜨네르[6])까지 소출된다. 50-60년대만 하여도 조는 주요 농작물이었다. 조는 가뭄에 강하고, 이삭에서 떨어지지 않으며, 잔손질이 많이 가지 않으며(예컨데, 카자흐스탄에서는 유목민들이 파종만 하고 전혀 돌보지 않았다), 기후 조건이 좋을 때는 소출량이 아주 높다[65]. 극동에서는 조로서 죽을 쑤어 먹기도 하였고, 개떡을 만들어 먹기도 하였다. 보리와 이후의 다른 농작물의 등장은 농경수준의 성장을 반영한다.

　주거유적의 입지, 출토된 도구와 토기, 들판에서 치운 돌무더기 등은 농경이 침수지에서 행해졌음을 말한다. 해마다 범람기에 저절로 시비가 되는 부드러운 토양은 높은 수확을 보장하였다. 삼림이 보존된 상태에서의 범람은 대부분의 경우 재앙적인 성격을 띠지 않았다. 19세기에 러시아 정주인들은 기꺼이 그와 같은 땅을 경작하였고, 15-20년동안 시비를 하지 않고도 좋은 소출을 거두었다[18, pp.34-35]. 알곡식물과 콩류 이외의 다른 농작물들도 재배하였을 것이다: 극동의 여러 나라들에서는 우쑤리 주에 널리 서식하는 식물들 - 벗풀(стрелолист. Sagittaria), 마름(водяной орех. Trapa L.), 우엉(лопух. Arctrium L.), 연(лотос. Nelumbium) - 을 재배한다. 또한 콩의 원산지가 극동일 가능성이 있다[168, pp.179-180].

　구대륙에는 목축이 농경과 언제나 병행한다. 태평양의 서쪽부분에서는 아주 오래전에 개와 돼지가 주를 이룬 목축체계가 형성되었다. 연해주와 아무르 유역에서는 진정한 의미에 있어서의 목축은 청동기시대,

---

6) 역주: 1쩬드네르(центненр)는 100kg.

즉 기원전 2-1천년기의 교체기부터 시작되었다.

씨니 가이의 신석기시대 층위에는 작은 돼지의 뼈들[7]이 우세한데, 가축일 가능성이 있다. 얀꼽스끼 문화의 주거유적들에는 돼지뼈가 가장 많은 수를 차지한다. 얀꼽스끼 문화에는 소와 말의 뼈도 발견된다. 뻬샨느이의 한 집자리 바닥은 정어리의 비늘로 덮혀 있었다. 엔.엠.예르말로바(Н.М.Ермолова)는 폐기된 집을 돼지우리로 사용하였고, 물고기로 돼지를 사육하였다는 의견을 제시하였다[144, p.262].

아무르 유역의 민족들은 식량이 부족할 때면 썰매끄는 개를 잡아먹기도 했는데, 즉 개도 예비식량으로서의 역할을 했다. 물고기는 지금도 동물들의 사료역할을 한다. 아무르 유역에서는 청동기시대에 북쪽 사슴이 가축화되었을 가능성이 있다. 씨니 가이의 청동기시대 층위에 사슴과 돼지의 의례적 무덤이 있다는 사실은 특기할 만하다.

기원전 1천년기에는 씨호테-알린의 동쪽 경사면으로도 농경과 목축이 보급되며, 사할린과 호카이도의 오호츠크 문화에는 돼지와 개를 사육하였다[67, p.262]. 신석기시대에 자이싸노브까 문화와 꼰돈 문화라는 두개의 거대한 공동체가 형성된 것은 결코 우연이 아니다. 前者에서는 연해주 농경의 역사가 시작되었고, 後者에서는 어로의 전문화가 시작되었음이 분명하다.

養殖 인간활동의 여러 흔적을 간직하고 있는 조개무지는 이미 오래전부터 고고학자들의 관심을 끌었다. 보르소(1821-1885)는 덴마크의 키요켄묘딘그 - 패총 - 를 상대편년을 위한 척도로 삼았다. 바다와 민물 연체동물의 껍질 무더기는 여러 장소에 알려져 있는데, 심지어는 사하라의 마른 河床 邊에도 있다.

태평양의 서쪽 해안가에서는 패총유적이, 덴마크에서와 같이, 고고학자들의 첫 주목의 대상이 되었고, 패총의 발굴과 더불어 한국, 일본,

---

7) 에.웨.알렉쎄예바가 규정함.

베트남 등의 원시고고학이 시작되었다. 두터운 층위, 아주 양호한 보존 상태의 동물뼈, 새뼈 및 물고기뼈, 풍부한 유물 등에 있어 패총은 다른 일반유적과 구분된다. 베트남에는 1만1천년-7천년전의 하오빈 중석기시대 문화유적에 패각층이 있다. 하오빈 문화는 베트남의 가장 이른 농경과 관련이 있다. 하노이에서 남쪽으로 23km 거리의 해변 가까이에 위치하는 쿠인 반 패총유적은 신석기시대 전기의 박숀 문화에 속한다. 쿠인 반 패총은 규모가 7400m^{2}이며, 두께는 5,2m이다. 바다에서 30km 거리의 마 강변에 위치하는 다·부트 패총도 박숀 문화에 속하며, 두께 5m정도이다[34].

한반도의 해안가와 요녕반도의 섬들에 있는 패총에는 두께가 6m에 달하는 것도 있다. 일본의 패총유적 호리누우찌, 오오모리(11000m^3), 히가시쿠시로, 테라바키, 이리에 등에서는 이른 시기부터 마무리 시기까지, 즉 9천4백년-2천3백년까지의 죠몽문화의 유물이 발견되었다. 보다 늦은 시기의 야요이 문화(기원전 3천년기-서기 3세기)에 속하는 패총도 있다. 호카이도에는 오호츠크 문화인들에 의해 기원후 2천년기까지 계속해서 패총이 형성되었다. 그들은 南사할린에도 패총을 남겼다: 쑤쑤이 주거유적에는 Mizuhopecten yessoensis와 Spisula sachalinensis-Mizu로 구성된 조개무지가 있다[71, p.262].

패총의 분포는 연안의 풍부한 바다 동물상의 분포와 잘 일치한다. 쁘레아브라줴니예(Преображение) 항만에서 발렌쩬(Валентин) 항만까지의 지역에는 굴, 홍합, 해삼, 성게 등과 같은 무척추 수렵동물의 북쪽 경계선이 지나간다[8]. 뾰뜨르 벨리끼 灣에는 수렵용의 조개류가 현재 약 35종 정도이지만, 더 북쪽에는 6종에 불과하며, 발렌틴 항만에는 5-7종이다. 그 경계선에서 북쪽으로 갈수록 수렵용 조개의 종류뿐만 아니라 채취가능한 양도 수십배 줄어든다.

---

8) 양식과 관련된 모든 생물학적 정보는 웨.아.라꼬프(В.А.Раков)가 제공하였다.

얀꼽스끼 문화의 첫 연구자들은 패총에 굴껍질이 월등하게 우세하고 다른 연체동물들의 껍질들은 아주 빈약하게 발견됨에 주목하였다. 최근에 확보된 자료들도 그들의 주목이 옳음을 입증한다. 굴 채취지역 가까이의 취락지를 선정하였다는 사실은 패총 주거유적과 지금의 굴 채취장의 위치를 비교할 때 금방 확인된다.

4개의 거대한 지역이 분리된다: 포시예트 만의 서쪽 절반, 얀꼽스끼 반도, 아무르 만의 북부, 우쑤리 만의 북동부. 각 지역에는 5-12개의 주거유적이 위치한다. 그 지역들에 있는 현재의 굴집적 면적은 20-100hr 사이이다.

굴의 집적은 높은 생산성을 지니는 것으로, 현재의 고도로 산업화된 동물사육의 생산성과 비교할 수 있을 것이다. 그 굴 채취장들에서는 1년에 $1m^2$당 1-20kg의 굴을 채취할 수가 있는데, 달리 말하면 0,1-2,5kg의 고기를 얻을 수가 있다. 즉 1hr의 굴채취장에서 1년에 1-25톤의 고도의 글리코겐과 단백질과 지방질을 함유할 뿐만 아니라 약효까지 지니고 있는 굴알맹이를 얻을 수 있는 것이다. 바로 그러한 사실은 고대의 주거유적들이 왜 굴채취장 가까이에 위치하는지 또 왜 그토록 많은 굴껍질이 남겨졌는지를 설명할 수 있다.

패총과 현대의 굴양식장에서 채취한 굴껍질 시료의 형태학적 지표의 비교는 상호간에 커다란 유사성이 있음을 보여 주었고 또 몇몇 경우에 있어서는 굴채취의 위치를 알 수 있게 하였으며 또한 노보고라드스끼(Новгородский) 반도의 포시예트 만에 위치하는 주거유적들에서의 얀꼽스끼 인들의 수렵경제 행위를 보다 자세하게 알 수 있게 하였다. 고대의 주거유적 가운데서 쉘레하 곶의 주거유적이 중심되는 위치를 점하고 있다. 쉘레하 곶에는 규모가 2,45hr인 가장 큰 패총이 있는데, 굴의 수는 5천만개이다. 1마리의 굴에서 25g의 고기를 얻었다고 간주한다면, 쉘레하 곶에서는 1250톤의 굴고기를 얻었다는 결론이 나온다.

셸레하 곶의 패총에서는 1m³에 3580여개의 굴껍질이 포함되었는데, 대부분 길이 8-12cm의 성숙한 굴이고, 1년 이하의 어린 굴은 160개 혹은 전체의 4%이며, 유충은 전혀 없다. 다른 종의 연체동물은 2%이하인데, 그 중에서 홍합이 가장 많은 수를 차지하는데, 1m³당 320여개의 커다란 껍질이 있다. 현재 셸레하 곶의 굴 채취장에는 어린 굴이 18-60%에 달한다.

슬라뱐스끼(Славянский) 灣의 나예즈드니끄(Наездник) 潟湖 邊의 패총(규모가 11000m³이상임)에서는 약간 다른 결과가 나왔다: 1m³에 성숙한 굴껍질 1680개와 길이 5cm이하의 1년이 안된 어린 굴껍질 170개가 포함되었다. 그곳에는 어린 굴이 10%이하를, 다른 연체동물들이 1%이하를 각각 차지한다. 현재의 굴채취장에는 어린 굴이 30%이하를 차지한다.

이.엠.메쉐랴꼬바(И.М.Мещерякова)[231,p.340]는 뻬샨느이 반도 집자리 No.10에 어린 굴이 25%이하를 차지함을 밝혔으나 연령을 조사하지 않았다: 6cm이하의 굴 중에서 2년 혹은 그 이상된 것이 있을 수 있다. 유.예.바스뜨레죠프(Ю.Е.Вострецов)는 뻬샨느이에서 새로운 발굴조사를 하였고, 새로운 자료를 확보하였다. 웨.웨.똘스따나고바(В.В.Толстоногова)는 수입방미터의 패각을 체로 치고는 굴을 채취할때 인위적으로 어린 굴을 떼어내었다는 의견이 옳다는 결론에 도달하였다. 그녀와 웨.아. 라꼬프는 그 패총에서 연체동물의 종류를 60종에서 90종으로 늘렸다. 보이스만 Ⅱ에서의 조사는 그와 같은 어린 굴의 선별이 신석기시대 보이스만 문화인들에 의해서도 행해졌음을 보여 주었다.

뽀뜨르 벨리끼 灣의 패총과 굴채취장의 상관관계 연구는 일정한 결론은 제공하였다. 중요한 사실은 얀꼽스끼 문화와 보이스만 문화의 굴채취를 바다 식량의 원시적인 채집으로 보아서는 절대로 안된다는 점이다. 그 굴채취를 양식, 즉 수중 유기체의 선별과 재배와 관련된 조직화된 경제체계로 간주할 수 있는 근거가 있다. 한 장소 혹은 다른 장소에서의 굴채취의 장기성, 규칙성, 효율성을 그 근거로 제시할 수 있으며, 또한 더욱 중요한 근거는 조개무지에 어린 굴껍질의 수가 아주 적다는 사실이다. 어린 굴을 의식적으로 파종하였는가 혹은 채취의 장소에서 단순히 선별하였는가하는 문제도 중요하지만, 의식적인 파종에 대한 근거가 있다. 남쪽 지역 해안가에서의 굴채취와 패총의 형성은 수천년에 걸쳐 이루어졌다. 일본의 연구가들은 굴의 재배가 기원전 2000년 전, 죠몽 후기에 시작되었다고 말한다[232]. 그러나 필자의 생각에는 그 시기를 일본의 죠몽 전기로, 한국의 전기 신석기시대로, 베트남의 박숀 문화로 더 올릴 수 있을 것 같다. 수천년에 걸쳐 깊지않은 지역을 잠수하는 잠수부들이 어린 굴의 무의식적인 파종의 효율성 혹은 돌, 속이 빈 조개껍질, 우연히 바다에 떨어진 토기편에 붙어있는 굴 유충들의 효율성을 눈치채지 못했을 리가 없다.

농경과 목축의 생산경제로의 이행은 인간의 역사에 있어 가장 중요한 과학·기술혁명이었다. 아직은 덜 알려지고 덜 연구된 원시 양식도 그 혁명의 한 부분이었음이 분명하다.

인간과 자연. 극동의 주민들에게는 여러 동산의 평평한 정상부위는 언젠가 인위적으로 잘라낸 것이라는 전설이 널리 퍼져 있다. 19세기의 첫 정주인들은 전설속에서 놀라운 사실들이 반영되어 있음을 발견하였다: 토루, 길, 들판에서 추려낸 돌무더기 등 거대하고 계획적인 인간활동의 흔적들이 동산들에서 포착된 것이다. 대부분의 그와 같은 유적들을 현재 말갈, 발해, 여진 등의 중세시기로 편년하지만, 뽈쩨 인들도 처음으로 방어물을 축조하였고 자신들이 거주하는 언덕 - 쎈끼나 샤쁘까, 루다놉스꼬예, 씨니예 스깔르이, 빠두쉐치까 - 의 정상으로 구불구불한 길을 내었다.

건축물 아래의 경사면에 테라스를 내는 전통은 신석기시대로 거슬러 올라 간다. 테라스와 고대의 움집이 있는 움푹한 장소는 지금까지 풍경의 일부를 구성하고 있다.

아무르 유역의 민족들에는 물고기가 잘 다닐 수 있도록 강 하구를 淨化하는 주술적인 전통이 남아있다. 물위를 떠다니는 나무들을 실제로 치웠을 가능성도 있다.

불과 도끼는 숲을 망가뜨렸다. 아.데.바롭스끼(А.Д.Боровский)의 자료에 따르면, 기원전 1천년기에 한까 유역 평원에 활엽수림이 자랐는데, 큰사슴과 북쪽 사슴이 숲과 때를 같이 하여 사라졌다. 당시 사람들이 일정한 역할을 수행했음이 틀림없다. 그와 관련하여 극동의 스텝 생물 군집의 발생에 대한 오랜 논쟁을 상기하는 것도 나쁘지 않을 것이다: 스텝의 始原에 인간적 요인이 작용하였음이 분명하다. 현재의 봄과 가을의 화재는, 토양학자, 생물학자, 삼림학자 등의 공통적인 의견에 따르면, 재앙임이 분명하다. 풀베기에 편리하고 또 고사리 뜯기에 좋다고 불을 내는 것이 용인되고 있다. 아무르 유역의 민족들은 불을 내지 않았다.

전체적으로 극동의 원시인들은 자연을 조화롭게 이용하였다. 강 상류에서의 연어잡이, 자그마한 강과 시내의 지금은 사용하지 않은 농지의 이용, 굴채취, 양식, 숲에 대한 조심스러운 불사용-그 모든 것들이 지금 받아들여야 할 긍지있는 전통들이다.

2. 狀況觀察과 神話의 復元

고대인들의 영적인 생활과 관련된 예술품이나 고분을 발견할때 혹은 그와 관련된 상황관찰을 할때 우리는 유물에 반영된 현상의 본질을 설명할 수 있는 유사품을 찾는다. 그와 같은 탐색은 간혹 어느정도 타당성이 있는 가설을 제시할 수 있게 한다. 예를 들어, 필자는 알레니 유적의 얀꼽스끼 문화와 끄로우노브까 문화의 집자리들 입구 혹은 화덕자리 근처에서 외견상 아무런 기능도 지니지 않은 돌판을 발견하였다. 니브흐 인들을 전공하는 민속학자 치.엠.딱싸미(Ч.М.Таксами)는 니브흐 인들은 집의 문지방이나 화덕 곁에 문지방의《여주인》혹은《주인》과 집의《주인》을 위해 돌판을 깐다고 말해 주었다. 그 같은 풍습은 민속학자들에 의해 기록되었다[362, p.315,355]. 문지방의《여주인》을 먹여 살렸다: 돌판에 차와 음식을 놓았다. 끄로우노브까의 집자리 No.6에서 그와 같은 상황이 관찰되었다. 극동의 민속학은 고고학적 자료의 해석에 신뢰있는 사실을 제공한다.

끄로우노브까 문화의 토기와 관련된 상황은 설명하기가 쉽지 않다: 거의 모든 집자리에서 바닥을 일부러 깨뜨린 토기가 발견되었다. 알레니 유적의 세 집자리에서는 완형토기는 단 1점만이 화덕자리에서 발견되었을 뿐이다. 나나이 인들은 매장을 할때 물건을 고의로 망가뜨렸다(죽였다)[217, p.289]. 울치 인들과 시베리아의 많은 민족들은 지금도 매장시에 물건을《죽인다》[9)[341, p.30,31, 그림 2]. 말갈 인들은 매장시에 토기 바닥에 구멍을 내었다[289, p.249,251; 119, p.222]. 민속학 자료에 의거하여 몇몇 의견이 제시되었다: 화덕 곁에서의 死者의 공양[119, p.234], 씨족의 불을 다른 장소로 옮기는데 있어《주인》의 급식[119, pp.231-234]. 그러나 그 어느 의견도 고대인들의 풍습을 설명하는데 충분하지는 못하다.

新開流의 2차매장, 아무르 하류 신석기시대의 돼지 숭배, 곰표현물 등과 같이 명백한 상황들도 있다. 신개류에 우세한 2차매장은 후에 극동의 중세에 널리 보급되며[119, pp.217-221; 227, pp.115-118], 민속학적으로도 관찰되었다[324, p.129].

씨니가이 문화와 그 이전의 鶯歌嶺 下層(자이싸노브까 문화의 4단

---

9) 엠.다땰(М.Датял)이 알림.

계)에서 돼지 혹은 멧돼지 숭배가 포착되었다: 돼지와 그 두개골을 집 아래에 매장하였고, 돼지 표현물들이 발견되었다. 돼지 표현물은 극동에서는 어디에서나 발견되는데, 세가지 형태의 스타일이 있다: 1)쉐레메찌옙스꼬예(암각화)와 앵가령의 실제적인 표현물[266, 표 130,1], 2) 멧돼지 송곳니의 모방품 혹은 송곳니 그 자체- 신석기시대부터 보인다, 3)씨니가이 문화, 리도브까 문화, 공기리, 뽈쩨 문화, 오동 등에 보이는 양식화된 형상[294, 표 9; 105, 표 11,20, 표 38,7; 표,53,1, 표 94,2,4; 380].

두번째와 세번째의 표현물은 멧돼지일 것이며, 첫번째의 것은 가축화된 돼지일 것이다. 극동의 중세와 민속학적 문화들에서 돼지는 중요한 역할을 하였다: 제사때, 집을 기공할때[119, p.204,215; 217, p.231; 362, p.500], 우데게이 인들에서는 청년에게 시련을 줄때 각각 돼지가 이용되었다.

대칭적인 배열상태 - 사슴은 위, 멧돼지는 아래 - 가 몇번이고 반복된다. 씨니 가이 A의 Ⅲ층에서 발견된 만주 사슴과 돼지의 고분은 바로 그와 같은 상태로 배열되었다. 바로 그곳의 마루바닥 아래에서 멧돼지의 송곳니와 턱뼈가, 마루바닥에서는 사슴의 뿔(지붕에서 떨어진?)이 발견되었다. 보이스만 Ⅱ 하층의 №5 고분과 화덕자리와 돌이 있는 장소에서도 그와 같은 배열상태가 발견되었다. 사슴은 위를 멧돼지는 아래를 상징한다.

아무르 민족들의 곰 축제와 아무르 하류의 곰 표현물도 또한 일정한 연관을 가지고 있음이 분명하다. 돼지와 곰 숭배 그리고 2차매장은 쁘리아무리예·만주지역의 考古學省과 歷史文化圈이라는 개념 사이에 일정한 관련이 있음을 보여주는 특징들이다. 그럼에도 불구하고 그《투명한》상황들 조차에서도 우리는 포착된 사실들에 대한 진정한 의미에 대해 추측만 할수 있을 뿐이다: 앵가령에서 발견된 돼지像과 개像을 공반하는 灰구덩이는 祭壇이다(하지만 누구를 위한 것인가?); 씨니가 이 문화 집자리들의 마루바닥 아래에서 발견된 돼지의 턱뼈와 두개골은 거주자에게 집을 보증하는 것이다(安寧을 위한 것인가 아니면 多産을 위한 것인가?); 그곳의 №2 고분에서 발견된 새끼돼지는 왜 갑옷과 바늘을 지니고 있는가?

올바른 답변을 얻기 위해서는 편린만 남은 생활양식과 신앙체계를 이해하는 것이 필수적이다. 그 체계의 자연은 바로 신화이다.《신화창조는 인류의 문화사에 있어 가장 중요한 현상이며, 수만 수십만년의 시간동안 인류의 정신생활을 지배하였던 현상이다… 신화는 신화 창조 시대의 세계관을 반영한다》[139, p.9].

신화는 원시 이데올로기의 모든 구성요소 - 지식, 신앙, 윤리, 생활양식 - 를 포괄한다. 신화는 그러한 요소들을 토대로 형성되었으며 세대에서 세대로 전래되었다. 신화의 단편적인 기록과 고고학 자료의 간단한 비교에서 현대학문은 신화의 복원으로 이행하였다[241; 229; 318; 321; 338, pp.51-63].

칼.맑스는 다음과 같이 말하였다:《야만의 낮은 단계에서 인간의 고귀한 특성이 발전되기 시작하였다… 인류의 발전에 많은 기여를 한 위대한 선물인 공상은 글로 쓰어지지 않은 신화, 전설, 민담을 창조하기 시작하였다…》[223, p.261].《글로 쓰어지지 않은 신화》는 문자의 출현과 더불어 한국의《三國遺事》나 일본의《古事記》에와 같이 기록되기 시작하였거나 혹은 현대의 학문적 채취까지 구전으로 전해왔다. 그와 같은 기록을 토대로 하여 신화의 복원과 연구가 행해진다[241]. 신화의 복원과정에 있어 고고학 자료의 역할도 결코 적지않다: 고고학 자료는 신화의 내용과 관련이 있으며, 신화의 내용을 더욱 충실하게 하고, 신화적 전통의 발전을 편년하고 신화 발생지를 비정한다. 그와 관련하여 고고학은 성례적 물체와 예술품에 주목한다.

아무르의 암각화는 부조기법으로 만들었다[266; 274]. 신석기 예술품들은 그 내용면으로 볼때 형상적이고 신화적인 체계의 한 부분을 이루고 있다. 그 체계의 다른 부분은 요철모양의 문양이 있는 토기[273, 그림 2,18,19,59,64]와 토제와 석제의 像들[273, 그림 22,26,27,30, 32-34,57,58]로 구성되었다. 위에 언급한 예술품들과 나란히 연해주와 아무르 유역의 신석기시대와 고금속시대에는 다른 유형의 예술품들이 있다. 한국, 만주 그리고 일본에 유사품이 있는 그 예술품들은 독특한 그룹을 형성하고 있다. 부조기법, 휴대성, 명백한 성례적 의미 등에 있어 공통점을 지니고 있는 그 예술품들은 대부분 돌과 점토로 만든 유물들이다.

첫번째 그룹의 유물은 곤봉두(끝장식)로 알려져 있는 것들인데, 한국에서는 《달도끼》라고 부른다. 중앙에 양원추형의 구멍이 나있고, 타원·반구형의 납작한 혹은 뽀족한 가장자리를 가진 그 둥근 석제 원판은 삽이나 지렛대의 가중제로 사용되었을 수도 있다. 현무암으로 만든 그와 같은 몇몇 원판이 씨니 가이의 신석기시대 층위에서도 발견되었다. 집자리 №22에서 출토된 원판(그림 68)의 반구형 측면에 고리모양의 형상이 홈선으로 새겨져 있다. 구멍의 가장자리에서는 4개의 짧은 홈선이 회오리처럼 나있고, 한 홈선은 《고리》와 연결되었고, 나머지 세 홈선은 원판의 가장자리까지 미치지 못하고 있다. 맞은편에는 3개의 홈선이 나있다: 하나는 짧고, 둘은 길고 측면의 고리와 연결되어 있다. 원판의 평평한 표면과 구멍은 탁마하였고, 나머지 표면과 홈선은 점타로 가공하였다. 원판을 어떤 형태로 사용하였건 순수하게 실용적인 기능만을 가졌다고는 보기 힘들다.

집자리 №14의 마루바닥에서 원판 2점이 더 발견되었다. 1점은 사슴뿔과 나란히 놓여 있었는데, 표면에 十字모양으로 4개의 짧은 홈줄이 나있다. 능이 표면을 4부분으로 나누는데, 한 부분에는 완결되지 않은 홈줄이 구멍에 나란히 비스듬하게 나있다. 측면의 홈선은 끈을 매는데 필요하겠지만, 표면의 것은 전혀 필요가 없는 것이다. 뻬뜨로비치(Петрович) 출토의 가면[41, 그림 1,8], 쵸르느이 야르(Черный яр) 출토의 사람형상[273, 그림 22], 꼰돈 출토의 곰像[273, 그림 35] 등도 홈줄, 구멍, 점타라는 동일한 기법으로 만들었다.

고금속시대에는 세밀하게 마연한 더 작고 얇은, 흔히 가장자리가 이빨모양으로 된 그와 같은 원판이 명백한 의례용품으로 된다[273,그림.83 아래]. 씨니 가이 No22 집자리 출토의 원판에 난 홈줄은 이미 신석기시대에 그 그룹의 예술품들이 실용적인 기능뿐만 아니라 그 어떤 성례적 기능도 지녔음을 말한다. 어쩌면 태양의 표식이었는지도 모른다. 니브흐 인들은 태어나면서부터 죽을 때까지 남성에게는 3이라는 숫자가, 여성은 4라는 숫자가 따라 다닌다[176, p.346,350,352,369-370]. 씨니 가이 출토의 원판이 남성의 시작(역주:太陽)과 여성의 시작(역주:太陰)의 결합을 상징하는지도 모르는 일이다.

두번째 그룹은 연해주에서는 아직은 각기 다른 시기의 2점의 유물로 구성되었지만, 일본의 죠몽 층위에서는 다수 발견되었다. 그것은 양면이, 드물게는 한면이 부조 그림으로 덮힌 돌판(일본어로 감반)과 점토판(일본어로 도반)으로, 타원형, 장방형, 사다리꼴 등의 형태가 있다. 그림의 모티브에는 meander, 나선, 동심원, 멍에, 능형, 삼각형, 지그재그 등이 있다.

동심능형들과 중앙의 타원형의 점혈들로 양면이 장식된 타원형의 점토판 반쪽이 씨니 가이의 신석기시대 층위에서 발견되었다. 한면이 장방형의 meander와 3개의 와선으로 장식된 사다리꼴의 돌판이 뻬샨느이 섬의 얀꼽스끼 문화의 주거유적에서 발견되었다(그림 151).

50점 이상의 감반과 도반이 토호쿠와 호카이도 등의 北일본의 후기와 말기의 죠몽 층위에서 발견되었다[351, pp.177-178, 그림 4,3,4; 73,

p.159,그림.70,1,7; 402, 그림54,56,59,61-64,147-149,22-223]. 일본 출토의 몇몇 제품에는 매달거나 고정시키기 위한 구멍이 있기도 하지만, 대부분의 것에는 구멍이 없고, 또한 실용적 사용의 흔적도 없다. 그와 같은 유물들의 의미와 기능은 오스트레일리아 원주민의 추링가와 비교하여 알 수 있을 것이다.

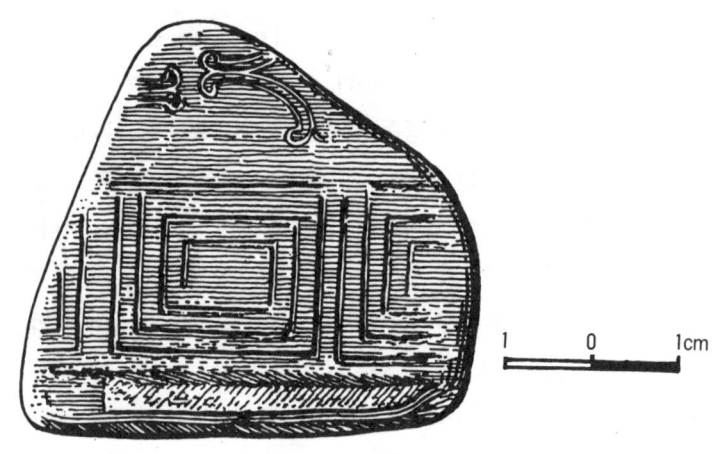

그림 151. 뻬샨느이. 석제 추링가

추링가는 목제 혹은 석제 판으로서, 타원형, 장방형 혹은 부정형의 외형을 지니고 있다. 추량가는 양면에 meander, 지그재그, 동심사각형, 동심능형, 동심나선형 등의 부조그림으로 장식되었다. 카보(B.P.Кабо)는 그 문양 속에서 양식화된 迷路의 모티브를 찾고 있다. 추링가는 성스러운 물체로 존중하였고, 은밀한 장소에 보관하였다. 오스트레일리아 원주민들은 추링가를 통해서 신화적 영웅들의 행위를《읽었고》, 조상들의 영혼과 살아 있는 종족 구성원들을 연관지었다. 추링가의 상징성은 팔로크리프트[10]나 방패와 같은 다른 의례적인 혹은 일상적인 물건

---

10) 오스트레일리아 남성 원주민들의 혁띠를 제외한 의복의 유일한 요소, 조개껍질,

들과 암벽, 땅 혹은 나무 등에 나있는 그림들과도 밀접한 관계를 지닌다. 카보는 발기 의식에 있어서의 그 상징성의 역할을 지적한 바 있다 [155, pp.254-267].

극동의 板은, 오스트레일리아의 추링가와 마찬가지로, 일련의 의례품과 일상용품과 관련되었고, 암각예술품과 관련되었다. 아무르 유역과 오스트레일리아의 모티브와 상징들은 수차에 걸쳐 비교되었다. 엘.야.쉬쩨른베르그(Л.Я.Штернберг)는 처음으로 극동과 오스트레일리아의 유사성에 주목하였고, S字形의 그림과 뱀표현이 있는 일본의 돌판을 지적하였다[362, pp.555-610, 그림 6a]. 엘.야.쉬쩨른베르그는 니브흐 인들이 死者를 화장할 때 문양이 있는 물건을 멀리함을 지적하였다:《그렇지 않으면 故人이 길을 잃는다》[362, p.326]. 그 관찰은 극동의 문양을 미로로 파악하는 것이 무방함을 말한다.

아.뻬.아끌라드니꼬프는 엘.야.쉬쩨른베르그의 아이디어에 주목하였고, 아무르 유역과 오스트레일리아의 암각화를 대조하였다[266, pp.112-123]. 카보는 극동의 문양과 의례품을 오스트레일리아와 오세아니아의 예술품과 비교한다[156, pp.42-50].

점토와 돌로 만든 문양이 있는 板을 우리는 극동의 추링가라고 부를 수 있다. 그 중에서 가장 오래된 죠몽 초기의 것은 드물지 않게 사람모양의 형상을 지니고 있다. 그러한 사실은 추링가를 보다 많은 수량으로 발견되는 사람모양 像, 소형 가면과 마스크 등의 그룹과 비교할 수 있게 하며, 모두 단일한 세계관 - 신화체계 - 를 반영하고 있음을 알게 한다[351, 그림 2,5-7, 그림 3,3,4,9, 그림 4,1,2,5: 274, pp.88-91, 그림 15; 39, 그림 1,1,2,8]. 몇몇 잘 알려지지 않은 새로운 유물과 휴대용 가면 그룹의 추가적인 특징 하나를 지적하고자 한다.

신개류에서 꼰돈 유형의 토기와 함께 길쭉스럼한 남근형태의 토제

나무껍질 등으로 만들었고, 문양으로 장식하였다.

板이 1점 발견되었다(그림 152,1). 그 판에는 찡그린 입이 있는 사람 얼굴의 특징들이 깊지않은 부조로 표현되었다. 입 언저리에서 2열의 평행선이 아래로 나있다. 신개류에서는 또한 사슴뿔로 만든 물고기상 1점, 물고기 모양의 모형미끼 7점, 가마우지 머리 모양의 골제像 1점이 발견되었다[427, pp.491-518].

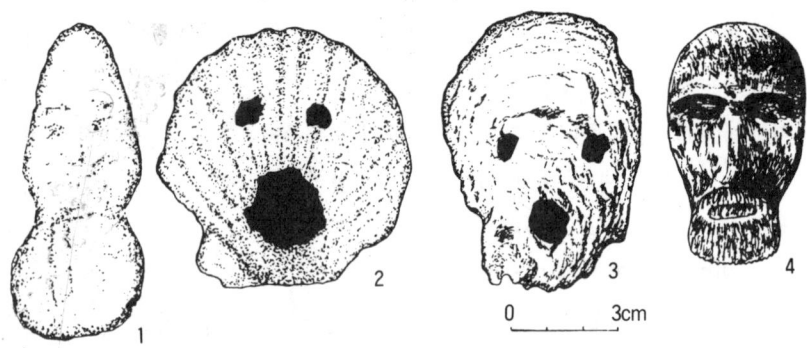

그림 152. 찡그린 입이 있는 가면들(바람의 神?): 1-신개류, 점토; 2-동삼동, 3-쿠마모토(2,3-조개껍질); 4-아이누의 목제 마스크

조개껍질에 3개의 구멍을 뚫어 단순하게 만든 2점의 가면이 발표되었다: 굴껍질로 만든 첫번째의 것은 큐슈 섬의 쿠마모트에서 죠몽 중기 층에서 발견되었고(그림 152,3), 가리비 조개로 만든 두번째의 것은 한국의 동삼동 패총의 신석기시대 층위에서 발견되었다(그림 152, 2)[402, 그림 235,236]. 세개의 구멍과 결합하는 조개껍질의 오돌토돌한 표면은 독특한 면모의 가면을 만들고 있으며, 아래의 자연적인 돌출부위는 구멍·입을 마치 찡그리게 하고 있는 듯하다.

찡그린 입은 씨니 가이 출토의 소형 가면[40, 그림 9와 겉장], 죠몽의 몇몇 像·도구[402, 그림 106,125], 가면·도멘[402, 그림 68] 등에 있고, 아이누의 나무 가면에도 찡그린 입이 있다(그림 152,4)[402, 그림

234].

 부조 그림이 있는 板·강판도 板·추링가 그룹에 가깝다. 前者는 後者에 비해 크고 실용적인 기능을 지녔다는 점에 있어 차이가 난다.

 아.뻬.아끌라드니꼬프는 루드나야 쁘리스딴에서 미로가 새겨진 갈판을 발견하였다(그림 153) [256, p.53; 273, 그림 77.- 싸카치-알랸의 81번 암석에 있는 그림과 비교; 266,표 87]. 아.뻬.아끌라드니꼬프와 웨.예.메드베제프는 뱀그림이 있는 갈판을 나호드까 市 가까이의 발샤야(Большая) 쏘쁘까의 신석기시대 집자리에서 발견하였다. 부조문양이 있는 강판모양의 토제품들이 호카이도의 신석기시대 유적에서 다수 발견되었다[73, p.158, 그림 70,4-6].

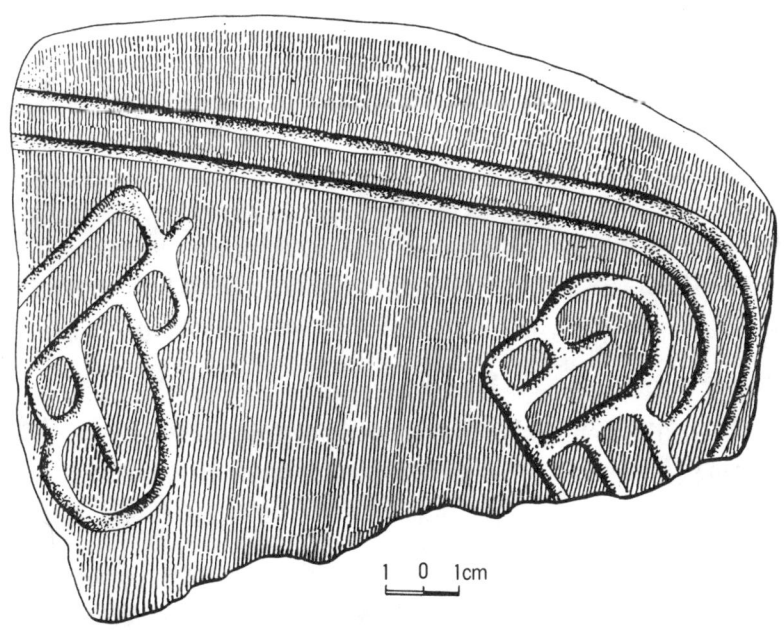

그림 153. 루드나야 쁘리스딴 출토의 돌판

아무르 강의 쑤추 섬에서 발견된 미로모양의 문양으로 장식되고 중앙에 구멍이 뚫린 원형 토제품[273, 그림 76]과 문양으로 장식된 많은 수의 방추차도 소형 부조의 카테고리아에 포함시킬 수 있을 것이다. 쑤추 섬에서 발견된 토제 球[273, p.98, 그림 82]와 쉐레메찌옙스꼬예 마을 근처의 신석기시대 주거유적에서 발견된 원통은 특히 주목된다.

최근 얼마전에 나선과 능형의 문양으로 장식된 그 유물들이 아무르 하류의 복잡한 문양이 있는 신석기시대 토기의 시문구로 사용되었다는 사실이 실험적으로 확인되었다. 원시 이데올로기에 있어서 재질과 형태가 서로 다른 다양한 고고학 유물들이 밀접한 상호작용과 상호연관성을 지니고 있었음을 다시 한번 확인할 수 있다. 암각화, 용기, 압인기·추링가, 그림이 있는 갈판, 끝장식·원판, 원형 토제품 그리고 지금은 전해지지 않는 유기물질(모피, 가죽, 뼈, 자작나무 껍질, 나무)로 만든 많은 생활용품들은 문양, 그림, 彫像에 구현화된 樣式과 象徵의 體系를 반영한다.

보이스만 II에서의 발굴을 통해 필자는 뜻밖의 발견을 하였다. 극동의 고고학 문화들에서 발견된 오목한 홈이 있는 돌을 불을 얻기위해 천공한 것으로, 모루로, 개암을 깨트리는 돌로 일반적으로 해석한다. 1971년에 아.뻬.아글라드니꼬프는 홈이 있는 돌을 싸카치-알랸의 2-3개의 오목한 구멍으로 구성된 가면 표현물과 비교한 적이 있지만[266, p.78], 그 어떤 고고학자도 그 가면들을 한개 혹은 수개의 오목한 구멍이 나있는 휴대용의 돌판, 강판, 자갈돌 등과 비교하지 않았다.

보이스만 II에서 발견된 11점의 그와 같은 석제품은 상황을 바꾸어 놓았다. 10점은 고분군과 연관된 것으로, 9점은 고분군 위에서, 1점은 №2 고분에서 발견되었다. 4점은 사슴뿔 조각과 함께 발견되었다. 중간의 자이싸노브까 문화층에서 발견된 1점은 아래의 층위에서 교란되었을 가능성도 있지만, 또한 중간층에 속할 가능성도 똑같이 가지고 있다. 알레니, 무스딴그, 씨니 가이 등의 자이싸노브까 층위에서는 그와 같은 석제품이 수십점 발견되었다.

보이스만의 그 석제품들은 원형, 타원형, 부정형 삼각형 등의 구멍을 파내어 만들었다. 나린히 구멍을 파낸데 쓰인 부싯돌 격지가 발견되었다. 구멍 이외에도 홈줄이 있고, 마연과 점타기법도 적용하였다. 2개의 홈·구멍은 양눈을, 3개의 구멍은 양눈과 입을 나타내고 있다(그림 93). 다수의 구멍으로 구성된 복잡한 구도도 있다. 몇몇 경우에는 多像形 技法이 적용되기도 하였다(그림 93,1,2): 돌을 뒤집으면 새로운 형상이 있다. 11점의 석제품에 120개 이상의 가면·얼굴표현물이 있다: 1점에 1-40개의 얼굴표현이 있다. 보이스만의 가면들은 극동의 석제와 토제의 彫像·浮彫 表現物 전통과 잘 융합한다(그림 72,73,80와 비교). 전기 구석기시대부터 유라시아에는 도처에 휴대용 암각화가 보급되었고, 그 슈제트는 암벽, 바위, 판석, 동굴 등의 암각화와 일치한다. 극동에는 부조 암각화 이외에도 새김(гравировка) 암각화 - 피르싸노브(Фирсанов) I의 중석기시대 층위 출토의 돌판 -, 루드나야 쁘리스딴 출토의 자갈돌(그림 80,7), 추코트카의 늦은 시기 돌판[160] 등이 있다. 싸카치-알랸의 암벽, 아무르의 마이(Май) 가옥 근처의 암벽, 추코투카의 빼그뜨이멜(Пегтымель)[123] 등에서 새김 표현물이 있다. 쑥빠이(Сукпай), 끼야(Кия) 등의 암벽에는 암채화도 있다. 휴대용 돌맹이에도 채색한 그림이 있을 수 있겠지만, 아직은 발견되지 않았다.

거대한 예술품과 작은 형태의 예술품들이, 상징적 물체들(板·추링가)과 생활용품들(용기, 갈판, 방추차)이 상호작용을 한다. 성례적 기능을 지닌 새로운 형태의 유물들 - 홈줄이 있는 원판, 압인기, 구, 원통 - 이 발견되고 있다.

多像形 표현물은 까스죠녹(Костёнок)(전기 구석기시대)[343, pp.135-142]과 추코트카의 고대 에스키모 인들의 골제품[22; 23]에 알

려져 있다. 연해주 끼예브까 출토의 석제 像(그림 120), 보이스만 출토의 석제 像(그림 93)과 골제 像(그림 92,7)은 多像形 表現物이 휴대용 암각화와 마찬가지로 도처에 분포함을 보여 주었다.

비교라는 관점에서 유스트이드(Юстыд)의 聖所와 청동기시대부터 현재까지 만들어지고 있는 사슴돌(鹿石), 追悼用 環狀石列, 岩刻畵, 石像, 케렉수르, 古墳 등을 포함하는 알타이의 다른 의례 중심지들을 지적할 수 있다[182, pp.28-41].

크고 작은 예술품들이 지역의 특성을 반영하는 것이 아님이 분명하다. 지금까지는 극동의 원시예술에서 지역적 특성을 나선문과 人面形의 가면 모티브 속에서, 독특한 문양 속에서 찾았다.

그와 같은 모티브는 개별적으로 혹은 복합적으로 아주 광대한 지역에 분포한다. 세부표현, 스타일, 상호만남성 등을 분리하는 것이 보다 개연성 있는 연구가 될 것이다[361]. 판·추링가는, 오늘날 우리의 지식으로는, 太平洋 文化圈에, 홈줄이 있는 원판·끝장식은 쁘리아무르·만주 考古學省에 분포하는 것으로 보이지만, 보다 세밀한 검증을 要한다.

類型的, 樣式的 특성을 지역화하는 작업은 원시예술의 의미복원을 가능하게 할 것이다. 우리는 그와 같은 복원의 길고 힘든 여로의 시작점에, 가설적 관찰의 수준에 있을 뿐이다. 시베리아[346, pp.165-180; 319, pp.102-109]와 극동 고고학[140, pp.27-34; 141, pp.135-140]의 희망적인 결과들은 신화적 자료와 고고학 자료의 결합이라는 새로운 방향을 제시한다.

아.뻬.아글라드니꼬프와 아.뻬.데레뱐꼬는 아무르 하류와 우쑤리의 암각화의 해독을 통하여 신화의 복원을 시도하였다[266, pp.90-123; 263; 292, pp.160-170; 103]. 백조, 첫번째의 사람들, 3개의 태양, 여분의 태양을 쏘아 떨어뜨린 궁수 등에 대한 宇宙神話가 포착된다. 나나이 인들의 전통은 암각화의 기원을 3개의 태양시대와 관련시킨다.

　　나나이 인들(наанйцы), 울치 인들(ульчи), 우데게이 인들(удэгейцы), 니브흐 인들(нивхы), 오로치 인들(орочи) 등 아무르 유역의 모든 민족들에게서 여러 형태의 신화가 채취된다. 뻬.뻬.쉠께비치(П.П.Шемкевич), 엘.야.쉬쩨른베르그, 예.아.끄레이노비치(Е.А.Крейнович), 웨.아.아브로린(В.А.Аврорин), 예.뻬.레베데바(Е.П.Лебедева), 웨.게.라리낀(В.Г.Ларькин), 이.아.라빠쩐(И.А.Лопатин) 등이 신화적 내용들을 기록하였지만[263, pp.163-169; 325, pp.132-136,160; 159, p.196], 1899년에 베.라우페르(Б.Лауфер)가 기록한 내용이 가장 자세하다: 태초에 3명의 사람 - 샨바이, 샨꼬아, 샨까 - 이 살았다. 어느날 3명의 사람은 땅에 돌과 모래를 주기위해 3마리의 백조를 보냈다. 새들은 잠수를 하였다. 7일동안 물아래에 있었다. 나와서는 땅이 자라고 있는 것을 본다. 아무르는 흐른다. 그때 3명의 사람은 카도라 불리는 사람과 쥴치라 불리는 여자를 만들었다. 나중에 마밀쥐라 불리는 처녀를 만들었다. 백성들의 수가 불어났고 아무르와 이웃하는 모든 영역을 차지하였다. 카도는 말하였다:《하늘에 해가 3개 있다. 너무 뜨거워 살 수가 없다. 해를 쏘아 죽여야겠어!》. 그의 아내는 그에게 말하였다《가시오!》. 카도는 해가 떠오르는 곳으로 갔다. 구덩이를 파고 그 속에 숨었다. 첫번째의 해가 떠오른 것을 보고, 그 (해)를 쏘아 죽였다. 두번째 해를 쏘았으나 비켜 지나갔다. 세번째는 죽였다. 집으로 돌아왔다. 그렇게 덥지가 않았다. 마밀쥐는 암석에 그림을 그렸고, 쥴치는 말하였다:《이제 사람들이 내 남편이 두개의 해를 죽인 것을 보게 될 것이다》[263, pp.163-164].

　　궁수 카도(이.아.라빠쩐에 따르면 호다이, 웨.아.아브로린과 예.뻬.레베데바에 따르면 하다우)는 수마트라에서 캘리포니아까지의 다양한 형태의 태양신화에 보이는 문화적 영웅이다[367, p.175-195; 364, p.94; 33, p.390-391; 233, p.462]. 오로치 인들의 신화에서는 7마리의 까마귀와 7마리의 독수리가 더 등장한다[301, pp.193-194].

 싸카치-알랸, 쉐레메찌옙스꼬예, 끼야, 깔리노브까 등의 암각화 중에는 화살의 모습을 지닌 슈제트가 없다. 단지 싸카치-알랸의 №63 암석에 7개의 가지가 있는 뿔과 측면에 3개의 동심원이 있는 사슴을 향해 활을 쏘는 궁수의 표현 같은 것이 있지만[266, pp.36-37, 표 7], 실제로 궁수라고 보기는 힘들 것 같다[273, 그림 44의 사진]. 대신 태양의 표식은 있다. №9 암석에는 3마리 까마귀의 형상이 있는데[273, 그림 52], 극동의 여러 신화속에서 까마귀는 태양의 상징이다[416, p.75; 241, p.138]. 까마귀가, 한국의 신화에서는 두마리(부부-태양)이지만, 세마리이고, 중국의 신화와 5-7세기 고구려의 고분벽화에는 발가락이 세개이지만, 세개가 아니다[329, p.28, 표 1, 왼쪽 위]. 아무르의 것은 여성으로서의 태양에 대한 한국과 일본의 신화적 표상과 가깝다[227, p.231; 241, pp.91-176]. 아무르 유역의 암각화에 있는 백조(거위, 오리) 표현물은 이미 베.라우페르와 엔.알프딴도 알고 있었다. 3마리의 새가 있는 슈제트도 있다[266, 표 118,29].

 바즈네쎄노브가 출토의 盆(ваза)에 있는 3개와 4개의 손가락이 있는 손들은 남성과 여성이 표현되어 있음을 나타낸다(그림 154,5). 첫 사람들 - 샨바이, 샨꼬아, 샨까 - 의 性은 신화의 텍스트에 나타나지 않았다(동물형상의 존재물일 수도 있다)(그림 154,1,6). 보존된 3개의 가면·얼굴표현은 궁수 카도(호다이), 그의 아내 쥴치 그리고 처녀(자매) 마밀쥐·먀멘디일 수도 있다. 만약 그것이 사실이라면, 길쭉한 눈(《물고기》)가 있는 가면(그림 154,2)은 남성일 것이고, 둥근 눈이 있는 두 가면(그림 154,3,4)은 여성일 것이다. 여성 중의 하나는 남성과 마찬가지로 하트모양이고, 다른 하나는 타원형이다. 친족(자매) 혹은 결혼(아내) 중의 어느 속성이 남성과 여성을 가깝게 하는지 알지 못하지만, 아마도 결혼 속성이 사실에 더욱 근접할 것이다[273, 사진 18].

盆의 깨어져 나간 부분에 신화의 다른 주인공들 - 샨바이, 샨꼬아, 샨까이, 백조, 태양(까마귀 혹은 뱀?) - 이 표현되었을 지도 모를 일이다. 전체적으로, 그 盆은 태양을 쏘는 궁수에 대한 신화적 내용의 그림이 있는 의례용기이다. 만약 필자의 추측이 새로운 자료에 의해 뒷받침된다면, 바즈네쎄노브까 출토의 盆은 암각화의 일부를 해독하는 열쇠가 될 것이다. 《카도의 가면》은 《아무르 하류의 암각화》에 수록된 표 25, 26, 62, 64, 82, 85, 98, 115, 116의 싸카치-알랸의 암각화와 표 124, 131의 쉐레메찌옙스꼬예 암각화와 비교되며, 《아내 쥴치》는 표 57, 117(?), 124와 《자매 마밀쥐》는 표 19, 21, 63와 각각 비교된다[266].

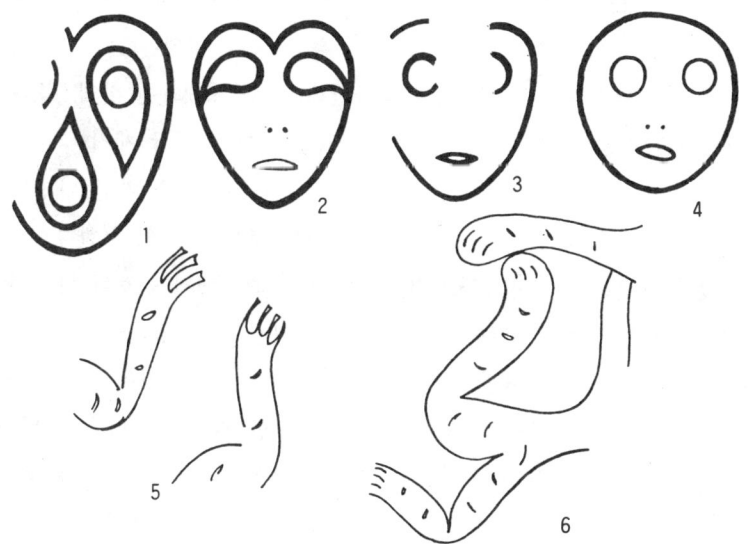

그림 154. 바즈네쎄노브까 출토의 盆에 있는 표현물들

다음과 같은 연결고리들에 의해 가상적 사슬이 형성된다: 1) 싸카치-알랸과 쉐레메찌옙스꼬예의 암각화가 신석기시대로 편년되고 꼰돈 문화에 속할 수 있다는 사실은 꼰돈 문화층에서 발견된 부조기법에 홈줄

을 내어 만든 가면·얼굴표현물과 彫像에 의해 증명된다. 2)암각화의 신화적 맥락과 아무르 유역의 우주태양신화의 상호관계는 물새(백조), 사람 얼굴모양 표현물, 태양의 표식 등의 결합과 암각화와 신화를 이어주는 口傳 등에 의해 증명된다. 3)바즈네쎄노브까 출토의 분에 표현된 그림들의 儀禮的·神話的 意味는 浮彫·立體的 表現의 복잡함과 고도의 예술적 수준에 의해 강조되었으며, 태양신화와의 상호관계는 붉은색의 색채와 붉은색의 원·눈에 의해 강조된다. 4)분의 가면 그림의 모티브와 스타일은 암각화에 있는 가면 표현물의 모티브와 스타일과 동일하다. 5)니브흐 인들의 숫자의 상징성 - 3은 남성, 4는 여성 - 은 盆의 인물들을 다른 性으로 해석하는데 이용된다. 6)분에 있는 가면의 눈은 2:1의 비율인데, 신화속의 인물들의 성의 비율과 일치한다: 2- 여성, 1- 남성. 7)가면의 이마도 2:1의 비율인데, 눈의 형태와는 달리, 즉 남편과 아내 혹은 형제자매로 해석될 수 있을 것이다. 방금 제시한 7가지 근거는 盆에 신화의 슈제트가 표현되었고, 길쭉한 눈을 가진 가면(남성)은 태양을 향해 활을 쏜 궁수의 표현이라 해석할 수 있게 한다.

　　몇몇 사실들은 특히 중요하다. 그 盆은, 문화층에서 출토된 다른 유물들과 마찬가지로, 편년이 된다. 현재 기원전 4-3천년기라는 편년은 잠정적인 것이 틀림없지만, 정확한 연령을 알아낸다는 것은 가능한 과제이다. 신화를 연구하는데 있어 편년은 중요한 의미를 지닌다. 두번째는 암각화와 다른 출토유물들을 기록으로 남은 신화의 내용들과 비교하여 해독할 수 있고 그리고 신화의 발전을 연구할 수 있다는 사실이다. 세번째는 신석기시대부터 口傳까지의 지역적 형태의 궁수에 대한 신화가 아무르 유역에 남아 있다는 사실은 그들 문화의 한 요소가, 후에 새로이 나타난 것이 아리라, 아주 오래되었다는 것을 말한다. 만약 필자의 가상 사슬이 아무르 유역 신석기시대의 새로운 자료들에 의해 뒷받침된다면, 궁수와 다수의 태양에 대한 신화는 아무르에서 가장 이른 시기 - 기원전 5천년기 - 로 편년될 것이다.

　신화와 고고학 자료의 비교라는 측면에서 죠몽 중기의 요스케오네 주거유적과 여성·태양에 대한 신화를 예로서 제시할 수 있을 것이다. 요스케오네 주거유적은 나가노縣의 혼슈 湖 서쪽 야쭈가다케 山 기슭에 위치한다. 그 지역에서 신석기시대 농경의 흔적이 발견되었다. 취락지는 2채씩 테라스의 가장자리를 따라 배열된 12채의 집으로 구성되었다(그림 155,1). 집들은 멍에모양으로 열을 이루고 있다. 각각의 한쌍씩의 집 곁에는 의례용품이 하나씩 있는데, 동에서 서로 세키보(남근형태의 석제품)-도구(토제 여성상)-돌기둥-도구-돌기둥-세키보가 차례로 늘어져 있다[352, pp.41-43, 그림 2,2]. 그와 같은 배열에 있어 각각의 대상들과 그 복합상태는 일정한 의미를 지니고 있음이 틀림없다. 어떤 의미를 지니고 있는가? 요스케오네의 列을 일본의 신화와 최근 얼마전에 엠.이.니끼찌나(M.И.Никитина)가 향가를 토대로 하여 해독한 한국의 신화[241, p.77,78,103-116, 133-146]의 한 슈제트와 비교해보는 것도 괜찮을 것이다. 신화는 다음과 같은 슈제트를 담고있다: 남편과 아내가 차례대로 그 어떤 그들을 갈라놓는 물(水) 장애물(해협, 강)을 건너가며, 모든 渡河物들이 서·동방향으로《움직이며》, 암석(바위, 기둥) 혹은 물고기(거북이, 악어, 물고기가 끄는 배)가 渡河의 수단이 된다.

　《삼국유사》에 기록된 연오(랑)와 세오(녀)에 대한 이야기에서는 처음에 남편이 바위를 타고 한국에서 일본으로 건너가고, 나중에 꼭같은 방법으로 그의 아내가 건너간다[241, pp.133-134,138]. 아내는 태양과 비교된다. 수사노와 아마테라수에 대한 일본의 신화도 같은 것이다 [241, p.104; 226; 326, p.411-416; 83, pp.135-137]. 엠.이.니끼찌나는《한국과 일본의 옛 전통에 태양-여성에 대한 표상과 부부의 이별과 만남의 에피소드에 일몰의 순간과 그의 아침에의 귀환이 반영되었다》[241, p.137], 또한 여성·태양에 대한 신화속에 우주의 공통적인 작용

모델과 각각의 인간들의 삶의 모델이 있다고 간주한다[241, p.146].

만약 우리가 요스케오네의 서쪽에서 동쪽으로 늘어선 列을 본다면, 세키보(남편)-기둥(암석, 도하의 수단)-도구(아내, 여성·태양)-기둥(도하의 수단)-도구와 세키보(아내와 남편, 새로이 태양은 출산하고 있는 태양 가족)의 형태로 쉽게 파악할 수 있다. 돌기둥과 같은 명백하게 항해가 불가능한 물체를 反의 원칙으로 도하의 수단과 비교하는 것은 스칸디나비아에서 오세아니아와 인도네시아까지의 신화에서 드물지 않게 발견된다[306, pp.79-89]. 죠몽의 여성상·도구는 아마테라수의, 세키보는 그녀의 난폭한 남편 수사노의 형상이라는 결론이 나온다.

몇몇 도구는 아마테라수가 넓적다리를 따라 땅으로 사라질 때의 에피소드와 일치하며[402, 그림 36,37], 그 모양이 강한 戰士를 연상시킨다[326, p.415].

물론, 그 假想列도 검증을 요하는 것은 사실이다. 도구의 유형의 다양성과 망가지거나 매장된[351, p.175] 발견상황으로 보아 여성·태양에 대한 신화뿐만 아니라 다른 신화와 의례도 반영함이 분명하다.

꼰돈의 바즈네쎄노브까 문화층 집자리 №3에서 나선으로 장식된 盆과 함께 이마에 둥근 홈이 있는 젊은 여성을 표현하는 토제상과 석제 남근상이 발견되었다. 문헌[276, pp.17-19]에는 집자리와 그 주위에 있는 돌들에 대해서는 언급하지 않았는데, 그 돌 중의 하나와 여성상과 남근상은 요스케오네의 태양열의 半을 구성한다. 주거유적에서는 또 하나의 석제 남근상과 옥수 자갈돌로 만든 가면이 발견되었는데, 列의 두번째 부분을 구성하였을 지도 모른다. 꼰돈의 여성상에서 여성·태양을, 즉 극동 신석기시대의 또 하나의 태양신화의 인물을 볼 수 있는 근거가 있다.

요스케오네의 열은 찡그린 입이 있는 인물의 형상을 해독할 수 있게 한다. 일본의 가장 오래된 세키보는 이바토 유적의 후기 구석기시대

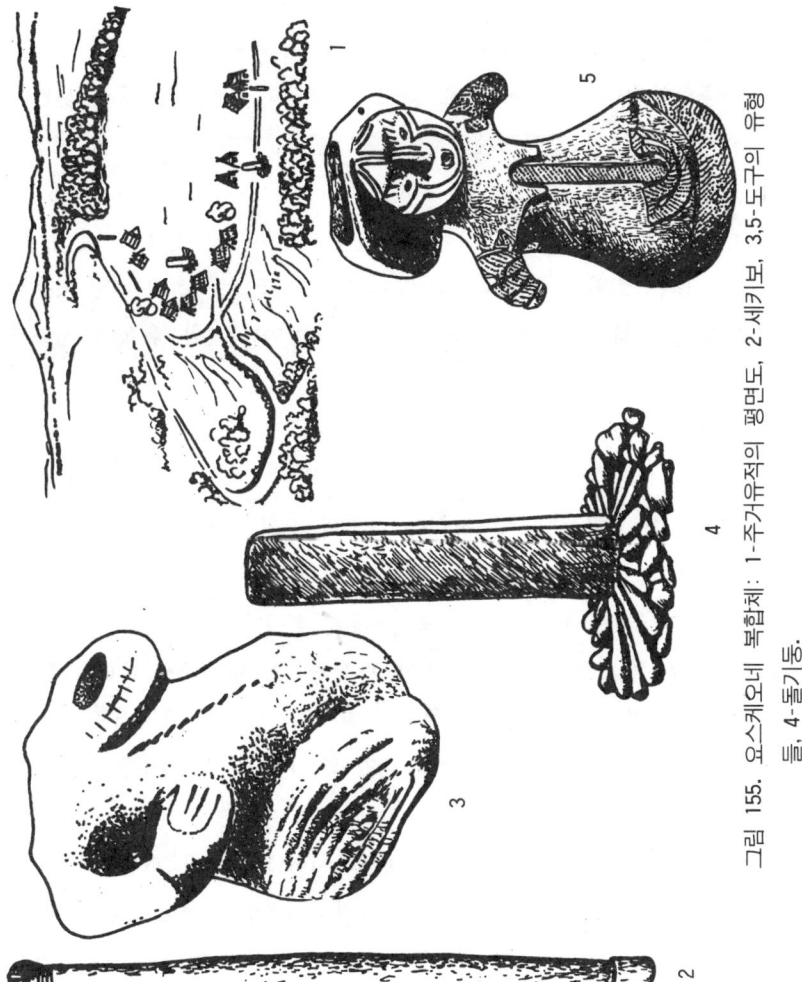

그림 155. 오스케오네 복합체: 1-주거유적의 평면도, 2-세키보, 3,5-토구의 유형들, 4-돌기둥.

층위(2만-1만6천년)에서 발견되었다[111, 표 74,1]. 그 세키보의 머리에는 사람얼굴 모양의 특성이 새겨져 있고… 찡그린 입이 있다. 그 이후의 일본의 세키보에는 얼굴표현이 없지만, 신개류 출토의 像은, 씨니가이 출토의 가면과 마찬가지로, 바로 그 전통과 관련이 있음이 분명하다. 따라서 찡그린 입이 있는 표현물은 風神 - 태양 남편 - 의 형상이라는 결론이 나온다.

태양신화는 가장 오래된 신화들 중의 하나이다. 지리적으로 보아, 궁수에 대한 신화는 구석기시대에 아메리카 땅으로 건너갔다. 여분의 해와 달을 늑대가 먹어치웠다[229, p.205]는 아메리카 유형의 신화도 그러한 사실을 뒷받침한다.

3천년전 씨니 가이 언덕의 정상에서 행해진 儀式 - 사슴의 고분 - 도 아주 오래된 것이다. 유라시아 동편에서는 사슴의 매장이 오랜 전통의 하나이다. 호카이도 트야노미바 패총의 전기 죠몽 층위의 돌울타리 안에 뿔이 있는 두개골 6개를 매장한 것도 이른 시기에 속한다[376, p.44]. 가장 늦은 시기의 것은 30년대에 까략 인들이 사슴을 매장한 것으로, 그 과정을 이.에쓰.구르비치가 관찰하고는 필자에게 말해 주었다. 사육 사슴떼에 붙은 야생 사슴을 특별히 만든 활로서 죽여서는 매장하였다. 그 경우 뿔을 톱으로 잘라 내었고, 나무를 도려 만든 암사슴을 무덤에 넣었다.

유라시아의 서쪽, 그루지아의 우르브니씨(Урбниси) 마을에서 고대 농경인들의 주거유적이 발굴되었다. 기원전 3천년기 전반기에, 농경 축제기에 동축의 화살로 사슴을 죽이고는 통채로 용기, 낫, 곡물분쇄기, 사람모양과 동물모양의 像 등이 둘러싸고 있는 화덕 곁에 놓아 두었다[120, p.62]. 時空의 차이가 그렇게 크게 나는 두 장소의 儀式의 세부적 사실들이 일치하고 있다: 씨니 가이와 우르브니씨에 곡물분쇄기와 용기가 있고, 씨니가이 문화의 고분군에는 암사슴상, 멧돼지와 까쑬랴의 상징물이 있다. 그 모든 사실들은 그 기원이 알타미라와 다른 후기 구석기시대의 사슴 표현물로 거슬러 올라 갈지도 모르는 신화적 슈제트를 이어받고 있음을 말하는 것이다. 데.에쓰.라옙스끼(Д.С.Раевский)는 사슴(위, 태양, 삶)과 멧돼지(아래, 지하세계, 죽음)의 상반성의 의미를 설명하였다[311, pp.181-199].

신석기시대의 토기에 그려진 전나무文을 《世界樹》의 구현으로[142, pp.13-18], 알레니 III층의 집자리에서 출토된 小像들을 물고기와 거북이의 투쟁으로[416, pp.73,88-89 참조], 자이싸노브까 문화와 바즈네쎄노브까 문화의 토기에 난 두 유형의 螺線文을 우주 발생적 의미로 나름대로 추론할 수 있지만, 모두 추가적인 자료의 보충을 要한다.

보이스만 II의 하층에서 뼈와 뿔로 만든 일련의 유물들이 발견되었는데, 표면에 1주간의, 1달간의, 1년간의 - 달의, 해의, 계절·사이클의 - 달력이 새겨져 있다[51, pp.96-102]. 극동에서 가장 오래된 그 달력의 발견을 통해 필자는 달(月)과 사이클의 독특한 체계를 가진 달력이 아주 폭넓게 분포되어 있음을 알게 되었다. 씨니 가이 출토의 골제 상들(그림. 92). 얀꿉스끼 문화와 아누치노 문화의 방추차, 발해의 청동제 혁띠 부품, 야요이의 청동 방울·도타쿠, 그리고 다른 많은 유물들이 달력의 線畵로 장식되었다. 그 달력 체계(혹은 체계들)은 시베리아와 유럽의 구석기시대 유물을 통해 달력을 연구한 웨.예.라리체프[207; 209; 208; 195; 196 등등]와 같은 전문적인 연구가들을 기다리고 있다. 쉘레하 곶의 얀꿉스끼 문화층에서 출토된 접시(그림.132)도 지적해야 한다. 접시의 바닥에 중국에 잘 알려진 宇宙畵가 線畵式으로 그려져 있다: 하늘의 9개 원, 8개의 모퉁이, 4개의 기둥[329, pp.16-22]. 토기들의 문양띠가, 바닥과 구연부의 원과 마찬가지로, 세계의 구성체계로 드물지 않게 인식되었음이 분명하다. 한국의 청동거울 뒷면에 있는 線畵도 그와 같이 인식해야 할것이다.

3. 社會의 發展과 歷史的 時期區分

필자를 포함하는 러시아의 절대다수 고고학자들은 고고학 자료를 토대로 한 사회복원의 가능성을 인정한다. 복원의 완전함 여부는 자료의 성격과 적용되는 방법론에 달려있다. 현 단계에서의 극동 고고학에서는 그 어떤 진지한 논리와 분석없이 모계족(материнский род)이나 씨족 공동체(родовая община)과 같은 용어를 사용하는 것이 시대착오적임이 분명해졌다. 각각의 지역과 발전 단계의 원시사회의 여러 기구들은 그 존재의 증명을 요한다.

우리는 한 주거유적의 주민들이 원시사회의 보편적인 조직형태인 공동체(община)를 구성한다는 가정에서 출발한다. 하지만 심지어는 동시적으로 존재한 몇몇 서로 이웃하는 주거유적들이 공동체를 구성할 수 있었다고 확신적으로 말할 수는 없다. 임의의 공동체가 어떤 구조를 지니고 있었는지, 즉 씨족 공동체였는지, 비씨족적 공동체였는지, 혹은 영토적 공동체였는지 고고학 자료로는 알 수가 없다. 또한 씨족의 계보, 결혼의 국지성, 다른 많은 사회 조직의 조변수 등을 규정하려는 것도 무모한 일이다.

집자리의 규모와 주거유적의 배열상태 및 크기는 한 집과 마을에 살았던 주민들의 수와 사회적 관계의 특성을 알아내는데 활용된다. 《최소한의 주거공간》이라는 개념[99, p.12]은 모든 고인구학적 계산을 토대로 한다[225, pp.110-124]. 세키노(М.Сэкино)는 신석기시대 죠몽의 집자리에서 $3m^2$당 1명씩의 사람이 살았다는 주민 수의 계산공식을 제시한 바 있다[352, pp.42-44].

연해주의 신석기시대와 고금속시대의 주거유적들에서는 한 주거유적 내의 집자리들의 크기가 크게 차이가 남이 관찰된다. 건축물들은 다양한 밀집도로 배열되었다: 테라스에서는 집자리의 경계선을 확정하는 일이 쉽지 않은데, 씨니 가이 I과 III, 알레니 A와 Б의 V층, 끄로우노브까 III층 등에서는 한 집자리가 두 레벨에 걸쳐서 위치하며 동시에 2-3개의 공간을 포괄한다. 때문에 집자리의 면적을 절대화해서는 안된다. 전체 면적 중에서 적지 않은 부분을 벽, 기둥, 화덕 등이 점하고 있었다. 쵸르따브이 바로따의 불에 탄 집자리에서 5구[337, pp.11-114]의 혹은 다른 자료에 따르면 9구의 사람 잔해가 발견되었다. 어떤 경우에 있어서도, 한 집에 살던 모든 사람이 죽었다고 간주할 수는 없는 것이며, 때문에 꼰돈 인들의《최소한의 주거공간》을 구하기 위해 집자리의 면적에 죽은 사람의 수를 나누어서는 안된다. 또한《한시기의》집자리들이 정말로 1년 이하의 단위로 동시적으로 존재했다는 보증도 없다.

그와 같은 일련의 사실들이 주민들의 수를 계산하고 모델화하는데 장애물이 되지만, 그렇다고 모델화를 전혀 하지않는 것도 옳은 방법은 아니다.

끼롭스끼 유적의 상층의 불에 탄 집자리에서 2개의 화덕자리와 4그룹의 토기가 발견되었다. 2가족(혹은 4가족?)이 살았고, 각 가족의 남편과 아내는 자신들 개인의 토기와 도구를 소유하고 있었다고 예상할 수 있다. 꾸껠레보의 뽈쩨 문화 집자리들에서는 8, 14 혹은 심지어 20그룹의 토기가 발견되었는데[108, pp.9-101], 토기 그룹의 수가 가족의 수와 일치한다고 보기는 힘들다. 오히려 $100m^2$의 집자리에 20명의 성인이 살았다고 보는 편이 보다 타당하다. 씨니 가이 A의 신석기시대 집자리들에서 40-50점의 토기가 발견되었다. 끄로우노브까 문화 후기의 $16m^2$에 간이 있는 집자리에서는 최소한 4-5명의 사람이 거주하였다. 이상의 모든 관찰들을 통해 $4-5m^2$에 1명의 사람이 살았음을 알 수 있다. 만약 그 계산이 옳다면, 알레니 A의 III층에는 120-150명이, 씨니 가이 A의 I층에는 700명이 각각 거주하였다. 알레니 A의 얀꼽스끼 문화층에는 100-120명이, 같은 곳의 끄로우노브까 문화 주거유적에서는 30명이, 뻬뜨로바 섬에서는 200-250명이 살았을 것이다(표 20).

비록 산정된 숫자가 정확하지는 못하지만, 개개의 주거유적에 살았던 주민의 수를 대략적으로나마 평가할 수 있는 가능성은 제공한다. 아.뻬.데레뱐꼬는 아무르 유역의 뽈쩨 문화 주거유적들에 100-600명의 사람들이 살았을 것이라고 간주한다.

연해주에는 신석기시대부터 얀꼽스끼 문화까지 $40m^2$ 이하의 집자리가 우세하다. 보다 큰 집자리들도 있지만, 아무르 하류에 있는 규모 $600m^2$의 거대한 집자리는 연해주에 없다. 끄로우노브까 문화의 늦은 단계에는 칸이 있는 자그마한 집 - 소가족의 집 - 이 우세하다. 집자리들이 흩어져 있다는 사실은 한 주거유적에 독신자, 대가족, 일반적인 소가족 등이 섞여 살았음을 말하는 것이다. 알레니 A의 얀꼽스끼 문화층의 가장 큰 집자리 3개는 몇몇 공공건물의 속성들을 지니고 있다. 끄로우노브까 문화의 주거유적들, 예컨데, 알레니의 No.3 집자리, 뻬뜨로바 섬의 No.1 집자리, 끄로우노브까의 No.9 집자리(주조공의 집) 등도 그와 같은 속성을 지니고 있다. 하지만 끄로우노브까 문화의 집자리들은 모두 사람이 살았던 장소로서, 공공적 기능과 주거 및 생산기능이 결합하였다고 볼 수 있다. 지붕 아래의 사람이 사는 집에서 생산활동을 한 흔적은 모든 시기에 걸쳐 포착된다.

얀꼽스끼 문화와 끄로우노브까 문화의 몇몇 주거유적에 반움집과 지상가옥이 결합한 경우가 있는데, 겨울용과 여름용 공간의 결합이라 파악할 수 있을 것이다. 굴채취장 근처의 얀꼽스끼 문화 주거유적들은 계절적인 것이 아니다: 바다 재배지는 1년 내내 사람들에게 식량을 제공하였고, 다라서 사람들은 그 장소를 떠나갈 필요가 없었다. 움집에서 연해주의 여름을 보낸다는 것은 불가능한데, 습기와 무더위가 거의 열대에 가깝다.

〈표 20〉 연해주 고대 주거유적들의 주거공간과 가능한 주민의 수

No.	住居遺跡(文化)	발굴 집터 (총 집터)	총면적. 단위-m^2	주민의 수(4-5m^2 당 1명을 계산)
1	루다높스꼬예(뽈쩨)	12(16)	237(316)	60-80
2	끄로우노브까, III층(끄로우노브까)	6(?)	380	75-95
3	알레니 A, VII층(끄로우노브까)	9	124	30
4	뻬뜨로바 섬, III층(끄로우노브까)	4(40)	98(980)	200-250
5	알레니 A, V층(얀꼽스끼)	17(18)	475	100-120
6	씨니 가이, III층(씨니가이)	17	774	150-190
7	하린스까야(씨니가이)	5(40)	163(1300)	290-320
8	씨니 가이, I층(자이싸노브까, IV단계)	30(150)	640(3200)	640-800
9	알레니 A, III층(자이싸노브까, II단계)	20(25)	532(630)	120-150

  씨니가이 문화, 리도브까 문화, 얀꼽스끼 문화의 다수의 방들이 두 레벨에 걸쳐 존재하였을 가능성이 있다. 알레니 Б 주거유적에 대해서는 남성용과 여성용 공간 그리고 창고라는 약간 다른 해석을 할수 있는 몇몇 근거가 있다. 웨.이.디야꼬프도 리도브까 문화의 집자리에 여성용의 공간이 존재하였다고 생각한다[132]. 아무르 유역의 민족들에게는 20세기까지 그와 같은 집의 공간분리가 남아 있었다.
  共同體의 構造. 집자리 그룹들을 봉구 마을의 베문11) 유형[64, pp.165-166]의 사회적 세포로 분리하려는 견해는[294, p.117], 나름대로의 타당성에도 불구하고, 연해주의 주거유적에는 적용되지 않는다. 뻬뜨로바 섬에는 거의 동일한 크기의 끄로우노브까 문화의 집자리 그룹이 2개 있다. 각 그룹의 집자리들은 출토유물과 건축물에 있어 큰 차이가 없는데, 사실 공동체의 구조분리가 도구와 생활용품에 반영된다고 얘기하는 힘들다. 하지만 이데올로기라는 측면에서는 상황이 다르다: 半坡(Баньпо) 주거유적[403]의 구획 설명을 견본으로 삼을 수 있을 것

---

11) 베문(Вемун)이란 파푸아 기니아의 봉구 마을 주민들이 집들의 구획과 그 구획에 사는 주민들 - 씨족 공동체 - 를 지칭하는 용어이다. 1871년에 미클루호-마클라이가 그 마을에 1년 살았을 때는 9개의 베문이 있었다.

이고, 집자리 №.18a와 22에서 출토된 小像들을 통해 알레니 A의 북쪽 경사면 III층을 거북이 구획으로, 곳의 능선부위를 가자미 구획으로 각각 간주할 수 있지만, 아직은 자료의 부족으로 인해 그 같은 해석이 너무 지나친 것이 사실이다.

共同體間의 構造. 공동체 구조 내부에 대한 만족할 만한 관찰내용은 우리에게 없지만, 공동체간의 구조에 관한 한은 역사적 시기구분을 가능하게 할 정도로 상황이 낙관적이다. 공동체간 구조는 고고학 문화들과 그 지역적인 변종들에 반영되었다. 예를 들어, 가능한 동시대성이라는 조건하에서 얀꼽스끼 문화의 4개 지역적 변종을 물질문화에 눈에 띄는 차이를 지니는 공동체 그룹으로 간주할 수 있다. 경제·문화적 분화와 발생에 있어 각각 차이가 있다: 內陸形과 東岸形 變種에서는 養殖에 종사하지 않았고, 뻬샨느이 유형의 고전적 변종을 제외한 3개 변종의 다수 속성들은 지역의 청동기문화와 많은 관련을 지닌다. 전체적으로 각각의 변종들의 주민들은 자신들을 최소한의 개별적인 원시 민족(этнос)·종족(племя)으로 인식하였음이 분명하다. 고고학 문화는 친족 그룹(группа родственных племен 혹은 метаплемя) 혹은 동족(соплеменность)으로 간주할 수 있을 것이다[58, pp.246-273; 20, pp.70-80].

자이싸노브까 인들과 꼰돈 인들, 씨니가이 인들과 리도브까 인들, 리도브까 인들과 얀꼽스끼 인들, 끄로우노브까 인들과 뽈쩨 인들은 각각 그와 같은 동시대적인 민족들의 예이다. 아직은 자료의 상태와 자료비판이 완전함에서 거리가 멀고, 동시대적인 고고학 문화를 분리한 地圖는 어쩔 수 없는 空隙이 있다.

지도상의 빈틈이 메꾸어짐에 따라 고고학 문화들의 경계선은 희미해지고 유동적이 될 것이다. 자이싸노브까 문화의 유적이 북쪽에서, 꼰돈 문화의 유적이 남쪽에서, 씨니가이 문화, 리도브가 문화와 메드베쥐야 III 유형, 리도브까 문화와 얀꼽스끼 문화 등의 유적들이 지역적으로 겹쳐서 발견될지도 모를 일이다. 혼합된 유형도 있을 것이고, 과도기적 유형도 있을 것이다. 고고학에서는 극히 자연스런 현상들이다.

經濟·文化的 類型들. 경제, 특히 농경, 목축, 양식 등의 생산부문이 발전함에 따라 경제·문화적 유형과 그와 관련된 민족적 구분과 자각이 보다 선명해진다[353, pp.109-123]. 경제·문화적 유형의 그와 같은 역동성은 극동에서, 적어도, 신석기시대 중기부터 보인다: 꼰돈 문화에는 정착 어로의, 연해주의 자아싸노브까 문화와 만주와 한반도의 즐문토기 문화들에는 괭이 농경, 돼지사육, 어로 등의 경제·문화적 유형들이 존재하였다. 考古學省의 남쪽에는 養殖이 추가적으로 존재하였다. 생산경제는 북쪽에서 남쪽으로 갈수록 그 역할이 증가하였다.

고금속시대에는 개별적인 주민 그룹들의 유동성이 증대하였고, 생산경제가 북쪽으로 보급되었으며, 유목적 목축(кочевое скотоводство)의 경제·문화적 유형이 나타났고, 고대 문명으로부터 일정한 영향을 받았다.

이동, 이주, 인구와 식량의 밸런스의 파괴, 그리고 나중의 사회적 분화는 종족들 간의 관계를 첨예화하게 하였고, 무기의 발전을, 후에는 축성술의 발전을 초래하였다. 군사적 요인들은 고고학 자료에 의해 잘 입증된다.

극동에서는 전투적 기능의 무기를 청동기시대에 처음으로 볼 수 있다. 씨니가이 문화에는 판갑옷-방어용 무기가 나타나는데, 갑옷은 이후의 중세까지의 모든 문화들과 민속학적 문화들까지 보편적으로 사용된다. 무구에는 복잡한 조립식의 활, 창, 골제 단검, 석제 곤봉두 등이 있다. 꼰돈 유적 출토의 청동 양익유경촉도 그 시기에 속한다. 리도브까 문화에는 청동창촉의 석제 모방품이 널리 보급되었다. 얀꼽스끼 문화에는 점판암제 단검 - T字形의 끝장식이 있는 남만주 세형단검(узкий кинжал)의 모방품 - 이 나타난다. 끄로우노브까 문화에서는 금속제 무기가 석제를 밀어내며, 청동무기와 지역 주조의 무구들이 나타난다. 뽈쩨 문화에서는 비록 석제와 골제의 화살촉이 사용되긴 했지만, 철제가 무기의 기본을 이루었다.

하린스까야 유적에서 아.뻬.아끌라드니꼬프는 壕를 발견한 바 있다. 방어용 토루에 대한 단편적인 보고들은 얀꼽스끼 문화, 끄로우노브까 문화, 뽈쩨 문화 등과 관련된 것들이다. 단 한번도 축성 구조물의 연령을 확고하게 입증하지는 못했지만, 가파른 경사면이 있는 쏘쁘까나 섬과 같은 자연적인 은신처를 취락지로 활용했음에는 의심의 여지가 없다. 말갈시기부터는 축성술이 논쟁의 여지없이 존재하였다. 여기에 방어용 구조물이 있는 도시들에 대한 엥겔스의 말을 인용하는 것도 나쁘지는 않을 것이다:《壕들에는 씨족사회의 무덤이 입을 벌리고 있고, 망루들은 이미 文明에 기대고 있다》[365, p.164]. 말갈시대는 극동에 있어 새로운 시대의 시작이 되었지만, 그에 선행하였던 단계들에 군사적 위협과 방어 수단이 이미 증가하였다.

社會的 力學. 몇 안되는 원시 고분군들 - 신개류의 꼰돈 문화 고분군, 말라야 빠두쉐치까, 초도, 차빠예바 집단농장 근처 등의 얀꼽스끼 문화 고분군 - 은, 주거유적 자료와 마찬가지로, 그 어떤 사회적 분화의 특성을 간직하지 않았다. 신개류 고분들은 매장방식과 부장품에 있어 석기시대에 일반적인 고분의 범위를 벗어나지 않는다. 얀꼽스끼 시대까지의 자료는 집단적 소유형태가 우세한 원시공산단계의 존재를 말하고 있다. 굴채취장과 다른 유용지들이 공동소유였다. 단순한 노동협력과 생산의 기본 조건과 기본 수단으로서의 땅에 대한 공동소유는 생산관계의 토대를 이루고 있었다.

생산활동의 복잡화와 외부로부터의 방어의 필연성은 어쩌면 신석기시대에 권력의 초기형태를 창출하였을 지도 모르지만, 아직은 직접적인 증거가 없다.

얀꼽스끼 문화의 마연한 곤봉두를 권력의 표식으로 볼 수도 있을 것이다. 한국에서는 곤봉두와 점판암제 단검이 고인돌에서 발견된다.

끄로우노브까 문화에서는 상황이 다르다. 두가지 요인, 즉 청동단검을 포함하는 풍부한 부장품의 고분이 등장하며, 토기에 땀가(тамга) 모양의 記號가 나타난다.

석상묘는 만주 남쪽, 송화강과 두만강 강안, 한반도 등에 분포한다: 아르쩨모브까의 석상묘는 지금까지 알려진 것 중에서 最北·東쪽에 위치한다[62; 388; 426]. 청동단검, 청동창, 청동거울, 청동제의 수레부속품 등이 출토된 고분은 사회의 상류층에 속하는 것이지, 일반인의 것이 아니다: 청동무기가 결여된 석상묘도 있다[373, pp.423-424]. 끄로우노브까 문화의 청동단검 고분은 귀족 전사, 즉 공동체 혹은 다른 초기형태 권력의 長의 고분이지, 공동체의 일반 구성원의 고분이 아니다.

알레니 A와 초도의 끄로우노브까 문화층 출토의 토기들에 난 記號들은, 토기의 바닥에 난 기호-부적을 제외하고는, 땀가 유형의 그룹에 속한다. 그 같은 기호들이 흉노에게도 있고[320, 그림 52], 후의 여진의 토기에는 아주 많은 수가 있다. 전체적으로 땀가 모양의 기호들은 공동소유의 규범들이 무너지고 있는 사회에 특징적인 요소이다[322, 그림 63-65].

끄로우노브까 문화와 그 주민들은 고조선 문명과, 이후의 고구려 문명과의 관계에 있어서 미개적인 주변지역이자 주변인들이었다[62]. 끄로우노브까 인들은 흉노의 초기 국가가 형성되고 있던 유목세계와도 접촉을 가졌다. 끄로우노브까 문화를 원시사회 붕괴의 속성들이 나타나는 단계로 파악할 수 있다. 연해주의 뽈쩨 문화 유적들은 아무르에서 일단의 무리가 이주하였음을 증명한다. 아.뻬.데레뱐꼬는 보다 풍부한 아무르의 자료를 토대로 하여 재산적 분화과정의 시작에 대한 결론을 얻었다[108, pp.156-157].

挹婁와 沃沮: 오랜 수수께끼에 대한 새로운 견해. 19세기의 연해주의 초창기 연구가들 - 웨.뻬.마르가리또프, 에프.에프.부쎄 - 은 엔.야.비추린(Н.Я.Бичурин)이 번역한 중국사서에 나타난 읍루(илоу)와 옥저(воцзюй, окчо)에 주목하였고, 그 종족들을 패총유적과 원시 움집들과 연결하고자 시도하였다. 연해주, 중국의 흑룡강성과 길림성 그리고 북한에서 유적조사를 한 고고학자들은 모두 그 기록을 그냥 지나치지 않았다. 최근에는 에.웨.샤브꾸노프[358, pp.67-74], 엠.엔.박[303, pp.115-138], 엔.웨.뀨네르[193], 웨.예.라리체프[203] 등이 추가자료를 러시아어로 번역하였다. 陳壽(233-297년)의 "三國志" 30卷, 裴松之(Пэй Сунчжи)(424년 이후)의 "三國志" 注와 당시에 쓰어진 范曄(Фань Е)의 "後漢書" 85卷 등도 번역되었다. 그 史書들은 "三國志" 보다 이전에 쓰어진 "魏略(Вэй-люэ)"과 王充(Ван Чун)(27-97년)의 "論衡(Лунь хэн)"의 기록을 인용하고 있다. 서기 3세기에 진수는 244-245년에 고구려를 원정한 毌丘儉을 말을 통해 읍루와 옥저에 대한 상세한 기록을 남기었다. "삼국지" 제28권의 기록에는 그 원정에서 중국인들은 동해까지 도달하여 읍루와 옥저와 직접적으로 충돌할 수가 있었다. 이후의 사서들에는 약간의 보완과 드불어 진수의 기록을 반복하고 있다.

魏國忠(Вэй Гочжун)과 고 쑤메이(Го Сумэй)는 읍루와 옥저에 대한 모든 문헌기록을 한 군데 모았다[410]. 아.엘.이블르예프는 필자에게 그 책과 옥저와 관련된 번역된 논문[385]을 보여 주었다.

왕조사를 왕조 통치의 순서로 배열하는 전통은 혼란을 초래한다: "삼국지"보다 늦게 쓰어진 "후한서"의 기록이 먼저 인용된다. "삼국지"의 첫 기록이 완전히 없는 경우도 있다[84, pp.156-158].

중국의 역사적 전통은 모든 이웃들을 방위에 따라 분리·묘사하였다. 지금 우리에게 관심이 있는 민족들은 東夷(дун-и) - 동쪽의 외국인 - 에 속한다. 동이라는 용어는 기원전 1천년기 중엽의 기록에 처음으로 보이며, 산동반도의 종족들 - 肅愼(сушэнь)도 언급됨 - 을 지칭하는 것이었다. 후에 민족명들은 새로운 지역으로 옮겨졌고, 만주와 연해주의 주민들을 숙신과 연계지었다. 현재 단일한 進化線이 확립되었다: 肅愼(сушэнь, 숙신)-挹婁(илоу)-勿吉(уцзи)-靺鞨(мохэ, мальгаль). 그러나 산동의 동이와 읍루와의 관계를 증명하는 확고한 논리는 아직 없다.

서기 1세기로 편년되는 새로운 고고학 문화들이 발견됨에 따라 진수의 기록은 역사·민족적 복원을 하는데 있어 연구자들의 크고 작은 관심을 끌었다[256, pp.172-178; 153].

아.뻬.아끌라드니꼬프는 50년대 말에 층위학적 관찰을 토대로 남연해주 고금속시대의 층위 column을 제시하였다. 최근까지도 그의 column(얀꼽스끼 문화-끄로우노브까 문화-뽈쩨 문화)은 효력을 유지하고 있다. 진수의 기록은 초기 철기시대의 세 문화 중의 하나와 관련이 있을 것이다. 유형적 관찰과 방사성탄소연대에 의해 얀꼽스끼 문화는 기원전 8-3세기로, 끄로우노브까 문화는 기원전 3-서기 1세기로, 뽈쩨 문화는 서기 2-4세기로 각각 편년된다. 따라서 서기 3세기의 기록은 뽈쩨 인들과 관련될 가능성이 가장 높다[49, pp.234-236].

진수의 기록에 따르면, 읍루는 고구려에서 북쪽으로 약 435km[12](1천리) 거리의 동해(대해) 변에 살았다. 읍루는 언어는 고구려의 것에, 외모는 기원전 2세기-서기 5세기가지 송화강의 중류에 있었던 夫餘(фуюй)에 가까왔다[63]. 부여에서 읍루까지는 육로로 60일 거리이다. 읍루는 길이 없는 산과 좁은 계곡에 살았다. 여름에는 배를 타고 이웃을 습격하였다. 길이 4치(약 1m)의 활과 길이 1치 8寸(약 74cm)의 화살이 그들의 무기의 기본이었다. 짙은색 돌로 만든 화살촉에는 독을 발랐다. 겨울에는 9개까지의 사다리를 놓아야할 정도로 깊은 움집에서 살았다.

---

12) 진수의 기록에는 길이의 단위가 나중의 것과는 차이가 난다: 1里-435cm, 1丈 -2.42m, 1치-0.242m, 1寸-2.42cm, 1分-2.42mm. [303,p.136]을 참고할 것.

우물과 화덕이 없었다. 돼지가 많았고, 소와 말은 적었고, 사역시키지 않았다. 오곡을 재배하였고, 직물을 짰다. 族長(старейшина)과 軍首領(военный вождь)이 있다. 머리칼은 땋았다. 겨울에는 돼지 가죽옷을 입었고, 여름에는 천조각으로 앞뒤를 가렸다. 취락지 중앙에 가축우리가 있었다. 북동쪽에 "производящая камень" 山[13]이 있다. 소금과 철이 없다. 死者를 판자로 만든 작은 관에 넣었고, 관위에는 찔러 죽인 돼지를 놓았다. 서쪽은 송화강까지 뻗어 있는 짜오 마한고(Цзао Маханьго)와 경계를 접한다. 다른 동이와는 달리 俎豆(цзудоу)를 사용하지 않는다 [410, p.60]. 에.웨.샤브꾸노프는 俎를 "도마(кухонная доска)"로 豆를 "고기 삶는 용기(сосоуда для варки мяса)"라고 번역하였고[358], 엠. 엔.박은 俎豆를 번역하지 않고 그대로 남겨 놓았다. 기원전후의 모든 문화에는 있지만, 얀꼽스끼 문화에 만큼은 없는 토기 유형이 있다: 음식을 증기에 찌기 위한 것으로 격자모양의 바닥이 있는 용기(역주: 시루). 필자의 생각에는 그 용기가 陳壽의 기록에 나오는 俎豆가 아닌가 한다. 아.뻬.아글라드니꼬프는 이즈베스뜨꼬바 동산에서 출토된 시루편 1점을 얀꼽스끼 문화의 것으로 간주하였지만, 그 시루편은 층위가 불분명한 파괴된 유적에서 발견된 것이다. 정황으로 보건데, 그 시루 저부편은 끄로우노브까 문화에 속할 것이다. 이즈베스뜨꼬바 동산에서는 끄로우노브까 문화의 토기편들도 다수 발견되었다.

옥저는 읍루의 이웃이었다. 옥저에는 남옥저, 북옥저, 동옥저 그리고 그냥 옥저가 있었다. 저구루(置泃婁)라고도 불리는 북옥저는 남옥저와 800리(350km) 떨어져 있었다. 바로 그 두 그룹의 옥저 사이, 해안가에 읍루가 있었다. 부여와는 송화강을 따라 이웃하였으며, 남쪽에서는 베이모(вэймо)와 고구려와 이웃하였다. 언어, 음식, 집, 의복 등이 고구려의 것과 흡사했지만, 언어상의 차이(방언?)는 있었다. 5000 호

---

13) 역주: 원어를 찾지 못했다. "돌을 생산하는 산"이란 뜻이다.

(약 2만5천명)의 주민이 있었다. 토지는 비옥하였다. 오곡을 경작하는 농부들은 산 언덕면을 잘 활용하였다. 소와 말은 적다. 싸움은 보병이 하였고, 무기에는 창과 전투용 도끼 "마오(мао)"가 있었다. 마을에는 족장 "산라오(саньлао)"가 있었다. 군사령관이 있었다. 사람이 죽으면 땅에 가매장하였다가 나중에 문(길이가 10장-24m 이상!)이 한개 나있는 목조현실의 가족 공동묘에 옮겨 매장하였다. 무덤의 입구에는 쌀을 넣은 鬲을 매달았다. 나무로 고인의 형상을 새겨 만들어서는 현실에 놓았다.

"晉書(Цзиньшу)"를 포함하는 보다 늦은 시기의 사서들에는 읍루의 鬲, 220-323년에 중국에 간 읍루의 사신들, 읍루인들이 고기를 먹는 방법 등에 대한 기록이 추가되었다. 연해주와 인접하는 북한과 중국의 두만강, 綏芬河, 穆稜河(Мулинхэ) 등의 강안에서 그처럼 오래된 삼족기는 아직 단 1점도 발견되지 않았다. 첫 기록의 것과는 다른 시기 다른 민족에 대한 정보가 기록된 것임이 분명하다. 김부식의 "三國史記"(1145년)에는 280년에 고구려가 북으로 원정하여 숙신을 멸하고 600家를 포로로 잡았다는 기록이 있다. 414년에 세워진 광개토왕의 비문에는 말갈을 복속하고 북옥저를 침입한 고구려의 건립자 주몽에 대한 신화가 기록되어 있다[121, pp.28-29]. 여러 시기의 정보를 합쳤음이 분명하다.

축적된 방사성탄소연대와 새로운 고고학 자료에 따르면, 위에 언급한 고고학 문화들은 시간상 순차적으로, 단선적으로, 존재했던 것이 아니라, 긴 시간동안 서로 공존하였고, 그 분포영역들도 바뀌었다.

서기 3세기에 진수가 기록한 내용들이 어느 고고학 문화에 해당되는가? 움집, 많은 돼지, 적은 수의 말과 소, 농경, 방적, 가죽갑옷과 골제 판갑옷 등은 모든 문화들에서 다 보인다. 삼족기는 그 어떤 문화에도 없다. 독을 바르기 위한 홈줄이 있는 석제 화살촉, 화덕·구덩이가 있는 집(화덕의 부재), (움집들이 흩어져 있는) 취락지 내의 돼지를 키

우기 위한 공간 등은 얀꼽스끼 문화와 끄로우노브까 문화에 있다. 제.웨.안드레예바는 차빠예보에서 16-17명이 피장된 그 어떤 구조물(死者의 집?)의 흔적을 발굴한 바 있다. 다른 고분군들에서는 판자(작은 棺)가 있었을 지도 모르는 깊지않은 구덩이가 발견되었지만, 고분에 죽인 돼지를 놓은 흔적은 없다[14, pp.32-50; 26, p.115].

전체적으로, 만약 얀꼽스끼 문화가 끄로우노브까 문화의 두 그룹 사이에서 서기 2-3세기까지 존재하였던 것으로 입증된다면, 얀꼽스끼 인들이야 말로 "삼국지"에 기록된 읍루와 가장 잘 일치할 것이다.

중국 고고학자들은 끄로우노브까 인들을 옥저로 확고하게 간주하며, 간혹 쑤이펜 강안을 북옥저로 비정하기도 한다[387, pp.8-22; 385, pp.2-10; 382]. 끄로우노브까 인들은 비옥한 침수지를 점유하였고, 보리, 밀, 조, 기장 등을 파종하였다. 가족을 묻기 위한 커다란 현실은 발견되지 않았다. 화살촉은 거의 없으며, 석제 어깨형 도끼(전투용 도끼 "마오(мао)"?)가 있다. 철제와 청동제의 창촉이 있다. 집자리들에는 돌로 만든 화덕자리와 깐이 있다. 강변을 따라 두 종류의 어망추가 발견된다. 방추차, 방직판, 방적기 추 등과 같은 방적 및 방직과 관련된 유물들이 다수 발견된다. 늦은 시기는 진수의 시기에 가깝고, 문화적 속성들은 진수의 기록과 일치한다.

뽈쩨 인들에게는 철제와 함께 석제의 화살촉이 있었고, 연해주에 분포하는 집자리들에는 돌 화덕자리와 깐이 있다. 언덕 위의 그들의 주거유적들에는 나선형의 길이 관찰된다. 그러한 특성들은 읍루의 기록과 일치하지 않는다. 뽈쩨 인들은, 모든 정황으로 판단하건데, 海路가 아닌 陸路와 江路를 이용하였던 것 같다.

서기 280년의 원정에서 고구려에 적대하였던 것은 아마도 뽈쩨 인들 - 숙신 - 이었을 것이다. 물론 말갈도 가능성이 없는 것은 아니지만, 고구려인들은 말갈을 잘 알았었다.

전체적으로, 읍루와 옥저의 수수께끼는 그대로 남으며, 진수의 기록을 일정한 고고학 문화와 연관짓는 것은 가설의 수준으로만 가능하다. 가설이라는 견지에서 필자는 읍루(곧 숙신)에 대한 기록은 해안가의 얀꼽스끼 문화와 가장 잘 일치한다고 생각한다. 다음과 같은 사실들이 서로 일치한다: 1)독을 묻힌 석제 화살촉의 존재; 2)이웃하는 다른 모든 문화에는 있는 시루가 없다는 점; 3)주거유적 중앙의 돼지우리의 존재; 4)북동쪽의 "производящей камень" 山- 구슬과 펜던트를 만드는 데 쓰인 푸른색의 오팔을 채취한 암구(Амгу)의 광산일 가능성이 있다; 5)특별히 만든 화덕이 없다는 점. 데.아.마친스끼가 스키타이 인들의 비정을 위해 관찰한 헤로도투스의 50개의 슈제트 보다는 훨씬 적은 수가 서로 일치하지만, 그렇지만, 문헌자료와 고고학 자료를 비교하기 위한 실제적 근거임에는 틀림없다.

끄로우노브까(團結) 인들을 옥저와 비교하는 것도 꽤 가능성이 있다. 陳壽의 地理와 官職에 관한 몇몇 모순적 기록에 대해서는 范曄이 이미 지적한 바 있다. 그는 옥저의 영역을 방위에 따라 수정·기록하였다. 남연해주 얀꼽스끼 문화의 영역은 끄로우노브까 문화를 북옥저와 남옥저로 분리할 수 있게 한다.

뽈쩨 인들의 역할은 분명하지 않지만, 어쩌면 진수가 북옥저로 기록한 저구루(чжигоулоу)일 수도 있다. 뽈쩨 인들은 연해주의 씨니 가이와 루다높스꼬예에 성곽을 남기었다. 罒沟婁[410, p.326]를 "婁를 피하여 壕에 있은(숨은)" 혹은 "읍루를 피하여 방어 구조물이 있는 마을에 사는 사람들"로 번역할 수 있을 것이다. "삼국지"의 관구검傳에는 북옥저를 買溝로, 광개토왕 비문에는 매구(賣溝)로 각각 기록하였는데[385, pp.3-5], 부정적인 뉘앙스를 지닌 민족명으로 이해된다. 적어도, 끄로우노브까 인들이 쑤이펜 강, 아르쩨모브까 강, 일리스따야 강 등의 《열린》 지역에 취락지를 선정한데 반하여, 뽈쩨 인들이 은신처·취락지를 선택하였음은 분명하다. 뽈쩨 인들은, 비록 철제 화살촉을 소유하고 있었지만, 정말로 이웃들을 두려워 하였다.

필자는 역사적 시기구분에 대하여 검토한 적이 있다[39, pp.179-185; 43, pp.75-77]. 고고학적 시기구분은 기술적 카테고리에 토대를 두었고, 사회의 발전상을 모두 반영하지는 않는다. 하지만, 칼.맑스가 지적하였듯이, 독자적인 학문적 가치를 지니고 있다[224, p.191]. 실제적으로 원시사회에 대한 고고학적 시기구분을 시도한 사람은 모르간이었고, 엥겔스는 그 시기구분을 경제적 시기구분이라는 측면에서 재검토하였을 뿐이다:《현재로서는 모르간의 시기구분을 다음과 같이 총괄화할 수 있을 것이다: 미개- 자연의 준비된 생산물을 주로 소비하는 시기. 인간이 만든 산품은 그와 같은 소비를 위한 보조적인 도구로 활용된다. 야만- 목축과 농경이 도입되고, 인간활동의 결과로 자연물의 생산을 높이는 방법이 습득된 시기》[365, p.33].

지금까지 우리가 검토한 극동인들의 역사적 과정은 원시공산 단계의 틀 속에서 형성되었으며, 엥겔스의 시기구분에 따르면,《자연물의 생산을 높이는》탐색과정이 활발하게 진행된 야만시기에 해당된다.

러시아의 학계에서는 원시역사의 내부적 시기구분에 관한 문제가 활발하게 논의된다[202, pp.16-28]. 연해주의 원시문화에 있어서는 역사적 시기구분의 설정과제가 두가지 방향성을 띄고 있다: 내부적인 사회·경제적 역학을 밝히고, 고전사회(연해주에서는 중세 초기)에서 원시성을 분리하는 단계적인 하한선을 설정하는 것이다.

경제적 역학은 꽤 일정하게 추적되지만, 사회적 역학은 그렇지 못하다. 하지만 후자도 분석작업을 통해 알아낼 수 있을 것이다. 엥겔스의 시기구분의 경제적 원칙을 토대로 하여 생산관계도 복원이 가능성할 것이다. 물론, 정보, 특히 고분군에 대한 정보의 부족으로 인하여 그와 같은 시도가 제안적인 수준에 머무르는 것은 사실이다.

필자가 제시하는 역사적 시기구분은 우리가 분리한 모든 考古學省을 포괄한다. 期는 고고학적 시기구분과 잘 대응하며, 동시에 고고학적 시기구분의 연장이자 발전이다.

I期(오씨뽀브까-우스찌노브까 기)- 플레이스토센 말에서 홀로센 전기까지이며, 고고학적으로 말한다면, 연구가 크게 되지 못한 중석기시대이다. 경제는 전체적으로 소비적 성격을 띠며, 정착 어로의 경제·문화적 유형이 형성된다. 고고학성의 남쪽에는 농경과 양식이 발생하였을 가능성이 있다. 1만3천-7천5백년 전이었다.

II期(꼰돈-자이싸노브까 기)- 홀로센 중기에, 신석기시대에 해당한다. 정착 어로, 정착 농경, 돼지사육과 어로, 남쪽의 농경과 양식 등의 경제·문화적 유형이 분리된다. 커다란 공동체들이 존재하고, 권력의 초기형태를 반영하는 상위공동체구조가 형성된다. 7천5백-3천5백년 전이었다.

III期(씨니가이 기)- 홀로센 중기에, 청동기시대에 해당한다. 고고학성의 남서쪽에는 목축(南山根)의 경제·문화적 유형이 나타나며, 북쪽으로 농경이 보급되고, 남쪽에서는 발달된 목축을 병행하는 우경의 경제·문화적 유형이 형성되고, 해변가에서는 양식이 발달한다. III기 말에는 요녕반도와 한반도에 사회 고위층의 무덤인 고인돌이 나타난다. 군사적 긴장이 강화되고, 무기가 발달한다. 3천5백-2천8백년 전이었다.

IV期(얀꼽스끼 기)- 초기 철기시대가 시작된다. 고고학성의 남쪽에는 고조선의 초기계급사회가 형성되고, 북쪽은 처음으로 고대 문명의 야만적 주변이 된다. 농경은 아무르 하류까지, 양식은 뾰뜨르 벨리끼 만까지 각각 보급되었다. 모든 형태의 경제·문화적 유형이 존재한다. 권력의 초기형태 기구가 발전한다. 2천8백-2천3백(2천2백)년 전이었다.

V期(끄로우노브까-뽈쩨 기)- 홀로센 후기에 해당한다. 도구와 무기에 있어 석제가 철제와 청동제로 크게 대체된다. 연해주에 주조소가

나타난다. 한랭화로 인하여 양식은 남쪽으로 밀려난다. 주민의 수는 줄어 드는데, 일부의 주민들이 남쪽과 북동쪽으로 이주하였을 가능성이 있다. 송화강, 아무르 중류, 한반도 등으로 匈奴(хунну)와 鮮卑(сяньби) 등의 유목민들이 침투한다. 고조선은 번영을 구가하다 기원전 2세기에 멸망한다. 요동과 한반도에 漢의 식민지가 생겨난다. 서기 1세기에 고대 한국에서는 고구려, 백제, 신라의 삼국시대가 시작된다. V기 초에 대륙에서 일본으로 야요이 인들이 이주한다. 전체적으로 쁘리아무르·만주 고고학성의 남쪽은 고대의 고전적 사회단계로 진입하며, 북쪽의 야만적 주변은 고대 국가들과 정치적, 군사적, 상업적 관계를 형성하며, 사회적 구조가 복잡화되고, 사회가 분화한다. 연해주와 아무르 유역에 있어 V기는 원시사회가 붕괴하는 시기였다. 2천3백(2천3백)-1천6백년 전이었다.

위와 같은 시기구분에서 몇몇 법칙성이 밝혀진다. 고고학성의 남쪽은 생산경제의 발전에 있어 북쪽을 앞지르고, 따라서 원시사회가 일찍이 사라진다. 북쪽도 또한 발전한다. 내적인 과정과 요구에 의해 전진과정이 결정되며, 보다 발전된 경제·문화적 유형들의 영향이 그 과정을 촉진한다.

Ⅲ기부터는 남쪽에서 뿐만 아니라 위도 방향에서도 영향력이 점차 증가한다. 씨니가이 인들, 얀꼽스끼 인들, 끄로우노브까 인들, 뽈쩨 인들 등의 이주가 포착된다. 농경과 양식이 일시 퇴보하며, 주민이 줄어든다.

세계사 측면에서 흥미로운 몇몇 심도깊은 현상들을 지적할 필요가 있다. 왜 우쑤리 州의 풍부한 자연자원이 지역 주민들에게 동등한 혹은 더 빠른 발전템포를 보장하지 않았는가? 아마도 풍부한 수중생물 자원과 어로의 이른 진전이 감속장치의 역할을 한 것 같다: 어로의 가능성에 한도가 있었다. 두번째 원인은 농경을 위해 삼림을 개척하는 데 어려움이 있었다는 점이다. 농경과 양식이 1만2천-1만년 전에 나타났지만, 문명은 늦게 발생한 남·동아시아의 열대지방에도 꼭 같은 원인이 작용하였다. 괭이농경과 초기 경작농경을 토대로 하는 문명의 발생을 위해서는 넓은 충적평원이 필요하였는데, 우쑤리 주에는 그 같은 땅이 제한적이다. 삼림을 개간하기 위해서는 철제 도끼, 철제 쟁기, 그리고 보다 높은 단계의 사회조직이 필요하였다. 연해주와 아무르 유역에서는 그 같은 수준의 경제와 생산관계가 서기 4-7세기의 말갈시기에 형성된다. 대부분의 연구자들은 말갈시기를 중세 초기로 파악한다[256, p.179-185; 292, pp.308-326; 119; 359].

줴.웨.안드레예바는 특별한 관점을 지니고 있는데, 그녀는 말갈시기를 검토하지도 않고 선험적으로 원시사회로 간주한다[11].

말갈시기는 새로운 고고학적 특성들이 나타난다: 토제제작에 있어 녹로의 보급, 마구와 기마상, 기마병의 무기, 금속제의 부속품이 있는 허리띠 세트, 성곽 등의 보급. 말사육과 야금술 - 새로운 경제부문 - 이 발전하며, 농경과 목축이 계속해서 발전하고, 다양한 문화들 및 다양한 경제·문화적 유형들과 이웃하게 된다[119]. 문헌자료에 말갈족들에 대한 많은 기록이 있는데, 그들이 극동의 정치적 사건들에 깊은 관련을 지녔기 때문이었다. 문헌자료를 통해 우리는 말갈사회가 단일한 씨족사회가 아니었음을, 말갈사회에 초기 봉건적 생산관계가 형성되었고, 7세기 말에는 발해국이 출현했음을 알고 있다.

말갈에 본원적이고 내적인 준거와 함께, 극동전체의 맥락도 중요하다. 서기 2-3세기 교체기에 극동의 로마였던 漢이 멸망하였다. 대부분의 역사학자들은 3세기부터의 중국의 역사를 중세초기로 간주한다. 봉건적 생산관계는 고구려[121, pp.177-178]와 《고분시대》의 일본[82]에도 형성된다.

엠.웨.바라비요프는 다음과 같이 서술하였다:《한국의 4세기는 서방의 5세기와 꼭같은 의미를 지닌다: 그 시기는 고대에서 중세로의 이행기였다》[82, p.34]. 그 공식을, 말갈족들의 땅이 있었던, 가까운 야만적 주변에까지 적용할 수 있을 것이다.

연해주와 아무르 유역에서 북동쪽으로, 오랜 가부장적 관계가 존재하였던 지역으로, 얼마나 멀리 새로운 사회제도가 보급되었는가 하는 문제는 우리의 테마의 범위를 벗어난다. 모든 지역의 단계적 시기를 설정하는 문제는 원칙적으로 중요하다. 지금까지 서술한 사실에 비추어 그 하한선은 서기 4세기 혹은 4-5세기의 교체기로 간주할 수 있을 것이다. 그 시기는 극동에 있어서의 원시사회 단계의 하한선이기도 하다.

지역간의 상호관계와 민족발생문제는 언제나 연구자들의 관심을 끌었는데, 아.뻬.아끌라드니꼬프가 그 문제에 있어 가장 무게있는 업적을 남겼다. 실제로 거의 모든 연구자들이 그 문제의 해결을 위해 노력하였고, 새로운 사실과 새로운 개념을 덧붙였지만, 그 본질은 1935년에 행한 아무르 유역 지표조사에 대한 첫 보고서에서 아.뻬.아끌라드니꼬프가 제안한 것과 거의 일치한다: 아무르 유역의 고고학 자료는《민속학적 자료를 활용할 수 있는 가능성과 실제적인 전망을 제공한다》[270, p.51].

아무르 하류지역은 고고학과 민속학적으로 독특한 현상이 관찰되는 지역이다. 아무르라는 커다란 강을 따라 퉁구스어 족인 나나이 인들과 울치 인들, 그리고 고아시아족인 니브흐 인들이 살고 있다. 그들에게는 20세기까지 I기 오씨뽀브까-우스찌노브까 기에 발생하였던 정착 어로의 경제·문화적 유형이 남아 있었다. II기에는 아무르 하류의 훌륭한 예술, 암각화, 문양, 조상 등이 성행한다. 그 예술의 모티브와 형상이, 예술에 반영된 궁수에 대한 신화가 현대까지 살아 남았다.

20-30년대만 하여도 고대 유형의 평면구조, 화덕, 문지방 여주인의 돌판 등으로 구성된 전통적인 가옥이 남아 있었다. 한 집에서는 꼰돈

문화에서 유래하는 나무를 두른 화덕과 끄로우노브까 문화의 것과 닮은 간이 발견되었다[38, pp.65-80].

유사한 상황은, 자연히, 고고학자들로 하여금 민족적 계승성에 대해, 극동에 신석기시대 주민의 지반이 남아 있음에 대해 확신하게 하였다. 말갈시기부터는, 비록 개별적인 문제들에 異論이 없는 것은 아니지만, 퉁구스 어의 계승성이 인정된다. 에쓰.예.야혼또프는 언어기원학(глоттохронология)의 방법으로 퉁구스 어들의 분기 연령이 1500년을 넘지 않음을 밝혔는데, 말갈을 퉁구스 어족으로 보는 견해와 잘 일치한다.

최근의 민족이론의 개발[58]과 민족발생 문제에 대한 고고학 자료의 활용에 이론적인 토대를 발견하고자 하는 고고학자들의 노력들[234, pp.53-65; 94; 157, pp.18-36; 161, pp.21-35]은 80년대에 고고학적 자료에서 민족적 해석을 하는데 극도의 신중성을 기하게 만들었다.

민족·민족적 자각·언어, 그와 같은 카테고리들에서 자각이 구현화된다. 언어는 우리가 찾아낼 수 없다. 우리는 유물, 형상, 기호와 같은 지나간 문화가 남긴 사실들만 찾을 수 있다. 파생적인 문화들은 차용된다. 유물을 통하여 민족적 지표를 분리하려는 노력은 드물게 단일한 의미의 결과를 준다:《퉁구스의 연미복》, 자작나무로 만든 보트 등과 같은 사실들은, 여분의 태양을 쏘아 죽인 궁수의 형상과 같이, 세계적이다. 고고학자는《연미복》이 끼또이 문화(китойская культура)에서 혹은 글라스꼬프 문화(гласковская культура)에서 유래한다던지, 자작나무 보터가 뿔쩨 인들에게 있었다던지 혹은 간을 끄로우노브까 인들이나 어느정도 같은 시기에 존재하였던 다른 문화인들이 발명하였다던지 하는 문제들을 증명할 수 있을 뿐이다. 우리는 여분의 태양, 까마귀·창조자, 땅에 보탬을 주는 오리·백조 등은 신석기시대 혹은 구석기시대에 전대륙에 걸쳐 존재하였던 형상들이라고 말할 수 있다. 문화와 관련된 어휘도 차용된다. 에쓰.예.야혼또프는 다음과 같이 말한다:《확고성이란, 차용의 가능성과 마찬가지로, 상대적인 것이다: 임의의 단어는 의미를 바꿀 수도 있고 혹은 언어에서 완전히 사라질 수도 있으며, 동의어나 전의된 의미를 지닌 단어에 의해 밀려날 수도 있다… 그러나 어떤 개념들은 명칭이 아주 드물게 바뀌고, 또 어떤 개념들은 그 명칭이 비교적 자주 바뀐다》 [370, pp.111-112].

언어학자의 마지막 문구에 고고학자를 위한 행동 프로그램이 함축되어 있다. 물론, 우리는, 만약 문헌자료가 전혀 없다면, 고고학 자료에서 민족을 탐색할 수가 없다. 그러나 우리는 현상, 사실, 기호 등의 뿌리를 탐색할 수 있으며, 유물의 운명을 추적할 수 있다. 깐, 양식, 금속, 무기, 가축, 기마 등의 출현과 보급로 등의 예를 위에서 살펴 보았다. 고고학은 민족을 연구하는 학문분야에 적지않은 역할을 하고 있다.

아무르 하류지역의 현상에 대해 말한다면, 정착 어로의 경제·문화적 유형과 예술의 확고성은 아.뻬.아끌라드니꼬프가 반세기전에 내린 결론이 옳음을 입증하며, 그 예 자체는 우리에게 정당화된 낙관을 암시하고 있다.

연해주 남쪽에는 그 같은 정체성이 없었다. 고금속시대에 기원이 다른 여러 문화가 나타난다. 하지만, 그 문화들의 움직임은 멀리 떨어져 있는 니브흐 어와 한국어의 언어상의 일치성을 분석하는 언어학자들에게 무언가를 말해 줄지도 모른다. 깐이 연해주에서 아무르 유역의 집으로 보급된 것도 사실이다. 아무르 유역에는, 웨.이.쩐찌우스의 말에 따르면, 아주 오래되고 발전된 깐의 구성부분에 대한 전문용어들이 있었다.

문화와 그 물질적 정신적 구성요소의 발전사는 민족적 자각을 형성시킨다. 그 발전사는 원칙적으로 고고학적 자료와 방법을 통하여 밝힐 수가 있다.

- 結論을 대신하여 -

　　알렉쎄이 빠블로비치 아끌라드니꼬프는, 후에 유명한 학술서의 저자가 된, 한 동료가 발굴장에서 남긴 일화를 이야기하기 좋아하였다. 그 동료는 지표조사 수준의 작은 발굴에서 혼자서 조사작업을 하게 되었다. 발굴장에 돌아온 아.뻬.아끌라드니꼬프는 유물이라고는 단 1점도 없는 발굴 피트에서 꽤 크고 납작한 돌을 하나 보게 되었다. 아끌라드니꼬프는 그 동료에게서 놀라운 이야기를 듣게 되었다. 이곳에 흉노 총독의 본부가 있었읍니다. -왜? -총독이 이 돌에 앉아 모든 지역을 통제했거던요, 봐요, 여기서 멀리까지 얼마나 잘 보여요!
　　역사를 복원하는데 있어 그와 같은《방법》은, 비록 저자가 상상을 할 수 있는 권리를 가지고 있는, 소설에 있어서 조차도 좋지 못하다.
　　그렇다면, 수천년이나 떨어져 있는 과거에 대해 무엇을 말할 수 있는가? 물건은 동화에서나 분명하고 간단하게 말을 할줄 안다. 고고학자는 물건, 즉 유물을 기본 자료로 이용한다. 3-6장의 고고학 자료에 대한 긴 서술에서, 만약 모두 빠짐없이 읽었다면, 독자들은 지쳤을 것이다. 아무리 찾아도 유물은 불충분하다: 메그레는 그 같이 적은 유물로 수천년전에 일어난 일들을 재현하지 못할 것이다. 발굴의 서술을 탐정소설의 사건이 발생한 장소로 인식할 수도 있을 것이다. 하지만, 탐정소설의 끝부분에서 독자들은 악은 처벌을 받고, 선은 승리함을 발견하겠지만, 고고학자들은 자신의 저작의 마무리부분을 가설과 논쟁적인 복원으로 수를 놓는다는 점이 서로 다르다.

고고학은 과거의 목소리가 전해지는 문헌자료가 있는 역사학의 분야도 건드린다. 에.웨.샤브꾸노프, 웨.데.렌꼬프, 웨.예.메드베제프, 예.이.데레뱐꼬 등과 그 외의 많은 중세관련 考古·歷史學者들은 연해주와 아무르 유역의 중세사, 즉 나나이 인들, 울치 인들, 우데게이 인들 등의 직접적인 조상이었던 말갈과 여진의 역사에 대한 많은 사실들을 밝혀 내었다. 웨.데.렌꼬프의 분대가 베링그 섬에서, 웨.오.슈비느이와 오.아.슈비느이의 분대가 우루쁘에서 행한 발굴조사는 18-19세기의 극동 항해사에 대한 중요한 에피소드들을 밝혀 내었다. 그 발굴조사를 통해 웨.베링그의 팀이 마지막 겨울을 어떻게 보내었는지 혹은 꾸릴로라씨야의 러시아 마을(1775-1874)이 어떠했는지에 대한 정보를 얻게 되었다. 하지만, 우리는 문헌자료를 통해 웨.베링그, 게.스쩰레르, 이.안찌뻰, 웨.즈베즈도체또프드 등의 생애에 대해 소상히 알고 있다. 고고학은 단지 과거를 더 정확하게 하고, 보충하고, 물질화할 뿐이다.

역사의 물질화는 특히 중요한 요인이다.

몇년전에 하롤스끼 地區 뻬뜨로비치 마을의 노동 선생님 빠벨 라브렌찌예비치 끄류이 관개용수로에 의해 잘려 나간 고대의 주거유적에서 학생들이 줏어 모은 유물들을 필자에게 선물한 적이 이었다. 그 수집품에는 희귀한 유물도 있었다: 나나이 인들의 마을인 싸까치-알랸의 수천톤짜리 현무암에 신석기시대에 새긴 얼굴표현물과 닮기도 하고 또한 같은 시기의 것인 소형의 석제 가면·얼굴표현물이 바로 그것이다. 그 선생님이 그 얼굴표현물의 발견의 공저자가 된 것은 결코 우연이 아니다. 그는 전 생애를 통해 러시아의 역사에 관심을 가지고 있었다. 1941년에 포화 속에서 모스크바를 방어할 때, 뻬.엘.끄류은 참호를 파면서 자그마한 은화 1점을 줏어서 보관하였다. 러시아의 개척자들은 최근 3세기 동안에 바로 그 같은 동전들을 아무르 강안으로 가져 갔고, 오늘날 고고학자들은 알바진의 발굴에서 그 동전들을 발견하고 있다. 참호의 벽에서 발견된 그 작은 동전은 과거에 대한 극도의 흥미를 불러 일으켰고, 그 선생님은 학생들에게 정신적인 유산의 일부분으로 전달하려고 노력하였다.

기원전 4세기에 그리이스 인들은 고고학을 과거에 대한 재미있는 이야기라고 불렀다. 오늘날의 고고학은 전문적인 학문 분야로서, 고고학의 대상은《생생한 기억이 끝나는》부분의 역사이다. 고대가《눈을 뜨게》하기 위해 고고학은 지표조사, 발굴, 층위학적 관찰, 평면학적 관찰, 상황관찰, 형태학적 연구, 형식분류, 체계적 유형학적 분석 등의 일련의 방법론을 동원한다. 고생태학과 고대의 기술 등 가능한 모든 자료를 참고한다. 확보된 관찰내용은 이웃하는 지역의 자료와 비교하며, 문헌자료와 민속학 자료 등의 비고고학적인 자료로 보충한다. 자료는 편년하고, 비판적으로 검토하며, 그것을 토대로 어느정도 개연성 있는 과거의 모델을 만든다.

연해주 신석기시대와 고금속시대의 예로서, 필자는 확보된 지식의 수준과 그 지식의 확보 방법을 보여 주고자 하였다.

확보된 결과를 통해 극동 남부의 수천년의 역사, 즉 연해주와 아무르 유역 토착인들 - 우데게이 인들, 나나이 인들, 니브흐 인들 - 의 조상들의 역사에 대한 표상이 형성된다. 그 역사에서 발전의 공통적 전진 과정이 법칙적으로 나타나며, 인류공통의 업적 - 신화의 오랜 고대성, 원시 양식, 웨.까.아르쎄니예프가 다르쑤의 형상 속에서 칭찬하였던 자연과 인간의 조화성 - 이 밝혀진다.

역사는 우리에게 조화를 요구하며, 조화를 잊어 버리는 자를 책망한다. 얀꼽스끼 문화의 패총의 운명은 드라마틱하다. 엠.이.얀꼽스끼는 패총이 역사적 기념비임을 발견하고는 패총을 경제적으로 이용하는 것을 포기하였다. 고도의 기술적 교육을 받은 우리의 동시대인들은 결과에 대해서는 생각하지도 않은 채 패총유적들을 파괴하고 있다. 그 결과 우리는 패총에 반영되어 있는 기후의 변동을 재구성할 실제적인 가능성, 수천개의 박물관에 전시할 황금같은 고대의 전시물, 아직은 알아맞출 수 없는 학문적 정보 등을 상실당하고 있다.

역사란 집단적인 인간의 기억이다. 창상이나 중환으로 인해 기억을 잃어버리는 것은 인간에 있어 비극적이다. 집단적인 기억의 상실은 더 비극적으로, 비정신적으로, 달성한 문화의 수준의 상실로 이끈다. 고고학은 역사적 사실들의 깊이, 물질성, 인류공통성을 복구하며, 그 눈에 보이는 확신성은 지식의 자연적 탐구욕과 고향땅에 대한 사랑의 감정, 주인 의식과 보호자 의식 등을 일깨울 수 있는 강한 능력을 지니고 있다. 그 감정을 불러 일으키는 것은 역사가, 선생, 시민들의 위대한 의무이다. 채마밭이나 강변의 노출부위에서 수집한 볼품없는 토기편과 돌도끼는 그와 같은 각성의 출발점이 될 수 있다. 그것을 위해 고고학을 연구할 가치가 있다.

- 譯者後記 -

1995년 7월 중순부터 8월 중순까지 약 1달간, 저자가 "한국어판에 부쳐"에서 이미 밝혔듯이, 고려학술재단의 지원을 받은 한․노공동발굴조사단은 발해유적 마리야노브까 성지를 발굴조사하였다. 그 발굴에서 역자는 처음으로 데.엘.브로댠스끼를 만났다. 최근 보이스만 신석기시대 문화를 분리한 데.엘.브로댠스끼의 학자적 면모는 "아무런 감정의 변화 없이 대화를 나누는 모습이 극히 인상적이다"라고 표현한 이화여자대학 박물관 나선화 선생님의 한 마디에 잘 드러나 있다.

9월에 데.엘.브로댠스끼가 모스크바에 들렸을 때 번역에 대해 서로 협의하였다. 역자는, 발굴도중의 그의 "강의"를 참고삼아, 1987년에 씌어진 원본(Д.Л.Бродянский. Введение в дальневосточную археологию. Владивосток. 1987)에 최신의 연구성과들을 최대한 반영해 줄 것을 요청하였다. 당시 그는 극동고고학을 체계화하는 박사(доктор)학위논문을 마무리지은 상태였기 때문에 역자의 요청을 비교적 쉽게 들어 줄 수 있었다. 결과적으로, 제2장 층위학, 유형학, 방법론, 시기구분, 3장 구석기시대와 중석기시대, 4장 3절 보이스만 문화, 7장 3절의 일부 등은 새로이 추가하였고, 제6장 초기 철기시대는 텍스트를 완전히 교체하였으며, 나머지 부분에도 많은 첨삭을 가하였다.

본서는 한국의 고고학과 관련하여 많은 중요한 내용들을 담고 있다. 특히, 선사시대 굴 養殖에 대한 이데아, 북극민족들의 조상들이 6천여년 전에 두만강 하구의 북쪽과 남쪽에 거주하였다는 형질인류학자의 결론, 초기 철기시대 연해주 얀꼽스끼 문화를 倭와, 끄로우노브까 문화를 沃沮와, 뽈쩨 문화를 肅愼 혹은 저구루와 각각 비교하는 考古·歷史學的인 해석 등등은 특히 흥미로운 내용들이다.

著者는 연해주 고고학을 아무르 유역, 만주, 한국, 일본 등 극동 전체의 맥락에서 파악하고자 노력하였고, 극동에 쁘리아무르·만주 考古學省의 설정을 제안하였다. 또한 현존하는 소수민족들 - 나나이 인들, 울치 인들, 우데게이 인들, 오로치 인들, 까랴 인들, 이텔멘 인들, 니브흐 인들 등 - 의 민속학적인 내용들을 고고학적인 사실들의 해석에 활용하였는데, 특히 싸까치-알랸의 암각화와 바즈네쎄노브까 盆에 있는 그림과 요스케오네 복합체의 신화적 해석은 시사하는 바가 크다.

본서는 또한 구석기시대부터 초기 철기시대까지의 연해주의 고고학을 체계적으로 파악가능하게 한다. 분리된 고고학 문화들과 중요한 유적들에 대해 자세하게 서술하였고, 고고학 문화들의 유적분포도를 싣고 있으며, 변경된 考古學 文化名들도 모두 언급하고 있어 연해주의 고고학을 연구하는데 좋은 길잡이가 될 것이다.

번역을 하는 동안 역자는 저자와 지속적인 서신교환을 하여, 번역 과정상 발생하는 여러 어려운 문제들을 해결하였다. 또한 서울대학교 국사학과 송기호 선생님으로 부터는 번역관련자료 - 중국어 자료 - 를 소포로 받았고, 또 전문용어의 선택에도 많은 도움을 받았다. 하지만, 만주와 관련된 몇몇 고유명사는 音譯한 경우도 있다.

譯者는 번역과 관련하여 데.엘.브로댠스끼와 송기호 선생님께 감사함을 표하며, 또한 최근 경제적으로 크게 도움을 주신 한양대학교 문화인류학과 김병모 선생님께도 깊은 감사를 드린다. 또한 교정을 보아준 아내 김영란과 본서의 출판을 허락해주신 학연문화사 권혁재 사장님께도 감사함을 전한다.

1996. 9.

모스크바에서 정 석 배

参考文獻

1. Абрамов Б.А., Березин Д.Ю., Глинский С.В. Назначение керамических орнаментированных шаров с неолитического поселения о-ва Сучу(Нижний Амур). //Известия Сибирск.отд.АН СССР, серия истории,филологии и философии. Вып.1. 1984. No 3.
2. Александров А.В., Арутюнов С.А., Бродянский Д.Л. Палеометалл северо-западной части Тихого океана: Учебное пособие. Владивосток, 1982.
3. Алексеев В.П. Становление человечества. М., 1984.
4. Алексеев В.П., Гохман И.И. Антропология Азиатской части СССР. М., 1984.
5. Андреев Г.И. Поселение Зайсановка I в Приморье. //Сов. археология. 1957. No2
6. Андреев Г.И. Некоторые вопросы культуры раковинных куч. //Сов.археология. 1958. No4.
7. Андреев Г.И. Некоторые вопросы культур Южного Приморья III-I тысячелетий до н.э. //Труды Дальневосточной археологической экспедиции. Т. 1. МИА, 86. М.-Л., 1960.
8. Андреева Ж.В. Раскопки на поселении Малая Подушечка в Приморье. //АО 1971г. 1972.

9. Андреева Ж.В. К вопросу о стратиграфии и датировке поселения Синие Скалы. //Материалы по истории Дальнего Востока. Владивосток, 1973.
10. Андреева Ж.В. Синие Скалы. //Вопросы истории. 1976. No11.
11. Андреева Ж.В. Приморье в эпоху первобытнообщинного строя: Железный век (I тыс. до н.э.-VIII в. н.э.). М., 1977.
12. Андреева Ж.В., Гарковик А.В. Исследования в Приморском крае. //АО 1972г. М.,1973.
13. Андреева Ж.В., Гарковик А.В., Дьякова О.В. Новый могильник янковской культуры в Приморье. //АО 1974г. М., 1975.
14. Андреева Ж.В., Жущиховская И.С., Кононенко Н.А. Янковская культура. М., 1986.
15. Антропова В.В. Культура и быт коряков. Л., 1971.
16. Анохин П.К. Узловые вопросы теории функциональных систем. М., 1980.
17. Арсеньев В.К. Население Дальнего Востока как Производительный фактор. //Производительные силы Дальнего Востока. Вып. 5. Человек. Хабаровск-Владивосток. 1927.
18. Арсеньев В.К. Колонизационные перспективы Дальнего Востока. //Производительные силы Дальнего Востока. Вып. 5. Человек. Хабаровск-Владивосток. 1927.
19. Артемьев В.А., Бутомо С.В. и др. Радиоуглеродный метод определения абсолютного возраста. //Работы лаборатории Ин-та археологии АН СССР. М., 1961.
20. Арутюнов С.А. Этнические общности доклассовой эпохи. //Этнос в доклассовом и раннеклассовом обществе. М., 1982.

21. Артюнов С.А. Проблемы приморской адаптации в Берингоморском регионе. //Александров А.В., Артюнов С.А., Бродянский Д.Л. Палеометалл северо-западной части Тихого океана. Владивосток. 1982.
22. Арутюнов С.А., Сергеев Д.А. Древние культуры азиатских эскимосов (Уэленский могильник). М., 1969.
23. Арутюнов С.А., Сергеев Д.А. Проблемы этнической истории Берингоморья. Эквенский могильник. М., 1975.
24. Археологические открытия 1984 г. М., 1986.
25. Афанасьев В.Г. Системность и общество. М., 1980.
26. Аюшин Н.Б., Бродянский Д.Л., Раков В.А. Древности мыса Шелеха в заливе Посьета. //Очерки тихоокеанской археологии. Владивосток. 1988.
27. Базаров Д.Б., Константинов М.В. и др. Геология и культура древних поселений Западного Забайкалья. Новосибирск, 1982.
28. Балашов Е.П., Сачков Ю.В. Системные исследования: идея автономности. //Природа.1985.No6.
29. Беседнов Л.Н. Материалы по ихтиофауне эпохи бронзы побережья залива Петра Великого. //Биологические исследования моря (рыбы). Труды Института океанологии. Т. 62. М., 1963.
30. Беседнов Л.Н. Промысловые рыбы бухты Сидими (залив Петра Великого) в среднем голоцене. //Вопросы ихтиологии. Т. 13. 1973. Вып. 1.
31. Блам Ю.Ш., Бабенко Т.И., Арзуманян Е.А. Экономическая оценка лесных ресурсов в моделях оптимизации плана развития лесной и лесоперерабатывающей промышленности. //Природные ресурсы в моделях территориально-производственных систем. Новосибирск. 1982.
32. Блауберг И.В., Юдин Э.Г. Становление и сущность системного подхо

да. М., 1973.

33. Бодде Д. Мифы древнего Китая. //Мифология древнего мира. М., 1977.
34. Борисковский П.И. Первобытное прошлое Вьетнама. М. А., 1966.
35. Бродянский Д.Л. Южное Приморье в эпоху освоения металла. Канд. д ис. Новосибирск, 1969.
36. Бродянский Д.Л. Раскопки у с. Синий Гай в Приморье. //АО 1971. М., 1972.
37. Бродянский Д.Л. Неолит в бронзовый век Приморья в свете ретроспективного метода. //Проблемы этногенеза народов Сибири и Дальнего Востока.Тезисы докладов всесоюзной конференции. Новосибирск, 1973.
38. Бродянский Д.Л. Археологические источники по истории жилищ народов Приамурья и Приморья. //Вопросы источниковедения и историографии. Вып. 4. Владивосток. 1975.
39. Бродянский Д.Л. Приамурско-маньчжурская археологическая провинция в IV-I тыс. до н.э. //Соотношение древних культур Сибири с культурами сопредельных территорий// Сб. научн. трудов. Новосибирск, 1975.
40. Бродянский Д.Л. Каменный век: учебное пособие. Владивосток, 1977.
41. Бродянский Д.Л. Еще одна область неолитического искусства на Дальнем Востоке. //У истоков творчества. Новосибирск, 1978.
42. Бродянский Д.Л. Проблема периодизации и хронологии неолита Приморья. //Древние культуры Сибири и тихоокеанского бассейна. Новосибирск, 1979.

43. Бродянский Д.Л. Опыт исторической периодизации археологических источников юга дальневосточного региона. //Проблемы археологии Сибири и Центральной Азии. Тезисы докладов. Иркутск. 1980.
44. Бродянский Д.Л. Охота и эксплуатация гидробиологических ресурсов в в бассейне Японского моря (плейстоцен и голоцен). //XI конгресс ИНКВА. Тезисы докладов. Т. П. М., 1982.
45. Бродянский Д.Л. Произведения искусства в синегайской культуре. //Пластика и рисунки древних культур. Новосибирск, 1983.
46. Бродянский Д.Л. Ранний железный век Южного Приморья /Янковская культура/. //Диков Н.Н., Бродянский Д.Л., Дьяков В.И. Древние культуры тихоокеанского побережья СССР. Владивосток. 1983.
47. Бродянский Д.Л. Кроуновская культура. //Бродянский Д.Л., Дьяков В.И. Приморье у рубежа эр. Владивосток. 1984.
48. Бродянский Д.Л. Кроуновско-хуннские параллели. //Древнее Забайкалье и его культурные связи. Новосибирск. 1985.
49. Бродянский Д.Л. Введение в дальневосточную археологию. Владивосток. 1987.
50. Brodiansky D.L., Dubikovsky L. The Ancient Pacific Culture in Primorye Region. //Archaeology of Russia -Current Status of Archaeological Research and Problems for Future Investigaion of Siberia and Far East Area. Seoul, 1994.
51. Бродянский Д.Л. Календари в графике и торевтике дальневосточных древностей. //Вестник ДВО РАН. 1995. No2.
52. Бродянский Д.Л. Дальневосточный очаг древнего земледелия: проблема спустя четверть века// Вестник ДВО РАН. 1995, No5.
53. Бродянский Д.Л., Жущиховская И.С. Полиэйконическая фигурка из Ки

евки. //Вестник ДВО РАН. 1995. No3.
54. Бродянский Д.Л., Крупянко А.А., Раков В.А. Раковинная куча в бухте Бойсмана -памятник раннего неолита. //Вестник Дальневосточного отделения РАН. 1995. No4.
55. Бродянский Д.Л., Раков В.А. Первобытная аквакультура. //Проблемы тихоокеанской археологии. Владивосток. 1985.
56. Brodiansky D.L. and Rakov V.A. Prehistoric Aquaculture on the Western Coast of the Pasific. //Pasific Northeast Asia in Prehistry. Hunter-Fisher-Yatherers, Farmers and Sociopolitical Elites. Pullman, 1992.
57. Бродянский П.И. Первобытное прошлое Вьетнама. М.-Л., 1966.
58. Бромлей Ю.В. Очерки теории этноса. М., 1983.
59. Буссе.Ф.Ф., Кропоткин Л.А. Остатки древностей в Амурском крае. // Записки Общ-ва изучения Амурского края. Т. 12. Владивосток, 1908.
60. Бутин Ю.М. Новые материалы по археологии Корейского полуострова (стоянка Помый-кусок). //Новое в археологии Сибири и Дальнего Востока. Новосибирск, 1979.
61. Бутин Ю.М. Материальная культура древнего Чосона _____
62. Бутин Ю.М. Древний Чосон (историко-археологический очерк). Новосибирск. 1982.
63. Бутин Ю.М. Корея: от Чосона к Трем государствам (II в. до н.э. -IV в.). Новосибирск. 1984.
64. Бутинов Н.А. Вемуны в деревне Бонгу. //На берегу Маклая. М., 1975.
65. Вареница Е.Т. Чумиза: Биология, селекция и агротехника. М., 1958.
66. Васильев С.А. раскопки Майнинской стоянки. АО 1980. М., 1981.
67. Васильевский Р.С. К вопросу взаимоотношения человека и природы

в условиях первобытного общества. //Проблемы развития современн ой науки. Новосибирск. 1978.
68. Васильевский Р.С. Стоянка Суворово III -и ее место в каменном ве ке Дальнего Востока. //Каменный век Северной, Средней и Восточн ой Азии. Новосибирск. 1985.
69. Васильевский Р.С., Гладышев С.А. Верхний палеолит Южного Приморь я. Новосибирск. 1989.
70. Васильевский Р.С., Гладышев С.А., Табарев А.В. Особенности технико -технологического контекста стоянки Суворово-4 в Приморье. //Из вестия СО АН СССР, сер. история, филология и философия. 1992. Вы п. 1.
71. Васильевский Р.С., Голубев В.А. Древние поселения на Сахалине (С усуйская стоянка). Новосибирск. 1976.
72. Васильевский Р.С., Кашин В.А. Раскопки многослойного поселения У стиновка 1 в 1980 году. //Палеолит Сибири. Новосибирск, 1983.
73. Васильевский Р.С., Лавров Е.Л., Чан Су-Бу. Культуры каменного век а Северной Японии. Новосибирск, 1982.
74. Векслер В.С., Путанс Б.Д. Определение абсолютного возраста по С14 образцов многослойной стоянки Горелый Лес (VI и VII культ урный слой). //Древняя история народов юга Восточной Сибири. В ып. 1. Иркутск, 1974.
75. Верховская Н.Б., Кундышев А.С. Природная среда южного Приморья в период неолита и раннего железного века. //Вестник ДВО РАН. 1989. No1.
76. Верховская Н.Б., Кундышев А.С. Природная среда южного Приморья в период неолита и раннего железного века. //Вестник ДВО РАН.

1993. No1.

77. Воробьев Д.П. Растительный покров Южного Сихотэ-Алиня и дикорастущие плодово-ягодные растения в нем. //Труды ДВ филиала АН ССР, сер. ботаническая. Т. 1. М.-Л., 1935.

78. Воробьев М.В. Каменный век стран Японского моря: Автореф. канд. дис. Л., 1953.

79. Воробьев М.В. Древняя Япония: Историко-археологический очерк. М., 1958.

80. Воробьев М.В. Древняя Корея: Историко-археологический очерк. М., 1961.

81. Воробьев М.В. Чжурчжэни и государство Цзинь (X в.-1234 г.): Исторический очерк. М., 1975.

82. Воробьев М.В. Япония в III-VII вв. Этнос, общество, культура и окружающий мир. М., 1980.

83. Воробьев М.В. Некоторые черты древней японской кльтуры в свете типологического анализа. //Страны и народы Востока. Вып. XXIII. М., 1982.

84. Воробьев М.В. Маньчжурия и Восточная Внутренняя Монголия (с древнейших времен до IX в. включительно). Владивосток. 1994.

85. Вострецов Ю.Е. Раскопки поселения Кроуновка 1. //Археологические открытия 1984 г. М., 1986.

86. Вострецов Ю.Е. Раскопки поселения падь Семипятнова III в Приморье. //Крат. сообщ. Ин-та археологии АН СССР. Вып. 186. М., 1986.

87. Вострецов Ю.Е., Жущиховская И.С. Поселение кроуновской культуры Корсаковское 2 в Приморье. //Новые материалы по первобытной археологии юга Дальнего Востока. Препринт. Владивосток, 1987.

88. Вострецов Ю.Е., Жущиховская И.С. К вопросу о канах на памятниках кроуновской культуры Приморья. //Краткие сообщения Ин-та археологии АН СССР. Вып. 199. М., 1990.

89. Гарковик А.В. Поселение на сопке Мустанг. //История, социаология и филология Дальнего Востока. Владивосток, 1971.

90. Гарковик А.В. Работы на поселении Валентин-перешеек. //АО 1974г. М., 1975.

91. Гарковик А.В. О выделении археологических культур III-II тыс.до н.э.в Приморье(к постановке вопроса). //Новейшие археологические исследования на Дальнем Востоке СССР. Владивосток, 1976.

92. Гарковик А.В. Работы на поселении Валентин-перешеек. //АО 1979г. М., 1980.

93. Ганешин Г.С., Окладников А.П. О некоторых археологических памятниках Приморья и их геологическом знании. //Материалы по геологии и полезным ископаемым Восточной Сибири и Дальнего Востока. М., 1956.

94. Генинг В.Ф. Этнический процесс в первобытности. Свердловск. 1970.

95. Геология и культура древних поселений Западного Забайкалья. Новосибирск, 1982.

96. Гладышев С.А., Табарев А.В. Каменный инвентарь стоянки Суворово-4. //Археологические памятники Сибири и Дальнего Востока. Новосибирск. 1989.

97. Голубева Л.В., Караулова Л.П. Растительность и климатостратиграфия плейстоцена и голоцена юга Дальнего Востока СССР. М., 1983.

98. Городцов В.А. Типологический метод в археологии. Рязань. 1927.

99. Григорьев Г.П. Восстановление общественного строя палеолитических охотников и собирателей. //Охотники, собиратели, рыболовы. Л., 1972.

100. Грязнов М.П. Классификация, тип, культура. Теоретические основы советской археологии. Л., 1968.

101. Давыдов А.В. Иволгинский комплекс -памятник хунну в Забайкалье. Л., 1985.

102. Деревянко А.П. Проблема бронзового века на Дальнем Востоке. // Известия Сиб.отд.АН СССР, серия обществ.наук. 1969. Вып.2. No 6.

103. Деревянко А.П. В стране трех солнц: Рассказы археолога о древностях Приамурья. Хабаровск. 1970.

104. Деревянко А.П. Ранний железный век Дальнего Востока: Курс лекций. 1. Новосибирск, 1970.

105. Деревянко А.П. Новопетровская культура Среднего Амура. Новосибирск, 1970.

106. Деревянко А.П. Приамурье в древности (до начала нашей эры): Автореф. докт.дис.- Новосибирск, 1971.

107. Деревянко А.П. Ранний железный век Приамурья. Новосибирск, 1973.

108. Деревянко А.П. Приамурье (I тысячелетие до нашей эры). Новосибирск, 1976.

109. Деревянко А.П. В поисках Оленя Золотые Рога: Об археологических экспедициях и открытиях А.П.Окладникова. М. 1980.

110. Деревянко А.П. Палеолит Дальнего Востока и Корей. Новосибирск, 1983.

111. Деревянко А.П. Палеолит Японии. Новосибирск, 1984.

112. Деревянко А.П., Зенин В.Н. Палеолит Селемджи. Новосибирск. 1995.
113. Деревянко А.П., Медведев В.Е. Исследование поселения Гася (общие сведения, предварительные результаты 1975 г.). Новосибирск. 1992.
114. Деревянко А.П., Медведев В.Е. Исследование поселения Гася (предварительные результаты, 1976 г.). Новосибирск. 1992.
115. Деревянко А.П., Медведев В.Е. Исследование поселения Гася (предварительные результаты, 1980 г.). Новосибирск. 1993.
116. Деревянко А.П., Медведев В.Е. Исследование поселения Гася (предварительные результаты, 1986-1987 гг.). Новосибирск. 1994.
117. Деревянко А.П., Медведев В.Е. Исследование поселения Гася (предварительные результаты, 1989-1990 гг.). Новосибирск. 1995.
118. Деревянко Е.И. Мохэские памятники Среднего Амура. Новосибирск, 1975
119. Деревянко Е.И. Племена Приамурья: I тысячелетие нашей эры: Очерки этнической истории и культуры. Новосибирск, 1981.
120. Джавахишвили А.И., Гюнти Л.И. Урбниси. Вып. 1. Тбилиси. 1962.
121. Джарылгасинова Р.Ш. Древние когурёсцы (к этнической истории корейцев). М., 1972.
122. Диков Н.Н. Древние костры Камчатки и Чукотки: 15 тысяч лет истории. Магадан. 1969.
123. Диков Н.Н. Наскальные загадки древней Чукотки. Петроглифы Пегтымеля. М., 1971.
124. Диков Н.Н. Общие принципы диалектической периодизации (на примере развития человечества). //Вопросы философии. 1983. No4.
125. Диков Н.Н, Бродянский Д.Л., Дьяков В.И. Древние культуры тихооке

анского побережья СССР. Владивосток, 1983.

126. Долуханов П.М. Краткий геоморфологический отчет об условиях залегания стоянки Вознесенсокй. //Материалы по археологии Сибири и и Дальнего Востока. Ч. 1. Новосибирск, 1972.

127. Дьяков В.И. Сихотэ-Алины в эпоху бронзы: Лидовская культура: Автореф. канд. дис. Новосибирск. 1978.

128. Дьяков В.И. Древние художники Сихотэ-Алиня. //Дальний Восток. 1978. No6.

129. Дьяков В.И. Археологические исследования на среднем Сихотэ-Алине в 1972-1976гг. //Новое в археологии Сибири и Дальнего Востока. Новосибирск, 1979.

130. Дьяков В.И. Древние памятники на Северо-западном побережье Японского моря. //Древние культуры Сибири и тихоокеанского бассейна. Новосибирск. 1979.

131. Дьяков В.И. Неолит Приморья (факты и гипотезы). //Проблемы археологии и этнографии Сибири и Центральной Азии. Тезисы докладов к региональной конференции. Иркутск, 1980.

132. Дьяков В.И. Древние обитатели озера эдельвейсов. Красное знамя. 1981. 7 февр.

133. Дьяков В.И. Устиновка IV -новый палеолитичекий памятник Дальнего Востока. //Проблемы археологии и этнографии Сибири. Тезисы докладов к региональной конференции. Иркутск, 1982.

134. Дьяков В.И. Лидовская культура. //Диков Н.Н., Бродянский Д.Л., Дьяков В.И. Древние культуры тихоокеанского побережья СССР. Владивосток, 1983.

135. Дьяков В.И. Приморье в эпоху бронзы. Владивосток. 1989.

136. Дьяков В.И. Многослойное поселение Рудная Пристань и периодизация неолитических культур Приморья. Владивосток. 1992.

137. Дьяков В.И., Конькова Л.В. Функциональное, хронологическое и культурное значение каменных «кинжалов» с односторонней противолежащей заточкой клинка. //Материалы по археологии Дальнего Востока СССР. Владивосток, 1981.

138. Дьяков В.И., Семениченко Л.Е. Нижний слой поселения Круглая Долина в Приморье. //Сибирь в древности. Новосибирск. 1979.

139. Дьяконов И.М. Введение. //Мифология древнего мира. М., 1977.

140. Евсюков В.В. Об одном космологическом мотиве искусства Китая эпохи неолита. //XII научная конференция «Общество и государство в Китае». Тезисы и доклады. Ч. 1. М., 1981.

141. Евсюков В.В. Лунарный миф в росписи Яншао //Известия СО АН СССР. Серия обществ. наук. Вып. 1. 1983. No1.

142. Евсюков В.В. Мифологический образ «мирового дерева» в росписи керамики культуры яншао. //15-я конф. Общество и государство в Китае. Тезисы докладов. Ч. 1. М., 1984.

143. Елинек Я. большой иллюстрированный атлас первобытного человека. Прага. 1982.

144. Ермолова Н.М. Остатки млекопитающих из раковинных куч полуострова Песчаного. //Окладников А.П. Древнее поселение на полуострове Песчаном у Владивостока. МИА, 112. М.-Л., 1963.

145. Жущиховская И.С. Новый памятник кроуновской культуры в Приморье. Препринт. Владивосток, 1979.

146. Жущиховская И.С. Новый памятник кроуновской культуры в Приморье. Владивосток, 1979.

147. Жущиховская И.С. Керамика раннего железного века Приморья (I тыс. до н.э.): Автореф. канд. дис. Новосибирск, 1980.

148. Жущиховская И.С. Поселение Корсаковское в Приморье. //Археологические открытия 1984 г. М., 1986.

149. Захарук Ю.Н. Ленинское теоретическое наследие и некоторые вопросы развития археологической науки. СА. 1970. No2.

150. Иваньев Л.Н. Археологические находки в окрестностях Владивостока. //СА. XVI. 1952.

151. Иваньев Л.Н. Раковинные кучи Приморьского края. //КСИИМК. Вып. 37. 1952.

152. Ивашина Л.Г. Неолит и энеолит лесостепной зоны Бурятии. Новосибирск, 1979.

153. История Дальнего Востока СССР с древнейших времен до XVII века. М., 1989.

154. История Сибири. Т. 1: Древняя Сибири. Л., 1968.

155. Кабо В.Р. Мотив лабиринта в австралийском искусстве и проблема этногенеза австралийцев. //Культура и быт народов стран Тихого и Индийского океанов: Сб. МАЭ. XXIII. М.-Л., 1966.

156. Кабо В.Р. Айнская проблема в новой перспективе. //Сов. этнография. 1975.

157. Каменецкий И.С. Археологическая культура - ее определение и интерпритация. //Сов. археология. 1970. No2.

158. Каменецкий И.С., Маршак В.И., Шер Я.А. Анализ археологических источников. М., 1975.

159. Киле Н.Б. Лексика, связанная с религиозными представлениями нанайцев. //Природа и человек в религиозных представлениях наро

дов Сибири и Севера (вторая половина XIX-начало XX в.). Л., 1976.

160. Кирьяк М.А. Археология Западной Чукотки. М., 1993.
161. Клейн Л.С. К постановке вопроса о происхождении славян. //Проблемы отечественной и всеобщей истории. Л., 1969.
162. Клейн Л.С. Археологические источники: Учебное пособие. Л., 1978.
163. Клейн Л.С. Проблема определения археологической культуры. СА. 1979. No2.
164. Клейн Л.С. Понятие типа в современной археологии. //Типы в культуре. Л., 1979.
165. Клейн Л.С. Археологическая типология. Л., 1991.
166. Колесников Б.П. Дикие съедобные растения. Владивосток, 1943.
167. Колесников Б.П. Полезные растения Приморского края, перспективы их использования и задачи дальнейшего изучения. //Состояние и перспективы изучения растительных ресурсов СССР. М-Л., 1958.
168. Комаров В.Д. Происхождение культурных растений. М.-Л, 1931.
169. Комиссаров С.А. Северокитайские бронзовые кинжалы чжоуского времени и проблема «смешанных» культур. //Общество и государство в Китае, 13. М., 1982.
170. Кононенко Н.А. Технология каменных орудий и хозяйство племен Приморья рубежа III-II тыс. до н.э.: Автореф. канд. дис. Л., 1982.
171. Кононенко Н.А. Древние рудокопы Приморья. //Природа. 1985.
172. Кононенко Н.А., Гарковик А.В., Кадзивара Х. Исследование докерамической стоянки Устиновка-3 в Приморье. Владивосток. 1993.
173. Конькова Л.В. Цветная металлообработка на юге Дальнего Востока СССР в древности: Автореф. канд. дис. М., 1982.

174. Конькова Л.В. Бронзолитейное производство на юге Дальнего Востока СССР. Рубеж II-I тыс. до н.э. -XIII век н.э. М., 1989.

175. Короткий А.М., Караулова Л.П., Троицкая Т.С. Четвертичные отложения Приморья: Стратиграфия и палеогеография. Новосибирск, 1980.

176. Крейнович Е.А. Нивхгу: Загадочные обитатели Сахалина и Амура. М., 1973.

177. Крижевская Л.Я. Некоторые данные о древнейшей керамике степей Причерноморья. //Изыскания по мезолиту и неолиту СССР. Л., 1983.

178. Крупянко А.А. Итоги исследования стоянки Суворово-6 и проблемы её интерпретации. //Новое в археологии Сибири и Дальнего Востока. Томск. 1991.

179. Крупянко А.А. Использование абразивной техники на докерамических памятниках (Устиновка-IV, Приморье). //Материальная культура и проблемы археологической реконструкции. Новосибирск. 1991.

180. Крупянко А.А. Микропластинчатый комплекс и изделия с резцовым сколом из коллекции Устиновки-IV(Приморье)// Материальная культура и проблемы археологической реконструкции. Новосибирск. 1991.

181. Крюков М.В., Софронов М.В., Чебоксаров Н.Н. Древние китайцы:Проблемы этногенеза.-М.,1978.

182. Кубарев В.Д. Древние изваяния Алтая (Оленные камни). Новосибирск. 1979.

183. Кузнецов А.М. Памятники каменного века реки Илистой. //Научно-теоретическая конф. Секция археологии. Тезисы докладов. Иркутс

к, 1977.

184. Кузнецов А.М. К вопросу о раннем неолите Приморья. //Отчетная научно-теоретическая конф.: Археология, этнография, источниковедение. Тезисы докладов. Иркутск, 1979.

185. Кузнецов А.М. Местонахождение каменного века у с. Тимофеевки в Приморье. //Известия Сиб. отд. АН СССР, серия обществ. наук, вып. 3. 1980. No11.

186. Кузнецов А.М. Каменный век юго-западного Приморья: Автореф. канд. дис. Л., 1981.

187. Кузнецов А.М. Исследования в Южном Приморье. //АО 1981г. М., 1982.

188. Кузнецов А.М. К технике получения микропластин-вкладышей(Приморье). //СА. 1983. No3.

189. Кузнецов А.М. Поздний палеолит Приморья. Владивосток. 1992.

190. Кучера С. Китайская археология 1965-1974гг.: палеолит-эпоха Инь. Находки и проблемы. М., 1979.

191. Кучера С. Ранняя история Тайваня в свете новых археологических открытий. //12-я научн. конф. Общество и государство в Китае. Тезисы докладов. Ч. 1. М., 1981.

192. Кучера С. Ранние неолитические культуры Китая: новые находки и новые проблемы. //14-я научн. конф. Общество и государство в Китае. Тезисы докладов. Ч. 2. М., 1982.

193. Кюнер Н.В. Китайские известия о народах Южной Сибири, Центральной Азии и Дальнего Востока. М., 1961.

194. Лапшина З.С. Ранняя керамика на поселении Хумми (нижний Амур). //Вестник ДВО РАН. 1995. No6.

195. Ларичев В.Е. Богиня Луны. //Древние культуры Южной Сибири и Северо-Восточного Китая. Новосибирск. 1994.

196. Ларичев.В.Е. Космографическая миниатюра из Шато дез Эйзи ("Древо измерений", Луна и бизон в искусстве древнекаменного века). //Гуманитарные науки в Сибири. 1995. No3.

197. Ларичев В.Е. Стоянки культуры раковинных куч в районе бухты Тетюхе. //Сов. археология. 1958. No.1.

198. Ларичев В.Е. Неолит Дунбэя и его связи с культурами каменного века Северо-Восточной Азии. //Археологический сб., Т. 1. Улан-Удэ, 1959.

199. Ларичев В.Е. Древние культуры Северного Китая (Эпоха неолита и бронзы). //Труды Дальневосточного филиала СО АН СССР, серия историч. Т. 1.- Саранск, 1959.

200. Ларичев В.Е. Неолитические памятники бассейна Верхнего Амура (Аванци, Дунбей). //Труды Дальневосточной археологической экспедиции. Т. 1. МИА, 86. М.-Л., 1960.

201. Ларичев В.Е. Древние культуры Северо-Восточного Китая: Автореф. канд. дис. Л., 1960

202. Ларичев В.Е. Бронзовый век Северо-Восточного Китая. //Советская археология. 1961. No1.

203. Ларичев В.Е. Летописные известия о древних тунгусо-маньчжурских племенах сушэнь-илоу. //Известия СО АН СССР, серия обществ. наук, 1964. Вып. 3.

204. Ларичев В.Е. Палеолит Северной, Центральной и Восточной Азии. Новосибирск, 1969. ч. I.

205. Ларичев В.Е. Палеолит Северной, Центральной и Восточной Азии. Н

овосибирск, 1972.-ч. II.

206. Ларичев В.Е. Неолит и бронзовый век Кореи. //Сибирь, Центральная и Восточная Азия в древности: Неолит и эпоха металла. Новосибирск, 1978.

207. Ларичев В.Е. Лунно-солнечная календарная система верхнепалеолитического человека Сибири. Новосибирск. 1983.

208. Ларичев В.Е. Ачинский жезл и его знаковая система. //Исследования памятников древних культур Сибири и Дальнего Востока. Новосибирск. 1987.

209. Ларичев В.Е. Сотворение Вселенной. Новосибирск. 1993.

210. Лебедев Г.С. Системное описание археологической культуры. //Предмет и объект археологии и вопросы методики археологических исследований. Л., 1975.

211. Лебедев Г.С. Археологический тип как система признаков. //типы в культуре. Л., 1979.

212. Ленин В.И. Конспект 《Науки логики》. Учение о понятии. //Полн. собр. соч. Т. 29.

213. Линдберг Г.У. Промысловые рыбы Дальнего Востока. //Производительные силы Дальнего Востока. Вып. 4. Животный мир. Хабаровск, 1927.

214. Липкин Ю.С. Системный подход при изучении шельфа. //Геология и геоморфология шельфа окраинных морей. Владивосток. 1979.

215. Литвинский Б.А. Древние кочевники 《Крыши мира》. М., 1972.

216. Лопатин И.А. Некоторые сведения о 49 древних урочищах в Амурской стране. //Архив ЛОИА АН СССР, д. No34// 1869.

217. Лопатин И.А. Гольды амурские, уссурийские и сунгарийские. Влади

восток, 1922.

218. Лысов В.Н. Чумиза и просо в условиях Приморского края. //Сибирский археологический сб.: Древняя Сибирь. Вып. 2. Новосибирск, 1966.

219. Loehr Max. Chinese Bronze Age Weapons. Ann Arbor, L., 1956.

220. Малиновский А.А. Значение общей теории системы в биологических науках. Системные исследования. М., 1984.

221. Малявин А.В. Нуклеусы стоянки Осиповка. //Третья дальневосточная конференция молодых историков. Владивосток. 1994.

222. Маргаритов В.П. Кухонные остатки, найденные на берегу Амурского залива, близ Седими (Доклад Общества изучения Амурского края). //Газета «Владивосток». 1985. No2. Отд.оттиск.

223. Маркс К. Конспект книги Льюиса Г. Моргана «Древнее общество». Маркс К. Энгельс Ф. Соч.. 2-е изд. Т. 45.

224. Маркс К. Капитал. Т. 1. //Маркс К., Энгельс Ф. Соч.. Т. 23.

225. Массон В.М. Эканомика и социальный строй древних обществ (в свете данных археологии). Л., 1976.

226. Мацокин Н.П. Японский миф об удалении Аматэрасу в небесный грот и солнечная магия. //Известия Восточного ф-та ГДУ. Т. 66. Вып. 3. Владивосток. 1921.

227. Медведев В.Е. Культура амурских чжуржэней, конец X-XI век (по материалам грунтовых могильников). Новосибирск, 1977

228. Медведев Г.И., Михнюк Г.Н, Шмыгун П.Е. Неолит юга Восточной Сибири. //Древняя история народов юга Восточной Сибири. Иркутск, 1975. Вып. 3.

229. Мелетинский Е.М. Палеоазиатский мифологический эпос. М., 1979.

230. Мелларт Дж. древнейшие цивилизации Ближнего Востока. М., 1982.
231. Мещерякова И.М. Предварительные данные о результате обследования раковинных куч на полуострове Песчаном. //Окладников А.П. Древнее поселение на полуострове Песчаном у Владивостока. МИА, 112. М.-Л., 1963.
232. Милн П.Х. Морские хозяйства в прибрежных водах. М., 1978.
233. Мифы народов мира. Т. II. М., 1982.
234. Монгайт А.Л. Археологические культуры и этнические общности: К вопрос о методике историко-археологических исследований. //Народы Азии и Африки. 1967. No1.
235. Мочанов Ю.А. Древнейшие этапы заселения человеком Якутии. //Проблемы археологии и перспективы изучения древних культур Сибири и Дальнего Востока. Тезисы докладов. Якутск, 1982.
236. Навозов-Лавров Н.П. Промысел и экология лососевых р. Амура в 1923 году. //Производительные силы Дальнего Востока. Вып. 4. Животный мир. Хабаровск-Владивосток, 1927.
237. Неолит юга Дальнего Востока. Древнее поселение в пещере Чертовы Ворота. М.1991.
238. Неолитическое поселение в бух.Тетюхе (свободный отчет и описание памятника по работам ДВАЭ). Хранится в библиотеке ПКМ.
239. Никитин А.Л. Распахнутая земля. М. 1973.
240. Никитин А.Л.. Над квадратом раскопа. М. 1982.
241. Никитина М.И. Древняя корейская поэзия в связи с ритуалом и мифом. М., 1982.
242. Никольская В.В. Палеогеографические данные о природных условиях древних поселений человека на террасе р. Осиновки (Приморск

ий край). //Сибирь и ее соседи в древности. Новосибирск. 1970.

243. Новгородова Э.А. Центральная Азия и карасукская проблема. М., 1970.

244. Оводов Н.Д. Позднеантропогеновая фауна млекопитающих (mammalia) юга Уссурийского края. //Фауна и систематика позвоночных Сибири. Новосибирск, 1977.

245. Оводов Н.Д., Панычев В.А. Фауна и радиоуглеродное датирование неолитической стоянки Саган-Заба на Байкале. //Проблемы археологии и этнографии Сибири. Тезисы докладов к региональной конф. Иркутск, 1982.

246. Oda S., Keally Ch. T. Japanese paleolithic cultural chronology. Tokyo. 1979.

247. Огородников В.И. Туземное и русское земледелие земледелие на Амуре. Владивосток. 1925.

248. Окладников А.П. Древние памятники в низовьях Амура (исследования 1935 г.). //Тезисы докладов отчетной археологичесокй сесси и Ин-та антропологии, археологии и этнографии АН СССР. Л., 1936.

249. Окладников А.П. К археологическим исследованиям в 1935 г. на Амуре //Сов. археология. 1936. №1.

250. Окладников А.П. К вопросу о происхождении и месте лука в истории культуры. //КСИИМК. 1940. -V.

251. Окладников А.П. К вопросу о древнейшем населении Японских островов и его культуре. //Советская этнография. 1946. №4.

252. Окладников А.П. Археологические исследования в Приморье в 1953 г. //Сообщения Дальневосточного филиала АН СССР, вып.8. Владив

осток, 1955.

253. Окладников А.П. Археологические исследования в 1955г. на Дальнем Востоке. //КСИИМК, 71, 1958.

254. Окладников А.П. Отчет об археологических раскопках ДВАЭ на Дальнем Востоке в 1958 г. //Архив ИА АН СССР, р-1, №1808.

255. Окладников А.П. Отчет о работе ДВАЭ ИА АН СССР в 1959 г.//Архив ИА АН СССР,р-1, №2029.

256. Окладников А.П. Далекое прошлое Приморья (Очереки по древней и средневековой истории Приморского края). Владивосток. 1959.

257. Окладников А.П. Начало железного века в Приморье. //Труды Дальневосточного Филиала Сибирского отд. АН СССР, серия истор., т. 1. Саранск, 1959.

258. Окладников А.П. Отчет о полевых работах Дальневосточной археологической экспедиции ИА АН СССР в 1959г. //Архив Ин-та археологии АН СССР, г.Москва, р.1, No 2029.

259. Окладников А.П. Древнее поселение на полуострове Песчаном у Владивостока. МИА, 112. М.-Л., 1963.

260. Окладников А.П. Древнее поселение в бухте Пхусун. //Археология и этнография Дальнего Востока. Новосибирск, 1964.

261. Окладников А.П. Древнее поселение на р. Тадуши у дер. Устиновки и проблема дальневосточного мезолита (в связи с раскопками 1964 г.). //Четвертичный период Сибири. М., 1966.

262. Окладников А.П. Поселение у с. Вознесеновка, вблизи устья Хунгари. //АО 1966. М., 1967.

263. Окладников А.П. Лики древнего Амура. Новосибирск. 1968.

264. Окладников А.П. Неолит Сибири и Дальнего Востока. //Каменный в

ек на территории СССР. М., 1970.

265. Окладников А.П. Раскопки в Сакачи-Аляне. //АО 1970г. М., 1971.
266. Окладников А.П. Петрглифы Нижнего Амура. Л., 1971.
267. Окладников А.П. Отчет о раскопках древнего поселения у с.Возне сеновского на Амуре, 1966г. //Материалы по археологии Сибири и Дальнего Востока: Ч. 1. Новосибирск, 1972.
268. Окладников А.П. Новые данные по неолиту Нижнего Амура. //АО 1972г. М., 1973.
269. Окладников А.П. Мезолит Дальнего Востока (докерамические памят ники). //КСИА, 149. 1977.
270. Окладников А.П. О работах археологического отряда Амурской ком плексной экспедиции в низовьях Амура летом 1935 г. //Источники по археологии Северной Азии (1935-1976). Новосибирск, 1980.
271. Окладников А.П. Материалы к библиографии ученых СССР. М. 1981.
272. Окладников А.П. Раскопки в Сакачи-Аляне. //АО 1980 г. М., 1981.
273. Окладников А.П. Древнее искусство Приамурья. Л., 1981.
274. Okladnikov A. Ancient Art of the Amur region. Rock Drawing, Sculpture, Pottery. Leningrad, 1981.
275. Окладников А.П. Открытие Сибири. Новосибирск. 1982.
276. Окладников А.П. Древнее поселение Кондон (Приамурье). Новосиби рск, 1983.
277. Окладников А.П. Керамика древнего поселения Кондон(Приморье). Новосибирск. 1984.
278. Окладников А.П. Артёмовка 1 -мезолитический памятник в Приморь е. //Изыскания по мезолиту и неолиту СССР. Л., 1983.
279. Окладников А.П., Бродянский Д.Л. Многослойное поселение Майхэ I

в Приморье. //АО 1967 г.-М., 1968.

280. Окладников А.П., Бродянский Д.Л. Дальневосточный очаг древнего земледелия. //Советская этнография. 1969. №2.

281. Окладников А.П., Бродянский Д.Л. Древние поселения на острове Петрова. //Археология Южной Сибири. Кемерово, 1979.

282. Окладников А.П., Бродянский Д.Л. Кроуновская культура. //Археология юга Сибири и Дальнего Востока. Новосибирск. 1984.

283. Окладников А.П., Бродянский Д.Л., Чан Су Бу. Тихоокеанская археология. Владивосток, 1980.

284. Окладников А.П., Васильевский Р.С. Северная Азия на заре истории. Новосибирск. 1980.

285. Окладников А.П., Васильевский Р.С., Деревянко А.П. Археологические исследования на Осиновом озере (раскопки 1965 г.) //Материалы полевых исследований Дальневосточной археологической экспедиции. Вып. II. Новосибирск, 1971.

286. Окладников А.П., Верещагин Н.К., Оводов Н.Д. Открытие пещерного палеолита в Приморье. Вестник АН СССР. 1968. №10.

287. Окладников А.П., Глинский С.В., Медведев В.Е. Раскопки древнего поселения Булочка у города Находка в Сучанской долине. //Известия СО АН СССР, серия общества. наук. Новосибирск. 1972. Вып.2, №6.

288. Окладников А.П., Горегляд В.Н. Новые данные о древнейшей культуре каменного века на севере Японии. //Советская археология. 1953. №3.

289. Окладников А.П., Деревянко А.П. Мохэский могильник в пос. Найфельд Еврейской АО. //Сибирский археологический сб.. Вып. 2.. Ново

сибирск. 1966.

290. Окладников А.П., Деревянко А.П. Польце-поселение раннег железного века у с. Кукелево. //Материалы полевых исследований Дальневст. археол. экспед. Вып.1. -Новосибирск, 1970.

291. Окладников А.П., Деревянко А.П. Приамурье и Приморье во II тыс. до н.э. //Вопросы истории социально-экономической и культурной жизни Сибири. Новосибирск, 1971.

292. Окладников А.П., Деревянко А.П. Далекое прошлое Приморья и Приамурья. Владивосток, 1973

293. Окладников А.П., Деревянко А.П. Громатухинская культура. Новосибирск, 1977.

294. Окладников А.П., Дьяков В.И. Поселение эпохи бронзы в пади Харинской. //Новое в археологии Сибири и Дальнего Востока. Новосибирск, 1979.

295. Окладников А.П., Ивлев А.М., Левеинтов М.Е., Сохина Э.Н. Палеографические выводы, полученные при изучении многослойной стоянки Сакачи-Алян в Нижнем Приморье. //Извест. СО АН СССР. 1974. №1, серия общ. наук, вып. 1.

296. Окладников А.П., Ким Ен Нам. Новые работы по каменному веку Кореи. //Сов.археология. 1958. №4.

297. Окладников А.П., Кириллов И.И. Юго-Восточное Забайкалье в эпоху камня и ранней бронзы. Новосибирск, 1980.

298. Окладников А.П., Медведев В.Е. Исследование многослойного поселения Гася на Нижнем Амуре. //Извест. СО АН СССР. серия общ. наук, вып. 1. 1983. №1.

299. Окладников А.П., Фролов Б.А. Актуальность археологии: прошлое д

ля настоящего и будущего. //Будущее науки. М., 1980.

300. Окладников А.П., Шавкунов Э.В. Погребение с бронзовыми кинжалами на р. Майхэ, Приморье. //СА. 1960. №3.

301. Орочские сазки и мифы. Сост. Лебедева Е.П., Аврорин В.А. Новосибирск. 1966.

302. Отчет раскпках пселения у села Вознесенского на Амуре, 1966. //Материалы по археологии Сибири и Дальнего Востока. Новосибирск, 1972. Ч. 1.

303. Пак М.Н. Описание корейских племен начала нашей эры (По "Саньго чжи") //Проблемы востоковедения. 1961. №1.

304. Палеолит Костёнковско-борщевского района на Дону. 1879-1979. Некоторые итоги исследований. Л., 1982.

305. Першиц А.И. Введение. //История первобытного общества. Общие вопросы. Проблемы антропосоциогенеза. М., 1983.

306. Петрухин В.Я. Погребальная ладья викингов и 《корабль мертвых》 народов Океани и Индонезии (опыт сравнительного анализа). //Символика культов и ритуалов народов зарубежной Азии. М., 1980.

307. Поляков И.С. Отчет об исследованиях на острове Сахалине, в Южно-Уссурийском крае, в Японии: Приложение к XLVIII т. Записок Имп. Академии наук, №6 -СПб., 1884.

308. Попов А.Н. Неолитический могильный комплекс на многослойном поселении Бойсмана-2 в Приморье. //Гуманитарные науки в Сибири. 1995. №3.

309. Попов В.М. Охотничьи птицы Амурской губернии. //Производительные силы Дальнего Востока. Вып. 4. Животный мир. Хабаровск-Влад

ивосток, 1927.

310. Приморская область в сельскохозяйственном отношении. Владивосток. 1913.

311. Раевский Д.С. Модель мира скифской культуры. М., 1985.

312. Разин А.И. Стоянки каменного века на берегу Уссурийского залива. //Советское Приморье. 1926. No 3-4.

313. Разин А.И. Археологическая разветка на берегу Уссурийского залива. //Советское приморье. 1926. No 8.

314. Разин А.И. Практическая роль археологии (для Дальневосточного края). Владивосток, 1927 (отд.оттиск).

315. Разин А.И. Материалы о некоторых промысловых моллюсках залива Петра Великого.- Владивосток. 1928.

316. Разин А.И. Морские промысловые моллюски Южного Приморья. М.-Хабаровск, 1934.

317. Раков В.А. Происхождение, развитие и экология устричных рифов Славянского залива (Японское море). //Экология и условия воспроизводства рыб и беспозвоночных дальневосточных морей и северо-западной части Тихого океана. Владивосток. 1982.

318. Ранние формы искусства: Сб. статей. М., 1982.

319. Рифтин Б.Л. Общие темы и сюжеты в фольклоре народов Сибири, Центральной Азии и Дальнего Востока. //Страны и народы Востока. Вып. XXIII. М., 1982.

320. Руденко С.И. Культура хуннов и ноинулинские курганы. М.-Л., 1962.

321. Рыбаков Б.А. Язычество древних славян. М., 1981.

322. Сарианиди В.И. Древние земледельцы Афганистана. М., 1967.

323. Семин П.Л., Шавкунов Э.В. Металлические изделия могильника Мона

стырка-III. //Материалы по средневековой археологии и истории Дальнего Востока СССР. Владивосток. 1990.

324. Смоляк А.В. Ульчи: Хозяйство, культура и быт в прошлом и настоящем. М., 1966.

325. Смоляк А.В. Представления нанайцев о мире. //Природа и человек в религиозных представлениях народов Сибири и Севера (вторая половина XIX-начало XX в.). Л., 1976.

326. Сондерс Э.Д. Японская мифология. //Мифология древнего мира. М., 1977.

327. Старкова Н.К. Ительмены Материальная культура XVIII в. 60-е годы XX в.: Этнографические очерки. М., 1976.

328. Суходольский Г.В. Инженерно-психологический анализ и синтез профессиональной деятельности: Автореф. докт. дисс. Л., 1982.

329. Сычев Л.П., Сычев В.Л. Китайский костюм: Символика. История. Трактовка в литературе и искусстве. М., 1975.

330. Табарев А.В. Технология каменных индустрий докерамических комплексов Приморья. Автореферат кадн. дисс. Новосибирск. 1990.

331. Табарев А.В. Технико-технологическая интерпритация резцового скалывания в докерамических комплексах Приморья. //Материальна культура и проблемы археологической реконструкции. Новосибирск. 1991.

332. Табарев А.В. Кремёвая пластинка и проблема декоративного освоения пород и минералов в каменном веке. //Арсеньевские чтения. Уссурийск. 1992.

333. Tabarev A.V. The Ustinovka industry in the stone age of the Russian Far East: 40 years of discoveries. //Lithic Technology.

1994. vol. 19. №1.

334. Татарников В.А. Пещеры Приморья как исторический источник: Дипломная работа.ДВГУ, 1976.

335. Татарников В.А. К вопросу в выделении памятников кондонской культуры в Приморье. //Археология и этнография Восточной Сибири.-Тезисы докладов. Иркутск, 1978.

336. Татарников В.А. Стоянка Водораздельная-новый археологический памятник северо- восточного Приморья.//Материалы по археологии Дальнего Востока СССР.Владивосток,1981.

337. Татарников В.А. Неолитическая стоянка в пещере Чертовы Ворота (Северо-Восточное Приморье). //Позднеголоценовые и раннеголоценовые культурные связи Азии и Америки. Новосибирск, 1983.

338. Теоретические проблемы реконструкции древнейшей славянской духовной культуры. //Сов. этнография. 1984. №3.

339. Томашевский В.В. Археологические исследования на Дальнем Востоке в 1953-1956гг. //Ученые записки ДВГУ, вып.1. Владивосток, 1957.

340. Троицкая Т.С. Фораминиферы Японского моря и их значение для стратиграфии морского голоцена Приморья: Автореф. канд. дис. Новосибирск, 1978.

341. Туголуков В.А. Хантайские эвенки. //Труды института этнографии, новая серия. Т. 84. М., 1963.

342. Фирсов Л.В., Кульчицкий А.А., Свинин В.В. К хронологии отложений голоцена и палеогеографии северного Байкала. //Древняя история народов юга Восточной Сибири. Вып. 3. Иркутск; 1975.

343. Фрадкин Э.Е. Полиэйконическая скульптура из верхнепалеолитичес

кой стоянки Костёнки. //Сов. этнография. 1969. №1.

344. Хазанов А.М. Некоторые спорные вопросы истории сложных луков.//Сов.археология.1970.№2.

345. Хершберг Л.Б., Рязанцев А.А., Мечетин А.В. Древние береговые линии последней неоледниковой трансгрессии и их картирование на шельфе Японского и Охотского морей. //XI конгресс ИНКВА. Тезисы докладов. Т. III. М., 1982.

346. Хлобыстина М.Д. Древнейшие южносибирские мифы в памятниках окуневского искусства. //Первобытное искусство. Новосибирск. 1971.

347. Хмелов А.М. Система, систематика, системный подход. //Типы и культура. Л., 1979.

348. Цейтлин С.М. Геология палеолита Северной Азии. М., 1979.

349. Цепкин Е.А. Остатки рыб из археологических раскопок на полуострове Песчаном. //Окладников А.П. Древнее поселение на полуострове Песчаном у Владивостока. МИА, 112. М.-Л., 1963.

350. Цепкин Е.А. Результаты предварительноего определения костных остатков рыб из раскопок археологических памятников на Камчатке. //Диков Н.Н. Археологические памятники Камчатки, Чукотки и Верхней Колымы. М., 1977.

351. Чан Су Бу. Искусство позднего дзёмона Хоккайдо. //У истоков творчества. Новосибирск. 1978.

352. Чан Су Бу. Жилища и поселения позднего дзёмона Хоккайдо. //Археологические материалы по древней истории Дальнего Востока СССР. Владивосток. 1978.

353. Чеснов Я.В. Об этнической специфике хозяйственно-культурных ти

пов. //Этнос в доклассовом и раннеклассовом обществе. М., 1982.

354. IV международный симпозиум "Мезолит в Европе" (Лёвен, 1990). //Российская археология. 1992. №4.

355. Чикишева Т.А., Шпакова Е.Г. К вопросу об антропологическом типе неолитического населения Приморья. //Гуманитарные науки в Сибири. 1995.

356. Членова Н.Л. Происхождения и ранняя история племён тагарской культуры. М., 1967.

357. Членова Н.Л. Хронология памятников карасукской эпохи. М., 1972.

358. Шавкунов Э.В. Приморье и соседние с ними районы Дунбэя и Северной Кореи в I-III вв. н.э. //Труды ДВФ СО АН СССР, серия историч.. Т. 1. Саранск. 1959.

359. Шавкунов Э.В. Государство Бохай и памятники его культуры в Приморье. Л., 1968.

360. Шавкунов Э.В., Болдин В.И. Орудия обработки зерна и способы его хранения у чжурчжэней. //Советская этнография. 1976. №2.

361. Шер Я.А. Петроглифы Средней и Центральной Азии. М., 1980.

362. Штернберг Л.Я. Гиляки, гольды, орочи, негидальцы, айны. Хабаровск. 1933.

363. Шубин В.О., Шубина О.А., Горбунов С.В. Неолитическая культура на Южном Сахалине. Препринт. Ю.-Сахалинск, 1982.

364. Эберхард В. Китайские праздники. М., 1977.

365. Энгельс Ф. //Происхождение семьи, частной собственности и государства. //Маркс К., Энгельс Ф. Соч. 2-е изд. Т. 21.

366. Эпоха бронзы лесной полосы СССР/ Археология СССР. М., 1987.

367. Юань Кэ. Мифы древнего Китая. М., 1965.

368. Янковский В.Ю. Нэнуни - четырехглазный. -Ярославль, 1979.

369. Янковский М.И. Кухонные остатки и каменные орудия, найденные на берегу Амурского залива на полуострве, лежащем между Славянской бухтой и устьем р.Сидими: Заметка, приложенная к археологическим древностям, пересланным в музей ВСОРГО. //Изв. ВСОРГО.-Т. XII, №2-3. Иркутск, 1881.

370. Яхонтов С.Е. Лексика как признак родства языков. //Проблема общности алтайских языков. Л., 1971.

〈韓國語, 中國語, 日本語 資料〉

371. Ань Чжиминь. Археология неолита за 30 лет нашей страны// Каогу.№5. (安志敏. 略論三十年來我國的新石器時代考古// 考古. 1979-5)

372. Аримицу Кёити. Исследование шлифованных каменных кинжалов Кореи. Киото, 1959. (有光教一. 朝鮮磨製石劍の研究// 京都大考古學叢刊. 1959-2).

373. Ван Ячжоу. Раскопки древних могил в байцаогоу, уезд Ванцин, Цзилинь. //Каогу 1961.№8. (王亞洲. 吉林汪清縣百草泃古墓葬發掘// 考古. 1961-8).

374. Внутримонгольский рабочий отряд Института археологии АН КНР. Отчет о раскопках местонахождения Сяцзядянь, Чифэн. //Каогу сюэбао. 1974. №1.(赤峰葯王廟,夏家店遺址試掘報告// 考古學報 1974-1).

375. Вн. Монгольский рабочий отряд Ин-та археологии АН КНР. Раскопки Чжичжушань Чифэн. //Каогу сюэбао. 1979. №2.(赤峰蜘蛛山遺址

的發掘//考古學報. 1979-2).

376. Ёсидзаки Масакадзу. Хоккайдо. //Эпоха дзёмон. Археология Японии. Т. П. Токио. 1965.

377. Кан Дюн Гван. О датировке неолитической керамики с узорами《《молнии》》в наешй стране. //Археолого-этнографический сб.-Вып.6. Пхньян, 1975.(김중광. 우리나라 신석기시대 번개무늬그릇유적의 년대에 대하여// 고고민속 논문집. 1975-6).

378. Кан Цзясин. Могилы в каменных ящиках и местонахождения древней культуры в Тучэнцзы, Цзянбэй, Цзилинь. //Каогу сюэбао. 1957. №1.(康家興. 吉林江北土城子古文化遺址及石棺墓// 考古學報 1957-1).

379. Ким Дзен Хак. Археология Кореи. Токио, 1972.(金廷學. 韓國の考古學. 東京. 1972).

380. Ким Ён Ган. Отчет о раскопках первобытной стоянки в Конгвири у города Кангё. //Доклады о раскопках. Вып. 6. Пхеньян, 1959. (김용간. 강계시 공귀리 원시유적 발굴보고. 유적발굴보고 6, 1959).

381. Ким Ён Ган, Со Кук Тхэ. Отчет о раскопках древнего поселения Сопхохан. //Археолого- этнографический сб. Вып. 4. Пхеньян, 1972.(김용간·서국태. 서포항 원시유적 발굴보고// 고고민속논문집 4, 1972).

382. Куян Юй. Культура северных воцзюй в период Чжаньго -обеих Хань. //Хэйлунцзян вэньу цзикань. 1982. №1.(匡瑜. 戰國至兩漢的北沃沮文化// 黑龍江文物叢刊. 1982-1).

383. Ли Цзи. О бронзовых вещах, найденных в Сяотуне. //Чжунго каогу сюэбао. Т. 4. Шанхай, 1949.(李濟. 記小屯出土之青銅器// 中國考古

學報. 1949-4).

384. Ли Цзинхань. О периодизации и классификации культуры нижнего слоя Сяцзядянь. //Сб. статей, посвященных I съезду Китайского археологического общества. Пекин, 1979.(李經漢. 詩論夏家店下層文化的分期和類型// 中國考古學會 第1次年會論文集. 北京. 文物出版社.1979)

385. Ли Цян. Краткое исследование воцзюй и восточных воцзюй. //Бэйфан вэньу. 1986. No.1.(李强. 沃沮, 東沃沮考略// 北方文物. 1986-1)

386. Линь Юнь. О происхождении дунбэйских бронзовых кинжалов. //Каогу сюэбао. 1980. No2. (林雲. 中國東北系銅劍初論// 考古學報 1980-2).

387. Линь Юнь. О культуре туаньцзе. //Бэйфан вэньу. 1985. No.1.(林雲. 論團結文化// 北方文物. 1985-1).

388. Лю Гуанмин, Сюй Гуанцзи. Отчет о раскопках местонахождения Наньшаньгэнь в уезде Нинчэн, пров. Ляонин. //Каогу сюэбао. 1975. No. 1.(劉觀民・徐光翼. 寧城南山根遺址發掘報告// 考古學報. 1975-1).

389. Лю Гуанмин, Сюй Гуанцзи. Археологические открытия и изучение неолита в бассейне р. Ляохэ. //Сб. статей, посвященных 1 съезду Археологического об-ва Китая. Пекин, 1979. (劉觀民. 遼河流域新石器時代的考古發見與認識// 中國考古學會 第1次年會論文集. 北京. 文物出版社.1979)

390. Лю Гуанмин, Чжу Фэнхань. Обследование неолитического местонахождения Дациньтала, аймак Наймань, пров. Цзилинь. //Каогу. 1979. No.3. (朱鳳瀚. 吉林奈曼旗大沁他拉新石器時代 遺址調査// 考古. 1979-3).

391. Лю Цзинсян, Ян Гочжун. Местонахождение культуры Хуншань в Сишу

йцюань, Чифэн. //Каогу сюэбао. 1982. No2. (劉晉祥・楊國忠// 考古學報. 1982-2).

392. Лю Цзюньэ. Археологическая разведка в Линьси, Вн. Монголия. //Каогу сюэбао. 1960. No.1. (呂遵諤. 內蒙林西考古調查// 考古學報. 1960-1)

393. Лян Сыюн. Доисторические стоянки Ананси. //Сб. археологических статей Лян Сыюна. Пекин, 1959. (梁思永. 昂昂溪史前遺址// 梁思永考古論文集. 北京. 科學出版社. 1959)

394. Лян Сыюн. Неолитические каменные орудия и керамика из Чабуганьдянь, Линьси, Шуанцзин, Чифэна и других пунктов Жэхэ. //Сб. археологических статей Лян Сыюна. Пекин, 1959. (梁思永. 熱河查不干廟林西双井赤峰等處所採集之新石器時代石器與陶片//梁思永考古論文集.北京. 科學出版社. 1959)

395. Миками Т. Исследование дольменов и погребений в каменных ящиках в Маньчжурии и Корее. Токио. 1961. (三上次男. 滿鮮原始墳墓の研究. 吉川弘文館. 東京. 1961).

396. Музей пров. Хэйлунцзян. Краткое сообщение об археологической разведке левобережья нижнего течения р.Нунцзян(Нонни)//Каогу.1960.No.4 (黑龍江省博物館. 嫩江下流左岸考古調查簡報// 考古. 1960-4).

397. Музей пров. Цзилинь. Стоянки микролитической культуры в уезде Чжэньлай пров. Цзилинь// Каогу. 1961. No8 (吉林省博物館. 吉林鎮賚縣細石器文化遺址// 考古. 1961-8)

398. Основы первобытной археологии Кореи. Пхеньян, 1961.(도유호. 조선 원시 고고학. 평양. 1961)

399. Отчет о раскопках на о. Чходо, уезд Начжин. Пхеньян, 1956.(도유

호·정백운. 나진 초도 원시유적 발굴보고// 유적발굴보고 1, 1955(?)).

400. Отчет о раскопках первобытной стоянки в с. Одон, уезд Херён. //Доклады о раскопках. Вып. 7. Пхеньян, 1960.(도유호. 회령 오동 원시유적 발굴보고// 유적발굴보고 7, 1960).

401. Памятники древней истории, т. 1. Древнейшие охотники. Палеолит. Токио, 1973. (на японск. яз.).

402. Памятники древней истории, т. 3. Токио, 1973. (на японск. яз.).

403. Поселение Баньпо у г. Сиань. Пекин. 1963. (西安半坡 原始氏族公社聚落遺址. 北京. 文物出版社. 1963)

404. Предварительное изучение первобытной культуры в бассейне р. С уйфэн. //Шэхуй кэсюэ чжаньсянь. 1982. No2. (張泰湘. 綏芬河流域原始文化初探// 社會科學戰線. 1982-2)

405. Происхождение керамики в Восточной Азии и на Дальнем Востоке. В поисках истоков культуры дзёмон. Сёндай. 1995 (на япон. и ан гл. яз.).

406. Происхождение керамики в Восточной Азии и на Дальнем Востоке. В поисках истоков культуры дзёмон. университет Тохоку Фукуши. 1995 (на япон. и англ. яз.).

407. Раскопки поселения эпохи Инь в Чжэнчжоу. //Каогу сюэбао. 1957. No.1. (鄭州商代遺址的發掘// 考古學報. 1957-1)

408. Рабочий отряд Хэйлунцзянского провинциального управления куль туры. Первый сезон раскопок местонахождения Байцзиньбао, уезд Чжаоюань, пров. Хэйлунцзян. //Каогу. 1980. No.4.(黑龍江文物工作隊. 黑龍江肇源白金寶遺址第一次發掘//考古. 1980.No4)

409. Свод дат по С в китайской археологии, 1965-1981. Пекин, 1983.

(中國考古學中碳十四年代數據集：1965-1981/ 中國社會科學院考古研究所編. 北京. 文物出版社. 1983).

410. Собрание исторических сведений о районе Хэйлунцзян. Начальные сведения о древних народах Хэйлунцзяна. Сост. Вэй Гочжун, Го С умэй. Харбин. 1984.

411. Сок Кван Дюн. Мегалиты и каменные ящики Пукчан. //Археолого-этнографический сб.. Вып. 5. Пхеньян, 1973. (석광준. 북청유적의 돌상자무덤과 고인돌에 대하여// 고고민속 논문집. 1973-5)

412. Сюй Минган, Сюй Юйлинь, Су Сяохуа, Лю Цзюньюн. Раковинные кучи о-вов Гуанлу и Дачэншань, уезд Чанхай. //Каогу сюэбао. 1981. No.1. (許明綱, 許玉林, 蘇小華, 劉俊勇. 長海縣廣鹿島大長山島貝丘遺址// 考古學報. 1981-1)

413. Сюй Юйлин, Су Сяосинь. Предварительное исследование неолитической стоянки Гоцзяцунь. //Лаонин дасюэ сюэбао. 1980. No.1. (許玉林・蘇小幸. 略談郭家村新石器時代遺址// 遼寧大學學報. 1980-1).

414. Тан Инде, Чжан Тайсян, Ян Ху. Предварительные суждения о древних культурах Хэйлунцзяна. //Сб. статей, посвяенных 1 съезду Археологического об-ва Китая. Пекин. 1979. (楊虎. 黑龍江古代文化初論// 中國考古學會 第1次年會論文集. 北京. 文物出版社1979)

415. Тун Чжучэнь. О микролитических культурах на севере и северо-востоке Китая. Каогу сюэбао. 1979. No.4.(佟柱臣. 試論中國北方和東北地區含有細石器的諸文化問題//考古學報. 1979-4).

416. Фрески периода Когурё. Пхеньян. 1979. (고구려의 고분벽화. 평양. 1979).

417. Хань Каньсинь. Два погребения бронзового века в Чжэнцзявацзы, Шэньян, пров. Лаонин. //Каогу сюэбао. 1975. No.1.(沈陽鄭家窪子的

兩座青銅時代墓葬// 考古學報. 1975-1).

418. Хван Ги Док. Отчет о раскопках памятника Бомый-кусок(Мусан). //Археолого- этнографический сб. Вып.6. Пхньян, 1975. (황기덕. 무산 범의구석유적 발굴보고// 고고민속논문집 6, 1975).

419. Цзинлиньский провинциальный музей. Раскопки древних могил в Д уншаньтоу, уезд Даань, Цзинлинь. //Каогу. 1961. No.8. (吉林省博物館. 吉林大安東山頭古墓葬清理//考古.1962-8).

420. Цзинь Фэнъи. О памятниках культуры бронзовых кинжалов с фигурным лезвием на Северо-Востоке Китая. //Каогу сюэбао. 1982. No.4. (靳楓毅. 論中國東北地區含曲刃青銅短劍的 文化遺存// 考古學報. 1982-4).

421. Цюй Жюйци, Жун Чанцзи. Отчет о предварительных раскопках место нахождения Синьлао, у г. Шэньян. //Каогу сюэбао. 1978. No.4. (曲瑞奇. 沈陽新樂遺址試掘報告//考古學報. 1978-4)

422. Чжан Тайсян. Неолитическое поселение Дачэнцзы, уезд Дуннин, Хэйлунцзян. //Каогу,1979. No.1. (張泰湘. 黑龍江東寧大城子新石器時代住居址// 考古. 1979-1).

423. Чжан Тайсян. О периодизации первобытных культур в бассейне р. Муданьцзян. //Каогу юй вэньу. 1982. No.4. (張泰湘. _____ 考古與文物. 1982-4).

424. Чжан Тайсян, Чжу Гочжэнь, Ян Ху. Местонахождение Ингэлин, уезд Нинань, пров. Хэйлунцзян. //Каогу. 1981. No.6.(張泰湘,朱國忱,楊虎. 黑龍江寧安縣鶯歌嶺遺址//考古.1981.No6)

425. Чжао Шаньтун. Погребение, обнаруженное в Гуанди, пров. Хэйлунцзян. //Каогу. 1965. No.1. (越善桐. 黑龍江官地遺址發現的墓葬// 考古. 1965-1).

426. Шэньянский музей. Два погребения бронзового века в Чжэнцзявацзы у Шэньяна. //Каогу сюэбао. 1975. No.1.(沈陽故宮博物館. 沈陽鄭家窪子的兩座青銅時代墓葬// 考古學報 1975-1).

427. Ян Ху, Тан Инде. Местонахождение Синькайлю, уезд Мишань. //Каогу сюэбао. 1979. No.4. (楊虎. 密山縣新開流遺址//考古學報. 1979.No. 4)

428. By Ye Wa. Neolithic Tradition in Northeast China //Pacific Northeast Asia in Prehistory: Hunter-Fisher-Gatherers, Farmers and sociopolitical Elites. Pullman, 1992.

429. Han Pyong-Sam. Important Prehistoric. //Korea Journal. 1977. Vol.17. No. 4.

430. Pearson R.I. Korean Prehistory:An Overview. //Korea Journal. 1975. Vol.15. No 12.

찾아보기

【ㄱ】

가샤(Гася) / 73
降水量集積(осадконакопление)/39
게오그라피체스꼬예 옵쉐스뜨바
(Географическое общество) 동굴
/ 54
鏡泊湖(Цзинпоху) / 220
經濟·文化的 類型들 / 417
考古學 / 34
考古學 文化(археологическая кул
-ьтура) / 43
考古學省(археологическая провин
-ция) / 232, 427
高句麗(Когурё) / 361, 419, 424,
428
古金屬時代(палеометалл) / 51, 395
고르바뜨까(Горбатка) 3 / 66, 288
古墳時代 / 429
고비(Гоби) / 255

古事記(Кодзики) / 393
古生物學 / 34
古아시아族 / 430
고인돌 / 419, 427
古朝鮮(Древний Чосон) / 361, 419,
427
고지자기법 / 34
골리드 人들(гольды) / 372
공기리 / 298, 392
공동체(община) / 412
共同體의 構造 / 416
果實學 / 34
郭家村(Гоцзяцунь) / 222
冊丘儉(Гуаньцю Цзянь) / 420
광개토왕 / 423, 425
舊石器時代 / 53
구안디(Гуанди) / 292
굴재배 / 216
弓山 / 226
弓山 I / 228

弓山 Ⅱ / 228
弓山文化 / 230
궁수 카도(Кадо) / 403
그로마뚜하(Громатуха) / 30
그로마뚜하 文化(громатухинская культура) / 31, 76, 218
그로트 찌그라브이(грот Тигравый: 호랑이굴) / 57
그보즈데바(Гвоздево) / 290
極東의 로마 / 429
極東 學術 調査團 / 25
글라드까야(Гладкая) / 78
글라드까야(Гладкая) Ⅰ / 78
글라스꼬프 文化(гласковская культура) / 431
금속조직분석 / 250
金屬組織學 / 34
金灘理 / 298
金灘理 Ⅰ / 228
金灘理 Ⅱ / 229
길 옆(У дороги) / 79
김부식 / 423
까략 人들(коряки) / 372
까스쬬녹(Костёнок) / 17, 401
깐(кан) / 332, 349, 414
깔리노브까(Калиновка) / 22
깔리마(Кальма) / 22
꼬르싸꼬브까(Корсаковка) 1 / 328
꼬르싸꼬브까(Корсаковка) 2 / 328
꼰돈(Кондон) / 30, 166, 167, 188, 290, 373
꼰돈 文化(кондонская культура) / 31, 76, 165, 188, 216, 274, 330
꼰돈자이싸노브까 期 / 427
꼰스딴찌노브까(Константиновка) / 328
꾸껠레 期(кукелевский период) / 355
꾸마라(Кумара) Ⅱ / 65
꾸마라 마을(с. Кумара) / 328
꾸첼리노프 끌류치(Кучелинов ключ) / 328
끄로우노브까(Кроуновка) / 26, 42, 78, 127, 280, 155, 274, 297, 322, 328, 340, 391, 413, 414, 418
끄로우노브까(Кроуновка) Ⅰ / 230, 280
끄로우노브까뽈쩨 期 / 427
끄루글라야 쏘쁘까(Круглая сопка) / 322, 328

끼또이 文化(китойская культура) / 431

끼롭스끼(Кировский) / 26, 78, 97, 239,, 259

끼야(Кия) / 401

끼예브까(Киевка) / 284, 328

【ㄴ】

나나이 人들(нанайцы) / 244, 347, 372, 402, 403,430

나예즈드니끄(Наездник) 潟湖 / 388

나예즈드니끄(Наездник) 항만 / 377

南사할린 / 386

南山根 / 427

南沿海州 文化(южноприморская культура) / 327

南沃沮 / 422

內蒙古(Внутренняя Монголия) / 255

노보고라드스끼(Новогородский)半島 / 387

노보뻬뜨로브까(Новопетровка) / 30

노보뻬뜨로브까 文化(новопетровская культура) / 31, 218, 224

논니 江(р. Нонни) / 223

論衡(룬 헝) / 420

農耕 / 49

뉴찬(Ночан) / 292

니브흐 / 307

니브흐 語 / 432

니브흐 人들(Нивхы) / 23, 378, 391, 395, 397, 403, 430

【ㄷ】

다·부트 패총 / 386

다무단(Дамудань) / 292

다벤코우(давэнькоу) 文化 / 222

多像形 技法 / 401

多像形 表現物 / 401

團結(Туаньцзе) / 328

團結文化(культура Туаньцзе) / 328

달리니 볘스또니쩨(Долини Вестонице) / 49

大興嶺(Большой Хинган) / 42

덴마크 / 385

도구 / 407

動物相 / 41

動物學者 / 23

東山頭(Дуншаньтоу) / 293

東三洞 / 228

東夷(дуни) / 420

東중앙아시아(Центральная Азия) / 264

디링그 유랴흐(Диринг Юрях) / 189

따브리찬까(Тавричанка) / 32, 318

따흐따(Тахта) / 22, 217

땀보브까(Тамбовка) / 54

떼레호브까(Тереховка) / 65

떼바흐(Тэбах) / 22

뚜만느이 곶(м. Туманный) / 16

띠모페예브까(Тимофеевка) 1 / 66, 288

띠모페예브까(Тимофеевка) 2 / 66

【ㄹ】

라즈돌나야(Раздольная) / 65, 288

라즈돌나야 江(р. Раздольная) / 220

레뚜차야 므이쉬(Летучая мышь: 박쥐굴) / 57

로씨느이 湖(о. Лосиный) / 81

루다놉스꼬예(Рудановское) / 321, 349, 389

루드나야(Рудная) / 26, 167, 170, 188

루드나야 쁘리스딴(Рудная Пристань) / 159, 165, 275, 399

루드네바(Руднева) / 328

루드녠스까야 文化(рудненская культура) / 166

루비노브까(Рубиновка) / 239, 242, 249

루자노바 쏘쁘까(сопка Лузанова) /132

리도브까(Лидовка) / 51, 275

리도브까 文化(лидовская культура) / 231, 274, 280, 296, 383, 392, 415

리자노프 段階(рязановская фаза) / 371

【ㅁ】

마나스뜨이르까(Монастырка) / 275

마나스뜨이르까(Монастырка) Ⅲ / 358

마랴르이바로프(МорякРыболов) / 167, 178, 274

마르가리또프 文化(маргаритовская культура) / 284

마밀쥐(Мамилжи) / 403
마이닌스끼(Майнинский) / 173
滿洲(Манчжурия) / 255
滿洲의 新石器時代 / 219
靺鞨(мохэ. мальгаль) / 63, 389, 421, 429
靺鞨文化(мохэская культура) / 330
靺鞨時期 / 429
靺鞨時代 / 383
말라야 빠두쉐치까(Малая Подушечка) / 32, 306, 349, 355
말르이쉐바(Малышево) / 22
말르이쉐바 文化(малышевская культура) / 31, 76, 192, 216
말므이쥐(Малыж) / 22
買溝 / 425
메드베쥐야(Медвежья)Ⅲ / 221, 288
메드베쥐야 江(р. Медвежья) / 288
모계족(материнский род) / 412
모르간 / 426
牧丹江(Муданьцзян) / 220
무스딴그(Мустанг) / 155
無土器新石器時代 / 49
勿吉(уцзи) / 421
므노고우도브느이(Многоудобный) / 328

【ㅂ】

바다라즈젤나야(Водораздельная) / 159
바다라즈젤나야 文化 / 263
바라바쉐프 段階(барабашевская фаза) / 37
바즈네쎄노브까(Вознесеновка) / 30, 89
바즈네쎄노브까 文化(вознесеновская культура) / 31, 169, 192, 217, 411
바즈네쎄놉스꼬예(Вознесеновское) / 22
박쏜 文化 / 386, 389
반첸찌(Баньчэнци) / 220
발렌찐(Валентин) / 26
발샤야(Большая) / 79
발인쮸쮸(Балиньцзюцзу) / 221
渤海文化(бохайская культура) / 330
放射性炭素年代 / 34, 210, 220, 288, 293, 294, 346
裴松之(Пэй Сунчжи) / 420
白金寶(Байцзиньбао) / 293, 313
百濟(Пякче) / 428

베르불류지야(Верблюжья: 낙타굴) / 57
베트남 / 386
보고로드쓰꼬예(Богородское) / 22
보리수 아래(Под липами) / 79
보이스만(Бойсман) Ⅰ / 215
보이스만(Бойсман) Ⅱ / 38, 197, 210
보이스만(Бойсман) 灣 194
보이스만 文化(бойсманская культура) / 38, 193, 204, 215, 216, 231, 306, 330, 388
夫餘(фуюй) / 421
北極人種 / 203
北沃沮 / 422
分光器 / 34
불로치까(Булочка) / 328
브리네르 곶(м. Бринер) / 18, 305
블라가다뜨나야(Благодатная) Ⅲ / 275
블라지미로알렉산드롭스끼(ВладимироАлександровский) / 32, 132
비노그라드느이 곶(м. Виноградный) / 305
빈느이 자보드(Винный завод) / 22
빠두쉐치카 / 389

뻬그뜨이멜(Пегтымель) / 401
뻬뜨로비치(Петрович) / 165, 167, 170, 181
뻬뜨로프 섬(島)(о. Петров) / 30
뻬레발(Перевал) / 79, 101, 132, 167, 177
뻬샨느이(Песчаный) / 26, 29, 305, 388
뽈쩨 期(польцевский период) / 355
뽈쩨 文化(польцевская культура) / 33, 280, 347, 358, 359, 383, 392, 413, 418
뽀뜨르 벨리끼(Пётр Великий) 灣 / 213, 371, 378, 386
뿌따젼(Путятин) / 30
쁘리아무르·滿洲 考古學省 / 232, 300, 402, 428

【ㅅ】

사리원 / 298
사슴돌(鹿石) / 402
사하라 / 385
사할린 / 385
사회복원 / 412
社會的 力學 / 418

三國史記(Самгук саги) / 423
三國遺事(Самгук юса) / 393, 407
三國志(Саньго чжи) / 359, 420
三時代 / 49
生態層位學(биостратиграфия) / 34, 37
샨까(Шанка) / 403, 404
샨꼬아(Шанкоа) / 403, 404
샨바이(Шанвай) / 403, 404
西浦項 / 225
西浦項 Ⅲ / 228
西浦項 Ⅳ / 229
西浦項 Ⅴ / 229, 231
西浦項 Ⅵ / 231, 281, 296
石器時代 遺跡 / 22
先보리얼 期 / 37
鮮卑(сяньби) / 428
世界樹 / 411
세키보 / 407, 408
小南山(Сяонаньшань) / 173
小屯(Сяотун) / 255
屬性(признак) / 41
쇼고뚠(Шоготун) / 222
수마트라(Суматра) / 403
綏芬河(р. Суйфун) / 291
수사노(Сусаноо) / 407

水中生物學者 / 23
水平 層位學 / 40
肅愼(сушэнь) / 421, 424
쉐레미찌예바(Шереметьево) / 90
쉐레미찌옙스끼(Шеремитьевский) / 317
쉐레미찌옙스끼(Шеремитьевский)꼬예 / 167
셸레하 곶(м. Шелеха) / 15, 305, 310, 322
스키타이 유형(скифский тип) / 340
스키타이 人들(скифы) / 425
스텝 생물군집 / 390
스펙트럼 분석 / 246, 250, 355
슬라뱐스끼(Славянский) 灣 / 388
承德(Чэндэ) / 294
時期區分(периодизация) / 48
植物相 / 41
新開流(Синькайлю) / 167, 171, 186, 188, 219, 373
新羅(Силла) / 428
新樂(Синьлэ) / 219
新樂下層 / 220
新岩里 / 298
辛村(Синьцунь) / 298
神話 / 393

신화의 복원 / 402
神話體系 / 397
沈陽(Шэньян) / 219, 294
싸까치알랸(СакачиАлян) / 32. 73, 178, 317, 400
싸도브니까(Садовника) II / 232
싸마르가(Самарга) IV / 275
쎄미빠뜨나야(Семипятная) / 322
쎄스뜨라 山(г. Сестра) / 605
쎈끼나 샤쁘까(Сенькина Шапка) / 26, 348, 389
쏘꼴(Сокол) / 53
쏘꼴치(Сокольчи) / 328
쑤보로바(Суворова) III / 66
쑤보로바(Суворова) IV / 66, 275
쑤보로바(Суворово) VI / 66, 72
쑤쑤이 주거유적 / 386
쑤추(Сучу) 유적 / 89, 217
쑤호이 끌류치(Сухой Ключ) / 275
쑥빠이(Сукпай) / 401
씨니 가이(Синий Гай) / 32, 132, 239, 242, 258, 379, 382, 392, 413
씨니 가이(Синий Гай) II / 230
씨니가이 期 / 427
씨니가이 文化(синигайская культура) / 327
씨니예 스깔르이(Синие Скалы) / 26, 32, 274, 328, 349, 389
씨로젼까(Сиротинка) / 165, 167, 171
씨제민 文化(сидеминская культура) / 327
씨족 공동체(родовая община) / 412
씨호테알린(СихотэАлинь) / 133, 283

【ㅇ】

아끌라드니꼬프 期 / 25
아난굴라(Анангула) / 66
아누치노(Анучино) / 321
아누치노 文化(анучинская культура) / 51, 322, 340, 359, 411
아다(Ада) / 22
兒童學 / 34
아르쩨모브까(Артемовка) I / 72
아르쩨모브까 江(р. Артемовка) / 81, 103
아르쩨모브까의 석상묘 / 419
아마테라수(Аматэрасу) / 407
아무르 江(р. Амур) / 54
아무르 段階(амурская фаза) / 37

아무르 驛 근처(у станции Амур) / 22
아무르 역음문(амурская плетёнка) / 28, 101
아무르 州 硏究協會 / 19
아무르 中流 / 218
아무르 下流 / 216
亞보리얼 期 / 37
아브바꾸모브까 江(р. Аввакумовка) / 330
아쎄노오제로 文化(осиноозерская культура) / 31
亞애틀란틱 期 / 37
아이누 人들(айны) / 23
亞體系(субсистема) / 45
안드로노프 文化(андроновская культура) / 78, 155, 298
알랴스까(Аляска) / 360
알레니(Олений) / 30, 90, 310, 401
알레니(Олений) I / 78
알레니(Олений) III / 102, 411
알레니(Олений) IV / 141, 218, 228
알레니(Олений) А(아) / 40, 102, 302, 318, 328, 382, 413
알레니(Олений) Б(베) / 40, 102, 415, 290

알레니(Олений) В(웨) / 81
알타이(Алтай) / 402
岩刻畵 / 20, 376, 394, 397
암구(Амгу) / 317
암빈 段階(амбинская фаза) / 37
岩寺洞 / 20, 376, 394, 397
昂昂溪(Ананси) / 317
애틀란틱 期 / 37
鶯歌嶺(Ингэлин) / 220, 291
鶯歌嶺上層 / 300
鶯歌嶺下層 / 391
야꼬노브까(Яконовка) / 328
야요이 文化 / 386
야요이 人들 / 428
야쮸가다케 山 / 407
얀꼽스끼 期 / 375, 427
얀꼽스끼 文化(янковская культура) / 16, 29, 31, 51, 214, 216, 230, 297, 300, 305, 322, 330, 340, 377, 383, 387, 388, 391, 411, 414,. 418, 424
養殖 / 216, 385
漁業·大洋學 太平洋 硏究所 / 373
言語起源學(глоттохронология) / 431

에바론 文化(эворонская культура) / 290

에바론 湖(о. Эворон) / 290

에스키모 인들 / 203, 216, 401

엥겔스 / 426

旅大市(г. Люйда) / 222

女眞 人들 / 347

연오(Ёно)(랑) / 407

軟體動物相(малакпфауна) / 39

熱루미네슨法 / 34

예까체리노브까(Екатериновка) / 318

예리혼(Иерихон) / 49

五洞 / 298, 392

오로치 人들(Орочи) / 403

오르도스(Ордос) / 225

오쎄나오제로 / 218

오쎄노브까(Осиновка) / 53, 54, 62, 132, 178

오쎄노브까(Осиновка) II / 65, 167

오쎄노브까 文化(осиновская культура) / 64, 72, 76, 191,
78, 183, 191, 218

오호츠크 文化(охотская культура) / 17, 280, 360, 385,

沃沮(воцзюй) / 359, 420

올가 文化(ольгинская культура) / 348

蜿蜒河(Ваньяньхэ) / 347

王充(Ван Чун) / 420

倭肯含達(Вокэньхэда) / 173

요스케오네 주거유적 / 407

龍山文化 / 313

于家村(Юйцзяцунь) / 223

우데게이 人들(Удэгейцы) 392, 403

우릴 文化(урильская культура) / 51, 318

우스찌노브까(Устиновка) / 30, 31

우스찌노브까(Устиновка) I / 53, 66, 72

우스찌노브까(Устиновка) III / 66, 72

우스찌노브까(Устиновка) IV / 66

우스찌노브까 문화(устиновская культура) / 66, 76

우스찌노브까 層位(устиновский слой) / 30

오쎄뽀브까 (中石器) 文化(осиповская культура) / 32

오쎄뽀브까우스찌노브까 期 / 427

오쎄뽀브까(Осиповка) / 22, 26, 66,
우스찌뚜(Устьту) / 54

우스찌울마(УстьУльма) / 75

우쑤리 江 / 220

우쑤리 州(Уссуриский край) / 237, 380, 383, 428

宇宙神話 / 402

우죠스 가싸(Утёс Гася) / 191

울치 人들(Ульчи) / 23, 403, 430

魏略(Вэйлюэ) / 420

劉家疃(Люйцядань) / 298

유스트이드(Юстыд) / 402

有土器 中石器時代 / 53, 76

類型(тип) / 41

類型學(типология) / 41

六時代 / 49

殷世界 / 300

隱蔽 複合體 / 43, 125

挹婁(илоу) / 359, 420, 421

이루쿠츠크 學派(иркутская школа) / 21

二里崗(Эрлигань) / 255

이바노브까(Ивановка) 3 / 66

이바토 遺跡 / 408

이볼긴 城址(иволгинское городище) / 344

이스베스뜨꼬바야 동산(сопка Известковая) / 336

이뗄멘 人들(ительмены) / 372

인노껜찌옙스꼬예(Иннокентьевское) / 22

일류쉬끼나 쏘쁘까(Ильюшкина Сопка) / 64

일리스따야(Илистая) 1 / 66, 228

일리스따야(Илистая) 2 / 66

일리스따야 江(р. Илистая) / 288

일본의 패총유적 / 386

林西(Линьси) / 220

【ㅈ】

자례치예(Заречье) / 78

자례치예(Заречье) I / 89

자바이칼(Забайкалье) / 344

자보리나(Заборина) / 156

자이싸노브까(Зайсановка) / 26, 29, 155

자이싸노브까(Зайсановка) I

자이싸노브까 문화(зайсановская культура) / 31, 39, 77, 116, 181, 192, 194, 216, 229, 283, 376, 383, 411

자이싸노브까 층위(зайсановский слой) / 214

張家坡(Чжанцзяпо) / 298
저구루(чжигоулоу) / 422, 425
赤峰(Чифэн) / 294
제4기 지질학 / 34
제8킬로미터(8й километр) / 79
제야 江(р. Зея) / 54
俎豆(цзудоу) / 422
朝陽(Чаоян) / 294
죠몽 後期 / 389
졸따야로 期(желтояровский период) / 355
주몽 / 423
中石器時代 / 53
줄치(Джулчи) / 403
즐문토기문화 / 221
地質學 / 34
智塔里 / 226, 257
智塔里 II / 228
晋書(Цзиньшу) / 423
陳壽(Чэнь Шоу) / 359, 420

【ㅊ】

차빠예바(Чапаева) / 322
차피고우 江(р. Чапигоу) / 327
天然資料(экофакты) / 153, 210, 371

鐵橋 근처(у железнодорожного моста) / 22
青銅器時代 / 135, 237
體系(система) / 44
體系的 方法(системный метод) / 44
體系的 接近(системный подход) / 44
體系化(системазация) / 44
체레빠하 곶(м. Черепаха) / 310, 328
체르니고브까(Черниговка) / 22, 288
첸찌(Чэнци) / 220
草島 / 226, 322, 328
최소한의 주거공간 / 412
죠르느이 야르(Черный яр) / 395
죠르따브이 바로따(Чёртавы Ворота) / 165, 167, 170, 181, 185, 186, 188, 203, 274, 376, 413
추꼬뜨까(Чукотка) / 360
추링가 / 396
츄크치 人들(чукча) / 191, 203
層位學 學派 / 26

【ㅋ】

카도(Кадо) / 403
카도의 가면 / 405
카라수크 文化(карасукская культура) / 237
캄차트카 分族 / 203
캘리포니아 / 403
쿠마모트 / 398
쿠인 반 패총유적 / 386
키요켄메딘그(кьёккенмёддинг) / 16, 385

【ㅌ】

타가르 文化(тагарская культура) / 237
太陽神話 / 410
太平洋 文化圈 / 402
土器以前期 / 49
土城里 Ⅱ / 229
트야노마바 貝塚 / 410

【ㅍ】

貝塚(раковинная куча) / 16, 302
貝塚文化(культура раковинных ку

ч) / 327
포시예트(Посьет) / 102, 318, 387
프리드마나(Фридмана) / 275
프후쑨(Пхусун) / 165
프후쑨 文化(пхусунская культура) / 284
플레이스토센 動物相 / 58, 379
피르싸노바(Фирсанова) Ⅰ / 72
필리모쉬끼(Филимошки) / 54

【ㅎ】

夏家店上層文化 / 220, 294
夏家店下層 / 200
夏家店下層文化 / 294, 300
하노이 / 386
하다우(Хадау) / 403
하드질아르(Хаджилар) / 49
하린 文化(харинская культура) / 31
하린스까야(Харинская) / 26, 239, 240, 259, 298, 418
하바롭스크(Хабаровск) / 22
하싼 段階(хасанская фаза) / 37
하오빈 文化 / 386
下位體系(подсистема) / 45

漢(Хань) / 429

韓國語 / 432

韓半島의 新石器時代 / 225

한씨(Хансь) I / 78, 89

한씨(Хансь) V / 102

한씨(Хансь) XI / 159

헤레우울(ХереУул) / 66

헤로도투스 / 429

호곡동(범의구석) / 225, 328, 341

호곡동 I / 229

호곡동 II / 280, 296

호다이(Ходай) / 403

호카이도(Хокайдо) / 66, 385

홀로센 / 40, 383

홀로센 最適條件(оптимум) / 38, 214

紅山文化(культура хуншань) / 221

화분포자 스펙트럼분석 / 214

花粉胞子學 / 34

後漢書(Хоу Ханьшу) / 359, 420

훔미(Хумми) / 73, 75

휴대용 암각화 / 214, 401

匈奴(хунну) / 347, 419, 428

흑구봉(검은개봉) / 228

著者 略歷

데.엘.브로댠스끼(Давид Лазаревич Бродянский)는 레닌그라드(쌍뻬쩨르부르그) 국립대학 동방학부 고고학분과를 졸업하였고, 1960년 부터는 극동에서 고고학 연구활동을 시작하였다. 현재 극동 국립대학(ДВГУ) 역사학부 고고학·민속학·문화사분과 교수로 재직 중이다. 1995년에는 "南연해주의 신석기시대와 고금속시대(Неолит и палеометалл Южного Приморья)"로 박사(доктор) 학위를 받았다.

극동의 신석기시대와 청동·철기시대에 대한 많은 연구업적(본서의 참고문헌 35-57 참고)을 남겼고, 농경과 목축에 비견되는 의미에서의 養殖 - 굴재배 - 의 존재에 대한 이데아를 제시하였으며, 최근에는 보이스만 신석기 문화를 분리하였다.

譯者 略歷

1965년 경남 하동출생. 한양대 사학과 졸업. 모스크바 국립대학 역사학부 고고학분과 석사. 현재 동대학 고고학분과 박사과정.

論文에는 "靑銅·鐵期時代 中國北方의 短劍"이 있고, 譯書에는 "蘇聯 考古學 槪說"과 "蒙古의 先史時代" 등이 있다.

沿海州의 考古學

著　者 / 데.엘.브로댠스끼
譯　者 / 鄭　焞　培
發 行 人 / 權　赫　宰
發 行 處 / 도서출판 학연문화사
初版印刷 / 1996年 9月 20日
初版發行 / 1996年 9月 30日
登　　錄 / 제 2-501호
登錄日字 / 1988年 2月 26日

152-056
서울시 구로구 구로6동 95-8번지
전화·865-5072　팩스·853-3679

정가 15,000원